Kohlhammer

Die Autorin

Gee Vero, geboren am 28.07.1971 in Grimma, studierte nach dem Abitur Anglistik in Leipzig und hat mehrere Jahre in London gelebt. Sie ist freischaffende Künstlerin und seit 2013 auch als Autorin und Referentin tätig. Sie betreibt u. a. das Kunstprojekt »The Art of Inclusion«. Die Diagnose Asperger-Autismus erhielt sie im Jahr 2009. Bei ihrem Sohn Elijah wurde im Alter von 3 Jahren frühkindlicher Autismus diagnostiziert. Gee Vero lebt mit ihrem Mann und den drei Kindern in der Nähe von Leipzig.

Gee Vero

Das andere Kind in der Schule

Autismus im Klassenzimmer

Verlag W. Kohlhammer

gewidmet

meiner Mutter Veronika Helmholz
1943–2019

die von 1961 bis 2001 mit Leib und Seele Lehrerin war
und nie etwas anderes sein wollte

und die mir vor 40 Jahren meine erste Schreibmaschine
geschenkt hat

Dieses Werk einschließlich aller seiner Teile ist urheberrechtlich geschützt. Jede Verwendung außerhalb der engen Grenzen des Urheberrechts ist ohne Zustimmung des Verlags unzulässig und strafbar. Das gilt insbesondere für Vervielfältigungen, Übersetzungen, Mikroverfilmungen und für die Einspeicherung und Verarbeitung in elektronischen Systemen.

Die Wiedergabe von Warenbezeichnungen, Handelsnamen und sonstigen Kennzeichen in diesem Buch berechtigt nicht zu der Annahme, dass diese von jedermann frei benutzt werden dürfen. Vielmehr kann es sich auch dann um eingetragene Warenzeichen oder sonstige geschützte Kennzeichen handeln, wenn sie nicht eigens als solche gekennzeichnet sind.

1. Auflage 2020

Alle Rechte vorbehalten
© W. Kohlhammer GmbH, Stuttgart
Gesamtherstellung: W. Kohlhammer GmbH, Heßbrühlstr. 69, 70565 Stuttgart
produktsicherheit@kohlhammer.de

Print:
ISBN 978-3-17-034701-4

E-Book-Formate:
pdf: ISBN 978-3-17-034702-1
epub: ISBN 978-3-17-034703-8
mobi: ISBN 978-3-17-034704-5

Für den Inhalt abgedruckter oder verlinkter Websites ist ausschließlich der jeweilige Betreiber verantwortlich. Die W. Kohlhammer GmbH hat keinen Einfluss auf die verknüpften Seiten und übernimmt hierfür keinerlei Haftung.

Geleitwort

Als ich 2011 zum ersten Mal einen Vortrag von Gee Vero zu ihrer »anderen Wahrnehmung« hörte, war ich beeindruckt von Art und Intensität des Beitrages.
 Seitdem habe ich Frau Vero in vielen Veranstaltungen und Weiterbildungen zum Thema Autismus erleben dürfen.
 Nach einem der ersten gemeinsam organisierten Vorträge kam eine Mutter auf mich zu und sagte, sie hätte heute dank Frau Vero endlich ihre Tochter »verstanden«. Ich denke, ein größeres Kompliment kann man einer Referentin kaum machen. Von ähnlichen Momenten der Erkenntnis berichteten mir später viele Lehrerinnen und Lehrern der unterschiedlichsten Schularten.
 Als Gee Vero mir erzählte, dass sie ein Buch für Pädagogen zum Thema Autismus und Schule schreiben wolle, war ich daher sofort begeistert.

Das vorliegende Buch ist etwas Besonderes, weil es aus mehreren Blickwinkeln heraus entstanden ist und unmittelbar auf direkter eigener Erfahrung fußt.
 Besonders ist es zum einen, weil es aus der Perspektive von Gee Vero als einer Frau mit Asperger-Syndrom, geschrieben ist, die eigene Erfahrungen im Alltag und in ihrer Schullaufbahn gemacht hat. Zum anderen ist es von Gee Vero als Mutter eines Sohnes mit frühkindlichem Autismus verfasst. Dieser doppelte Zugang wird zudem noch bereichert durch die intensive Beschäftigung Gee Veros mit dem Thema Autismus, ihre Referententätigkeit und ihre vielen fachlichen Kontakte.
 Im deutschsprachigen Raum scheint mir diese Annäherung an das Thema Autismus und Schule einzigartig.

Gee Vero stellt in diesem Ratgeber Erklärungen, eigene Beispiele, Tipps und Strategien für Pädagogen plastisch und mehrdimensional dar. Am wichtigsten scheint mir dabei das Verständnis für die »andere Wahrnehmung« und die daraus resultierende Haltung gegenüber Schülerinnen und Schülern im Autismus-Spektrum zu sein. Daraus ergeben sich die vielfältigen in diesem Ratgeber aufgezeigten Methoden und Handlungsanleitungen auf den verschiedenen Ebenen der Schulstruktur (fast) von selbst.

Möge dieses Buch möglichst vielen Lehrerinnen und Lehrern in die Hände fallen, die Schülerinnen und Schüler im Autismus-Spektrum unterrichten oder in ihre Klasse aufnehmen werden!

oder:

Ich wünsche Ihnen allen, die Schüler und Schülerinnen im Autismus-Spektrum unterrichten oder in eine Klasse aufnehmen werden, ein konstruktives Arbeiten mit diesem Buch.

Dr. phil. Philipp Knorr
Autismuszentrum Oberlausitz
Referent Autismus im Verband Sonderpädagogik (vds)-Landesverband Sachsen e. V.

Inhaltsverzeichnis

Geleitwort		5
Vorwort(e)		9
Anmerkungen zur Sprache im Buch		12
1	Was ist eigentlich Autismus?	13
2	Die Diagnose	16
3	Die Wahrnehmung	19
4	Die Sinneswahrnehmungen	30
5	Die Reizverarbeitung	44
6	Das Verhalten	53
7	Die Amygdala	60
8	Die soziale Interaktion	68
9	Autistische Besonderheiten	83
10	Meine wichtigsten Kompensationsstrategien	92
11	Die Kommunikation	105
12	Wenn der neue Schüler anders ist...	126
13	Die Eltern des Schülers	137
14	Der Nachteilsausgleich	146
15	Der Schulbegleiter	153
16	Andere Hilfsmittel	160

17	Die Kollegen	164
18	Die Mitschüler	170
19	Die Eltern der Mitschüler	178
20	Die Schule	181
21	Die Klasse	195
22	Der Unterricht	202
23	Die Pausen	228
24	Das Schulessen	234
25	Rückzugsorte	243
26	Schulfeste, Schulausflüge und Klassenfahrten	247
27	Auf die Schnelle: (m)ein ABC der Strategien und Hilfsmittel	253
28	Autismus im Lehrerzimmer	263
29	Zu guter Letzt – Entspannungsübungen und Strategien für Ihren Schulalltag	265

Schlusswort(e) 270

Vorwort(e)

Lieber Leser,
die österreichische Schriftstellerin Marie von Ebner-Eschenbach schrieb einmal, dass nicht was wir erleben, sondern wie wir empfinden, was wir erleben, unser Schicksal ausmacht. Jeder von uns hat nämlich seine eigene Wahrnehmung. Autismus ist eine Wahrnehmung, die sich enorm von den Wahrnehmungen der Mehrheit der Menschen unterscheidet. Das macht die Beschulung autistischer Kinder ganz und gar nicht einfach. Da sie sehr individuell beschult werden müssen, um lernen zu können, werden alle Beteiligten vor große Herausforderungen gestellt. Unter den momentanen Bedingungen haben es Schulen und Lehrkräfte extrem schwer, dem Anspruch der schulischen und besonders der unterrichtlichen Inklusion auch nur annähernd gerecht zu werden. Es muss sich noch viel verändern, ehe wir das Ziel »Eine Schule für alle« erreichen können.

Bitte sehen Sie mir nach, dass ich beim Schreiben dieses Buches nicht-autistische Schüler nicht in ihrer Vielfalt, sondern eher als eine homogene Gruppe wahrgenommen habe. Da der Fokus dieses Buches auf dem anderen, dem autistischen Schüler liegt, bin ich ganz bewusst nicht auf die individuellen Probleme und Schwierigkeiten eingegangen, die bei nicht-autistischen Kindern bei der Bewältigung des Schulalltags auftreten können. Genau wie jeder autistische Mensch, so ist natürlich auch jeder nicht-autistische Mensch ein einzigartiges Individuum mit ganz eigenen Stärken und auch Schwächen. Da aber wirklich alles, was Sie im Kontext Schule für einen autistischen Schüler anders gestalten und verändern, auch all Ihren nicht-autistischen Schülern zu Gute kommt, ist dieses Buch auch für sie geschrieben. Vielleicht sind gerade autistische Schüler eine Art Katalysator, die den Mechanismus Schule ungewollt so beeinflussen, dass wir begreifen, dass neue, andere Wege gesucht, gefunden und gegangen werden müssen. Wenn das Lernen eines Kindes ein anderes ist, muss es das Lehren auch sein.

Das System Schule muss sich dringend verändern, weil wir uns Inklusion als Ziel gesetzt haben. Dazu benötigen wir eine Schule, die jeden Schüler als Individuum wahrnimmt. Sie muss jeden Schüler so beschulen, dass er lernen kann, und zwar auf seine Art und in seinem Tempo. Wir brauchen eine Schule, die ohne Wenn und Aber Kompetenz annimmt. Eine Schule, die die Potentiale und Stärken ihrer Schüler sieht und fördert und dabei auch jedem bei seinen Defiziten mit Hilfsmitteln und Strategien unterstützend zur Seite steht. Eine Schule, die den Schüler nicht mit anderen, sondern nur mit sich selbst vergleicht. Denn nur so kann jeder echte Erfolgserlebnisse haben und das Lernen jedem Schüler Spaß machen. Inklusion in der Schule ist machbar, auch mit Kindern wie meinem Sohn, dessen frühkindlicher Autismus seine Mitmenschen jeden Tag enorm fordert. Es braucht einen gewaltigen gemeinsamen Einsatz, um eine Schule für alle zu erschaffen. Gemeinsam müssen wir die Veränderung sein, die es braucht, um diese inklusive Schule wahr werden zu lassen. Eine Schule, die sich für autistische Schüler wirklich öffnet, wird nicht nur eine gute Schule für alle sein, sondern die beste Vorbereitung auf ein gutes Mitmenschsein bieten! Jede Schule stellt in meinen Augen eine Mikrogesellschaft dar.

Ich sehe autistische Menschen als eine echte Chance, um unsere Gesellschaft zu verändern, andere Wege gehen und über diese wieder zu einer Menschlichkeit gelangen zu können, die wir verloren zu haben scheinen. Es ist deshalb unerlässlich, dass Autismus nicht mehr als eine Störung oder gar Krankheit gesehen wird. Autistische Menschen sollten als die notwendige Bereicherung für die Gesellschaft gesehen und wahrgenommen werden, die sie sind. Dies zu sehen und zu schätzen vermögen aber nur Menschen, die mit ihrem Selbst in Einklang sind und sich selbst so annehmen können wie sie sind.

Ich finde einfach keine Erklärung dafür, warum es den meisten Menschen so schwerfällt, autistische Menschen in ihrem anderen Sein zu akzeptieren. Bei Körperbehinderungen werden dahingehend große Fortschritte gemacht. Da ist man bereit zur Inklusion und ständig um Barrierefreiheit bemüht. Autistische Menschen werden dabei größtenteils einfach vergessen. Warum? Warum klappt es mit der Bereitstellung einer Rampe, einem Gebärdendolmetscher und Braille schon so viel besser, aber nicht mit Stimming, einem Hilfsmittel autistischer Menschen zur Reizregulierung? Zu einem Rollstuhlfahrer sagt niemand, dass er das Laufen doch nur üben müsse. Das kann doch nicht so schwer sein. Einem Blinden wirft keiner vor, dass er sich nur nicht genug anstrengt, um zu sehen. Und auch einem Gehörlosen wird nicht unterstellt, er wolle nur nicht richtig hinhören. Autistische Menschen erleben genau das immer wieder in ihrem Alltag. Warum gibt es weiterhin Therapien, die autistischen Menschen nicht guttun und die oftmals auch gar keinen Sinn machen? Der Fokus muss in erster Linie darauf liegen, dem autistischen Menschen zu helfen, nicht darauf, dass es der Umgebung besser geht.

Drei Dinge liegen mir deshalb so sehr am Herzen, dass ich sie schon im Vorwort nicht unerwähnt lassen möchte:

1. Autistisches Verhalten ist *richtiges* Verhalten auf eine *andere* Wahrnehmung.
2. *Stimming* ist mein Rollstuhl, mein Hörgerät, mein Blindenführhund – bitte nehmen Sie es mir und anderen Autisten nicht einfach weg.
3. Wenn Sie an den Punkt kommen, wo ein Verstehen Ihrerseits nicht mehr möglich ist, glauben Sie mir und anderen Autisten von genau diesem Punkt an, dass es sich für uns mit unserem Autismus so anfühlt, wie wir es zu erklären versuchen.

Ich bitte Sie, nehmen Sie autistische Menschen so an, wie sie sind und helfen Sie ihnen dabei, ein möglichst selbstbestimmtes, würdevolles und vor allem ein glückliches Leben zu führen.

Gee Vero
im April 2019

Anmerkungen zur Sprache im Buch

Sie haben vielleicht schon beim Vorwort, wo ich Sie ganz einfach mit »Liebe Leser« adressiere, gemerkt, dass ich in meinem Buch keine geschlechtsneutrale Sprache anwende.

Mir fällt es nicht nur sehr schwer, Sprache zu entschlüsseln und zu verstehen, sondern ich habe auch große Schwierigkeiten damit, mich in verbaler Sprache so auszudrücken, dass mein Gegenüber mich verstehen kann. Bei einem Buch muss ich besonders aufpassen, dass ich meinen Leser gut erreiche, denn anders als im persönlichen Gespräch fehlen hier Mimik und Gestik und auch die Intonation, die enorm wichtig beim Sprachverständnis sind.

Für mich als autistischen Menschen mit Problemen beim Sprachverständnis stellen Sternchen, Unter- oder Schrägstriche und auch die Und-Version zusätzliche Barrieren dar. Mir erschweren solche Eingriffe in die Sprache das Verständnis und den Gebrauch verbaler Sprache wirklich erheblich. Hier stoßen wir vielleicht an eine der Grenzen der Inklusion. Was für den einen ein Hilfsmittel und deshalb wichtig ist, kann für einen anderen eine Barriere sein. Sowohl bei der Einfachen als auch bei der Leichten Sprache, bei der die Priorität auf Lesbarkeit und Verständlichkeit liegt, muss auf jede Form von Komplexität verzichtet werden.

Aus diesen Gründen bitte ich all diejenigen von Ihnen um Verständnis, für die geschlechtsneutrale Sprache ganz wichtig ist. Meiner Meinung nach führt »Gendern« in der Sprache allein nicht zu einer auch von mir gewünschten Gleichstellung von Frauen und Männern im Alltag und der Gesellschaft. Es geht doch vielmehr darum, diese Akzeptanz zu leben und nicht nur so zu schreiben und zu sprechen. Ich kann Ihnen versichern, dass ich in der Begegnung mit einem Menschen immer zuerst und hauptsächlich das Selbst meines Gegenübers wahrnehme. Ich sehe kein Geschlecht, auch kein Alter oder die Hautfarbe, sondern ich sehe den Menschen und bin neugierig auf ihn.

1 Was ist eigentlich Autismus?

Ich möchte von Anfang an ehrlich mit Ihnen sein. Ich weiß nichts über Autismus. Ich habe absolut keine Ahnung, was Autismus wirklich ist. Den einen Autismus gibt es nämlich gar nicht, vielmehr gibt es ca. 69 Millionen Autismen auf der Welt. Ich bin aber der Experte für meinen Autismus und ich weiß eine ganze Menge über den frühkindlichen Autismus meines Sohnes Elijah.

Ganz kurz gesagt, für mich ist (mein) Autismus

1. (m)eine andere Wahrnehmung,
2. (m)ein extremes Mensch-Sein,
3. (m)ein Selbst ohne Ich-Maske,
4. nur an meinem Verhalten erkennbar,
5. (m)eine andere Art zu sein,
6. (m)ein Potential.

Meiner Meinung nach ist (mein) Autismus

1. nicht falsch,
2. keine Krankheit,
3. keine Störung,
4. kein Spektrum für sich.

Autismus ist zutiefst menschlich. Ich denke deshalb, dass Autismus in jedem von uns steckt. Autismus führt oft zu einer anderen Art der sozialen Interaktion und Kommunikation, die von der Umgebung als interessant oder herausfordernd bis hin zu sozial inakzeptabel wahrgenommen wird. Dieses andere Verhalten ist aber nicht der Autismus, sondern eine Reaktion auf diesen. Wir reagieren alle immer nur auf unsere Wahrnehmung und jeder von uns hat seine eigene Wahrnehmung. Aufgrund dieses individuellen Erlebens ein- und derselben Welt sind wir alle anders. Das haben wir gemeinsam. Wenn wir alle anders sind, dann ist Anderssein die Norm. Autismus ist somit keinesfalls eine Störung, sondern eine höchst interessante, und ja, oft auch sehr herausfordernde Variante der Norm. Wichtig ist, dass Sie über ein Autismus-Grundwissen verfügen, um Ihren autistischen Schüler verstehen, annehmen und letztlich beschulen zu können. Darum soll es im ersten Teil meines Buches gehen. Ich möchte Ihnen in den folgenden Kapiteln anhand der neuronalen Abläufe im Gehirn aufzeigen, warum autistisches Verhalten, egal wie es Ihnen erscheinen mag, richtiges Verhalten auf eine extrem andere Wahrnehmung ist. Um Autismus zu verstehen, müssen wir einen Blick ins Gehirn werfen, denn Wahrnehmung entsteht genau dort. Es gibt viele Autismus-Experten, die viel mehr über die neurologischen Vorgänge in autistischen Gehirnen wissen als ich und die diese dazu noch ausgezeichnet erklären können. Dennoch wird keiner von ihnen je wissen, wie es für mich ist autistisch zu sein. Wir müssten unsere Gehirne mit einer Art neuronalem Kabel verbinden können. Vielleicht würde dies den gewünschten Aha-Effekt erzielen. Erst dann wüssten Sie, wie es sich für mich anfühlt, Gee Vero zu sein. Ich kann nur immer wieder den Versuch unternehmen zu erklären, wie es für mich ist, mit meinem Autismus zu leben. Mir scheint, dass sich die Wahrnehmungen und folglich das Verhalten nicht-autistischer Menschen sehr ähnlich sind, sodass es möglich ist, dass sie von sich selbst auf andere schließen können. Das gibt nicht-autistischen Menschen eine enorme Sicherheit in der sozialen Interaktion, die autistischen Menschen einfach fehlt. Bei Autismus gilt vor allem eines: »Kennen Sie einen Autisten, dann kennen Sie nur den einen Autisten.« (Dr. Stephen Mark Shore). Die Frage »Was ist Autismus?« ist also aus diesen Gründen so nicht zu beantworten.

Die meisten Probleme autistischer Menschen im Umgang mit anderen Menschen entstehen aufgrund ihrer anderen Wahrnehmung, sowohl des eigenen Selbst als auch der Umgebung. Das daraus folgende andere Verhalten wird von der Gesellschaft als unerwartet, sozial inadäquat und inakzeptabel empfunden. Hinzu kommen Reizüberflutungen und eine ganz andere Art der Kommunikation. Unzureichendes Verständnis und fehlende Akzeptanz machen eine positive Begegnung dann fast unmöglich. Ich persönlich finde den Begriff »Autismus-Spektrum-Störung« nicht wirklich hilfreich, sondern eher ausgrenzend. Trotz aller Unterschiede müssen wir uns unserer Gemeinsamkeiten bewusst sein und Brücken bauen anstatt Gräben unüberwindbar zu machen. Es gibt nämlich nur ein Spektrum. Das ist das Spektrum Mensch, auf dem wir uns alle befinden, und das in seiner Vielfalt unendlich scheint. Jedes der Kinder, die täglich vor Ihnen sitzen, ist einzigartig. Ein autistisches Kind zeigt dies nur deutlicher, unter anderem weil sein Gehirn nicht gut einschätzen kann, was im nächsten Moment passieren wird. Zu viele Reize werden bewusst wahrgenommen. Viele Strategien, besonders in der sozialen Interaktion und in der Kommunikation, fehlen.

Das autistische Kind in Ihrer Klasse ist wirklich anders, aber eben nicht falsch oder weniger normal. Ich war dieses andere Kind in meiner Klasse. Ich hatte aber den enormen Vorteil, dass ich mit der gleichen Gruppe Kinder von Kindergarten bis zur 10. Klasse zusammen war. Diese Gruppe war mein Anker und mit dem Halt, den sie mir gab, konnte auch ich gedeihen. Besonders die sehr strengen Regeln und Rituale der Schule in der DDR, auf deren Einhaltung sehr geachtet wurde, kamen mir dabei entgegen. Sie vermittelten gerade genug Sicherheit, um im Schulalltag Stand zu halten. Nach Abschluss der 10. Klasse ging ich mit einer kleineren Gruppe Mitschüler zum Abitur. In diesen zwei Oberstufenjahren kam es zu großen Veränderungen im Land und in der Schule. Ich machte ein sehr gutes Abitur, aber fiel dann erst einmal durchs Raster, denn ich hatte nun keine Gruppe mehr. Da ich meine Diagnose sehr spät, im Alter von 37 Jahren, bekommen würde, lagen noch einige Jahre der Verzweiflung, des Irrens und der Suche vor mir. Die heutigen Hilfsmittel, wie Nachteilsausgleich, Schul- und Studienbegleitung, gab es damals noch gar nicht. Dennoch haben sehr viele meiner Lehrer instinktiv gut und richtig gehandelt. Dies zeigt, dass Sie kein Autismus-Experte sein müssen, um auch für das »andere« Kind in Ihrer Klasse ein guter Lehrer zu sein. Ich versichere Ihnen, so lange Sie bereit sind, sich der Herausforderung des Lehrer- und Mitmensch-Seins für autistische Schüler zu stellen, werden Sie Ihre Sache sehr gut machen. Helen Keller, eine taubblinde amerikanische Schriftstellerin, hat einmal gesagt: »Das Leben ist entweder ein Abenteuer oder gar nichts.« Einen autistischen Schüler zu haben, wird definitiv ein Abenteuer werden. Aber Sie sind ja nicht Lehrer geworden, um gar nichts zu erleben, oder?

2 Die Diagnose

Die Grundprobleme bei Autismus sind immer gleich, aber dennoch gibt es verschiedene Autismus-Diagnosen. Eine richtige Diagnose ist wichtig, damit autistische Menschen in ihrem Anderssein verstanden und akzeptiert werden und sie die Hilfen bekommen, die sie benötigen. Eine falsche Diagnose kann sowohl für den Menschen selbst als auch für seine Umgebung und letztendlich für die Autismus-Aufklärungsbewegung verheerend sein. In Deutschland gibt es nur wenige Diagnostik-Experten, sodass einige Autismus-Diagnosen durchaus berechtigte Zweifel hervorrufen können. Es gibt auch immer mehr Erwachsene, die sich im Internet selbst diagnostizieren und sich dann als Autisten bezeichnen.

Asperger-Syndrom

Das Asperger-Syndrom wird noch immer als milde Form des Autismus bezeichnet, obwohl es dies ganz und gar nicht ist. Vielleicht hängt das auch mit der zunehmenden Selbstdiagnostik vieler nicht-autistischer Menschen zusammen. Vor allem aber entsteht der Eindruck von einer leichten Form von Autismus deshalb, weil viele Asperger-Autisten ihren Autismus mild oder leicht aussehen lassen können. Das kostet viel Energie und Kraft, aber braucht vor allem viele gut funktionierende Kompensationsstrategien. Es ist ein Versuch der Anpassung an die Gesellschaft, der auch mir oftmals sehr gut gelingt. Ein großes Problem dabei ist, dass dann nur meine Potentiale gesehen oder vermutet werden, aber nicht die aufgrund meines Autismus dennoch ausreichend vorhandenen Grundproblematiken. Viele autistische Menschen werden nicht ernst genommen und hören ständig Sätze wie »Gestern ging es doch auch.« und »Das ist doch keine Hürde.« Das ging auch mir so. Hilfsangebote bleiben oft aus und die Lebens- und auch die Schulsituationen verschlimmern sich. Mein Anderssein aufgrund meines Autismus zeigt sich hauptsächlich in der sozialen Interaktion und in der Kommunikation. Bei mir war, wie beim Asperger-Syndrom als typisch wahrgenommen, von Anfang an Sprache vorhanden, aber dies bedeutet nicht unbedingt, dass mein Sprachverständnis genauso gut entwickelt ist. Sie bemerken es vielleicht nicht sofort, weil ich gute Kompensationsstrategien entwickeln konnte, die ein Auffallen verhindern und mir so eine Zeit lang Teilhabe erlauben.

Frühkindlicher Autismus

Bei Menschen mit frühkindlichem Autismus, wie meinem Sohn, wird fast immer angenommen, sie seien geistig behindert. Es wird nur das Äußere beurteilt, weil es gesehen und erlebt werden kann. Viele frühkindliche Autisten sind nonverbal, können aber durchaus auf andere Art (Sprachcomputer, Bildkarten, Zeigen) effektiv kommunizieren und zudem ein gutes Sprachverständnis entwickeln. Da sie gesprochene Sprache nicht als Werkzeug in der Kommunikation nutzen können und Schwierigkeiten haben, das was sie denken und im Inneren empfinden nach außen zu transportieren, schaffen sie es nicht ausreichend oder manchmal auch gar nicht ihre Potentiale zu zeigen. Das führt immer noch dazu, dass oftmals leider nur die Defizite wahrgenommen werden. Dies ist traurig, denn auch aus diesem Grund ziehen sich viele autistische Menschen oft noch mehr zurück. Stellen Sie sich vor, Sie hätten keine Möglichkeit mehr Ihren Mitmenschen Ihre Gedanken, Ihr Wissen, Ihre Bedürfnisse und Ihre Gefühle adäquat zu kommunizieren. Sie würden die Regeln Ihrer Umgebung nicht verstehen und wären ständig einer Reizüberflutung ausgesetzt. Sie wären sich Ihrer Selbst immer zu sehr bewusst. Sie wüssten nicht, was als Nächstes kommt und fast alles erscheint Ihnen neu und macht Ihnen Angst. Ihre Umgebung sähe Sie als geistig behindert und würde Sie auch so behandeln. Sie könnten nichts dagegen tun. Wie würde es Ihnen damit gehen? Was würden Sie machen? Bitte schließen Sie nie von dem, was Sie bei einem Menschen sehen und erleben auf sein Innerstes. Nehmen Sie Kompetenz an und akzeptieren Sie die andere Art des Seins jedes Menschen.

Hochfunktionaler Autismus

Bei hochfunktionalem Autismus besteht Unsicherheit darin, ob er eine Form des Asperger-Syndroms ist oder ob er eventuell separat davon zu sehen ist. Im Erwachsenenalter ist eine Unterscheidung nur schwer festzustellen. Ein Merkmal für hochfunktionalen Autismus ist die deutlich verzögerte Sprachentwicklung, die beim Asperger-Syndrom, abgesehen vom sozialen Aspekt der Sprachanwendung, normal verläuft.

Atypischer Autismus

Beim atypischen Autismus zeigt ein Kind erst nach dem dritten Lebensjahr Verhalten, das eine Reaktion auf den Autismus ist. Außerdem sind nicht alle Merkmale von Autismus vorhanden. Die vorhandenen Merkmale können von leicht bis extrem ausgeprägt sein.

Zusatzdiagnosen

Bei Autismus können unter anderem zusätzlich Tourette-Syndrom, Fragiles X-Syndrom, Epilepsie, ADHS und ADS auftreten. Auch Zwangs- und Angststörungen und Dyspraxie, Legasthenie, Dyslexie und Lernbehinderungen sind möglich. Häufig gibt es unter autistischen Menschen auch ein erheblich anderes Schlafverhalten und es kann zu Depressionen kommen. Auffälligkeiten bei der Sensorischen Integration sind aufgrund der anderen Reizverarbeitung auch keine Seltenheit.

PS: Autismus ist keine Krankheit, aber Autisten können auch krank werden... Schnupfen, Husten, Heiserkeit kennen sie genauso wie Übelkeit, Knochenbrüche und alle anderen Gebrechen und Beschwerden.

3 Die Wahrnehmung

Wahrnehmung ist der Vorgang, bei dem in unseren Gehirnen durch das Aufnehmen, Filtern und Verarbeiten äußerer und innerer Reize eine Art Modell der Welt entsteht. Jeder von uns hat seine eigene Wahrnehmung von sich selbst, von Anderen und von seiner Umgebung. Ich denke, es muss uns wieder bewusster werden, dass Wahrnehmung immer subjektiv ist. Weil sich unsere Wahrnehmung immer von der Wahrnehmung Anderer unterscheidet, macht sie uns zu Individuen. Meine Wahrnehmung ist die einzige Realität, die ich kenne und auf die ich letztendlich mit Verhalten reagieren kann. Meine, von der Gesellschaft als autistisch bezeichnete, Wahrnehmung ist extrem anders. Sie ist spezifisch für mich so wie Ihre Wahrnehmung spezifisch für Sie ist.

Schauen Sie sich die Menschen an, mit denen Sie leben und arbeiten. Sie können die unterschiedlichen Wahrnehmungen nämlich sehen oder riechen: Kleidung, Frisur, Schmuck, Parfüm, Partner usw. Kein Mensch (nicht einmal eineiige Zwillinge) sieht so aus wie der Andere. Und auch bei Zwillingen hat jeder seine eigene Wahrnehmung. Selbst wenn es uns schwerfällt, ein Ei vom Anderen zu unterscheiden, so stimmt das Sprichwort doch. Es ist wirklich so, dass kein Ei dem anderen gleicht. Wir können auf dieser Welt vieles miteinander teilen, nur eben unsere Wahrnehmung nicht. Keiner von uns kann einem Anderen die eigene Wahrnehmung verbal ausreichend erklären. Niemand kann wissen, wie die Wahrnehmung eines anderen Menschen ist, wie es sich wirklich anfühlt, dieser Mensch zu sein und als dieser Mensch die Umwelt und andere Menschen zu erleben. Dessen müssen wir uns bewusst sein. Sie werden nie wissen können, wie es für einen anderen Menschen ist, die Farbe Rot zu sehen, oder wie es sich für ihn anfühlt, in eine Zitrone zu beißen. Ganz egal wie viel Sie jemals über das Gehirn wissen werden, die Erlebnisperspektive eines anderen Menschen wird Ihnen immer verschlossen bleiben. Sie können vermuten oder versuchen zu erahnen, aber wirklich kennen werden Sie am Ende immer nur Ihre eigene Wahrnehmung. Natürlich müssen wir weiterhin so ausführlich wie möglich miteinander darüber reden, wie es für jeden von uns ist, er oder sie zu sein. Zum einen damit wir uns als Individuen kennenlernen und respektieren können und zum anderen damit wir als Gruppe erfolgreich sein können. Sei es als Paar, Familie, Freunde, Schulklasse, Kollegium, Sportgruppe oder Gesellschaft.

Das Modell der Welt im Kopf eines autistischen Menschen ist ein völlig anderes als das in den Köpfen nicht-autistischer Menschen. Beobachtet man das Verhalten der Menschen, dann fällt auf, dass sich nicht-autistische Menschen dahingehend sehr ähnlich zu sein scheinen. Da wir immer nur auf unsere Wahrnehmung reagieren können, liegt nahe anzunehmen, dass sich deren Wahrnehmungen auch ähnlich sind. Das nicht-autistische Modell der Welt hat sich anscheinend bewährt, denn man ist damit in eine Art Serienproduktion gegangen. Das autistische Modell dagegen ist fast immer ein Einzelstück oder zumindest eine streng limitierte Auflage. Man kann das Gehirn als einen Modellbauer bezeichnen, denn es erstellt außer dem Modell der Welt ebenfalls ein Modell des eigenen Geistes (eigene Wünsche, Gedanken und Gefühle) und ein Modell des Geistes Anderer (Vermutungen über die mentalistischen Zustände anderer Menschen). All diese Modelle stehen im ständigen Austausch miteinander und ermöglichen im Bestfall ein sehr erfolgreiches Dasein als Individuum in einer Gemeinschaft. Da all diese Modelle bei Autismus anders aussehen bzw. der Austausch zwischen ihnen weniger gut funktioniert, erscheint Ihnen ein Autist eventuell wie von einem anderen Planeten. Viele Asperger-Autisten schaffen es trotz alledem, eine Zeit lang so zu wirken, wie die Umgebung es erwartet. Als ich ein Schulkind war, war die Zeitspanne, in der ich es schaffte »normal« zu wirken, wesentlich kürzer als heute. An manchen Tagen waren es nur Minuten, weshalb meine Schulzeit für mich wie eine Art Spießrutenlauf war. Es verwundert mich immer wieder, dass ich trotz all des Stresses, dem ich schon allein bei dem Gedanken an die Schule ausgesetzt war, doch sehr viel aufnehmen und lernen konnte. Mein allergrößtes Problem während meiner Schulzeit war meine Selbstwahrnehmung.

Die Selbstwahrnehmung

Bei Selbstwahrnehmung geht es, wie der Name schon sagt, um die Wahrnehmung des eigenen Selbst. Mit genau diesem Selbst (autos) fängt für jeden von uns alles an. Da die Selbstwahrnehmung bei Autismus eine entscheidende Rolle spielt, möchte ich ausführlich auf dieses Thema eingehen. Wahrscheinlich beginnt die Entwicklung des Selbst schon vor der Geburt. Aber dennoch nimmt sich ein Baby bei der Geburt noch nicht sofort als eigenständiges Wesen wahr. Es hat also noch keine Selbstwahrnehmung. Haben Sie schon einmal einen Wellensittich beobachtet, der sich über sein eigenes Spiegelbild freut? Er glaubt, einen Spielkameraden zu haben. Für ihn bedeutet der Spiegel nur eine Erweiterung seiner Umgebung. Er ist sich seiner selbst nicht bewusst. Die Entwicklung des menschlichen Selbst ist eine sehr rasante. Schon kurz nach der Geburt wird ein differenzierteres Selbst wahrgenommen, womit der erste Schritt zu einer Unterscheidung zwischen Selbst und Anderen erfolgreich getan ist. Ab dem zweiten Lebensmonat nehmen Babys ihr Spiegelbild als für sich einzigartig wahr. Sie merken, dass die von ihnen im Spiegel gesehenen Bewegungen mit den von ihnen gefühlten inneren Zuständen übereinstimmen. Das Spiegelbild ist jetzt unheimlich interessant und wird von nun an zum Ort der Begegnung mit dem eigenen Selbst. Der Moment, in dem sich das Baby im Spiegel erkennt, wird als Geburt des Ich bezeichnet. Im Alter von ca. sechs bis 18 Monaten weiß das Kind, dass es sich selbst im Spiegel sieht. Es kann sich also identifizieren. Spätestens im Alter von 24 Monaten bestehen Kleinkinder den Spiegeltest, bei dem eine Haftnotiz auf dem Haar angebracht wird, welche das Kind sofort abmacht, wenn es in den Spiegel schaut.

Mein Sohn Elijah (15 Jahre) tut dies bis heute nicht. Manchmal schaut er sich ganz lange und interessiert, mit einem breiten Lächeln, im Spiegel an, aber es ist von außen nicht zu erkennen, ob er sich selbst oder doch nur einen »Freund« anlächelt. Aber er macht Fortschritte. Er dreht sich seit einiger Zeit zu mir um, wenn er mich im Spiegel hinter sich stehen sieht. Er kann Spiegel nun als Rückspiegel nutzen, nämlich, um uns mit dem Rücken zu uns stehend beobachten zu können. So kann er die Andere-Wahrnehmung und damit verbunden seine Selbstwahrnehmung niedrig halten, aber dennoch am Geschehen teilnehmen. Er scheint sein Spiegelbild mittlerweile als einzigartig für sich zu erkennen und keinesfalls mehr nur als eine Erweiterung seiner Umgebung zu sehen. Autismus bedeutet immer eine Entwicklung nach vorn, aber mit einer anderen Geschwindigkeit als Sie es kennen und erwarten. Die Schritte sind oftmals so klein, dass die Umgebung sie gar nicht wahrnimmt und deshalb Stillstand oder gar Rückschritt registriert. Elijah hat jedenfalls ungeheuer viel Spaß mit Spiegeln, selbst wenn er den Spiegeltest (noch) nicht besteht. Auch ich habe es erst im späten Kindesalter geschafft, mich eindeutig im Spiegel zu identifizieren. Ich kann mein Spiegelbild jedoch nur eine bestimmte Zeit lang ertragen. Ich zeige deshalb bis heute eine Vermeidungshaltung, die ähnlich wie die eines Vampirs gegenüber dem Tageslicht ist. Unerwartetes Spiegeln, egal ob in Spiegeln, Scheiben oder blankgeputzten Oberflächen, löst immer wieder großen Stress aus. Im Gegensatz zu meiner Schulzeit kann ich dies nun adäquat verbalisieren. Ich kann heute sagen, dass ich ein Zimmer wegen des Spiegelns meiner Person in Glasschränken nicht betreten kann. Ich kann endlich auch erklären, warum das so ist. Als Kind war dies unmöglich. Ich wurde dann von meiner Umgebung gnadenlos nach meinem Verhalten beurteilt. Es konnte ja niemand wissen, welche Gefahr Spiegel und spiegelnde Oberflächen für mich darstellen.

Die Entwicklung des Selbst scheint bei vielen autistischen Menschen im Laufe des zweiten Lebensjahres einen anderen Weg zu nehmen als das bei nicht-autistischen Menschen der Fall ist. Viele Eltern bemerken in diesem Zeitraum erstmals Verhaltensauffälligkeiten ihrer später als autistisch diagnostizierten Kinder. Zu diesen Auffälligkeiten gehören der fehlende Blickkontakt und das Fehlen der Zeigegestik. Außerdem interagieren die meisten autistischen Kinder im Kontakt mit anderen Menschen ganz anders, es fehlt unter anderem die geteilte Aufmerksamkeit. Unerklärlich ist mir, dass solche Abweichungen in der Entwicklung eines Kindes nicht jedem Kinderarzt sofort auffallen, zumal ganz viele Mütter bei den U-Untersuchungen spezifisch darauf hinweisen. Blickkontakt, Zeigegestik und geteilte Aufmerksamkeit sind wichtige Voraussetzungen für die Entwicklung eines Meta-Selbst und auch für die Fähigkeit zur Theory of Mind. Diese werde ich in diesem Kapitel noch näher erklären. Einfach gesagt ist Theory of Mind eine Art Sicherheitsnetz, dass Ihnen nicht bewusst ist, aber ohne welches Sie sich auf keinen Fall in die Begegnung mit anderen Menschen begeben würden. Diese Fähigkeit fehlt mir, meinem Sohn und den meisten Autisten. Schon allein das erschwert uns die soziale Interaktion und Kommunikation ungemein. Anstatt von den Kinderärzten ernst genommen zu werden, werden besorgte Eltern weiterhin mit Worten wie »Das gibt sich noch.«, »Er ist eben langsamer.«

oder »Sie wächst da raus.« beruhigt. Anstatt einer frühen Diagnostik und Intervention werden die Familien allein gelassen. Dabei ist die frühe Intervention ein so wichtiger Schritt, wenn es darum geht, autistischen Menschen effektiv zu helfen. Das heißt, ihnen und ihren Familien Hilfsangebote zu machen, bevor sich viele Verhaltensmuster so verfestigen, dass sie, wenn überhaupt, nur mühsam wieder rückgängig gemacht werden können. Dennoch ist auch bei später Diagnostik noch ganz viel möglich, da unser Gehirn ein Leben lang lernen kann. Elijah ist jedenfalls noch nicht aus dem Autismus rausgewachsen, stattdessen haben wir durch diesen uns aufgezwungenen Irrweg zur richtigen Diagnose viel an wertvoller Zeit verloren. Die Eltern Ihres autistischen Schülers hatten eventuell schon viele Hürden zu überwinden und es hat sie viel Kraft und Energie gekostet, ihr Kind so weit zu bringen, dass es bei Ihnen in der Klasse sitzen kann. Viele Eltern haben zudem einen Alltag, der sie immer wieder ganz schnell an ihre Grenzen bringt. Dann können kleine Dinge schon mal größer erscheinen als sie es in Wirklichkeit sind. So ist das mit der Wahrnehmung.

Aber lassen Sie mich wieder zur Entwicklung des Selbst zurückkommen. Im Alter von ca. drei Jahren können die meisten Kinder sich nun über den Spiegel hinaus auch dann auf Fotos wiedererkennen, wenn sie auf diesen Bildern jünger sind. Das Selbst hat jetzt eine zeitliche Dimension bekommen. Ich kann mich bis zum Alter von ca. sieben Jahren sehr gut auf Fotos wiedererkennen. Schaue ich mir jedoch spätere Bilder von mir an, dann fällt es mir schwer, mich auf diesen zu erkennen und mich mit der eigenen Person zu identifizieren. Es fühlt sich eher so an, als würde ich eine sehr vertraute Person betrachten. Elijah liebt Fotos, besonders solche, die ihn zeigen. Er hat in der Schule viele Fotos von sich selbst, seiner Familie und seinem Zuhause, die er oftmals als Anker nutzt. Wir wissen jedoch nicht sicher, ob er sich auf diesen Bildern erkennt. Es gibt Tage, da posiert er für Fotos und dann gibt es wieder Momente, wo allein schon der Anblick einer Kamera seine Selbstwahrnehmung so hochfährt, dass er sofort in enormen Stress gerät und die Gefahr eines Meltdowns (eine Art Kernschmelze) oder Shutdowns (ein komplettes Abschalten des Systems) besteht.

Nicht-autistische Kinder haben mit vier oder fünf Jahren ein Meta-Selbst entwickelt, das heißt, sie wissen: ich bin ich und du bist du. Sie schaffen es nun, sich selbst aus der Dritten-Person-Perspektive wahrzunehmen. Sie haben also eine ganz gute Idee davon, dass Andere sie sehen können. Das Selbst hat nun neben der Eigenwahrnehmung (Ich) eine Andere-Wahrnehmung (Du). Außerdem besitzt ein Kind jetzt eine Fremdwahrnehmung. Das bedeutet, es hat nicht nur ein Bewusstsein dafür, dass das Du das Ich sieht, sondern auch wie das Du das Ich sieht. Diese Fähigkeit ist für das Leben in einer Gemeinschaft absolut notwendig. Erst diese Fremdwahrnehmung ermöglicht es Ihnen, in sozialen Situationen adäquat zu reagieren, also den Erwartungen der Anderen zu entsprechen. Mit ihrer Hilfe können Sie in Sekundenschnelle die Konsequenzen Ihres Verhaltens abschätzen und es entsprechend anpassen. Nicht-autistische Menschen entwickeln im Laufe der Jahre ein sicheres *Ich*, welches schützend vor dem Selbst steht. Dieses Ich, an dem sie sich orientieren, ist jedoch immer nur ein Versprechen, eine Art Idealvorstellung von dem, was und wie sie sein wollen.

Auch Sie haben schon Situationen erlebt, in denen Sie eigentlich ganz anders agieren oder reagieren wollten, es aber nicht getan haben. Das sind die Momente, in denen Sie Ihr Ich deutlich spüren können. Dieses Ich steht mit Hilfe der Andere-Wahrnehmung und der Fremdwahrnehmung im ständigen Austausch mit der Umgebung und zieht genau dann die Notbremse, wenn Sie Gefahr laufen sich zu blamieren, ausfällig zu werden oder gar jemandem ins Schienbein zu treten. Es ist Ihr Ich, mit dessen Hilfe Sie es gerade noch bis nach Hause schaffen, wo sich Ihr Partner dann anhören muss, was Ihrem Selbst passiert ist. Oder vielleicht reagieren Sie sich in solchen Fällen mit Hausarbeit ab? Sie stimmen mir doch bestimmt zu, wenn ich behaupte, dass Sie zu Hause längst nicht so geduldig, höflich, sprich sozial adäquat, reagieren, wie in der Schule oder mit Ihnen weniger vertrauten Menschen. Menschen, die uns nahestehen, gehen immer das größte Risiko ein, unsere dunkle Seite kennenzulernen. Wir sind uns dessen nicht bewusst, aber eine ehrliche Vertrautheit führt immer dazu, dass wir uns einander nähern und letztendlich auch dem Selbst des Anderen begegnen können. Aus diesem Grund sind es oft die Menschen, die wir lieben, die uns am meisten berühren, und manchmal auch weh tun, können. In bekannter Umgebung sind wir alle eben mehr wir selbst. Es ist wichtig, dass es Orte und Zeiten gibt, an und zu denen wir keine Masken tragen müssen.

Autistische Menschen dagegen sind immer ihr Selbst. Mir fehlt ein schützendes Ich vor meinem Selbst, welches über die Konsequenzen meines Verhaltens im sozialen Miteinander Bescheid weiß und entsprechend reagieren kann. Das heißt, es gibt kein Meta-Selbst. Das Ich, der Schauspieler, die Maske, die alle Menschen zumindest zeitweise tragen müssen, fehlt mir komplett. Aber ich habe mir über die Jahre hinweg eine Art *Patchwork-Ich* gebastelt, das es mir ermöglicht, eine Zeit lang relativ sicher mit Menschen zusammen zu sein. Ich sehe mich als eine Art Schauspieler, der das Drehbuch nicht kennt, aber dennoch versucht, auf der Bühne des Lebens sein Bestes zu geben.

In meiner Schulzeit hatte ich nur sehr fragile Maskenstücke, die mir immer wieder zerbrachen und mich deshalb fast zum Aufgeben gezwungen haben. Der Begriff Autismus ist sehr gut gewählt. Autos, das Selbst, welches ohne Maskierung, ohne Schutz auf maskierte Andere trifft. Manche Menschen tragen sogar mehrere Masken auf einmal und erwarten dies von jedem, dem sie begegnen. Dass diese Begegnungen nicht gutgehen können, ist uns wohl allen klar. So wie ein Ich nur einem Ich begegnen kann, so kann ein Selbst immer nur einem anderen Selbst begegnen. Ein Ich-Mensch fühlt sich in der Begegnung mit einem Selbst, einem Autisten wie mir, fast immer sofort unwohl oder gar angegriffen. Diese Begegnung zwingt nicht-autistische Menschen nämlich unweigerlich dazu, sich selbst zu begegnen und sich so kennen und akzeptieren zu lernen, wie sie nun einmal sind. Bei ganz vielen Menschen ist das Ich so stark geworden, dass sie ihr Selbst vergessen oder sogar ganz aufgegeben haben. Wer das Gefühl hat, keine Maske zu tragen, bei dem sitzt sie richtig fest.

Einige von ihnen machen sich mittlerweile wieder auf die Suche nach dem eigenen Selbst. Selbstfindungsseminare, wo für viel Geld übers Wochenende Kraft zur Selbstliebe getankt werden kann, haben großen Zulauf. Es gibt Menschen, die springen aus Flugzeugen oder laufen Hausmauern herunter, um endlich wieder zu sich selbst zu finden. Jeder von uns befindet sich auf der Suche nach dem Selbst, aber keiner ist so nah dran wie ein Autist. Bei der Andere-Wahrnehmung ist es genau umgekehrt.

Die Andere-Wahrnehmung

Im Gegensatz zu meinem Sohn hatte ich das große Glück Andere-Wahrnehmung schon recht früh gut und lange aushalten zu können. Ich konnte die Menschen neben mir nicht nur wahrnehmen, sondern ich konnte diese Wahrnehmung von Anfang an ziemlich gut regulieren. Das ist sehr wichtig und etwas, das Elijah (noch) nicht so gut kann. Andere-Wahrnehmung löst immer Selbstwahrnehmung aus und wenn man es nicht schafft, die Andere-Wahrnehmung zu regulieren, dann wird aus der Selbstwahrnehmung schnell Selbstkonfrontation. Stellen Sie sich vor, Sie müssten nackt auf einer Bühne vor Hunderten von Menschen einen Vortrag zu einem Thema halten, von dem Sie absolut nichts verstehen. Wie geht es Ihnen bei diesem Gedanken? Wenn Sie schon einmal in einer Situation waren, in der Sie sich nur eines gewünscht haben, nämlich im Boden zu versinken, dann haben Sie eine Idee davon, was ich mit einer erhöhten Selbstwahrnehmung meine. Multiplizieren Sie das Gefühl, das Sie Sich-Schämen nennen mit 1000 und Sie wissen vielleicht annähernd, was Selbstkonfrontation für mich oder Elijah bedeutet. Es ist einer der schlimmsten Zustände, den ich kenne. Ich kann der Selbstkonfrontation nur entkommen, in dem ich einen guten Abstand zu meinem Selbst halte oder diesen schnell wiederherstelle. Ich muss mein Selbst also in eine Balance bringen. Dieses Verhalten wird von nicht-autistischen Menschen immer noch als autoaggressives Verhalten bezeichnet. Das ist es aber ganz und gar nicht, denn es ist nicht gegen das Selbst oder den Körper gerichtet, sondern dient dazu, dass es dem Selbst wieder gutgehen kann. Ein großer Teil meines Autismus entsteht immer erst in der Begegnung mit anderen Menschen. Das ist für mich das größte Problem und ein Grund zu Traurigkeit, denn ich möchte Teil der Gruppe sein. Genau wie Sie sehne ich mich nach Begegnungen und Interaktionen mit anderen Menschen. Damit dies gelingt, ist Fremdwahrnehmung notwendig.

Die Fremdwahrnehmung

Fremdwahrnehmung bedeutet, dass einem Menschen bewusst ist, dass andere Menschen ihn sehen, wie sie ihn sehen und welche Konsequenzen sein Verhalten für ihn selbst haben könnte. Nicht-autistische Menschen können in der Regel davon ausgehen, dass die Wahrnehmung der meisten ihrer Mitmenschen der eigenen sehr ähnlich ist. Genau aus diesem Grund ahnen Sie, wie ein Mensch reagieren wird, noch bevor er tatsächlich in die Zitrone beißt. Sie können sich gut vorstellen, wie es sich für einen anderen Menschen anfühlt, wenn er lacht oder weint. Außerdem können Sie Vermutungen darüber anstellen, warum er das gerade tut. Die Fähigkeit, sich in sein Gegenüber hineinversetzen zu können, ist eine Grundvoraussetzung, um in einer Gesellschaft erfolgreich leben zu können. Sie bildet meiner Meinung nach die Basis jeder Gemeinschaft (▶ Kap. 8). Eine hochentwickelte Form der Fremdwahrnehmung wird Theory of Mind genannt.

Theory of Mind

Für mich ist die schon erwähnte Theory of Mind (ToM), nämlich eine Idee vom Modell des Geistes Anderer zu haben, ein Wunderwerkzeug. ToM zu haben heißt, zu wissen, dass andere Menschen mentalistische Zustände, wie Gefühle, Wünsche, Ideen, Erwartungen, Absichten und Ansichten, haben und sich diese auch vorstellen zu können, sowohl in der eigenen Person als auch im Gegenüber. Wenn Sie ToM besitzen, können Sie sich in den Anderen hineinversetzen und Vermutungen darüber anstellen, wie es für diesen Menschen ist, wenn er Dinge sieht, schmeckt, fühlt, hört, sagt oder tut, indem Sie es mit Ihrem eigenen Empfinden und Verhalten in ähnlichen Situationen vergleichen. Da Ihnen aber das wirkliche Empfinden, also die Wahrnehmung, Ihres Gegenübers verborgen bleibt, ist es das Verhalten, welches Sie hauptsächlich als Vergleichsgegenstand heranziehen müssen. Genau deshalb gibt es so viele Probleme in der Begegnung von nicht-autistischen und autistischen Menschen! Es wird nur das Verhalten gesehen. Als ich als Schulkind nicht in das Klassenzimmer mit den Schränken mit Spiegeltüren gegangen bin, wurde mir Bockigkeit und Sturheit unterstellt, weil einzig mein Verhalten, nicht jedoch meine Wahrnehmung des Raumes, gesehen und verglichen wurden. Ich konnte mich nicht erklären, wurde bestraft und musste am Ende doch in diesen Raum hinein. Meine schon erhöhte Selbstwahrnehmung wurde fast sofort zur Selbstkonfrontation und ich kratzte mir das Gesicht auf, um wieder den notwendigen Abstand zu meinem Selbst herzustellen. Dieser Versuch, mich wieder zu regulieren, wurde erneut missverstanden und hatte weitere negative Konsequenzen für mich, die ich nicht verstand. Meine Schulzeit war ein einziger Strudel, der mich immer wieder mitriss und auf den Grund dieses tiefen, dunklen Sees zurückzog, von dem ich gerade mühsam aufgetaucht war. Ich hatte wirklich immer das Gefühl zu ertrinken, sobald ich mit Menschen konfrontiert wurde. Ich musste also sehr gut schwimmen lernen, das heißt Strategien finden, um unter anderem mit Spiegeln klar zu kommen.

Theory of Mind ist immer nur eine Annahme, eine Vermutung. Sie können nämlich immer nur von sich selbst wissen, was Sie wann, wie und warum denken, fühlen und tun und wie es Ihnen dabei geht. In der Begegnung von autistischen und nicht-autistischen Menschen zeigt sich, dass die Fähigkeit zur Theory of Mind und deren Anwendung in der sozialen Interaktion zu großen Problemen führen kann, die nicht-autistische Menschen oftmals ratlos und kopfschüttelnd zurücklassen. Autistische Menschen reagieren anders als das Gegenüber es aufgrund seiner ToM Fähigkeit erwartet und deshalb kommt es sehr schnell zu großen Schwierigkeiten in der Interaktion. Man kann sagen ToM funktioniert im Umgang mit autistischen Menschen nicht gut bis überhaupt nicht. Abstellen können nicht-autistische Menschen ihre ToM-Fähigkeit aber auch nicht. Dennoch müssen sie sich im Umgang mit autistischen Menschen bewusst werden, dass ihre Erwartungshaltung, die sie aufgrund von gemachten Erfahrungen und Erinnerungen haben, hier nicht befriedigt werden wird. Ich habe meine fehlende Fähigkeit zur Theory of Mind zu kompensieren gelernt, in dem ich weiterhin mein Sensing anwende.

Sensing

Autistische Menschen haben auch eine Art Wunderwerkzeug, nämlich das Sensing. Aber nicht nur ein autistischer Mensch, sondern jeder von uns besitzt Sensing, denn es ist eine allen Menschen angeborene Fähigkeit. Sensing ist eine Art des Spürens, also des Erfühlens der inneren Zustände eines anderen Menschen. Bei nicht-autistischen Menschen beginnt diese Fähigkeit im Laufe ihrer Kindheit mehr und mehr zu verkümmern. Vielleicht, weil sich bei den meisten Menschen verbale Sprache entwickelt und vorrangig zur Kommunikation genutzt wird. Irgendwann wird das Sensing durch die Anwendung von Sprache, Fremdwahrnehmung und dem kognitiven Hineinversetzen in andere Menschen gänzlich ersetzt. Uns allen bleibt diese Fähigkeit zwar ein Leben lang erhalten, aber nicht-autistische Menschen nutzen sie fast nicht mehr oder nur unbewusst.

Für autistische Menschen dagegen ist Sensing besonders wichtig. So haben sie eine Chance, andere Menschen zu erfühlen und auf diese Weise etwas über deren Befindlichkeiten zu erfahren. Besonders für nicht-sprechende autistische Menschen wie meinen Sohn bietet das Sensing eine Möglichkeit der Kommunikation mit anderen Menschen. Sie ist leider oft einseitig, da sich nicht-autistische Menschen sowohl ihres eigenen Sensings als auch des Sensings autistischer Menschen nicht bewusst sind. Vielen Autisten ist es auf diese Weise zwar möglich, ihr Gegenüber über dessen innere Gefühlszustände zu ergründen und zu verstehen. Sie reagieren dann auf ihre Art auf das, was sie spüren, aber der so Angesprochene kann seinerseits nicht adäquat auf den autistischen Menschen und seine Kommunikation reagieren. Oft kommt es allein deshalb schon zu Missverständnissen in der Beziehung. Nicht-autistische Menschen bemerken oftmals nicht einmal, dass sie sich gerade in einer Kommunikation befinden und was sie in diesem Moment von sich preisgeben. Für mich ist diese Art der Kommunikation, die Wahrnehmung des Anderen zu übernehmen, dennoch eine hilfreiche Kompensationsstrategie, um mich in neuen Situationen zurechtzufinden und mich dann trotz allem sozial adäquat verhalten zu können.

Aber Sensing zu haben, bedeutet ebenfalls, dass ich nicht nur die positiven und beruhigenden Gefühle in anderen Menschen wahrnehmen kann, sondern auch deren andere emotionale Zustände. Da hilft es nicht, wenn ein Mensch nach außen freundlich zu wirken versucht oder gar lächelt, denn ich spüre, wie es ihm innen drin geht. Wenn er innerlich brodelt, dann erlebe ich das mit und kann nur darauf reagieren. Nicht-autistische Menschen senden zwar weiterhin Emotionen und Gefühle aus, aber sie selbst empfangen solche Signale nicht mehr so gut über ihre Wahrnehmung. Sie sehen das Lächeln der Ich-Maske ihres Gegenübers und interpretieren, dass es diesem deshalb gutgeht. Aber dass sich seine wahren Gefühle eventuell nicht mit dem Ausdruck der Ich-Maske decken, bleibt ihnen verborgen. Das wird nicht-autistischen Menschen leider förmlich antrainiert. Haben Sie sich schon einmal bedankt und gelächelt, obwohl Ihnen ein Geschenk nicht gefallen, Ihnen das Essen nicht geschmeckt hat oder die Party für Ihr Empfinden doch zu laut gewesen ist? Dieses Verhalten haben Sie im Laufe Ihrer Kindheit erlernt und wenden es nun fast ständig und meist unterbewusst an. Es gibt Ihnen ein Gefühl der Sicherheit, aber letztendlich tut es Ihnen und auch Ihrem Gegenüber nicht gut. Manchmal allerdings werden Sie daran erinnert, dass Sie über Sensing verfügen und Sie spüren genau, dass es Ihrem Gesprächspartner trotz seines Lächelns nicht gutgeht. Bei Menschen, die Ihnen emotional nahestehen, können auch Sie sehr schnell und leicht hinter die Maske schauen. Autistische Menschen entwickeln keine oder sehr wenig Fremdwahrnehmung und kompensieren dies zum Teil mit Sensing. Nicht-sprechende Autisten versuchen meist, Sensing zu ihrer bevorzugten Art der Kommunikation zu machen, was aber nur dann gelingt, wenn das Gegenüber in der Lage ist Sensing zu erkennen und zu nutzen.

Elijah und ich brauchen eigentlich keine verbale Sprache, da das Sensing zwischen uns wunderbar funktioniert. Ich erspüre viel von dem, was er braucht, wie es ihm geht und was ihm eventuell helfen könnte. Elijah merkt auch als Erster, wenn es mir nicht gut geht und reagiert dann entsprechend darauf. Viele nicht-autistische Mütter bekommen, besonders wenn ihre Kinder noch klein sind und sie mit ihnen noch nicht verlässlich über Sprache kommunizieren können, wieder einen Zugang zu ihrem Sensing. Sie spüren, ob es ihrem Kind gut geht oder nicht. Genauso wie das Kind spürt, ob die Mutter aufgeregt oder ruhig ist. Beobachten Sie doch einmal Mütter und ihre Kinder auf einem Spielplatz. Fällt ein Kind hin, dann schaut es zuerst zur Mutter. Von deren Reaktion hängt ab, wie das Kind reagieren wird. Von einer nervösen, aufgeregten Mutter lässt sich kein Kind beruhigen. Stillen klappt oft nicht, weil die frischgebackene Mama sich einfach zu viele Sorgen macht und dies überträgt sich auf das Baby. Zwillinge verfügen ein Leben lang über exzellentes Sensing. Manchmal spüren Menschen sogar, dass ihnen etwas Entscheidendes im Leben fehlt und stellen dann fest, dass sie adoptiert sind und tatsächlich einen Zwilling haben.

Sensing ist eine tief in uns verwurzelte Fähigkeit, die vor langer Zeit mit dafür verantwortlich war, dass wir überleben konnten, weil wir Gefahren sozusagen schon gewittert haben, ehe sie überhaupt da waren. Für mich bedeutet ein Leben mit meinem Autismus immer am Rande des Abgrundes zustehen, also ständig von Gefahr umgeben zu sein. Es ist sehr schwer, mich in neuen Situationen zurechtzufinden, da mein System immer sofort Alarm schlagen will. Noch schwerer wird es, wenn ich dann bei meinem Gegenüber eine innere Aufgeregtheit oder Gereiztheit spüre, obwohl ich in ein lächelndes Gesicht schaue. Das verwirrt mich auch heute noch sehr. In meiner Schulzeit führte das oftmals dazu, dass Situationen eskalierten, obwohl der Lehrer nach außen sehr wohl ruhig blieb. Aber dieses Außen beruhigte mich nicht, denn es stand im krassen Gegensatz zu seinen inneren Befindlichkeiten. Diese kann ich viel besser wahrnehmen und deuten, besonders, wenn es sich um negative Gefühlszustände handelt. Versuchen Sie deshalb in Situationen, in denen der autistische Schüler in Stress gerät, bitte unbedingt auch innerlich ruhig zu bleiben. Dies verlangt eine Menge von Ihnen ab, aber Sie können das üben. Falls es Ihnen nicht gelingt, innerlich ruhig zu bleiben, dann gehen Sie aus der Situation raus, denn Sie sind jetzt keine Hilfe mehr, sondern selbst zu einem Stressor geworden. Nun hilft nur noch Abstand. Lassen Sie sich auswechseln und schöpfen Sie auf der Ersatzbank neue Kräfte. Falls Sie die Situation nicht verlassen können, dann seien Sie dem Schüler und sich selbst gegenüber offen und ehrlich und sagen Sie, wie es Ihnen wirklich geht und warum. Dies kann nämlich eine Art paradoxe Intervention sein, die den Kreislauf zu unterbrechen und so zu einer Entspannung der Situation führen kann. Ich erlebe dies immer wieder nicht nur mit meinem Sohn, sondern auch bei mir selbst.

Da uns die Fremdwahrnehmung fehlt, braucht es immer wieder die Hilfe und Unterstützung unseres Gegenübers, um wirklich zu verstehen, wie unser Verhalten auf den Anderen wirkt. Ich kann über Sensing zwar wahrnehmen, wie es Ihnen wirklich geht, aber ich schaffe es oft nicht, dies mit meinem Verhalten in Verbindung zu bringen und als Ursache Ihres Gefühlszustandes zu verstehen. Mit einem inneren Zustand der Ruhe und Gelassenheit können Sie einem autistischen Menschen vor allem in Krisensituation wirklich effektiv helfen. Menschen, bei denen sich das Selbst und das Ich in einer Balance befinden, nenne ich Brückenmenschen, da sie für mich in der Begegnung keine Gefahr, sondern eine Beruhigung darstellen. Werden Sie ein solcher Brückenmensch. Dies wird nicht nur bei Ihrem autistischen Schüler Wunder wirken, sondern auch bei Ihnen selbst.

Die soziale Wahrnehmung

Nun noch ein paar Worte zur sozialen Wahrnehmung. Das ist das Erleben, Filtern, Interpretieren und Verarbeiten von sozialen Informationen. Die soziale Wahrnehmung wird erheblich von den Menschen beeinflusst, die uns umgeben. Auch hier läuft bei autistischen Menschen vieles anders ab. Da ist einerseits die unterschiedliche oder fehlende Andere-Wahrnehmung, die, wenn vorhanden, sehr oft nur schwer zu ertragen ist bzw. ganz schnell Selbst-Konfrontation auslöst. Außerdem trägt die Filterschwäche des autistischen Gehirns dazu bei, dass Reizen eine andere Bedeutung beigemessen wird als ihnen eigentlich zusteht. Andererseits bekommen autistische Menschen über ihr Sensing sehr viel und vor allem ehrliche Informationen mitgeteilt, die oft im Widerspruch zu dem stehen, was ihnen ihr Gegenüber nach außen offenbart. All das ist hinderlich bei dem Prozess, sich selbst und andere Menschen zu verstehen. Ohne ausreichende soziale Wahrnehmung ist ein Mensch weder in der Lage die Gruppe noch sich selbst als Mitglied der Gruppe wahrzunehmen bzw. seinen Platz in der Gruppe zu verstehen. Auf Deutsch gesagt, ist man als Autist vor allem dann ganz schnell raus, wenn die Umgebung kein Verständnis von Autismus hat und nicht zur Akzeptanz des Andersseins autistischer Menschen bereit ist.

Tipps für den Umgang mit autistischen Wahrnehmungen

1. Bleiben Sie äußerlich und innerlich ruhig, denn so kommunizieren Sie Ruhe und Ausgeglichenheit auf eine Art und Weise, die der autistische Schüler verstehen kann. So geben Sie ihm Sicherheit und helfen ihm am besten.
2. Seien Sie ehrlich gegenüber sich selbst und anderen Menschen.
3. Nehmen Sie autistisches Verhalten nicht persönlich! Es hat wirklich nichts mit Ihnen zu tun.
4. Benutzen Sie ein persönliches Mantra oder meinen Favoriten: das bekannteste buddhistische Mantra *Om man ni pad me hum*.
5. Machen Sie sich immer wieder bewusst, dass dieser Schüler eine ganz andere Wahrnehmung der Situation hat und dass sein Verhalten eine Reaktion auf eben diese Wahrnehmung ist.
6. Wenden Sie Atmungs- und Entspannungsübungen an.
7. Nehmen Sie als Soforthilfemaßnahme einen Stift quer in den Mund und schauen Sie nach oben. Ihr Gehirn meint nun, dass Sie lächeln und schüttet nach ca. 60 Sekunden Glückshormone aus. Sieht komisch aus, aber funktioniert!
8. Fahren Sie die Andere-Wahrnehmung des Schülers herunter, indem Sie sich räumlich so weit entfernen, wie es geht oder sich hinsetzen, denn dann sind Sie weniger da.
9. Wenn gar nichts mehr geht, dann gehen Sie aus der Situation raus. Allerdings muss sichergestellt sein, dass der Schüler allein gelassen werden kann, also in einer für ihn sicheren Umgebung ist.

4 Die Sinneswahrnehmungen

Unsere Sinneswahrnehmungen ermöglichen es uns, unsere Außenwelt zu erleben. Die fünf Sinne, die jeder Mensch besitzt, sind Sehen (visuell), Hören (auditiv), Riechen (olfaktorisch), Schmecken (gustatorisch) und Fühlen (taktil). Um unser unmittelbares Umfeld gut wahrnehmen zu können und uns den Sinn dessen zu erschließen, was von außen auf uns einströmt, braucht es das Einbeziehen all unserer Sinne. Das Gehirn holt sich also immer Informationen von allen zur Verfügung stehenden Sinnesorganen. Dieses Zusammenspiel der Sinnesorgane nennt man sensorische Integration. So drehen wir zum Beispiel den Kopf in die Richtung einer Schallquelle, verfolgen mit den Augen die Bewegung eines Balles und verlassen uns nicht nur beim Schreiben auf die Hand-Augen-Koordination. Die Mehrzahl autistischer Menschen weist erhebliche Besonderheiten bei den Sinneswahrnehmungen auf. Die sensorische Integration scheint auf unterschiedliche Weise beeinträchtigt zu sein. Da oft nicht alle notwendigen Informationen zur Verfügung stehen, entsteht im autistischen Gehirn auch aus diesem Grund ein ganz anderes Abbild der Welt. Weil wir alle immer nur auf dieses Abbild reagieren können, kommt es unweigerlich zu einem anderen Verhalten. Dieses Verhalten wird von der Umgebung aber nur dann als autistisch wahrgenommen, wenn die Autismus-Diagnose bekannt ist. Wenn nicht, kommt es fast sofort zu Missverständnissen und autistischen Menschen wird dann schnell sehr viel Negatives unterstellt.

Lassen Sie mich Ihnen deshalb mehr über die Besonderheiten der verschiedenen Sinneswahrnehmungen autistischer Menschen erzählen. Ich berichte hierbei aus meiner Schulzeit und auch aus der meines Sohnes. Zusätzlich versuche ich Sie darauf aufmerksam zu machen, was eventuell bei Ihrem autistischen Schüler der Fall sein könnte. Die Betonung liegt auf eventuell und könnte, denn es kann wirklich auch ganz anders sein. Am Ende gibt es noch einige Vorschläge von mir, wie Sie die jeweilige Sinneswahrnehmung Ihres autistischen Schülers herunterfahren und so vielleicht eine Reizüberflutung verhindern können. Diese helfen nicht nur mir bis heute in meinem Alltag, sondern sie ermöglichen auch Elijah immer mehr Teilhabe. Autismus verlangt sehr viel Entschlossenheit und eine große Portion Mut zum Risiko. Ohne Ausprobieren und der Bereitschaft immer wieder neu zu beginnen, wird sich kein Erfolg einstellen.

Die visuelle Wahrnehmung – das Sehen

Ich sehe was, was du nicht siehst? Als visuelle Wahrnehmung bezeichnet man das Erkennen, Aufnehmen und Weiterverarbeiten von visuellen Reizen und deren Interpretation. Die Informationen gelangen über unsere Augen in unser Gehirn, werden dort nach wichtig und unwichtig sortiert und mit bereits gemachten Erfahrungen und Erinnerungen abgeglichen. Das heißt, wir sehen alle das Gleiche. Das Bild, das aufgrund der Interpretation der vom Auge aufgenommenen Reize im Gehirn entsteht, kann jedoch für jeden von uns sehr unterschiedlich sein. Während bei den meisten Menschen viele visuell aufgenommenen Reize durch eine Art Filter (Thalamus) sofort aussortiert werden und deshalb gar nicht erst ins Bewusstsein dringen, nehmen autistische Menschen über diesen Sinn sehr viel mehr bewusst wahr. Es wird viel weniger weggefiltert. Ganz im Gegenteil, fast alles wird als wichtig bewertet. Normalerweise sehen Menschen genau das scharf und deutlich, was in jeder Situation wichtig für sie ist. Sie werden sozusagen auf die entscheidenden Dinge aufmerksam gemacht, während Unwichtiges im Hintergrund verschwimmt. Bei autistischen Menschen verschwimmt nichts, da alles als wichtig bewertet wird und deshalb steht auch alles im Zentrum der Aufmerksamkeit. Das gesamte Bild ist gestochen scharf. Es braucht effektive Kompensationsstrategien, damit es nicht ständig zu einer Reizüberflutung kommt. Als Kind besaß ich davon weitaus weniger als heute.

Durch meine andere visuelle Wahrnehmung entstanden während meiner Schulzeit sowohl für mich als auch für meine Lehrer und Mitschüler jede Menge Probleme. Angefangen mit meiner Unfähigkeit, Gesichter in einem anderen sozialen Kontext oder in einer neuen Umgebung wiederzuerkennen, bis hin zu großen Problemen beim Imitieren von vorgeführten Übungen im Sportunterricht gab es täglich viele Missverständnisse und Stresssituationen, die hätten vermieden werden können. Ich war visuell enorm schnell ablenkbar und auch überfordert. Dennoch nutzte ich im Unterricht hauptsächlich mein Sehen, um mir ein Bild von dem zu machen, was gerade ablief. Alle anderen Sinne schaltete ich einfach ab. Über Lippenlesen konnte ich aufnehmen, was der Lehrer sagte, ohne alle anderen auditiven Reize auch noch verarbeiten zu müssen. Ich konnte mir sehr viel durch Stimming helfen, welches dazu dient, mein gesamtes System zu beruhigen. Mir half es, wenn ich einen Sitzplatz ganz vorn in Nähe des Lehrertischs hatte, da ich dann die gesamte Klasse mit all ihren visuellen Reizen hinter mir lassen konnte. Je weiter weg von den Fenstern, desto besser. Die ersten Schulstunden im Herbst oder Winter, wenn es draußen noch dunkel war, oder die grellen Sonnentage, an denen die Vorhänge zugezogen wurden, waren eine Wohltat, da dadurch weniger visuelle Reize auf mich einwirkten. Manchmal durften wir bei schriftlichen Arbeiten ein Buch wie eine Art Trennwand zwischen uns aufstellen, um gegenseitiges Abschreiben zu verhindern. Auch das habe ich geliebt, weil ich in dieser kleinen »Kabine« visuell eingeschränkt war. Plötzlich war die Welt auch für mich überschaubar.

Als ich einmal einen Fernsehbericht über eine Sprachschule sah, in der jeder Schüler eine Trennwand nach vorn, nach links und nach rechts hatte und über Kopfhörer den Lehrer hörte, da war ich sofort begeistert. Mich überforderten regelmäßig auch die Tafelbilder meiner Lehrer. Schon allein, dass jeder meiner Lehrer eine andere Handschrift hatte, war eine solche Herausforderung, dass ich oftmals den Inhalt nicht mehr aufnehmen konnte. Dann schrieb der eine in Schreibschrift, der andere nicht, der nächste hielt es mal so und mal so. Ich liebte die Lehrer, die Folien am Polylux verwendeten. Je strukturierter die Folie und je deutlicher die Handschrift, desto besser für mich. Mir selbst fiel und fällt Schreibschrift sehr schwer, da ich einzelne Buchstaben in Schreibschrift nicht mehr unterscheiden kann. Auch heute noch verwechsele ich ständig Buchstaben und Zahlen, wie zum Beispiel b und d, p und q, u und n oder 6 und 9 oder 89 und 98. Diese sehen sich sehr ähnlich und fühlen sich für mich gleich an. Ich habe mich in der Schule oft gewundert, warum gerade diesen »Spiegelbildbuchstaben und -zahlen« nicht mehr Beachtung geschenkt wurde. Erst seit einigen Jahren ist mir klar, dass es sich hierbei nur um eine weitere Wahrnehmungsbesonderheit meinerseits handelt.

Da ich Worte in ihrer Gesamtheit fühle und nicht als Ansammlung einzelner Buchstaben erfassen und zu einem Wort zusammenziehen muss, hatte ich mit dem Lesen lernen überhaupt keine Probleme. Lesen fiel und fällt mir leicht. Für mich ist jedes Wort eine Art Bild, das ich mir merke und dann in seiner Gesamtheit wiedererkenne. Die einzelnen Buchstaben nehme ich beim Lesen nicht wahr. Dafür fiel und fällt mir das Schreiben umso schwerer. Ich bevorzugte es, sehr früh in Druckschrift und Großbuchstaben zu schreiben, da ich erkannte, dass sich das Problem mit den »Spiegelbildbuchstaben« dann lösen lässt. B und D anstatt b und d, P und Q anstatt p und q. Leider musste ich bis Klasse 12 in Schreibschrift schreiben, was dazu führte, dass es immer einen gewissen Standart-Stresslevel gab. In der Mathematik fehlte mir bis zum Schluss eine Lösung, um die einzelnen Zahlen wirklich unterscheiden zu können. Ich weiß zum Beispiel nicht sofort, was eine 23 und was eine 32 ist, wenn ich die Zahlen nur sehe. Ich kann sie aber auch nicht richtig aufschreiben, wenn ich sie nur höre. Beide Zahlen fühlen sich für mich gleich an. Wenn Sie einen Stuhl sehen, der auf seinen vier Beinen steht, dann wissen Sie, dass das ein Stuhl ist. Wenn Sie diesen Stuhl nun auf dem Boden liegend sehen, dann erkennen Sie diesen als denselben Stuhl. Es ist ja auch immer noch ein Stuhl. So geht es mir mit der 23 und der 32 und sehr vielen anderen Zahlen und auch mit den »Spiegelbildbuchstaben«. Ich schaffe es deshalb auch nicht, Zahlenfolgen korrekt abzuschreiben. Die Zahlen sehen anders aus, aber sie fühlen sich gleich an. Woher soll ich wissen, welche Zahl es ist?

Ob ich eine Leserechtschreibschwäche und eine Dyskalkulie habe, wurde in meiner Schulzeit nie getestet, obwohl meinen Lehrern meine Probleme nicht entgangen sind. Da ich in jedem Fach sehr gute Leistungen brachte, wurden mir dann solche Fehler von den Lehrern sehr deutlich präsentiert. Es gab auch Lehrer, die sich darüber lustig gemacht haben oder mir nicht glaubten, dass ich diese Probleme wirklich habe. Ich muss mir bis heute die Zahlen laut ansagen und mit dem Finger in die Luft schreiben, um sie wirklich zu verstehen. Das war im Kontext Schule oft nicht möglich, ohne ausgelacht oder ausgeschimpft zu werden. In meinen Hausaufgaben hatte ich natürlich weniger oder keine Fehler als in Arbeiten oder Unterrichtsaufzeichnungen, da ich zu Hause viel mehr Ruhe, viel weniger Stress hatte und meine Kompensationsstrategien ungestört anwenden konnte. Auch diese Diskrepanz führte zu einigen Unterstellungen seitens des Lehrpersonals. Also begann ich Fehler in die Hausaufgaben einzubauen, um weiteren Aufmerksamkeiten zu entgehen.

Auch beim Lesen passte ich meine Lesegeschwindigkeit der an, die meine Lehrer am meisten zufrieden zu stellen schien. Derzeit nutze ich eine Lesegeschwindigkeit von 500 Wörtern pro Minute. Bei schriftlichen Aufgaben half es mir, wenn ich nur die Aufgabe sehen konnte, die gerade zu lösen war und alle anderen abgedeckt waren. Auch beim Schreiben versuchte ich das schon Geschriebene mit dem Löschblatt abzudecken, nur um gesagt zu bekommen, dass das Löschblatt unter der neu zu beschreibenden Zeile liegen müsse und nicht darüber. Es war sehr frustrierend zu wissen, dass etwas funktioniert, es aber nicht mehr nutzen zu dürfen. Körperbehinderten Menschen nahm und nimmt bis heute keiner den Rollstuhl weg. Dieser wird als Hilfsmittel (an)erkannt. Meine Hilfsmittel und Strategien wurden fast immer missverstanden und ich musste hilflos mit ansehen, wie man mir genau das wieder wegnahm, was ich mir mühsam erarbeitet hatte und was mir half besser zu sein.

Ein Vorteil meiner visuellen Wahrnehmung ist, dass ich geringe Abstände visuell gut einschätzen kann. Zum Beispiel sehe ich, ob ein Bild in einem Rahmen mittig liegt oder nicht. Ich habe mir mittlerweile das »Gerade-Rücken« von Bildern abgewöhnt, aber ich sehe es weiterhin, auch wenn das Bild nur ein paar Millimeter schief an der Wand hängt. Es ist kein Stressor mehr, aber in meiner Schulzeit habe ich es in Zimmern mit schief hängenden Bildern nicht ausgehalten. Wo meine Mitschüler ein Lineal brauchten, da musste ich nur hinschauen. Allerdings führte auch dies eher zu Problemen, denn das Benutzen eines Lineals wurde natürlich erwartet. Hilfsmittel wie Lineale, Stifte, Scheren oder Zirkel zu benutzen, fiel mir schwer, da sie ein gewisses Maß an Körperwahrnehmung voraussetzen, dass ich nicht besaß. Ich konnte aber, und kann auch jetzt noch, sehr gut Kreise ohne Zirkel malen, aber auch das durfte ich zu Schulzeiten nicht. So führten nicht nur meine Defizite, sondern auch meine Potenziale immer wieder zu Konflikten mit der Lehrerschaft. Natürlich wusste keiner meiner Lehrer etwas von meinem Autismus. Ich selbst hielt mich seit der Kinderkrippe für einen kompletten Versager. Ich bekam die so dringend benötigten Erklärungen und Hilfestellungen nicht. Dies hinderte mich einerseits sehr am Vorankommen und an der Teilhabe, aber gerade aus dieser Not heraus fand ich auch viele Kompensationsstrategien. Ich suche immer nach Struktur und Ordnung und muss mich noch heute im Supermarkt zurückhalten, damit ich dort nicht die Regale »aufräume« und alles ausrichte oder farblich sortiere. All das kann auch für Ihren autistischen Schüler so sein bzw. funktionieren, muss es aber nicht. Ich werde das immer wieder schreiben, weil es so wichtig ist.

Ihr autistischer Schüler nimmt auf Grund einer erhöhten visuellen Wahrnehmung vielleicht jeden Rechtschreibfehler bzw. jede Ungleichheit in Ihrem Tafelbild wahr. Ihm fällt jedes fehlende Satzzeichen auf und er bemerkt sofort, wenn Sie die angefangene Nummerierung ab Punkt 4 nicht mehr fortführen. Wenn Sie beide Glück haben, dann kann er das verbalisieren und macht Sie darauf aufmerksam. Wenn Sie viel Glück haben, tut er dies in einer Form, die Sie als höflich bezeichnen. Wenn Sie Pech haben, dann kann es sogar sein, dass diese Reize, die die anderen Schüler gar nicht bewusst wahrnehmen, bei Ihrem autistischen Schüler eine Flucht-, Kampf- oder Starre-Reaktion auslösen. Dieses Verhalten ist zwar richtiges Verhalten auf seine andere Wahrnehmung, aber im Kontext Schule wird es wohl immer als herausfordernd und störend angesehen werden. Auch andere visuelle Reize, wie zwei verschieden farbige Stecknadeln, die ein Bild an einer Pinnwand halten, oder die Anordnung nicht verwendeter Pins können jederzeit genau zu dem Verhalten führen, wegen dem autistische Kinder immer noch der Schule verwiesen werden.

Meine Vorschläge bei visueller Überforderung

- Stimming erlauben, z. B. malen oder kritzeln (▶ Kap. 10; ▶ Kap. 16).
- Gemeinsamer Gang durch die Schule, um visuelle Stressoren zu finden.
- Bilderregister anlegen für alle visuellen Reize, die in einem Schulalltag vorkommen und nicht abgeschafft werden können.
- Reizgewöhnung – System Beruhigung, gemeint ist hiermit eine dem Schüler angepasste, schrittweise Gewöhnung an all die Reize und Stressoren, die nicht entfernt werden können, um das Gehirn so zu trainieren, dass es keine Flucht-, Kampf- oder Starre-Reaktion auslöst. Aus anfänglich erforderlicher Vermeidung muss unbedingt Reizgewöhnung werden, damit der autistische Schüler mehr Teilhabe erleben kann.
- Auszeitraum für Pausenzeiten und bei visueller Überlastung bereitstellen.
- Sitzplatz möglichst weit vorn zuweisen.
- Sichtschutz am Sitzplatz, Trennwände installieren.
- Jalousien oder Gardinen an den Fenstern anbringen.
- Eventuell auch eine Sonnenbrille oder Basecap erlauben.
- Weniger visuelle Reize im Raum (Bilder, Wandzeitungen etc.).
- Unwichtige Seiteninhalte im Arbeitsbuch abdecken, nur die zu lösende Aufgabe bleibt offen.
- Tafelbild als PowerPoint oder Folie präsentieren.
- Licht nicht unangekündigt an- oder ausmachen.
- Keine unangekündigten Veränderungen im Raum vornehmen.
- Eventuell bei der Kleidung etwas zurückhaltend sein (vorausgesetzt, Sie wissen, was den Schüler besonders stresst).
- Auf Ordnung an Pinnwänden, Wandzeitungen etc. achten.
- Farbliche Ordnung bei Arbeitsmaterialien einhalten.
- Einheitliche Beschriftung von Regalen, Schubladen, Schränken etc. vornehmen.
- Arbeitsmaterialien geschlossen aufbewahren.

Die auditive Wahrnehmung – das Hören

Das kann sich hören lassen. Als auditive Wahrnehmung wird die Wahrnehmung des Schalls über unsere Sinnesorgane bezeichnet, die Reize aus Schwingungen aus der Umgebung aufnehmen können. Es sind nicht nur unsere Ohren, mit denen wir hören. Wir können Schall auch als Vibration an verschiedenen Stellen unseres Körpers wahrnehmen. Allerdings brauchen wir für das Richtungshören zwei funktionstüchtige Ohren. Auch bei der auditiven Wahrnehmung gilt: Das, was wir hören, ist nicht das, auf was wir reagieren. Wir hören alle dasselbe, aber reagieren zum Teil sehr unterschiedlich darauf. Die auditive Wahrnehmung ist besonders beim Aufnehmen und Verstehen von Lautsprache von Bedeutung. Nur mit ihrer Hilfe schaffen Sie es aus einem Wirrwarr von Geräuschen die Sprachsignale herauszufiltern, die wichtig für Sie sind. Alle anderen Schallquellen werden unterdrückt. Das passiert im autistischen Gehirn weniger, da der schon erwähnte Filter (Thalamus) nicht so gut funktioniert. Bei mir und vielen anderen Autisten »hört sich nichts weg«. Schon ein Gespräch mit nur einer Person kann zu viel sein, wenn in der näheren Umgebung noch andere Gespräche stattfinden oder andere Schallquellen da sind. Bis heute bin ich auditiv sehr schnell überlastet und mein Sohn zeigt dieselbe hohe Empfindlichkeit gegenüber Tönen und Geräuschen. Die Welt um uns herum wird nicht nur immer bunter und schneller, sondern auch immer lauter.

Aus meiner Schulzeit kann ich berichten, dass meine Geräuschempfindlichkeit mit jeder Schulstunde zunahm und oft schon vor dem Ende eines jeden Schultages ihren absoluten Höhepunkt erreichte. Ein Gespräch mit zwei Leuten reicht auch heute noch völlig aus, um mich in ein auditives Chaos zu stürzen. Auch die Geräusche der Umgebung, die Bewegungen, Gerüche und der sich ändernde Lichteinfall werden bei mir nicht gedämpft oder weggefiltert, sondern als ebenso wichtig präsentiert wie die Worte meines Gesprächspartners. Es kam mir dann so vor, als wollte mich eine gigantische auditive Welle einfach überrollen. Aus vielen dieser Situationen konnte ich nicht flüchten. Dies fällt mir bis heute sehr schwer. Schon in meiner Schulzeit war mir bewusst, dass eine Flucht absolut nicht okay ist und oft zu noch größerem Ärger führen wird. Im Laufe der Zeit wurde ich mir der Konsequenzen meines Verhaltens besser gewahr. Ich begann nach Strategien zu suchen, um trotz Stress in der Situation verbleiben zu können. Dazu erlernte ich langsam aber sicher die Kunst des Verbiegens. Als der Walkman in mein Leben trat, entdeckte ich, dass ich genau dann besser zuhören kann, wenn ich mit einem Ohr immer wieder die gleiche Sequenz eines bestimmten Liedes höre. Das durfte ich in der Schule natürlich nicht anwenden. Aber dieses auditive Stimmen hätte mir enorm geholfen, um andere Geräusche ausblenden und beruhigter zuhören zu können.

Meine beste Kompensationsstrategie während meiner Schulzeit war, den auditiven Sinneskanal so oft wie möglich herunterzufahren und nur über den visuellen Kanal zu agieren. Sprachliche Informationen nahm ich über Lippenlesen und Tafelbilder auf bzw. arbeitete oftmals im Lehrbuch schon vor. Der Nachteil dieses Funktionierens auf einem Mono-Kanal (▶ Kap. 10) ist, dass ich dann nur sehr verzögert oder oftmals auch gar nicht auf Ansprache reagiere. Wenn kein Sichtkontakt besteht, kann man mich nicht auditiv erreichen. Ich bevorzugte die Unterrichtsstunden gegenüber den Pausen, da in der Stunde immer nur einer sprach und es Beschäftigung gab. Da das Stunden- bzw. Pausenklingeln immer zu den gleichen Zeiten kam, die mir bekannt waren (Reizgewöhnung), konnte ich letztendlich ganz gut mit diesen auditiven Signalen umgehen. Kommen diese jedoch aus dem Nichts und sind mir nicht bekannt, wie es oftmals bei meinen Vorträgen an Schulen der Fall ist, dann kann dies auch heute noch sofort zu einer Starre-Reaktion führen. All das kann auch für Ihren autistischen Schüler so sein bzw. funktionieren, muss es aber nicht.

Für Ihren autistischen Schüler können besonders die Pausen aufgrund der intensiveren Geräuschkulisse eine enorme Herausforderung sein. Als Lehrer wissen Sie nur zu gut, dass viele Menschen das Quietschen von Kreide auf einer Tafel als unangenehm empfinden. Aber es gibt auch andere Schüler, denen das wiederum absolut nichts ausmacht. Wenn es Sie jetzt ein bisschen geschüttelt hat, dann reagieren Sie allein schon auf den Gedanken an diesen unangenehmen Ton, also auf einen inneren Reiz. Meist nimmt die Geräuschempfindlichkeit im Laufe des Tages zu. Manche Autisten strapaziert dieses Problem aber auch ganztägig. Vielleicht hält sich Ihr Schüler, wie mein Sohn, zum Teil die Ohren zu bzw. er drückt mit den Daumen von hinten an die Ohren, was die einströmenden Töne dämpft. Das bedeutet nicht, dass er Ihnen nicht zuhören will. Bei Ihrem autistischen Schüler kann es sogar sein, dass es gar keine quietschende Kreide an der Tafel braucht, denn es reichen auch ganz »normale« Geräusche aus, um diesen Schüler in einen absoluten Alarmzustand zu versetzen. Regen, der an die Fensterscheibe trommelt, kann genauso zu einem Stressor werden, wie das Geräusch eines Beamers oder Lärm, der von außen ins Zimmer dringt. Auch Stille kann ein Stressor sein, wenn sie plötzlich kommt und nicht von mir selbst erzeugt wird und kontrolliert werden kann.

Meine Vorschläge bei auditiver Überforderung

- Stimming erlauben, z. B. summen oder Musik hören.
- Gemeinsamer Gang durch die Schule, um auditive Stressoren zu finden.
- Geräuschregister anlegen für alle Geräusche, die in einem Schulalltag vorkommen und nicht abgeschafft werden können.
- Abseits gelegenes Klassenzimmer auf einem Flur mit wenig »Durchgangsverkehr« wählen.
- Reizgewöhnung anbahnen – System Beruhigung, also eine angepasste, schrittweise Gewöhnung an all die Reize und Stressoren, die nicht entfernt werden können.
- Auszeitraum für Pausenzeiten und bei auditiver Überlastung bereitstellen.
- Fenster und Türen möglichst geschlossen halten.
- Hörschutz erlauben.

- Lärmampel im Zimmer installieren, an der sich auch die Mitschüler orientieren können.
- Mitschüler aufklären, damit weniger »durcheinandergeredet« wird.
- Unnötige Geräusche vermeiden (z. B. Klatschen nach einem guten Vortrag).
- Auditive Signale ankündigen (Feueralarm, Pausenklingeln etc.).
- Wenn möglich Lautstärken reduzieren oder Töne ändern (z. B. Pausenklingeln).

Die olfaktorische Wahrnehmung – das Riechen

Immer der Nase nach. Die olfaktorische Wahrnehmung mag Ihnen nicht so bewusst sein, wie die visuelle und auditive Wahrnehmung, aber gerade sie spielt im Zusammensein mit anderen Menschen eine sehr entscheidende Rolle. Ob wir uns riechen können oder nicht, wird in Sekundenschnelle in unseren Gehirnen entschieden. Olfaktorische Reize gehen nicht durch den neuronalen Filter Thalamus, sondern geraten ungefiltert in unser System. Dort werden sie wie alle Reize emotional bewertet, das heißt in diesem Fall, dass die Gerüche mit Gefühlen verbunden werden. Erinnern Sie sich noch daran, wie Ihre Kindheit gerochen hat? Ich muss jedes Mal an meine Urgroßmutter denken, wenn ich Weinbrandbohnen rieche. Wie bei so vielen Dingen im Leben, wird uns die Wichtigkeit unseres Geruchssinns leider erst dann bewusst, wenn wir ihn nicht mehr haben. Es ist überlebenswichtig für uns, über unsere Nasen auch Warnsignale wahrnehmen zu können. Bei rechtzeitiger Wahrnehmung von Brandgeruch können wir unser eigenes und das Leben anderer retten. Der Geruch von fauligem Essen warnt uns vor dessen Verzehr und möglicherweise entgehen wir so einer Lebensmittelvergiftung. Wie viele autistische Menschen habe auch ich hier große Probleme, die auf eine anders funktionierende olfaktorische Wahrnehmung schließen lassen.

Aus meiner Schulzeit sind mir dazu vor allem die Essenspausen und der Kunstunterricht in Erinnerung geblieben. Das gemeinsame Einnehmen von Essen birgt viele Probleme, aber bei fast 30 verschieden gefüllten Brotdosen war es zum Teil eine nicht zu bewältigende Herausforderung, vor allem da die Frühstückspause im Klassenzimmer stattfand. Ich hatte mir schon im Kindergarten angewöhnt, fast ausschließlich durch den Mund zu atmen, wann immer mir Gerüche zu viel wurden. Die Mittagspause ging besser, da dort alle Schüler das gleiche Essen erhielten. Auch die Gerüche der verschiedenen Tintenpatronen und Filzstifte waren eine Belastung für mich. Hatte mein Banknachbar neue Filzstifte, hat mich das dermaßen abgelenkt, dass eigentlich nichts mehr möglich war, bis ich mich einigermaßen an den neuen Geruch gewöhnt hatte. Aber da hatte dann meist ein Anderer neue Stifte. Diese Erkenntnis, dass ich mich an Gerüche gewöhnen musste, half mir sehr. Als meine Klassenkameraden Teenager wurden und Deodorants und Parfüme für sich entdeckten, wusste ich manche Tage nicht wohin mit mir. Auch heute reagiere ich sehr stark auf solche Gerüche und atme dann sofort wieder durch den Mund oder halte mir die Nase zu. Der Kunstunterricht war jedes Mal wieder eine Herausforderung. Ich war dankbar dafür, dass es in der DDR nur wenig Auswahl an Farbkästen und Stiften gab. Heute sieht das ganz anders aus. Jeder hat andere Stifte, Farben, ein anderes Parfüm, Waschmittel und Weichspüler. Das Ganze wird ein olfaktorischer Dschungel, dem ich nur schlecht entgehen kann. All das kann auch für Ihren autistischen Schüler so sein bzw. funktionieren, muss es aber nicht.

Es kann sein, dass Ihr autistischer Schüler, ähnlich wie mein Sohn, Menschen hauptsächlich über den Geruchssinn wahrnimmt und sie auch so unterscheidet. Wenn er also an Menschen schnüffelt, dann ist das für Sie sicher grenzwertig, aber es dient dem Schüler zur Orientierung in einer Welt, die für ihn ein einziges Chaos ist. Eine reizarme olfaktorische Umgebung in der Schule zu schaffen, ist wahrscheinlich unmöglich. Parfüms, Shampoos, Weichspüler, Plastikgegenstände, Tintenpatronen, Farbkästen, Essen, das alles wird nicht weggefiltert, sondern als enorm wichtig wahrgenommen. Eine Reizüberflutung ist somit vorprogrammiert.

> **Meine Vorschläge bei olfaktorischer Überforderung**
>
> - Stimming erlauben, z. B. an Lieblingsobjekten riechen lassen.
> - Gemeinsamer Gang durch die Schule, um olfaktorische Stressoren zu finden.
> - Geruchsregister anlegen für alle Gerüche, die im Schulalltag vorkommen und nicht abgeschafft werden können.
> - Reizgewöhnung anbahnen – System Beruhigung, also langsam an Gerüche gewöhnen.
> - Auszeitraum für Pausenzeiten und bei Überlastung bereitstellen.
> - Schutzmaske gegen Gerüche erlauben.
> - Weniger Parfüm ist mehr – Mitschüler einbeziehen.
> - Auf Duftpflanzen verzichten.
> - Eben gereinigte Räume oder solche mit gerade geputzten Fenstern meiden.

Die gustatorische Wahrnehmung – das Schmecken

Jeder nach seinem Geschmack. Die gustatorische Wahrnehmung, die im Allgemeinen als das Schmecken bezeichnet wird, spielt vielleicht im schulischen Kontext eine nicht so große Rolle. Jedoch wird der Geschmackssinn als einer der Nahsinne von vielen autistischen Menschen bei der Erkundung von Objekten oder auch Menschen genutzt. Hauptsächlich dient er natürlich der Prüfung der durch den Mund aufgenommenen Nahrung. Er agiert Hand in Hand mit dem Geruchssinn, denn ohne diesen wäre die Sinneswahrnehmung des Schmeckens deutlich eingeschränkt. Denken Sie nur an die Erkältungszeit. Der Geschmackssinn hat zudem eine wichtige Schutzfunktion, denn auch er sichert unser Überleben. Aber ebenso ist der Mund unser erstes Erkundungsorgan und viele autistische Menschen nehmen noch im Schulalter und darüber hinaus alles oder vieles in den Mund. Elijah tut dies bis heute in dem Versuch, sich den Sinn seiner Umgebung zu erschließen. Ich habe mit dem Schmecken Fortschritte gemacht, aber unterscheide mein Essen noch immer nach seinem Aussehen und seiner Konsistenz und nicht nach dem Geschmack.

Aus meiner Schulzeit kann ich berichten, dass alles, was mit Essen und demzufolge auch Schmecken zu tun hatte, problematisch für mich war. Beim Essen durchlebte ich immer wieder Phasen, in denen ich nur bestimmte Lebensmittel auf eine bestimmte Art und Weise zu mir nehmen konnte. So musste Reis in Form von zwei Halbkugeln auf einem Teller serviert werden oder ich aß ihn nicht. Mein Essen durfte weder zu hart noch zu weich sein. Die verschiedenen Komponenten, zum Beispiel Kartoffeln, Sauerkraut und Bratwurst durften sich keinesfalls auf dem Teller berühren. Teller, die in verschiedene Segmente unterteilt waren, erleichterten mir das Essen. Eintopf ging damals gar nicht. Durch meine Zeit im Kindergarten habe ich früh gelernt, dass man weder Gegenstände noch Menschen ableckt, um sie zu erkunden und begreifen. Mein Sohn steckt auch mit 15 Jahren noch vieles zuerst in den Mund. Dabei geht es ihm weniger um den Geschmack, aber es wird häufig so interpretiert. Er erkundet so nicht nur neue Objekte, sondern empfindet das Kauen auf allen möglichen Gegenständen, darunter leider auch Bücher, als sehr beruhigend. Dies ist in einem schulischen Kontext sicher nicht wünschenswert, aber ich bitte Sie dennoch um Verständnis. Er tut dies, um sich zu beruhigen und um in der Situation, also im Klassenzimmer, verbleiben zu können. All das kann auch für Ihren autistischen Schüler so sein bzw. funktionieren, muss es aber nicht.

Es ist also denkbar, dass Ihr autistischer Schüler sich bei der Erkundung von Gegenständen lieber auf seine gustatorische Wahrnehmung verlässt und Bücher, Stifte, Spielzeug, Fäden, Kissen, Schuhe zuallererst in seinen Mund wandern. Ablecken und Speicheln sind nicht ungewöhnlich. Aber auch beim Essen selbst kann es zu unerwarteten Verhaltensweisen kommen. Essen wird vielleicht wegen seiner Konsistenz oder Farbe abgelehnt oder einfach nur deswegen, weil es sich auf dem Teller berührt. Ihr Schüler nimmt seine Nahrung eventuell nur nach dem Geruch wahr oder prüft es nur auf die Konsistenz. Vielleicht mag er keine »Knubbel« im Essen oder kann nur spezifisches Besteck benutzen.

Meine Vorschläge bei gustatorischer Überforderung

- Stimming erlauben, z. B. Kaugummi kauen oder Bonbon lutschen lassen.
- Gemeinsames Analysieren von allen Essenssituationen, um gustatorische Stressoren zu finden.
- Geschmacksregister anlegen – In den Mund nehmen: Was geht, was geht nicht.

- Reizgewöhnung anbahnen – System Beruhigung, hier vor allem Fokus auf gemeinsame Essenssituationen.
- Teller mit verschiedenen Segmenten.
- Eigenes Besteck erlauben.
- Essen von zu Hause mitbringen lassen.
- Speiseplan vorab bekanntmachen.
- Eventuell fester Sitzplatz im Speiseraum oder abgeschirmter Sitzplatz.
- Separate Essenszeit oder -raum ermöglichen (auch bei erhöhter Selbstwahrnehmung; ▶ Kap. 3).

Die taktile Wahrnehmung/Haptik – das (Er)tasten

Tasten wir uns doch mal langsam heran. Unser Tastsinn umfasst einmal das eher passive berührt werden, auch taktile Wahrnehmung genannt, und das aktive Erkennen durch Berührungen, die haptische Wahrnehmung. Einen Tastsinn zu besitzen heißt, durch und über Berührungen wahrnehmen zu können, sowohl sich selbst als auch die Umgebung. Für die Entwicklung und die Aufrechterhaltung des Tastsinns ist nicht nur die korrekte Verarbeitung von sensorischen, sondern auch von motorischen Informationen wichtig. Die taktile Wahrnehmung ermöglicht es Ihnen über Reize, die über die Haut aufgenommen werden, nicht nur Druck und Berührungen wahrzunehmen, sondern auch Temperatur und vor allem Schmerz zu spüren. Sie dient also größtenteils unserem Schutz. Aufgrund der schon erwähnten anders ablaufenden sensorischen Integration kommt es bei autistischen Menschen zwangsläufig auch zu einer anderen taktilen Wahrnehmung. Anfassen und angefasst werden, beides ist bis heute in meinem Alltag weiterhin problematisch. Ersteres mache ich zu viel und zu intensiv und letzteres kann ich nur bedingt und nur mit Ankündigung zulassen.

Aus meiner Schulzeit ist mir meine extreme Empfindlichkeit, was Berührungen anging, in bester Erinnerung geblieben. Das galt sowohl für menschlichen Kontakt als auch für Kleidung. Schon das Wort »Feinstrumpfhose« löste bei mir sofort eine Starre aus. Ich musste all meine Energie dafür aufbringen, um gegen eine Reizüberflutung bei dem Kontakt bestimmter Stoffe mit meiner Haut anzukämpfen. An Lernen und Interaktion mit Anderen war dann nicht mehr zu denken. Auch Wasser auf der Haut löste an manchen Tagen enormen Stress aus und führte dazu, dass ich die Tage, an denen ich Tafeldienst hatte (Tafel mit nassem Schwamm abwischen), schon Wochen vorher regelrecht fürchtete. Und das, obwohl der Tafeldienst mir eine Aufgabe in den Pausen und damit eine Struktur gab, die ich dringend brauchte. Meine Erklärung, dass ich nasse Hände nicht mag, wurde von keinem Lehrer ernstgenommen, sondern bestenfalls als schlechter Scherz oder faule Ausrede abgetan. Nicht mögen war übrigens untertrieben. Ich geriet in einen Wirbelsturm von taktiler Überlastung, der manchmal tagelang anhielt. All dies führte immer wieder dazu, dass ich in den Überlebensmodus zurückfiel, in dem kein Lernen möglich war. Jegliche Berührungen auf der

Haut lösten Körperwahrnehmung aus, die ich nur sehr kurz ertragen konnte. Die haptische Wahrnehmung dagegen ist mir eine der liebsten, um die Welt um mich herum zu entdecken, sprich ich bin ein Anfasser. Ich liebe es, Dinge zu berühren und oftmals ist es absolut notwendig für mich etwas anzufassen, um es zu begreifen. Das Anschauen allein reicht auch meinem Sohn nicht aus. All das kann auch für Ihren autistischen Schüler so sein bzw. funktionieren, muss es aber nicht.

> **Meine Vorschläge bei Überlastung des Tastsinns**
>
> - Stimming erlauben (Körperstimming).
> - Tastregister anlegen – Anfassen: Was ist okay, was nicht.
> - Reizgewöhnung anbahnen – System Beruhigung, also angepasste, schrittweise Gewöhnung an all die Körperkontakte, zu denen es innerhalb eines Schulalltages immer wieder kommen kann.
> - Körperliche Aktivität bei Überlastung ermöglichen.
> - Hände beschäftigen, z. B. mit Knete o. Ä.
> - Berührungen ankündigen bzw. plötzliche Berührungen vermeiden.
> - Nicht zu Körperkontakt zwingen.
> - Sinneswände oder -pfade für Hände und Füße in der Schule anlegen.
> - Sport-/Pausenangebote wie Kletterwände oder Trampoline anbieten.

Die Körperwahrnehmung

Als Körperwahrnehmung wird die Fähigkeit zur Wahrnehmung (Propriozeption) des eigenen Körpers bezeichnet, die auch unter Begriffen wie Körperschema, Körpersinn oder anglisiert »Body Image« bekannt ist. Es ist das Modell des eigenen Körpers, welches in unserem Gehirn entsteht. Schaffen Sie es mit geschlossenen Augen, Ihre Nase mit dem Zeigefinger zu berühren? Es hat geklappt? Dann ist Ihre Propriozeption hervorragend und das ist auch gut so. Sie wären sonst zum Beispiel nicht in der Lage Besteck, Schere oder Hammer zu benutzen. Diese Werkzeuge werden Teil Ihres Körperschemas, das heißt, dass Sie beim Malen Ihren Körper bis in die Spitze des Pinsels ausdehnen können. Sie sitzen wie selbstverständlich auf einem Hocker oder navigieren durch einen engen Raum mit vielen Gegenständen oder Menschen. Ich dagegen benötige einen Stuhl mit Rücken- und Armlehnen, um sicher sitzen zu können. Es vergeht auch kein Tag, an dem ich mich nicht mindestens ein Dutzend Mal stoße oder anecke.

In meiner Schulzeit habe ich mich sehr viel gestoßen, aber dies oft nicht einmal bemerkt, da mein Schmerzempfinden sehr gering ist. Meine Körperwahrnehmung ist so schwach, dass ich nur mittels Hinschauens wissen kann, wo mein Arm oder mein Bein gerade ist. Um mir meinen Körper bewusst zu machen, begann ich zu kleine Schuhe zu tragen. Dies führte zu einer Körperwahrnehmung bis zum Knie. Es ermöglichte mir ein relativ ruhiges Stehen und normales Gehen. Heute bewege ich ständig die Zehen, um den gleichen Effekt herbeizuführen. Das hat den Vorteil, dass ich es sofort unterbrechen kann, wenn die Körperwahrnehmung zu viel wird und es stört meine Umgebung nicht. Auch Ringe oder Armbänder, die sich regulieren lassen, helfen enorm bei der Körperwahrnehmung und somit auch beim Benutzen von Werkzeugen wie Stift oder Schere. Der obligatorische Nadelarbeits- und Werkunterricht war mir ein absoluter Graus. Wie sollte ich Stricknadeln oder Säge beherrschen, wenn ich nicht einmal meine eigene Hand wahrnehmen kann? Basecaps und Stirnbänder wirken bis heute sehr beruhigend auf mich, fast wie eine Umarmung. Ich trage auch beim Schlafen eine Stirnlampe, hauptsächlich, um jederzeit wenigstens meinen Kopf wahrnehmen zu können. Dagegen ist Schuhe zuzubinden immer noch mit einem enormen Energieaufwand verbunden, besonders am Ende eines Tages. Alles, was ich nicht visuell prüfen kann, ist enorm schwer für mich. Seilspringen gehörte auch dazu, denn ich verlor das Seil ja regelmäßig aus den Augen. Sobald ich das Seil nicht mehr sehen konnte, gab es das Seil in meiner Wahrnehmung nicht mehr. In meinen Händen konnte ich es nicht spüren, denn dafür war es zu leicht. Auch laufen oder Treppen steigen gelingt mir nur dann gut, solange ich freie Sicht auf meine Füße habe. Ich muss jede Stufe und jede Treppe bewusst rauf- oder runtergehen. Es hilft mir, wenn ich beim Treppensteigen oder Laufen jeden meiner Schritte mitzähle. Es ist mir unmöglich, etwas vor mir herzutragen und dabei zu laufen. Heute hilft es mir, mir meines Körpers bewusster zu sein, wenn ich einen Rucksack tragen kann. Auch eine schwere Weste kann helfen, aber ein Rucksack, der sich außerdem individuell beschweren lässt, fällt weniger auf. Ich versuche immer Hilfsmittel zu finden und zu nutzen, die keine Aufmerksamkeit erregen, sondern die der Umgebung »normal« erscheinen. All das kann auch für Ihren autistischen Schüler so sein bzw. funktionieren, muss es aber nicht.

Bei Ihrem autistischen Schüler kann die Körperwahrnehmung ebenso sehr eingeschränkt sein. Das Bewusstsein, dass unser Körper uns gehört, bildet eine wichtige Grundlage für unser Ich-Bewusstsein. Ohne eine gute Körperwahrnehmung wird einfaches Funktionieren ganz schnell zum Hochleistungssport. Vielleicht fasst Ihr autistischer Schüler andere Menschen und auch Gegenstände viel zu derb an, oder er greift zu schwach zu und Sachen fallen ihm einfach aus der Hand. Das Wissen, wie stark oder zart man etwas anfassen muss, ist vielen autistischen Menschen nicht einfach so gegeben, sondern muss mit jedem Objekt Schritt für Schritt erst erlernt werden.

Meine Vorschläge bei Schwierigkeiten mit der Körperwahrnehmung

- Stimming erlauben (besonders Körperstimming zulassen).
- Tastregister anlegen, was wie derb oder sanft angefasst bzw. festgehalten werden kann/muss.
- Schneidemaschinen anstatt Scheren verwenden.
- Nachteilsausgleich bei der Benutzung von Werkzeugen ermöglichen.
- Schreiben auf Laptop erlauben.
- Gewichte an Knöcheln und Handgelenken gestatten.
- Schwere Westen, Decken, Schoßgewichte, Rucksack erlauben.
- Massagebälle, -bürsten zulassen.
- Stühle anstatt Hocker anbieten.
- Nachteilsausgleich im Sportunterricht, z. B. bei Seilspringen, ermöglichen.

5   Die Reizverarbeitung

Sowohl die Reizverarbeitung als auch die Entstehung von Wahrnehmung finden im Gehirn statt. Beides ist für Außenstehende deshalb weder sichtbar noch miterlebbar. Der gesamte Prozess läuft in einer Art Black Box ab. Nur wenn wir Glück haben und den Reiz (er)kennen, können wir versuchen zu erahnen, wie unser Gegenüber in einer bestimmten Situation reagieren wird. Dann erst können wir sein Verhalten vielleicht ein Stück weit nachvollziehen und verstehen.

Das Leben ist im wahrsten Sinne des Wortes reizend. Jede Sekunde strömen mehrere Tausend Reize auf uns ein. Das Gehirn muss sehr hart arbeiten, um nur die Reize herauszufiltern und zu verarbeiten, die für uns in der Situation, in der wir uns befinden, wichtig sind. Nur so kann ein sinnvolles Bild der Welt entstehen. In Sekundenschnelle muss unser Hirn entscheiden, was Bedeutung hat und was nicht. Reize werden sortiert und gegebenenfalls aussortiert, damit es nicht zu einer Reizüberflutung kommt. Bei nicht-autistischen Menschen wird angenommen, dass sie bis zu 95 % der Zeit unterbewusst agieren. Nur 5–10 % von allem, was auf sie einwirkt, nehmen sie bewusst wahr. Voraussetzung hierfür ist, dass die im Unterbewusstsein abgespeicherten Programme funktionieren. Im nicht-autistischen Gehirn arbeitet der Thalamus (Filter) folglich sehr effektiv. Anders sieht es im Gehirn autistischer Menschen aus. Einerseits macht das Filtersystem immer wieder Fehler, indem es zu viele Reize als wichtig einstuft, und andererseits sind viele der Programme im Unterbewusstsein fehlerhaft oder laufen gar nicht ab. Stellen Sie sich das autistische Gehirn wie ein Wirrwarr aus Straßen und Wegen mit unzähligen Abzweigungen, Umleitungen, Staus, Hindernissen und Sperrungen vor. Es herrscht ständige Veränderung. Auf nichts, aber auch gar nichts, ist Verlass. Im nicht-autistischen Gehirn dagegen gibt es breite, gut ausgeschilderte Straßen, auf denen man ohne Umwege und Hindernisse zügig von A nach B gelangt. Ein ständiger Zugriff auf das neueste Streckennetz im Navigationssystem ist vorhanden. Das gibt Ihnen ein Gefühl der Sicherheit, welches ich überhaupt nicht kenne.

Menschen reagieren sowohl auf äußere als auch auf innere Reize. Die äußeren Reize werden über unsere Sinnesorgane aufgenommen, verarbeitet und lösen letztendlich eine Reaktion, ein Verhalten, aus. Es gibt Reize, zum Beispiel Schmerzen, auf die reagieren Menschen sofort, wogegen sie bei einem tropfenden Wasserhahn erst nach einer gewissen Zeit eine Reaktion zeigen. Noch einmal zur Erinnerung: Wir reagieren nicht unmittelbar auf den Reiz, sondern auf die Wahrnehmung, die in unseren Gehirnen erzeugt wird. Diese Wahrnehmung entsteht erst durch die Verknüpfung unserer Sinneseindrücke mit den bisher von uns gemachten Erfahrungen und unserer Selbstwahrnehmung. Dadurch entsteht ein sinnvolles Modell der Welt, auf das nicht-autistische Menschen mit einem angemessenen, von ihrer Umgebung erwarteten Verhalten reagieren. Mein Modell der Welt, das meines Sohnes und auch das Ihres autistischen Schülers unterscheiden sich jedoch sehr von dem Modell der Welt nicht-autistischer Menschen.

Die autistische Wahrnehmung weicht so sehr von der Wahrnehmung nicht-autistischer Menschen ab, dass es schwierig bis fast unmöglich ist, das Verhalten eines autistischen Schülers zu erahnen. Auch der Grund für das andere Verhalten wird Ihnen die meiste Zeit verborgen bleiben und unerklärlich erscheinen. Im Gegensatz zu einem Schüler im Rollstuhl, einem sehbehinderten oder einem gehörlosen Schüler ist die Andersartigkeit eines autistischen Schülers leider nur an seinem Verhalten erkennbar. Aber auch Schüler mit Asperger-Syndrom oder hochfunktionalem Autismus können über einen längeren Zeitraum oder in bestimmten Situationen ein unauffälliges und von ihrer Umgebung erwartetes Verhalten zeigen. Auf den ersten Blick scheint dann alles so zu sein, wie Sie es kennen. Doch letztlich wird das »andere« Verhalten auch bei diesen Schülern auftreten. Dieses andere Verhalten, welches für Sie unerwartet ist und nicht den sozialen Normen entspricht, ist erst einmal befremdlich und ruft Unverständnis und Ängste hervor. Sie sehen ein Verhalten und Ihr Gehirn beginnt sofort abzuschätzen, was im nächsten Moment passieren könnte. Es analysiert nun alles, was Sie jemals selbst erlebt, im Fernsehen gesehen, im Radio oder von anderen gehört oder irgendwo gelesen haben und vergleicht es mit der Situation, in der Sie sich befinden. Ein Beispiel: Wenn ein Schüler aufgeregt aus dem Zimmer läuft und die Tür zuknallt. Was denken Sie? Vielleicht: Er ist wütend. Etwas passt ihm ganz und gar nicht. Er knallt die Tür, um mich zu ärgern. Sie schließen von der äußeren Handlung, die Sie miterleben konnten, auf die inneren Zustände des Schülers, die Ihnen aber komplett verborgen sind. Sofort stellen Sie Vermutungen über die Gründe dieses Verhaltens an. Sie interpretieren sein Verhalten, ohne tatsächlich zu wissen, wie es dem Jungen gerade geht, was er fühlt und was ihn bewegt. Das funktioniert schon bei Ihren nicht-autistischen Mitmenschen nur bedingt, bei Autisten jedoch gar nicht. Der Schüler erlebt vielleicht eine Reizüberflutung oder wird von einer solchen bedroht. Eventuell hat ein Reiz eine Fluchtreaktion ausgelöst. Die Tür knallt vielleicht auch nur deshalb zu, weil der Schüler eine so geringe Körperwahrnehmung hat, dass er die Klinke in seiner Hand kaum spürt, oder die Kraft, die es braucht, um die Tür zu schließen, nicht korrekt einschätzen kann. Was sich schon in stressfreien Zeiten als sehr schwierig gestaltet, ist bei Reizüberflutung oder Gefahrmeldung oft gar nicht mehr machbar. In Stresssituationen fallen viele Kompensationsstrategien sehr schnell weg.

Meist erkennen Sie ein Verhalten, welches einem schon mehrmals von Ihnen erlebten Verhalten Ihrer nicht-autistischen Schüler ähnelt. Aber die inneren Zustände eines autistischen Schülers und auch die Auslöser für sein Verhalten sind ganz andere und Ihnen weitestgehend unbekannt. Hier kommen Sie mit Theory of Mind und Interpretieren nicht weiter und liegen mit Ihren Vermutungen mitunter völlig falsch. Aufgrund Ihrer enttäuschten Erwartungshaltung kommt es dann womöglich zu Unverständnis, Intoleranz und Ablehnung, sprich Tadel,

Schulverweis oder -ausschluss. Um genau das zu verhindern, ist es meiner Meinung nach absolut notwendig, dass nicht-autistische Menschen verstehen, wie und warum es zu diesem autistischen Verhalten, das als unhöflich, unmöglich, arrogant, irritierend, störend, beängstigend, fremd und letztendlich als inakzeptabel wahrgenommen wird, kommt. Ich verspreche Ihnen, sobald Ihnen bewusst ist, dass es für dieses Verhalten ganz andere Gründe gibt, als Sie bisher vermuteten, können Sie nicht nur autistischen Schülern besser begegnen, sondern Menschen überhaupt. Die Theory of Mind hat nämlich einen entscheidenden Nachteil. Sie führt auch zu Vorurteilen. Es ist wichtig, dass Sie das Verhalten nicht persönlich nehmen. Das ist es nämlich nicht. Es mag sich so anfühlen, als wäre es an Sie gerichtet, aber das ist es nicht. Das ist Ihre Wahrnehmung, die Realität jedoch ist, dass es in den allermeisten Fällen überhaupt nichts mit Ihnen zu tun hat. Aber lassen Sie uns nun einmal gemeinsam ins Gehirn schauen.

Mein Zahnradmodell

Mit jeder Reizaufnahme entsteht in Ihrem Gehirn eine für Sie spezifische Wahrnehmung. Außer im Tiefschlaf passiert dies ständig. Stellen Sie sich Ihr Gehirn doch bitte einmal als ein Zahnradmodell vor. Ganz unterschiedlich große Zahnräder beginnen sich zu drehen. Manche schnell, andere langsam. Jedes Zahnrad hat seine Funktion. Die Zahnräder sind so miteinander verbunden, dass am Ende für Sie ein sinnvolles Abbild Ihrer Umgebung entstehen kann. Der Auslöser für die Ingangsetzung der Zahnräder ist der Reiz und das Ergebnis Ihr Verhalten. Wenn Sie Glück haben, dann (er)kennen Sie vielleicht den Reiz, auf den Ihr autistischer Schüler reagiert. In den meisten Fällen wird das aber nicht so sein. Sie haben als nicht-autistischer Mensch viel weniger bewusste Wahrnehmung, sodass Ihnen die 17 unterschiedlichen Gerüche von Zahnpasta, die Ihre Schüler jeden Morgen im Klassenzimmer verströmen, genauso entgehen wie das asynchrone Ticken von 12 Armbanduhren.

Sie sind auf alle Fälle nicht bei der Reizverarbeitung dabei, denn diese findet bei jedem von uns hinter verschlossenen Türen statt. Was Sie miterleben ist das Ergebnis der Reizverarbeitung, nämlich das Verhalten Ihres (autistischen) Schülers. Sie sehen dann etwas, über dessen Entstehung Sie keine Kenntnisse haben. Wenn das Verhalten nicht Ihrer Erwartung und den sozialen Regeln entspricht, bahnen sich Probleme an. Oft fällt es schwer, erst einmal innezuhalten und sich zu fragen, wie es zu diesem für die Situation untypischen oder sozial inadäquaten Verhalten kommt. Es wird nicht nach den Reizen gesucht, deren fehlerhafte Verarbeitung im Gehirn autistischer Menschen ein ganz anderes Bild der Welt entstehen lässt. Diese andere Wahrnehmung ist es aber, die zu dem anderen Verhalten führt. So wird aus einem autistischen Kind überhaupt erst das »andere« Kind in Ihrer Klasse. Die Zahnräder im Kopf autistischer Menschen sind anders. Sie drehen sich zu langsam oder zu schnell, bleiben ganz stehen und sind nicht oder nur schlecht miteinander verbunden. Lassen Sie uns die sechs wichtigsten Zahnräder einmal genauer anschauen.

Das Wahrnehmungszahnrad

Das erste Zahnrad, das ich Wahrnehmungszahnrad nenne, scheint im autistischen Gehirn größer zu sein bzw. sich schneller zu drehen. Die bewusste Wahrnehmung ist wesentlich erhöht. Das kann einerseits durchaus ein Potential sein. Eine erhöhte bewusste Detailwahrnehmung kann enorme Vorteile haben. Sie kann autistischen Menschen unter anderem dringend benötigte Nischen im Berufsleben eröffnen, zum Beispiel im Korrektorat eines Verlages. Sind Sie Autofahrer? Dann wissen Sie hoffentlich, dass die Geschwindigkeit, mit der Sie fahren, eine große Rolle beim Spritverbrauch spielt. Ähnlich ist es im autistischen Gehirn. Aufgrund der erhöhten bewussten Wahrnehmung und des damit verbundenen erhöhten Energieverbrauchs, fehlt irgendwann die nötige Kraft für einfache, alltägliche Dinge. Bei Ihnen kann dadurch schnell der Eindruck entstehen, dass sich Ihr autistischer Schüler keine Mühe gibt, faul ist oder einfach nicht will. Das ist aber nicht der Fall. Wenn die Energie fehlt, dann geht nichts mehr oder nur noch sehr wenig. Wenn Sie keinen Sprit mehr haben, können Sie auf Ihr Auto schimpfen, aber es wird trotzdem keinen Meter mehr fahren. Nicht, weil es Sie ärgern will, sondern weil der Tank leer ist. Bei autistischen Menschen ist der Tank viel schneller leer als bei nicht-autistischen Menschen. Leider kann ein Autist seine bewusste Wahrnehmung genauso wenig abschalten, um Energie zu sparen, wie Sie die Ihre anschalten können, um ab und zu mehr Details wahrzunehmen. Es ist ein großer Unterschied, ob man etwas nicht will oder nicht kann. Schon allein aus diesem Grund halte ich eine abgesicherte Diagnose für absolut notwendig, egal ob bei Kindern oder Erwachsenen.

Das Erfahrungs- und Erwartungszahnrad

Ein weiteres ganz wichtiges Zahnrad ist das von mir sogenannte Erfahrungs- und Erwartungszahnrad. Dieses dreht sich immer mit, wenn ein Reiz aufgenommen wird. Das ist wichtig und richtig so, denn dieses Zahnrad bedeutet Sicherheit. Das Gehirn nicht-autistischer Menschen gleicht in jeder Situation gerade Erlebtes mit schon einmal Erlebtem ab. Es sucht nach Gemeinsamkeiten. So fällt es Ihnen leichter, die vorhandene Situation einzuordnen und zu verstehen. Aufgrund schon einmal erlebter ähnlicher Situationen kennen Sie nicht nur Ihre eigene Reaktion, sondern auch die der anderen Beteiligten. So schaffen Sie es ziemlich genau vorhersagen zu können, wie Ihr Gegenüber in der Situation, in der sie gerade sind, reagieren wird. Außerdem können Sie gut vorhersehen, was als Nächstes passieren kann. Sie wissen deshalb auch sehr genau, welches Verhalten von Ihnen erwartet wird bzw. welches Verhalten für Sie selbst gewinnbringend ist. Sie können Konsequenzen abschätzen und gegebenenfalls Ihr Verhalten ändern. Und das alles passiert in Sekundenschnelle und ermöglicht Ihnen ein sozial-adäquates Handeln in der Gruppe oder Gesellschaft. Die Gesellschaft, in Ihrem Fall die Schule, muss sich darauf verlassen können, dass jedes Mitglied die Regeln verstehen und einhalten kann, denn nur so sind Zusammenhalt und Erfolg garantiert. Nur wer die Regeln einhält, wird als Mitglied einer Gemeinschaft akzeptiert und erhält einen Platz in ihr. Teilhabe bedeutet immer auch Anpassung an die Gruppe.

Der Mensch ist ein Herdentier. Allein kann keiner von uns überleben. Jeder, auch ein autistischer Mensch, möchte dazugehören, angenommen werden, ein Teil des Ganzen sein. Es ist also sehr wichtig für jeden von uns, dass wir in der Lage sind, der Gesellschaft genau das widerzuspiegeln, was sie sehen möchte und muss. Auch wenn jeder von uns ein Individuum ist, müssen wir unser Verhalten auf einen gemeinsamen Nenner bringen, um, wenn es darauf ankommt, den Erwartungen der Gruppe entsprechen zu können. Das ist einfacher gesagt als getan, da wir eben nicht unmittelbar auf die uns umgebende einheitliche Realität reagieren können, sondern auf unsere sehr unterschiedlichen Wahrnehmungen dieser Realität. Unser Gehirn konstruiert immer nur ein Abbild der Realität, ein Modell, welches sehr spezifisch für jeden Menschen ist. Wahrnehmung ist und bleibt immer subjektiv. Folglich können Wahrnehmung und Realität sehr weit auseinanderliegen. Haben Sie schon einmal einen Sonnenuntergang erlebt? Ja? Sind Sie sicher? Wo genau war das? Haben Sie das gemeldet? Entschuldigen Sie bitte meine Aufregung, aber das wäre die Sensation schlechthin. Hier in Sachsen, wo ich wohne, geht die Sonne nämlich weder auf noch unter. Konfus? Die Erde dreht sich um die Sonne, stimmt's? Das wissen Sie auch, aber in Ihrem Kopf entsteht dennoch jeden Abend der Eindruck, dass die Sonne im Westen an einem Horizont untergeht. Das kann zugegeben sehr romantisch sein, aber es deckt sich nicht mit dem, was wirklich passiert. Ihre Wahrnehmung stimmt ganz und gar nicht mit der Realität überein. Aber das ist nicht weiter schlimm, da Sie sich diese »falsche« Wahrnehmung mit den meisten Menschen auf dieser Welt teilen. Damit deckt sich auch Ihr Verhalten auf diesen Reiz mit dem Ihrer Umgebung, und ganz wichtig, die Erwartungshaltung Ihrer Umgebung wird nicht enttäuscht. Aber was, wenn Sie der einzige Mensch mit der Wahrnehmung wären, dass die Sonne auf und unter geht? Der Rest der Menschen würde sich doch sehr über Sie wundern, den Kopf schütteln und Ihr Verhalten so gar nicht verstehen können. Was wäre, wenn es häufiger vorkommen würde, dass Sie, aufgrund einer anderen Wahrnehmung, so ganz anders reagieren müssten als Ihre Mitmenschen? Vielleicht würden einige Ihrer Freunde und Bekannten tolerant sein und andere Ihr Anderssein sogar akzeptieren. Wahrscheinlich würde man Sie aber ziemlich schnell aus der Gemeinschaft ausschließen, weil man Sie einfach nicht versteht. Glauben Sie mir, ich habe das erlebt und erlebe es immer noch. Auch mein Sohn kennt kaum anderes. Genauso geht es autistischen Menschen nämlich in ihrem Alltag. Autisten nehmen nicht nur viel mehr Reize bewusst wahr als nicht-autistische Menschen, sondern sie reagieren auch ganz anders auf diese Reize. Sie reagieren mit einem anderen, für die Umgebung unerwarteten Verhalten, weil in ihren Gehirnen ein anderes Modell der Welt entsteht.

Noch ein Beispiel: Auch Sie können das unregelmäßige Geräusch vieler Neonlampen hören, aber Sie nehmen es nicht bewusst wahr. Anders Ihr autistischer Schüler. Er nimmt es, wie hunderte andere Geräusche im Raum, bewusst wahr. Sein Gehirn filtert es nicht als unwichtig weg. Wie wollen Sie seine gestresste Reaktion auf dieses Geräusch verstehen und einordnen können, wenn es das Geräusch in Ihrer Wahrnehmung gar nicht gibt? Sie werden sein Verhalten vielleicht nicht einmal auf die Geräusche der Lampen zurückführen können. Wie auch, wo Ihr Gehirn doch in der Lage ist, solche für Sie in dieser Situation unwichtigen Reize korrekt zu filtern und zu verarbeiten. Nur die für Sie wichtigen Dinge werden Ihnen bewusst. Sie werden sein anderes Verhalten (Flucht, Kampf oder Starre) dann nicht einordnen können und als komisch oder gar abartig, aber auf alle Fälle als störend und sozial inadäquat empfinden. Dementsprechend reagieren Sie darauf. Es spielt dann leider auch keine Rolle mehr, dass dieses Verhalten ein korrektes Verhalten auf eine extrem andere Wahrnehmung, nämlich Autismus, ist. Ihr Erfahrungs- und Erwartungszahnrad hat enorm viele Vorteile, die Ihnen die soziale Interaktion erst ermöglichen. Es hat aber, wie schon erwähnt, auch einen entscheidenden Nachteil. Man könnte es ebenfalls als Vorurteilszahnrad bezeichnen, denn es dreht sich zum Beispiel auch dann, wenn Sie als Lehrer erfahren, dass Sie zu Beginn des neuen Schuljahres einen Schüler namens Kevin in Ihre Klasse bekommen. Sie können dieses Zahnrad nur ganz schlecht anhalten. Wenn Kevin dann noch Autist ist, dann springt Ihr Erfahrungs- und Erwartungszahnrad vielleicht sogar aus seiner Aufhängung. Aber genau dies soll mein Buch verhindern. Im autistischen Gehirn wird im Gegensatz zum nicht-autistischen Gehirn nicht nach Gemeinsamkeiten von Erlebten oder Gehörtem gesucht, sondern nach Unterschieden. Mein Hirn findet diese genauso schnell wie das Ihre Ähnlichkeiten erkennt. Wenn etwas anders ist als schon mal Erlebtes, dann ist es nicht nur neu, sondern auch potentiell gefährlich. Jetzt geht es nur noch um mein Überleben. Nun mischt sich ein weiteres Zahnrad im Hirngetriebe ein, welches ich als Emotionalitätszahnrad bezeichne.

Das Emotionalitätszahnrad

Das Emotionalitätszahnrad dreht sich eigentlich die ganze Zeit, die wir wach sind, denn alles, was wir erleben, wird emotional bewertet. Im autistischen Gehirn ist auch dieses Zahnrad entweder größer oder dreht sich schneller. Aufgrund dessen, dass sich ähnelnde Situationen nicht als solche erkannt, sondern als neu eingestuft werden, meldet das Emotionalitätszahnrad immer sehr schnell Gefahr. Das autistische Gehirn meint nun, es liege eine Gefahrensituation vor, auch wenn das überhaupt nicht der Fall ist. Wenn der Alarm einmal ausgelöst ist, dann gibt es nur noch drei Arten der Reaktion, nämlich Flucht, Kampf oder Starre. Wichtig: Alle drei Reaktionen sind absolut richtiges Verhalten, denn in der autistischen Wahrnehmung herrscht ja wirklich Gefahr. Aber weder die Realität noch die Wahrnehmung der Mehrheit der Menschen stimmt mit dieser autistischen Wahrnehmung überein. Das autistische Verhalten ist zwar richtig, wird aber von der Gesellschaft dennoch als sozial inadäquat, inkorrekt, ja als falsch aufgefasst. Dabei liegt der Fehler ganz woanders, nämlich bei der Wahrnehmung. Genau hier müssen Hilfen und Therapien ansetzen.

Bislang verstehen wohl nur wenige Menschen, dass es für einen autistischen Schüler ein notwendiges und richtiges Verhalten auf eine andere, falsche, Wahrnehmung ist, wenn er einem Lehrer bei der Begrüßung ins Schienbein tritt. Wenn er anfängt, sich zu schlagen, weil ein Vertretungslehrer heute den Biologieunterricht übernimmt. Oder wenn der Schüler schreit und tobt, weil die Uhr im Klassenzimmer noch die Sommerzeit anzeigt. Diese und hunderte andere Reize, die nicht-autistische Menschen nicht einmal bewusst wahrnehmen, können die fragile Welt eines autistischen Menschen zum Einsturz bringen. Die Konsequenzen für den autistischen Menschen, der nicht anders als mit Flucht, Kampf oder Starre darauf reagieren kann, sind oftmals verheerend. Natürlich sind diese Kampfreaktionen sozial-inakzeptabel und können zum Teil für alle Beteiligten gefährlich sein. Aber um für uns alle etwas ändern zu können, müssen nicht-autistische Menschen verstehen, wie es zu genau diesem Verhalten kommt, und lernen, wie sie damit richtig umgehen können. In vielen solcher Situationen wird das Verhalten eines autistischen Menschen von der unmittelbaren Umgebung als gewalttätig wahrgenommen. Das passiert, weil nur das von außen erlebbare Verhalten nach den Regeln der Gesellschaft interpretiert wird. Dass aber im Inneren des autistischen Menschen gerade eine falsche Reizbewertung stattfindet und dadurch eine Kampf-Reaktion ausgelöst wird, die der autistische Mensch nicht einmal beeinflussen kann, das entgeht dem Umfeld oftmals komplett. Aber genau das darf bei Autismus nicht länger passieren. Autistische Menschen benötigen dieselbe Akzeptanz für ihr Anderssein wie sie körperbehinderten Menschen schon entgegengebracht wird. Kein Lehrer fühlt sich beleidigt, weil ein blinder Schüler keinen Blickkontakt herstellt, ein Kind im Rollstuhl zur Begrüßung nicht aufsteht oder ein gehörloser Schüler nicht auf eine verbale Aufforderung reagiert. In diesen Fällen ist der Umgebung nämlich zu jeder Zeit klar, was die Behinderung dieser Menschen ist und wie sie sich auf den (Schul-)Alltag auswirkt. Bei autistischen Menschen ist das wesentlich schwerer zu erkennen und zu verstehen, aber nicht unmöglich. Ich bin mir sicher, dass Sie nach der Lektüre meines Buches mit solchen Situationen besser umgehen können, weil Sie Ihren autistischen Schüler und sein Verhalten besser verstehen werden.

Drei weitere Zahnräder, die großen Einfluss auf unsere Wahrnehmung und somit auf unser Verhalten haben können, möchte ich noch erwähnen.

Die drei K-Zahnräder

Diese drei Zahnräder repräsentieren Kognition, Kommunikation und Körperwahrnehmung. Kognition ist immer hilfreich, um sich in der Welt zurechtfinden zu können. Sie hilft mir zum Beispiel beim Finden von Kompensationsstrategien. Kognitive Fähigkeiten werden besonders Menschen mit frühkindlichem Autismus viel zu schnell abgesprochen. Ich höre immer wieder den Satz: Die Mehrheit der Menschen mit frühkindlichem Autismus ist geistig behindert. An dieser Stelle noch einmal: Das, was Sie von außen sehen und wahrnehmen, muss mit den inneren Zuständen eines Menschen rein gar nichts zu tun haben. Wenn Sie meinen Sohn beobachten, dann wird in Ihnen sicher sehr schnell das Bild eines geistig behinderten Kindes auftauchen, da Ihr Erfahrungs- und Erwartungszahnrad nach Gemeinsamkeiten von schon einmal Erlebtem sucht und diese in Elijahs äußerlich beobachtbaren Verhalten auch findet. Aber das, was bei Elijah von außen aussieht wie eine geistige Behinderung, muss nicht zwingend eine sein. Er kann das, was er innen fühlt, denkt, erlebt, nur schwer nach außen tragen oder nur auf eine Art und Weise wiedergeben, die Ihnen völlig fremd ist. Aber nur weil Sie dies nicht auf Anhieb verstehen, ist er nicht automatisch geistig behindert. Erinnern Sie sich bitte einmal kurz an Ihren exotischsten Urlaub. Menschen anderer Kulturen können Ihnen auch erst einmal fremd und unverständlich in ihrer Art erscheinen, aber Sie kämen dennoch nie auf die Idee, sie als geistig behindert zu bezeichnen und so zu behandeln. Also noch einmal und immer wieder, bitte urteilen oder interpretieren Sie nie das, was Sie sehen. Nehmen Sie Kompetenz an.

Können Fische fliegen? Nein? Nicht alle, aber Exocoetidae, also Fliegende Fische, die können es. Sie tun es allerdings nicht die ganze Zeit. Alle Vögel haben Flügel, aber nicht alle können fliegen. Sie merken, worauf ich hinauswill. Wir müssen alle viel genauer hinschauen, um herauszufinden, was ein (autistischer) Mensch vermag und was nicht.

Das zweite K-Zahnrad, das Kommunikationszahnrad ist ebenfalls unersetzlich, da es den Austausch mit anderen Menschen ermöglicht. Verbale Sprache ist nicht die einzige Kommunikationsmöglichkeit, aber ein sehr erfolgreiches Werkzeug im Miteinander. Mein Sohn ist nonverbal, aber er kommuniziert gern und viel. Nur wird seine Sprache von den meisten Menschen nicht verstanden bzw. nicht einmal als solche erkannt. Er bekommt deshalb auf seine Art der Kontaktaufnahme oftmals sehr gegensätzliche Antworten. Sein Umdrehen bei der Begrüßung wird als Ablehnung oder Desinteresse interpretiert und dann auch so kommentiert. Da er hören und verstehen kann, ist dies für ihn sehr verwirrend, denn das Um- bzw. Wegdrehen ist seine Art »Hallo« zu sagen. Solche Missverständnisse könnten dazu führen, dass er die Kommunikation mit seiner Umgebung irgendwann ganz aufgibt. Aber diese Gefahr wenden wir ab, in dem wir die Menschen aufklären, ihnen seine Sprache erklären und sie bitten, sich auf seine Art der Kommunikation (z. B. Handführung oder Objektübergabe) einzulassen. Wie ein gehörloser Mensch auf Gebärdensprache, so ist auch Elijah immer auf einen Dolmetscher angewiesen. Er hat Glück, einerseits eine autistische Mutter zu haben, die ihn auch ohne Worte versteht, und andererseits in einer Familie zu leben, die sich jeden Tag voller Akzeptanz auf seine Art der Kommunikation einlässt. Die meisten autistischen Menschen müssen Kommunikation ganz allein bewältigen. Viele geben aufgrund von ständigen Misserfolgen irgendwann ihre Kommunikation und den Kontakt mit ihrer Umgebung auf. Das finde ich unendlich traurig.

Zu guter Letzt ein paar Worte zum Zahnrad Körperwahrnehmung. Ohne Körperwahrnehmung kann sich keine Ich-Bewusstheit entwickeln. Eine eingeschränkte Körperwahrnehmung, wie ich sie habe, führt nicht nur zu einem unzureichenden Body Image, sondern zu einer ganz anderen Wahrnehmung meiner Umgebung. Körperwahrnehmung wird benötigt, um Hilfsmittel wie Stifte, Schere oder Besteck zu nutzen und auch, um sicher auf einem Stuhl sitzen zu können. Sie benötigen eine gute Vorstellung von Ihrem Körperschema, damit Sie Balance halten können und nicht wie ich ständig den Winkel ausrechnen müssen, in dem Sie sich zurücklehnen können, ohne von einem Hocker zu kippen. Die Körperwahrnehmung gibt Ihnen Sicherheit in der Begegnung mit Anderen, da Sie so den richtigen Abstand wahren können. Sie wissen, wo im Raum Sie sich befinden und wo Sie enden und der Andere beginnt. Davon kann ich nur träumen. Ich muss mich immer visuell rückversichern, dass es mich noch gibt, wo mein Arm ist, was meine Hand gerade festhält und ob ich auf einem oder beiden Beinen stehe. All das erfordert bewusstes Denken, verbraucht also viel Energie, die mir dann an anderer Stelle fehlen wird. Allein durch das Wissen darum, entsteht noch mehr Stress, sodass ich mich auch immer wieder Begegnungen mit anderen Menschen entziehe. Das ist besonders dann der Fall, wenn der Andere nichts von meinem Autismus weiß. Denn eines weiß ich, nur mein Verhalten ist für meine Umgebung sichtbar und erlebbar. Hier beginnt das große Missverständnis in der Begegnung zwischen nicht-autistischen und autistischen Menschen. Es wird nur das Verhalten des autistischen Menschen gesehen, nicht aber bedacht, welche Auslöser zu diesem Verhalten geführt haben und welche Probleme auf dem Weg vom Reiz zum Verhalten lagen. Der Reiz, der eine oft als herausforderndes Verhalten bezeichnete Reaktion hervorruft, wird von nicht-autistischen Menschen in der Regel nicht einmal wahrgenommen, sondern einzig und allein das Verhalten. Ich stimme Ihnen zu, dass mein Verhalten eventuell nicht der Situation so angepasst ist, wie Sie es erwarten. Aber bitte glauben Sie mir, in meiner Wahrnehmung erlebe ich es ganz anders als Sie. Als Kind hat bei mir nur der Gedanke an die Begegnung mit einem anderen Menschen schon eine Flucht-, Kampf- oder Starre -Reaktion ausgelöst. Bis heute muss ich sehr viel tun, um mein System davon abzuhalten immer wieder Gefahr zu melden, wo doch gar keine ist.

6 Das Verhalten

Mein Verhalten als unmittelbare Reaktion auf meine Wahrnehmung unterscheidet sich so sehr von dem von Ihnen erwarteten Verhalten, dass meine andere Wahrnehmung einen eigenen Namen bekommen hat: Autismus. Mein Verhalten jedoch ist nicht autistisch, sondern eine Reaktion auf meinen Autismus. Schauen wir uns dieses Verhalten einmal näher an. Flucht, Kampf und Starre sind Reaktionsmuster, die Ihnen nicht nur bei Ihrem autistischen Schüler begegnen werden, sondern die Sie selbst schon bei sich erlebt haben. Natürlich nicht in der Intensität und Häufigkeit und nicht als Reaktion auf alltägliche Herausforderungen. Es handelt sich hierbei nämlich um zutiefst menschliches Verhalten, welches unser Überleben gewährleistet. Wenn eine Flucht-, Kampf- oder Starre-Reaktion als Reaktion auf ungefährliche Situationen erfolgt, wird dieses Verhalten jedoch zum Problem. Das kennen Sie eventuell, wenn Sie z. B. Flugangst haben. Fliegen, das ist bekannt, ist die sicherste Transportmethode, dennoch haben viele Menschen eine extreme Angst davor. Sie reagieren auf eine ungefährliche Situation, so als ob sie gefährlich wäre. Hier irrt sich das Gehirn nicht-autistischer Menschen ebenso wie bei der Angst vor Spinnen und vielen anderen Phobien. Allerdings ist die Angst vor dem Fliegen sozial akzeptiert. Angst vor Gegensprechanlagen oder Kampfreaktionen wegen eines veränderten Lichteinfalls sind es jedoch nicht. Flucht-, Kampf- oder Starre-Reaktionen sind dazu da, uns vor und in gefährlichen Situationen zu schützen und unser Überleben zu sichern. In einer Gefahrensituation muss alles sehr schnell gehen, sodass das Unterbewusstsein die Regie übernimmt. Mehr zu diesen neuronalen Vorgängen im nächsten Kapitel (▶ Kap. 7).

Schülerstimme

»Die Lehrer in meiner Schule beschreiben mich als fröhliches, freundliches Mädchen. Das liegt daran, dass ich einen Großteil der Zeit meines Lebens auch so erscheine. Jedoch fällt mir der Donnerstag vor 3 Wochen ein, an dem ich fast den ganzen Vormittag über eine geradezu zerstörerische Wut verspürt habe, die ich an den Aufzeichnungen von den ersten beiden Stunden dieses Tages noch deutlich sehe. Meine Mutter hat mindestens 2 Stunden in der Schule verbracht, um mich wieder unterrichtstauglich zu beruhigen. Und dabei war das eine positiv verlaufende Ausnahme.«
Frauke Kronefeld, Abiturientin 2017, Asperger-Syndrom, Dresden

Lassen Sie mich ein bisschen von meiner Kindheit erzählen. Bitte vergessen Sie nicht, dass es für Ihren autistischen Schüler ähnlich sein kann, aber ebenso ganz anders. Als kleines Kind war ich ein Fluchttier. Witterte ich Gefahr, und das passierte fast die ganze Zeit, war ich weg. Dieses Verhalten wurde durchaus als anders bemerkt und es irritierte sowohl meine Familie als auch das Krippen- und Kindergartenpersonal. Aber niemand hinterfragte es. Stattdessen wurden meine Fluchtversuche bereits im Kindergarten konsequent unterbunden. Dies führte zu Kampfreaktionen, zuerst gegen Andere – meist gegen die, die mich von der Flucht abhalten wollten – und später gegen mich selbst. Ich begann mich zu bekämpfen. Dieser Wendepunkt in meinem Leben wäre vermeidbar gewesen. Stattdessen entwickelte ich eine regelrechte Allergie gegen mein Selbst. In diese Phase fielen viele Veränderungen in meinem Leben, die ich in dieser Häufung nicht mehr bewältigen konnte. Meine Mutter beschloss, mir meine geliebten Zöpfe abzuschneiden, da ein Schulkind mit kurzen Haaren wohl einfacher zu handhaben war. Das war jedenfalls ihre Wahrnehmung. Aus einem niedlichen kleinen Mädchen wurde innerhalb einer Stunde ein trauriges kleines Geschöpf, das wie ein Junge aussah. Ich passte noch weniger als vorher. Ohne sich dessen bewusst zu sein, nahm meine Mutter mir nicht nur meine Zöpfe, mehr noch, sie nahm mir meinen Halt. Auf diese Weise verunsichert, kam ich in die Schule, eine weitere riesige Veränderung, die mir keiner richtig erklärte. Am schlimmsten aber war, dass mein Großvater, der meine engste Bezugsperson war, in dieser Zeit starb. Er war mein Anker gewesen und der einzige Mensch, der mich wirklich so geliebt hatte wie ich war und dessen Liebe ich hatte spüren und erwidern können. Ich war nun allein mit mir, war mir so fremd wie nie zuvor und ich begann mich zu hassen.

Meine Schulzeit war geprägt von Kampf- oder Starre-Reaktionen. Flüchten konnte ich nur selten und wenn, dann ging das meist nur in meinem Kopf. Ich klinkte mich einfach aus. Ich war wochenlang weg, ohne dass es jemandem auffiel. Wenn ich mich mental in meine eigene Welt zurückzog, schien ich meiner realen Umgebung besser zu gefallen. Meine Starre-Reaktionen gingen mit ungewolltem Mutismus einher, für den niemand Verständnis hatte. Ich fiel in ein tiefes, schwarzes Loch und blieb dort. Meist schloss sich ein Shutdown (Abschalten) an, aus dem ich dann irgendwann wieder verbal und einigermaßen »normal« herauskam. Meine Kampfreaktionen kündigen sich bis heute durch verbale Kampfreaktionen an, die ich mittlerweile selbst gut erkennen und abfangen kann. Als Kind und Jugendliche gelang mir dies nicht. Ich fluchte, (be)schimpfte und wütete, was das Zeug hielt und wurde von meinen Lehrern als jähzornig, ungezogen, unerzogen, aggressiv und sogar asozial bezeichnet. Es tat sehr weh, denn ich wusste tief in mir drin, dass ich genau dies nicht war. Ich spürte, dass ich Hilfe brauchte. Ich wusste damals nicht, dass noch Jahrzehnte vergehen würden, ehe ich Hilfe und Unterstützung und die so dringend benötigte Erklärung für mein Anderssein bekommen würde. 37 Jahre fühlte ich mich deshalb als Versager und dies führte zu immer mehr Ablehnung meines Selbst durch mich selbst. Trotz alledem wollte ich weiterhin dazugehören. Versager ja, aber Aufgeben nein.

Diese Motivation hat mich bis heute nicht verlassen. Mein Lebensmotto hat mir Nelson Mandela geschenkt, der einmal sagte, dass es immer unmöglich erscheine, bis man es getan habe. Ich habe mich an diesen Worten festgeklammert. Sie mussten einfach stimmen. Schon in meiner Kindergartenzeit war ich in der glücklichen Lage, die anderen Kinder oder Erwachsenen meiner Umgebung ertragen und damit beobachten zu können. Meine Andere-Wahrnehmung reichte aus, um dies zu tun. Meine Faszination für Menschen begann und sie hält bis heute an. Ich wurde zum Zuschauer und mein Randplatz gefiel mir. Wenn ich mir sicher war, dass ich etwas Nützliches beobachtet hatte, dann begann ich dieses gesehene Verhalten im Kopf immer und immer wieder zu üben. Ich nutzte die Nächte, in denen ich sowieso nicht schlief, um den vergangenen Tag zu verarbeiten, zu begreifen und für den folgenden Tag zu üben. Hatte ich das Gefühl, dass ich das Verhalten sicher und exakt reproduzieren konnte, dann tat ich dies mit vertrauten Menschen. Ging dies gut, dann speicherte ich das Ganze endgültig ab. So gelang es mir nach und nach, die Erwartungshaltungen meiner Mitmenschen immer besser befriedigen zu können. Ich war mehr und mehr in der Lage, meiner Umgebung das widerzuspiegeln, was sie sehen wollte, um mir zumindest zeitweilig den von mir ersehnten Platz am Rand zu gewähren. Dieser Randplatz war alles, was ich wollte, mehr hätte ich ohnehin nicht verkraften können. Später arbeitete ich mich immer mehr zum Spielfeldrand hin und heute kann ich zeitweise auf dem Feld stehen. Um dies zu schaffen, war vor allem eines absolut notwendig: die Beruhigung meines Systems, sprich der Amygdala. Mittlerweile sind wir gute Freunde geworden. Ich werde sie Ihnen im nächsten Kapitel vorstellen. Aber zuerst noch ein paar Tipps und Ratschläge, wie Sie mit den Flucht-, Kampf- und Starre-Reaktionen Ihres autistischen Schülers besser umgehen können.

> **Was tun bei Flucht-, Kampf- oder Starre-Reaktionen?**
>
> Verhalten *in* der Situation:
>
> 1. *Ruhig bleiben.* Das Wichtigste und Beste, das Sie in solch einer Situation tun können, ist ruhig bleiben. Und zwar so ruhig, als wäre das, was gerade passiert, das Normalste der Welt und würde Sie überhaupt nicht berühren. Versuchen Sie, sich emotional ganz aus der Situation rauszunehmen. Vielleicht hilft Ihnen das bekannteste Mantra des Buddhismus »Om ma ni pad me hum« dabei, diese innere Ruhe zu erlangen. Diese ist wichtig, denn über die Fähigkeit des Sensings kann der Schüler ganz genau spüren, was in Ihnen vorgeht, und es besteht die Gefahr, dass die Situation weiter eskaliert. Autistische Menschen übernehmen besonders in Stresssituationen die Wahrnehmung ihres Gegenübers, d. h. wenn Sie ruhig bleiben, kann sich Ihr Schüler schneller beruhigen. Genauso umgekehrt: Regen Sie sich auf, regt er sich mit und noch mehr auf.
> 2. *Schichtwechsel.* Wenn Sie nicht (mehr) ruhig bleiben können und merken, dass Sie auf die Situation emotional reagieren, dann organisieren Sie sich Ersatz. Am besten sollten Sie schon im Vorfeld immer einen Kollegen bereitstehen haben. Eventuell helfen hier ein Lieblingslehrer des Schülers

oder der Hausmeister, der einfach nur dableibt, um die Sicherheit des Schülers zu gewährleisten. Er kann dabei die Fenster begutachten oder die Schrauben an den Tischen kontrollieren. Egal, was es ist, Hauptsache es hat nichts mit dem Schüler zu tun.

3. *Stressor(en) entfernen.* Wenn Sie den Reiz kennen, der dieses Verhalten ausgelöst hat, dann beseitigen Sie ihn umgehend. Sollte dies nicht möglich sein, dann versuchen Sie den Schüler aus der Situation (Raum) möglichst schnell, aber sacht herauszuführen. Wenn Sie nicht wissen, was der Auslöser war, ist es dennoch empfehlenswert, den Schüler aus dem Raum und damit aus der Situation zu entfernen. Sie benötigen dann einen sicheren Auszeitraum, in dem Sie den Schüler idealerweise allein lassen können. Dann gelingt die Regulierung oft besser und schneller. Beruhigt ein Raumwechsel den Schüler nicht, kann es sich um einen inneren Reiz handeln. Dann können Sie wenig tun, aber eine paradoxe Intervention ist immer einen Versuch wert.

4. *Paradoxe Intervention.* Am besten ist es, den Schüler zum Lachen zu bringen, denn Flucht-, Kampf- und Starre-Reaktionen werden von der Amygdala ausgelöst, die ebenso für das Lachen verantwortlich ist. Schaffen Sie es, dass der Schüler lacht, dann wird die Amygdala wie ein Schalter umgelegt und im Gehirn werden nun Glückshormone freigesetzt, die die Kampfhormone im wahrsten Sinne des Wortes »auffressen«. Ablenkung kann auch gelingen, wenn Sie über das Lieblingsthema des Schülers sprechen, sodass er wieder Sicherheit spürt. Sagen Sie etwas Falsches über ein Thema, bei dem sich der Schüler gut auskennt. Tun Sie so, als könnten Sie eine Antwort auf eine Frage nicht finden, die er aber kennt. Reagieren Sie aber erst wieder auf ihn, wenn er wieder bewusst auf Sie reagiert oder Sie von sich aus anspricht.

5. *Auf Abstand gehen.* Je weiter weg Sie sind, desto weniger kann er über Sensing Ihre Wahrnehmung übernehmen. Falls dies nicht möglich ist und Sie sich nicht weit entfernen können, dann setzen Sie sich hin. Sie sind dann kleiner und werden als weiter weg wahrgenommen, das heißt die Andere-Wahrnehmung wird reduziert. Wenn Sie gut ruhig bleiben können, dann bleiben Sie in der Nähe, denn so helfen Sie am besten. Bei einer Kampfreaktion: Wenn es möglich (sicher) ist, lassen Sie den Schüler allein oder in einen sicheren Raum gehen. Bei Fluchtreaktion muss er wissen, wohin er gehen kann und dies allein bewältigen können. Das sollten Sie vorher unbedingt aktiv mit dem Schüler üben.

6. *Kein Blickkontakt.* Schauen Sie an dem Schüler vorbei, oder besser noch, überhaupt nicht in seine Richtung. Fordern Sie keinen Blickkontakt ein. Blickkontakt löst sowohl Andere-Wahrnehmung als auch Selbstwahrnehmung aus und kann schnell zu Selbstkonfrontation führen. Direktes Anschauen kann also nicht nur der Auslöser einer solchen Situation sein, sondern auch der Verstärker.

7. *Keine Berührungen.* Bitte vermeiden Sie es, den Schüler in solch einer Situation anzufassen. Wenn Sie ihn aus dem Raum herausführen müssen,

dann wirklich nur Impulse geben, also ihn so sanft und so kurz wie möglich berühren. Nur wenn Sie den Schüler gut kennen und wissen, dass ihm Berührungen wie Festhalten helfen, dann tun Sie dies auch.

8. *Keine direkte Ansprache.* Sprechen Sie ganz ruhig jemand anderen an und reden Sie über alltägliche Dinge. Am besten so als wäre der autistische Schüler gar nicht da. Wenn Sie allein sind, dann führen Sie Selbstgespräche, eventuell über etwas, was Sie vielleicht vergessen haben und das Ihnen gerade wieder eingefallen ist. Bei einer Starre-Reaktion hilft es, über etwas zu reden, das den autistischen Schüler interessiert, aber keinesfalls stresst. Sprechen Sie *über* sein Lieblingsthema, aber nicht *mit* ihm!
9. *Beobachten Sie.* Jedes Verhalten ist Kommunikation. Ihre Beobachtungen werden später bei der Verhinderung weiterer solcher Situationen sehr nützlich sein, denn Sie können so eventuell den Auslöser erkennen und gleichzeitig herausfinden, was die Situation wieder beruhigt.
10. *Geduld haben.* Lassen Sie dem Schüler genau die Zeit, die er braucht, um sich zu regulieren und wieder in die notwendige Selbstbalance zu kommen. Erst dann hat er wieder Zugriff auf den Teil seines Gehirns, der für Logik und Handlungsplanung zuständig ist und kann die Gedächtnisinhalte nutzen, die ihm ein sozial-adäquates Handeln ermöglichen. Warten Sie immer, bis der Schüler wieder von sich aus adäquat auf Sie oder die Umgebung reagiert.
11. *Akzeptanz.* Lassen Sie das Verhalten des Schülers zu, solange es nicht selbst- oder fremdgefährdend ist. Flucht-, Kampf- und Starre-Reaktionen sind fast nie sozial-adäquate Handlungen, aber sie haben eine wichtige Funktion und gehören zu den Bewältigungsstrategien autistischer Menschen. Sorgen Sie jedoch immer für die Sicherheit aller Beteiligten.

Verhalten *nach* der Situation:

1. *Stressor/Auslöser identifizieren.* Sprechen Sie, wenn möglich, mit dem Schüler, aber erst nach einiger Zeit und sehr zurückhaltend, da Sie ansonsten bereits durch das Erwähnen der Situation eine erneute Flucht-, Kampf- oder Starre-Reaktion bei dem Schüler auslösen können. Sein Gehirn kann nicht zwischen Bild (Erzählen von der Situation) und Realität (Erleben der Situation) unterscheiden. Mit ein paar Worten könnten Sie den Schüler immer wieder so triggern, dass er bzw. sein Gehirn meint, wieder in dieser Situation zu sein. Die Reaktion des Schülers wäre dann eine Reaktion auf den Gedanken an die Situation. Auslöser der erlebten Situation kann also auch ein Gedanke an eine schon vor langer Zeit passierte Sache sein. Der Stressor muss nicht als Objekt oder Handlung im Raum gewesen sein, sondern kann auch aus dem Inneren des Schülers gekommen sein. Das heißt, es wird immer wieder Situationen geben, die Sie nicht lösen oder verhindern können, weil Sie den Stressor nicht kennen und nicht entfernen können. Dann müssen Sie die Situation gemeinsam mit dem Schüler aushalten, damit er lernt, dass er selbst bei akutem inneren Stress nicht allein

gelassen wird. Dieses »dem Anderen vertrauen können« ist essentiell für autistische Menschen, um sich auf ihre Umgebung einlassen zu können. Es verhindert, dass sie in die Vermeidung gehen und letztendlich nur noch den Weg eines ungewollten Rückzugs gehen können.

2. *Stressor beseitigen.* Dies kann einfach sein, wenn es sich um ein schiefes Bild an der Wand oder Rechtschreibfehler an der Tafel handelt. Es kann aber auch, wie im vorigen Punkt erläutert, unmöglich sein. Wichtig ist, dass Sie so viele Stressoren wie möglich identifizieren und diejenigen beseitigen, die sich beseitigen lassen. Für alle gefundenen Stressoren, die sich nicht beseitigen lassen, müssen Strategien entwickelt werden. Die Reizgewöhnung sollte von Anfang an angebahnt werden, da der Schüler sonst eine Vermeidungshaltung entwickelt, die am Ende seine Teilhabe gefährdet. Hilfsmittel wie zum Beispiel Sicht- oder Trennwände können vor visuellen Reizen schützen. Gehörschutz kann auditive Reize reduzieren.

3. *Eltern befragen.* Welche Stressoren sind den Eltern bekannt? Welche Reize lösen solch ein Verhalten zu Hause aus? Was machen die Eltern in diesen Situationen zu Hause oder unterwegs? Ist dieses Vorgehen in der Schule möglich?

4. *Wahrnehmungscheck.* Gehen Sie zusammen mit den Eltern und eventuell dem Schüler alle Sinneswahrnehmungen, die Körperwahrnehmung und die Selbst-, Andere- und Fremdwahrnehmung des Schülers durch. Wo ist er überfordert? Was löst welche Reaktion aus? Vergleichen Sie diese nun mit allen Komponenten der Schule (Klasse, Zimmer, Schulhaus, Aktivitäten) und finden Sie heraus, wo welche dieser Stressoren auf den Schüler einwirken. Ausführliche Informationen finden Sie dazu in Kapitel »Wenn der neue Schüler anders ist« (▶ Kap. 12).

5. *Kompensationsstrategien finden.* Helfen Sie dem Schüler dabei, neue oder bessere Kompensationsstrategien zu finden. Seien Sie kreativ! Was machen Sie selbst, wenn Sie Stress bekommen? Mir kam auch oft der Zufall zur Hilfe. Zum Beispiel: Ich konnte in der Gegenwart von anderen Menschen überhaupt nicht essen, bis meine Oma mich mit den Worten »Ein Löffel für die Oma, ein Löffel für den Opa etc.« fütterte und mir damit eine wunderbare Kompensationsstrategie schenkte, ganz ohne es zu wissen. So konnte ich meine Selbstwahrnehmung besser regulieren. Ich aß nicht selbst, da Oma mich fütterte und ich aß nicht für mich selbst, sondern für die Personen, die meine Oma aufzählte. Mein Selbst war geschrumpft. Diese Strategie wende ich bis heute jeden Tag an. Mehr Kompensationsstrategien finden Sie in den Kapiteln »(Meine) wichtigsten Kompensationsstrategien« (▶ Kap. 10), »Andere Hilfsmittel« (▶ Kap. 16) und »ABC der Strategien« (▶ Kap. 27).

Lehrerstimme

»Wenn J. merkte, dass die aufgestaute Wut nicht gefahrlos entweichen konnte, durfte er in den gegenüber der Schule liegenden Wald rennen und sich dort austoben. Uns war es lieber, er schlug auf Bäume ein als auf uns. Natürlich war das mit den Eltern und sogar unserem Förster abgesprochen. Die Anzahl der Ausraster nahm rapide ab, jeder einzelne blieb trotzdem noch gefährlich.«
Ute Schnabel, Schulleiterin, Förderzentrum Clemens Winkler, Brand-Erbisdorf

7   Die Amygdala

Jetzt ist es soweit. Ich möchte Sie ein wenig mit einem ganz wichtigen Hirnareal bekannt machen. Die Amygdala spielt nicht nur im autistischen Gehirn eine große Rolle, sondern ist für jeden von uns enorm wichtig. Die Amygdala, zu Deutsch nach ihrem Aussehen Mandelkern genannt, schützt den Menschen vor Gefahr. Ohne Amygdala könnten wir nicht lange überleben. Ganz wichtig für autistische Menschen sind drei Dinge:

1. Die Amygdala bleibt ein Leben lang lernfähig.
2. Sie kann wie ein Muskel trainiert werden.
3. Sie kann wieder umlernen.

Ich arbeite nunmehr seit über 40 Jahren daran, meine Amygdala zu beruhigen und neu zu programmieren. Mein Autismus beginnt und endet bei der Amygdala. Dies ist vielleicht nur meine Wahrnehmung von meinem Sein mit meinem Autismus, aber meine Art des Umtrainierens der Amygdala hilft nicht nur mir und meinem Sohn, sondern auch einigen anderen, mir persönlich bekannten, autistischen und auch nicht-autistischen Menschen.

Das Gehirn als Firma

Wenn Sie sich Ihr Gehirn als eine Firma vorstellen, dann ist die Amygdala dessen hochsensible Alarmanlage oder ein äußerst aufmerksamer Wachdienst. Kurz gesagt, die Amygdala sichert Ihr Überleben ab. Sie bekommt alle Informationen zuerst und analysiert, inwieweit eine Gefährdung durch die auf Sie wirkenden Reize vorliegt. Nimmt Sie eine Gefahr wahr, dann löst sie entweder eine Flucht-, Kampf- oder Starre-Reaktion aus. Die Amygdala agiert unheimlich schnell. Befinden wir uns in einer Gefahrensituation, wird die Verbindung zwischen dem unterbewussten System und unserem Bewusstsein augenblicklich unterbrochen. Wir reagieren sofort auf die Bedrohung, aber uns wird erst viel später bewusst, was da wirklich gerade mit uns passiert ist. Stellen Sie sich Ihr Gehirn bitte weiterhin als eine Firma vor. Das Unterbewusstsein ist die Chefetage, auf der alles entschieden wird. Der Chefetage steht außerdem ein Experten-Team, das bewusste Denken, zur Verfügung. Dieses wird bei nicht-autistischen Menschen nur 5 bis 10 % der Zeit in Anspruch genommen. Das spart dem Gehirn sehr viel Energie. Es kann sich darauf verlassen, dass die Programme, die im Unterbewusstsein abgespeichert sind, gut funktionieren, so zum Beispiel Autofahren oder kauen und schlucken. Bei autistischen Menschen ist das nicht der Fall. Viele Programme sind nicht vorhanden oder funktionieren nicht einwandfrei. Deshalb ist bei mir das Experten-Team viel häufiger, nämlich bis zu 30 % der Zeit, involviert. Meine Energie ist folglich auch schneller verbraucht. Der Thalamus, den Sie als neuronalen Filter schon kennen, ist in unserer Firma die Vorzimmerdame, auf deren Tisch alle Informationen landen. Hier wird die Frage nach der Wichtigkeit der Information bzw. der Reize gestellt und blitzschnell beantwortet. Es wird vorsortiert und dann geht die Information sofort an die Amygdala, also den Wachschutz. Das geht zwar sehr schnell, ist aber zum Teil sehr oberflächlich und fehleranfällig.

Ich vergleiche diese Art der Informationsweitergabe gern mit einer SMS. Sie kommt im Nu an, aber die Kürze des Textes kann genauso schnell zu Missverständnissen führen. Die Amygdala hat jede Information bis zu 7 Sekunden, bevor Ihnen überhaupt etwas bewusst wird. In den 5 bis 10 % der Fälle, die Sie bewusst wahrnehmen, schickt der Thalamus außer der SMS zudem noch einen Brief los, und zwar an das Experten-Team, das Bewusstsein. Egal, wie schnell der Brief geschrieben und abgeschickt ist, die SMS ist immer zuerst da. Oftmals noch bevor der Brief in Ihrem Oberstübchen ankommt. Der Informationsfluss an das Bewusstsein dauert länger, ist aber ausführlicher. Doch selbst wenn der Brief schon eingetroffen ist, interessiert sein Inhalt in dem Moment nicht mehr, in dem die Amygdala einen Alarm auslöst. Bei einem Feueralarm lassen auch Sie alles, außer das Klassenbuch, stehen und liegen und bringen sich in Sicherheit. Sie ergreifen die Flucht, aber das ist keine bewusste Entscheidung. In einer Gefahrensituation brauchen Sie nämlich kein bewusstes Denken, keine Logik und keine Handlungsplanung mehr. Das wäre nur hinderlich. Nur Ihr Instinkt ist jetzt gefragt, denn es geht um Ihr Überleben. Damit Sie bei Gefahr unterbewusst richtig reagieren, können Sie solche Situationen immer wieder bewusst üben. Genau deshalb gibt es die Feueralarm-Übungen an Ihrer Schule. Stellen Sie sich vor, Sie schauen jetzt gerade von diesem Buch auf und sehen einen Tiger vor sich stehen. Was würden Sie tun? Überlegen Sie, was das für ein Tiger ist? Ein sibirischer oder ein Sumatra-Tiger vielleicht? Immerhin scheint das Fell sehr kontrastreich. Oder doch ein Bengal-Tiger? Ein Bali-Tiger kann es auf keinen Fall sein, denn der ist mittlerweile ausgestorben. Fragen Sie sich, wo dieser Tiger eigentlich herkommt? Was er hier will? Und vor allem, was Sie jetzt am besten machen? Genau das tun Sie nicht. Diese Überlegungen würden Sie wahrscheinlich nicht zu Ende führen können. Vor allem dann nicht, wenn es ein älterer Tiger ist, der noch dazu Hunger hat. Doch zu diesen Gedankengängen kommt es zum Glück gar nicht, denn Ihre Amygdala hat sofort Gefahr gemeldet. Das heißt, die SMS vom Thalamus ist angekommen und wurde in Windeseile analysiert.

Da ein Tiger, der so nah vor Ihnen steht, eine wichtige Sache ist, werden aber auch Information in Form eines Briefes mit ausführlichen Informationen an Ihr Bewusstsein geschickt. Aber selbst, wenn das Experten-Team den Brief noch erhalten hat, so würde auch Ihr Bewusstsein, der Cortex, die Gefahr akzeptieren und weitere Entscheidungen der Amygdala überlassen. Die Amygdala entscheidet zwar allein, aber sie tauscht sich vorher mit vielen anderen Hirnarealen, unter anderem dem Hippocampus, aus. Der Hippocampus ist das Archiv Ihrer Firma und hat Zugriff auf alle Informationen, die für den Erhalt der Firma wichtig sind. In einem nicht-autistischen Gehirn sucht der Hippocampus nach Gemeinsamkeiten mit schon einmal Erlebtem. Obwohl Sie wahrscheinlich noch nie einen Tiger im Garten hatten, hat der Hippocampus dennoch genügend Material aus Film, Fernsehen, Büchern, Internet und dem Hören und Sagen gesammelt, um zu wissen, was hier zu tun und zu lassen ist. Entsprechend fällt die Rückmeldung an die Amygdala aus: Das kennen wir! Das kann gefährlich für uns sein! Falls der Hippocampus doch einmal etwas nicht kennt, dann wird rasch überlegt, ob es sich lohnt, die neue Information abzuspeichern. Man kann ja nie wissen, wann man diese oder jene Info brauchen könnte. Während all diese überlebenswichtigen Prozesse in Ihrem Hirn ablaufen, sitzen Sie übrigens nur da und starren den Tiger an. Die Amygdala hat aber umgehend alle notwendigen Informationen, um zu handeln. Sie kann bei Gefahr allerdings nur zwischen drei Reaktionen auswählen: Fluchtreaktion, Kampfreaktion oder eine Bewegungsunfähigkeit, die Starre-Reaktion. Bitte überlegen Sie jetzt nicht, welches dieser Verhaltensmuster sich bei einem Tiger für Sie lohnen würde. Sie sind auch an dieser Entscheidung nicht beteiligt. Sie können sich jedoch darauf verlassen, dass Ihre Amygdala sehr klug für Sie entscheidet. Je nachdem, was sie als erfolgreichste Strategie betrachtet, lässt sie Sie flüchten, kämpfen oder erstarren. Das erklärt, warum Menschen in ähnlichen Gefahrensituationen sehr unterschiedlich reagieren.

Das nicht-autistische Gehirn

Aber schauen wir noch einmal genauer, was in Ihrem Gehirn passiert, wenn die Amygdala einen Reiz als gefährlich einschätzt und damit eine der drei Reaktionen (Flucht, Kampf, Starre) auslöst. Nehmen wir eine andere Situation an: Sie sind aus einem Bus ausgestiegen und überqueren mit dem Handy vor dem Gesicht die Straße. Sie schauen kurz hoch und sehen ein Auto auf sich zukommen. Noch bevor Sie wirklich wissen, was los ist, sind Sie zurück auf den Gehweg gesprungen und in Sicherheit. Das ist noch einmal gut gegangen, werden Sie denken. Der Amygdala sei Dank! Erst wenn die Gefahr vorbei ist, wird Ihnen bewusst, wie gefährlich das war und dass es hätte schiefgehen können. Was ist passiert? Als Sie hochgeschaut haben, hat der Thalamus den visuellen Reiz »Auto« bekommen und als wichtig bewertet, da Sie sich mitten auf der Straße befunden haben. Diese Information hat er sowohl an die Amygdala als auch an Ihr Bewusstsein geschickt. Zur Amygdala ging wie immer eine SMS, diese ist extrem schnell und immer zuerst da. Die Amygdala hat sofort alle zur Verfügung stehenden Daten verglichen und sich zudem mit dem Hippocampus ausgetauscht, während der Brief zu Ihrem Bewusstsein noch unterwegs war. Da die Situation als gefährlich eingestuft wurde, reagierte die Amygdala unverzüglich mit einer ihrer drei Verhaltensschemen. In diesem Fall war es eine Fluchtreaktion zurück auf den Gehweg. Jedes Mal, wenn eine Gefahr gebannt ist, passiert etwas ganz Wichtiges. Die Amygdala vergewissert sich, ob dies denn wirklich die richtige Reaktion war. Das heißt, sie fragt nach, ob es weiterhin gefährlich ist, wenn ein Auto direkt auf Sie zukommt. Sie geben ihr eine entsprechende Rückmeldung, in dem Sie sich denken, wie schlimm das hätte ausgehen können. Gedanken wie »Meine Güte, das war knapp.« bestätigen die Amygdala in ihrer Reaktion. Mit solchen Rückmeldungen verstärken Sie Ihre Amygdala und sie merkt sich, dass ein auf Sie zukommendes Fahrzeug Gefahr bedeutet, und wird in einer ähnlichen Situation noch schneller und heftiger reagieren.

Sie trainieren also ständig Ihre Amygdala, die enorm lernfähig ist. Das ist eine wichtige Erkenntnis, nicht nur, um die Amygdala zu verstehen, sondern um sie im autistischen Gehirn zum Umlernen zu bewegen. Im nicht-autistischen Gehirn ist die Amygdala eine hervorragend funktionierende Alarmanlage, die Sie tagtäglich absichert. Ist es Ihnen schon einmal passiert, dass Sie meinten eine Schlange gesehen zu haben und dann stellte sich heraus, dass es doch nur ein Stock oder ein Stück Gartenschlauch war? Sie haben sich erschrocken und sind vielleicht einen Schritt zurückgesprungen, weil Ihre Amygdala meinte, dass es eine Schlange sein könnte. Fehlalarm, denn hier hat sie sich geirrt. Aber dennoch geben Sie ihr auch in diesem Fall immer wieder die Rückmeldung, dass sie das richtig gemacht hat, denn es hätte ja eine Schlange, also eine potentielle Gefahr, sein können. Sie soll natürlich weiterhin wachsam bleiben. Haben Sie eigentlich Angst vor Spinnen? Hier reagiert die Amygdala ebenfalls unheimlich schnell. Jedes Mal, wenn Sie sie dahingehend verstärken, dass Spinnen gefährlich für Sie sind, merkt sie sich das ebenso und schlägt bei der nächsten noch so kleinen Spinne wieder und noch schneller Alarm. Irgendwann braucht es vielleicht gar keine Spinne mehr, sondern allein der Gedanke an eine Spinne reicht aus und Sie flüchten oder erstarren. Es ist also sehr wichtig, welche Rückmeldungen wir unserer Amygdala geben, damit sie ihren Job richtig machen kann. Sie sichert aber nicht nur unser Überleben. Da wir nur auf unsere Wahrnehmung mit Verhalten reagieren können, ist es enorm wichtig, dass Reize korrekt bewertet und damit Situationen richtig eingeschätzt, werden. Die Amygdala hat einen entscheidenden Einfluss darauf, ob wir uns überhaupt sozial adäquat verhalten können. Nur wenn wir die Erwartungshaltung unserer Umgebung befriedigen können, können wir ein Teil der Gesellschaft sein. Genau das gelingt vielen autistischen Menschen, besonders Kindern, nicht so gut oder gar nicht. Und zwar nicht, weil sie es nicht wollen, sondern weil ihr Gehirn ganz anders funktioniert. Es entsteht eine andere, oftmals falsche Wahrnehmung, die zu einem autistischen Verhalten führt, welches unerwartet und in den meisten Fällen sozial-inadäquat ist.

Das autistische Gehirn

Schauen wir nun in (m)ein autistisches Gehirn. Das erste Problem ist, dass viel zu viele Reize vom Thalamus als wichtig eingestuft werden. Es gibt also ein Filterproblem. Als nächstes kommt erschwerend hinzu, dass sich die Amygdala nicht auf den Hippocampus verlassen kann. Das Archiv ist einfach leer. Damit ist jede Situation für mich immer wieder neu, egal wie oft ich schon eine ähnliche Situation selbst erlebt oder davon gehört habe. Jeder Tag in der Schule war komplett neu und damit potentiell gefährlich. Ich konnte mich auf nichts verlassen, vielmehr war ich verlassen. Ungefährliche Reize, wie Menschen, Blickkontakt, Ansprache, Gespräche, Händeschütteln, Geräusche, Gerüche, Bewegungen, Türen, Veränderungen, Leerlauf, Namen, Konflikte, Gruppenarbeit, Witze, Regeln, Small Talk, Essen, Entscheidungen, Lärm, Stille, Ortswechsel, Warten, Fehler, Zuhören, Sprichwörter, Begrüßungen, Verabschiedungen, Fragen, Lachen, wurden und werden von meiner Amygdala auch heute noch als potentiell gefährlich eingestuft. Das sind nur einige meiner Tiger. So nenne ich ungefährliche Reize, die mir als gefährlich präsentiert werden, weil sie als solche wahrgenommen werden. Sie sind immer mit mir unterwegs und ich benötige viele gute Kompensationsstrategien, damit mein System den Alarm als Fehlalarm erkennt und umdenken kann. Nur dann habe ich die Chance, ein Verhalten zu zeigen, das der Erwartungshaltung meiner Umwelt entspricht. Zum Glück kann die Amygdala wieder verlernen, was sie über die Jahre von mir falsch gelehrt bekommen hat. Verstärken autistische Menschen nämlich ihre Amygdala, wenn diese bei einem ungefährlichen Reiz Gefahr meldet, dann entsteht in kürzester Zeit ein Kreislauf der Angst, der nur sehr schwer wieder zu unterbrechen ist. Die Amygdala lernt, schneller zu reagieren und das bewusste Denken ist gekappt, lange bevor das Experten-Team (Cortex) die Gelegenheit hatte, seine Sicht der Dinge zu vermitteln. Bei meinem Sohn passiert das bis heute so schnell, dass ein Eingreifen in der Situation dann nicht mehr möglich ist. Seit einiger Zeit sehen und spüren wir große Erfolge bei der Beruhigung seiner Amygdala. Wir nennen das »Tiger zähmen«. Es bleibt immer schwierig, als Autist durchs Leben zu gehen, aber mit einem zahmen Tiger ist viel mehr möglich als mit einem wilden Tiger.

Die Amygdala umprogrammieren

Die Amygdala kann also wieder verlernen, was sie gelernt hat. Genau hier liegt die Chance, die ich für mich und für meinen Sohn wahrnehme. Achtung, es ist keine »Übernacht-Lösung«, sondern erfordert Zeit und Geduld. Aber es ist möglich, die Amygdala zu beruhigen und zum Umlernen zu bewegen. Dazu muss sie die korrekte Rückmeldung erhalten. Dies muss nicht in der Situation passieren, was oftmals einfach nicht möglich ist, da sie extrem schnell reagiert. Man kann das Umprogrammieren auch im Nachhinein machen, da unser Gehirn nicht zwischen Realität und Bild unterscheiden kann. Deshalb haben wir im Kino oder beim Krimi daheim nämlich Angst, obwohl wir wissen, dass es nur ein Film ist. Die Amygdala muss auch für autistische Menschen eine Alarmanlage sein und bleiben. Sie darf aber auf keinen Fall zu einem Gefängnis werden. Ich habe mich weitestgehend aus meinem Gefängnis befreit, in dem ich meine erhöhte bewusste Wahrnehmung nutze, um meiner Amygdala wiederholt die korrekte Rückmeldung auf die vielen Reize zu geben, die sie bisher nur als Gefahr kannte. Noch einmal: Menschen, Blickkontakt, Ansprache, Gespräche, Händeschütteln, Geräusche, Gerüche, Bewegungen, Türen, Veränderungen, Leerlauf, Namen, Konflikte, Gruppenarbeit, Witze, Regeln, Small Talk, Essen, Entscheidungen, Lärm, Stille, Ortswechsel, Warten, Fehler, Zuhören, Sprichwörter, Begrüßungen, Verabschiedungen, Fragen, Lachen sind nicht gefährlich. Das mussten wir beide, also meine Amygdala und ich, erst wieder lernen. Ich arbeite mit dem Wort »Stopp« in verbaler und visueller Form. Ich kann mich heute in Situationen, die früher eine Kampfreaktion ausgelöst haben, viel besser regulieren und den Zugriff auf meinen Cortex (bewusstes Denken) erhalten. So ist es mir möglich sozial-adäquates Verhalten zu zeigen.

Elijah hat sich anfangs sofort geschlagen, wenn Menschen ihn nur angeschaut haben, auch wenn es sich dabei um ihm bekannte Menschen, wie seine beiden Schwestern, handelte. Ich habe mit ihm vor über zehn Jahren mein Amygdala-Beruhigungsprogramm begonnen und heute kann Elijah sogar mit fremden Menschen in einem Raum sein und sie können ihn ansprechen, ohne dass er jedes Mal eine Kampf-Reaktion zeigt. Die Kinder in seiner Schule können ihn sogar bei der Hand nehmen, damit er mit zur Schaukel kommt. Seit Kurzem geht er von sich aus auf die Kinder zu und berührt sie zum Beispiel an den Lippen, wenn er möchte, dass sie mit ihm reden. Er genießt das Zusammensein mit anderen Menschen. Seine Amygdala ist wesentlich beruhigter und gewährt ihm immer längeren Freigang. Wir sind diesen Weg in ganz kleinen Schritten gegangen, denn bei Autismus ist alles viel langsamer. Wir zähmen unsere Tiger, damit wir besser mit ihnen leben können. Wenn Sie bei Ihrem autistischen Schüler Flucht-, Kampf- oder Starre-Reaktionen beobachten, die nicht zur Situation passen, dann wissen Sie, dass seine Wahrnehmung gerade eine ganz andere als die Ihre ist. Seine Amygdala hat Alarm geschlagen. Es ist ein Fehlalarm aufgrund von fehlenden Informationen von Hippocampus und Co. Dies führt dazu, dass eine »eigentlich bekannte« Situation als neu bewertet wird und damit als potentiell gefährlich. Seine Reaktion darauf, egal, wie Sie Ihnen erscheinen mag, ist die richtige Reaktion auf eine falsche Wahrnehmung. Denken Sie an die Spinnen- oder Flugangst vieler Menschen: falsche Wahrnehmung, aber richtige Reaktion der Amygdala. Da wir erstens nur auf unsere Wahrnehmung, die immer subjektiv ist, mit Verhalten reagieren können, und zweitens mit unserem Verhalten aber der Erwartungshaltung der Gesellschaft entsprechen müssen, um als Individuum zur Gruppe dazugehören zu können, ist Autismus meiner Erfahrung nach eine der größten Beeinträchtigungen, die ein Mensch haben kann. Das Verständnis für autistisches Verhalten, vor allem im schulischen Kontext ist gering und die Akzeptanz gleich Null. Genau das möchte ich mit diesem Buch ändern.

Lehrerstimme

»Kurz vor Ende des ersten Schuljahres bei uns kam es zu einem alle verstörenden Zwischenfall. Während einer Wanderung rastete J. völlig aus und schlug mit großen Ästen und Holzknüppeln um sich. Wir befanden uns mitten im Wald, am Rande eines Maisfeldes und Hilfe von außen war nicht erreichbar. Mit leisen, jedoch klaren Ansagen gelang es meiner Kollegin und mir, die anderen Schüler schnell aus der Gefahrenzone zu bringen, dabei war der schon hoch gewachsene Mais sehr hilfreich. J. selbst konnten wir nur toben lassen, denn jegliches Näherkommen brachte den Jungen wieder gegen

uns auf. Nach ungefähr einer Stunde war J. vollkommen ruhig, schaute sich um, stutzte und unterhielt sich mit uns. Den Vorfall selbst hatte er verdrängt. Nach einem langen Gespräch erklärte er sich bereit, mich zu seiner »Sicherung« zu machen. Ich durfte in stressigen Situationen auf ihn zu kommen und auf seinem Oberkörper einen bestimmten Knopf drücken, »die Sicherung«. Dies probierten wir in weniger stressigen Situationen mehrfach aus – es funktionierte! Gleichzeitig bat ich ihn als sein eigener Detektiv darauf zu achten, was ihn so wütend machte. Auch wir Lehrer und pädagogischen Fachkräfte beobachteten ihn, um eventuelle Stressoren zu erkennen.«
Ute Schnabel, Schulleiterin Förderzentrum Clemens Winkler, Brand-Erbisdorf

Nur meine Wahrnehmung

Ich hatte in meinem Leben vor allem und jedem Angst. Ich habe meine Amygdala, ohne mir dessen bewusst zu sein, immer wieder darin verstärkt, dass alles gefährlich ist, was sie als gefährlich wahrgenommen hat. Meine Welt, mein Bewegungsradius, mein Tanzkreis, egal wie Sie es nennen wollen, wurde immer kleiner. Als ich Mutter wurde, war ich plötzlich gezwungen ihn zu erweitern. Was für ein Glück! Meine Töchter waren es, die mir zeigten, wie wunderbar die Welt doch ist. Ich dachte damals immer wieder, wenn so kleine Wesen keine Angst haben, raus in die Welt zu gehen, dann muss bei mir irgendetwas nicht stimmen. Als dann Elijah kam, war es, als würde er mir einen Spiegel vorhalten. Es schmerzte, aber ich begriff. Durch meinen Sohn gelang es mir, mich endlich selbst zu verstehen. Es ist mir wichtig, dass Sie verstehen, warum autistische Menschen oftmals ein Verhalten zeigen, welches ihre Umgebung überhaupt nicht nachvollziehen kann. Da man Menschen ihren Autismus nicht ansehen kann, kommt es dann oftmals zu sehr heftigen Reaktionen der unmittelbaren Umgebung. Bei anderen Menschen ist es der Umwelt noch möglich, durch einen Rollstuhl, Blindenhund oder ein Hörgerät zu erkennen, dass eine Behinderung vorliegt. Sie haben oft auch sofort eine gute Idee davon, wie Sie helfen können. Bei Autismus ist das so nicht möglich. Aufgrund meiner vielen Kompensationsstrategien ist mein Autismus größtenteils nur wenig erkennbar, aber dennoch immer vorhanden. Aber in dem Moment, in dem mein Autismus als Reaktion auf einen Reiz doch sichtbar oder spürbar wird, dann wird er nicht als Behinderung gesehen, sondern ich werde als unhöflich, vorlaut, aggressiv, unmöglich, arrogant, ungeduldig, inadäquat wahrgenommen. Das passiert unter anderem, weil sich das Erfahrungs- und Erwartungszahnrad meiner Mitmenschen dreht und zu Vor- bzw. Falschurteilen führt. Ich habe in den Situationen, in denen ich es am meisten gebraucht hätte, keine Hilfe bekommen, was mehr und mehr zu einem Rückzug meinerseits führte. Bei meinem Sohn ist es umgekehrt. Bei ihm ist von außen deutlich sichtbar, dass er anders ist. Aber den Autismus erkennt bei ihm ein Außenstehender ebenfalls nur selten. Auch hier wird leider immer wieder falsch interpretiert und es kommt zu voreiligen Schlüssen der Umgebung, die wenig mit dem zu tun haben, was Elijah gerade erlebt. Er bekommt zwar Hilfe, aber nicht in dem Umfang, in welchem er sie braucht. Außerdem werden ihm leider immer noch sehr schnell seine Potentiale abgesprochen. Ich wünsche mir von den Menschen, dass sie genauer hinschauen. Warum macht ein Mensch, was er macht und warum macht er es so und nicht anders. Jedes Verhalten ist Kommunikation. Um es zu verstehen, muss man die Sprache des Anderen lernen. Darum bitte ich Sie und dabei möchte ich Ihnen mit diesem Buch helfen. Bauen wir Brücken und begeben wir uns neugierig aufeinander zu und miteinander in die soziale Interaktion.

8 Die soziale Interaktion

Autistische Menschen sehnen sich genauso nach Begegnungen, Beziehungen, Freundschaften, Geborgenheit und Liebe wie es nicht-autistische Menschen tun. Doch nur wenige von ihnen schaffen es, sich einen Freundeskreis aufzubauen. Von einer Partnerschaft und Familie können die meisten Autisten nur träumen. Das liegt vor allem daran, dass Beziehungen mit anderen Menschen sehr komplexe Konstrukte mit unheimlich vielen Regeln und ungeschriebenen Gesetzen sind. Diese muss man nicht nur kennen und gut verstehen, sondern auch anwenden können. Was nicht-autistischen Menschen scheinbar leicht gelingt, nämlich eine erfolgreiche soziale Interaktion, ist für autistische Menschen Schwerstarbeit, die trotz ungeheurer Anstrengung oftmals nicht zu dem erhofften Ergebnis führt.

Die Schule bietet jungen Menschen eine einzigartige Plattform, um sich im Umgang mit anderen zu erproben und ihre Fähigkeiten in der Begegnung und im Miteinander auszubauen. Schon im Kindergarten beginnt der Prozess der Anpassung des Einzelnen an die Gruppe. Hier ist die Zahl der Kinder zwar noch überschaubarer als später in der Schule, aber bereits eine wesentlich größere Gemeinschaft als die Familie. Die Familie stellt die Urgemeinschaft dar und ist als Kleinstgemeinschaft noch in der Lage, sich dem autistischen Kind fast vollständig anzupassen. Aber besonders wenn das autistische Kind aus einem familiären Umfeld kommt, das sich ihm weitestgehend angepasst hat, kann die Kindertagesstätte eine große Herausforderung sein. Das Kind ist nicht nur mit viel mehr Menschen konfrontiert als bisher, sondern diese können sich zudem viel weniger an das Kind und seine Voraussetzungen anpassen. Es gibt noch viel zu wenige Einrichtungen, die autistische Bedürfnisse wirklich erkennen können und bereit sind, auf diese einzugehen.

Die ersten Auffälligkeiten zeigen sich daher bei Asperger-Autisten oft mit Eintritt in die Kindertagesstätte, aber spätestens mit dem Schulanfang. Die Grundschule ist für das Kind die nächste Erweiterung seines Umfeldes. Trotz Artikel 24 der Behindertenrechtskonvention, findet dort jedoch kaum Inklusion, also eine Einbeziehung und Berücksichtigung der Bedürfnisse des autistischen Kindes im Schulalltag, statt. Das Entgegenkommen von Seiten der Schule reicht nicht aus. Wenn das autistische Kind nicht genügend Strategien entwickeln konnte, um der Schule entgegenkommen zu können, ihm also die Integration nicht gelingt, sind Probleme vorprogrammiert. Der Grund dafür kann zum Teil an einer völligen Anpassung der Familie an das autistische Kind liegen. Je mehr Fähigkeiten zur sozialen Interaktion und damit Anpassung an seine Umgebung ein autistischer Mensch entwickeln kann, desto besser kann er mit seinen Mitmenschen in Kontakt treten. Aber auch die Gesellschaft, sprich hier Schule, muss sich bewusst sein, dass sie einem autistischen Menschen stärker entgegenkommen muss, als das bei einem nicht-autistischen Menschen notwendig ist. Beide, sowohl Autist als auch Gesellschaft, müssen sich zudem darüber im Klaren sein, dass jeder seine Grenzen hat. Es ist deshalb umso wichtiger, dass wir aufeinandertreffen und uns begegnen können, bevor diese Grenzen erreicht sind.

Jeder Mensch braucht seine Insel. Auf dieser Insel kann er Selbst sein, aber ab und zu muss er dennoch aufs Festland. Dazu braucht es zu allererst eine stabile Brücke. Keiner von uns kommt auf Dauer ohne die Anderen aus. Wenn ein Mensch diese Brücke von sich aus nicht bauen oder nutzen kann, dann muss er dort abgeholt werden, wo er wartet. Mein Sohn stand allein auf seiner Insel und wusste nicht einmal, dass es eine Brücke gibt. Autismus ist keine Störung, sondern eine Entwicklung mit einer ganz anderen Geschwindigkeit als nicht-autistische Menschen das erwarten. Autistische Menschen können die Brücke, wenn überhaupt, nur ganz langsam bauen und auch nur vorsichtig betreten. Manchmal machen sie ganz schnell und scheinbar ohne Grund wieder kehrt. Das heißt nicht, dass sie die Begegnung mit anderen Menschen nicht wollen, sondern nur, dass sie oft nicht wissen, wie so etwas funktioniert. Für mich ist Inklusion, dem autistischen Menschen beim Bau der Brücke zu helfen und ihm dann auf der Brücke soweit entgegenzukommen, dass eine Begegnung möglich wird. Idealerweise treffen wir uns auf der Mitte der Brücke. Aber bis zu Elijah ist es noch ein ganzes Stück weiter. Ich schaffe es, zur Brückenmitte zu kommen und mich dort ca. sechs Stunden auf die Begegnung mit anderen Menschen einzulassen. Bei Elijah sind die »Besuchszeiten« viel kürzer, aber auch er kann sie mittlerweile richtig genießen. Sowohl wir als Familie als auch seine Schule kommen ihm so weit entgegen, dass ein Miteinander für diese kurzen Zeiten möglich ist. Er lernt in diesen Begegnungen unter anderem, wie er wiederum ein Stück mehr auf seine Mitschüler und Lehrer zugehen kann. Das Ziel ist die Brückenmitte und jeder noch so kleine Schritt ist ein großer Erfolg.

Viele Therapieansätze erscheinen mir wie eine Invasion der Insel des autistischen Menschen. Ohne Erlaubnis und ohne zu überlegen wird der sichere Hafen gestürmt und es wird versucht, den autistischen Menschen über eine Brücke, die er noch gar nicht kennt, aufs Festland zu zerren. Dort soll er nun so funktionieren wie alle anderen auch. Das klappt nicht und das wird so nie klappen. Es muss ganz langsam, vor allem individuell auf den autistischen Menschen eingestellt, vorangehen. Am besten ist es, wenn der Grundstein der Brücke in und von der Familie gelegt wird. Die Brücke wird von allen gemeinsam gebaut, damit sie so stabil wie möglich wird. Ich war selbst jahrelang auf einer Hängebrücke unterwegs. Ich habe mir bei jedem Schritt überlegt, ob ich ihn vorwärts oder doch lieber wieder rückwärts gehen soll. Ich habe lange Zeit innegehalten, hatte das Festland aber die ganze Zeit im Blick. Am Ende hat die Neugier gesiegt. Da niemand von meinem Autismus wusste, wurden an mich genau dieselben Anforderungen gestellt wie an alle anderen Kinder. Das war ganz und gar nicht einfach für mich, aber es hatte dennoch einen enormen positiven Effekt. Es hat verhindert, dass ich ein zu starkes Vermeidungsverhalten entwickeln konnte. Diese Anstöße meiner Familie, besonders meines Großvaters, haben mir sehr dabei geholfen, ins Leben zu starten. Die Reise wird wohl nie enden, da sich die Welt ständig verändert und ich mich mit ihr. Aber es geht gar nicht so sehr um das Ankommen, sondern vielmehr darum, dass man sich auf den Weg macht. Aber wo fängt dieser Weg an? In meinem Erleben beginnt alles mit dem Selbst.

Das Selbst

Das Selbst ist unser wahres Ich. Es ist das nach innen gerichtete Individuum, das nur seine Bedürfnisse wahrnehmen kann. Dadurch kann ihm keine erfolgreiche Beziehung zu einem anderen Menschen, vor allem nicht zu einem *Ich*, gelingen. Das Ich ist das maskierte Selbst bzw. eine Schutzmaske. Es ist das nach außen gerichtete Individuum, das die Bedürfnisse des Anderen, des *Du*, wahrnehmen und gleichzeitig auch erfüllen kann. Das Ich ermöglicht Ihnen Ihr Verhalten in der Begegnung mit anderen Menschen so anzupassen, dass die Begegnung möglichst genauso verläuft, wie Sie das haben möchten. Dieses Ich, die anpassungsfähige Schutzmaske, fehlt bei autistischen Menschen oder entwickelt sich nur sehr bruchstückhaft. Nur ein Ich kann ein Du wahrnehmen. Das Ich erkennt nicht nur das Du, sondern es weiß auch, dass das Du das Ich sieht und wie es das Ich sieht. Diese Fähigkeit ermöglicht es Ich-Menschen, die Konsequenz des eigenen Verhaltens ziemlich gut vorhersagen und damit auch gegebenenfalls abwenden zu können, indem sie blitzschnell ihr Verhalten ändern. Das schaffen die meisten Autisten nicht. Ihnen fehlt die Fähigkeit, sich in andere Menschen hineinversetzen zu können. Bei nicht-autistischen Menschen ist das Gegenüber, das Du, wie ein umgekehrtes Ich. Sie stehen sozusagen immer einem Spiegel-Ich gegenüber. Sie erkennen sich immer im Anderen. In der Begegnung mit autistischen Menschen treffen die Menschen zwar nicht auf ein Ich, dafür begegnen sie aber einem Selbst. Und ohne es zu wollen, spiegelt sich ihr eigenes Selbst in diesem Selbst. Vielleicht ist für viele nicht-autistische Menschen deshalb die Begegnung mit autistischen Menschen so schwer, weil sie sich ihres Selbst nicht mehr bewusst sind und es nicht wirklich kennen und akzeptieren. Alles beginnt beim Selbst. Aber ohne das Ich kann es kein Du und damit auch kein *Wir*, also keine Gemeinschaft, geben.

Der Mediator

Eine weitere wichtige Instanz ist das Mediator-Ich. Es vermittelt nicht nur zwischen dem Selbst und dem Ich, sondern zudem zwischen dem Selbst und dem Du. Es ist ein sowohl nach innen als auch nach außen gerichteter Balancehalter. Dieser verhindert, dass die Selbstwahrnehmung hochfährt und zur Selbstkonfrontation wird. Über das Mediator-Ich bekommt der Mensch wichtige Rückmeldungen und Antworten auf Fragen, so zum Beispiel: »Wie sehe ich mich?« oder »Wie sehen mich andere Menschen?«. Das Mediator-Ich ermöglicht ein Abgleichen der Sichtweisen und macht den Weg frei für Veränderungen. So entstehen

Möglichkeiten für Sie, genau den Platz in der Gemeinschaft zu bekommen, den Sie haben möchten. Oder der Mensch sein zu können, der Sie sein möchten. Das Mediator-Ich befindet sich zusammen mit dem Selbst in dem Raum, in dem wir entscheiden können, wer wir sein wollen. Ich habe diesen Raum lange Zeit nicht wahrgenommen. Als ich ihn endlich fand, war es nur eine kleine Kammer, in der mein Selbst eingeengt und wie gefangen wirkte. Aber der Raum war da. Bis mir mein Raum bewusst wurde, hatte ich nur Autoaggression als einen Mediator-Ich-Ersatz-Mechanismus. Nur so konnte ich einen ausreichenden Abstand zwischen Selbst und Du herstellen und mein Selbst in dieser Balance halten. Wichtig ist es zu wissen, dass jeder von uns immer selbst entscheidet, wer diesen Raum betreten darf. Die Tür geht nur von innen auf. Wenn Sie diesen Raum gut für sich nutzen lernen, dann kann Ihnen nichts und niemand mehr etwas anhaben. Nur Sie entscheiden nämlich, wen Sie wann und wie lange in Ihren Raum hineinlassen. Meine bis zu sechsstündigen Begegnungen mit anderen Menschen ermöglichen mir unter anderem auch mein Patchwork-Ich (▶ Kap. 10).

Das Patchwork-Ich ist eine sehr fragile, viel zu dünne Ich-Maske, die ich mir selbst geschneidert habe. Sie besteht aus den besten Anteilen realer Menschen und denen, die ich aus der Distanz bewundert habe, allen voran Nelson Mandela. Hinzu kommen noch fiktive Charaktere aus Büchern, Film und Fernsehen. All meine Kompensationsstrategien hinsichtlich Selbst, Ich und Mediator-Ich ermöglichen es mir, mich in die Begegnung mit anderen Menschen zu begeben. Sie führen damit zum Wir, der Gemeinschaft, Gesellschaft, der Masse von Ich-Menschen. Das erste Wir ist dabei die Familie, die Kleinstgesellschaft, in der alles beginnt. Durch Umgang mit Freunden, Eintritt in die Kita, Schulanfang betritt jeder Mensch immer mehr und größer werdende Kleingesellschaften, die ihn für die Großgesellschaft, sprich das Arbeits- und Alltagsumfeld und andere soziale Kontakte vorbereiten sollen.

Autist trifft Nicht-Autist oder das Selbst in der Begegnung mit dem Du

Der Weg zum Wir kann nur mit Hilfe eines funktionalen Ich gelingen. Kein Selbst kann auf die Dauer und ohne Schutzmaske erfolgreich einem Du begegnen. Bei einem Selbst ohne Schutzmaske fährt die Selbstwahrnehmung in der Begegnung mit einem Du schnell so hoch, dass es nach sehr kurzer Zeit immer wieder zur Selbstkonfrontation kommt. Diesen Zustand können mein Sohn und auch ich nur mit einem Verhalten beenden, welches nicht-autistische Menschen als Autoaggression bezeichnen. In meiner Wahrnehmung ist es allerdings ein Selbstbalancieren, denn es geht einzig darum, die Selbstkonfrontation zu beenden und die Selbstwahrnehmung auf den Level zurückzufahren, mit dem ich wieder funktionieren kann. Dieses Selbstbalancieren ist wie schon erwähnt mein Mediator-Ich-Ersatz. Es ist ein alternativer Mechanismus, um trotz fehlendem Mediator-Ich eine Regulierung des Selbst zu ermöglichen. Autistische Menschen brauchen eine gut regulierbare Selbstwahrnehmung, um sich sicher in die Begegnung mit ihren Mitmenschen begeben zu können. Erst dann sind Blickkontakt und Nähe, sowohl körperlich als auch sprachlich möglich.

Jede Begegnung mit einem anderen Menschen führt unweigerlich zur Andere-Wahrnehmung. Andere-Wahrnehmung (Wahrnehmung des Du) ihrerseits löst immer Selbstwahrnehmung aus. Gibt es dich, dann muss es zugleich mich geben und umgekehrt. Bei einem nicht durch ein Ich geschützten Selbst führt die Andere-Wahrnehmung zu einer Erhöhung der Selbstwahrnehmung. Kann diese nicht reguliert werden, kommt es zu Selbstkonfrontation und autoaggressivem Verhalten (Selbstbalancieren). Es ist also wichtig, dass autistische Menschen lernen sowohl ihre Selbstwahrnehmung als auch die Andere-Wahrnehmung zu regulieren.

Mein Sohn hatte enorme Probleme damit. Oft löste allein der Anblick eines Menschen bei ihm sofort Selbstkonfrontation aus. Es gab Zeiten, da schlug er sich, schrie und lachte abwechselnd im Zwei-Minuten-Takt, wann immer er in der Begegnung mit mir, seiner vertrautesten Person, war. Er zog sich ganz weit von uns, den Anderen, zurück, nicht, weil er das wollte oder uns nicht liebte, sondern weil er die Begegnung mit uns nicht aushalten konnte. Da er es nicht schaffte, seine Selbstwahrnehmung zu regulieren, schaltete er die Andere-Wahrnehmung komplett ab. Elijah war noch da, aber nicht mehr bei uns. Wir haben ihn dann genau dort abgeholt, wo er war. Ganz langsam haben wir ihn von dort wieder zu uns geholt, in dem wir ihn minutenweise an uns gewöhnt haben. Mir kam es wie ein Zähmen vor. Ich dachte, wenn es mit wilden Tieren wie Tigern möglich ist, sie zu zähmen und an den Menschen zu gewöhnen, dann muss es gleichfalls mit diesem wunderbaren kleinen Menschenkind möglich sein. Heute nach über zehn Jahren »Tiger zähmen« ist Elijah in der Lage, seine Selbstwahrnehmung und die Andere-Wahrnehmung so zu regulieren, dass er einer Selbstkonfrontation immer besser aus dem Weg gehen kann. Natürlich passiert sie bis heute, bei Elijah und auch bei mir, aber es ist keinesfalls so heftig wie am Anfang. Das Herunterfahren der Anderen-Wahrnehmung ist kein kompletter Rückzug mehr, sondern es sind notwendige Auszeiten, die immer zu uns und unserem Autismus dazugehören werden. Wichtig ist, dass wir autistische Kinder viel eher als solche erkennen und die notwendige Intervention so früh wie möglich beginnen kann. Die Kinder können dann viel eher dort abgeholt werden, wo sie »warten«.

Bei älteren Kindern oder später Diagnose muss ebenfalls sehr genau geschaut werden, wo diese Menschen hinsichtlich der Entwicklung ihres Selbst und ihrer Wahrnehmung wirklich stehen. Elijah stand an einer ganz anderen Haltestelle als ich, aber am Ende ist es der gleiche Bus, mit dem wir fahren müssen. Elijahs Fahrt ist länger und an manchen Haltestellen macht er sehr lange halt oder steigt auch mal aus. Wichtig ist, dass der Bus kommt und anhält. Und er muss lange genug halten, sodass der Fahrgast in seinem eigenen Tempo einsteigen kann. Er darf erst dann wieder losfahren, wenn der Mensch sicher auf seinem Platz sitzt. Eine individuelle Reisebegleitung gehört genauso dazu wie ab und zu ein behutsames »Anschubsen«, damit ein autistischer Mensch auf seinem Weg vorankommt. Kleinere Etappen sind der Weg zum Ziel.

Auch Sie können in Situationen geraten, in denen Ihre Selbstwahrnehmung schnell hochfährt und eine Selbstkonfrontation droht. Singen Sie vielleicht manchmal unter der Dusche? Das ist okay. Es fühlt sich gut an, stimmt's? Aber was, wenn Sie dies von einer Minute auf die andere vor einem Saal voller Menschen tun sollen? Geht es Ihnen immer noch gut damit? Wie geht es Ihnen, wenn Sie unfreiwillig nackt auf einer Bühne im Scheinwerferlicht vor vielen Menschen stehen müssten, denen Ihr Gesang vielleicht nicht gut genug ist? Schon allein die Vorstellung, sich in einer solchen Situation zu befinden, löst auch bei den meisten nicht-autistischen Menschen eine erhöhte Selbstwahrnehmung aus. Sie werden sich an viele Situationen erinnern können, in denen Sie sich vorgeführt vorkamen oder sich unerwartet und ungewollt in einer Begegnung mit Ihren Mitmenschen wiederfanden, die Sie mehr als nur als unangenehm empfunden haben. Vielleicht wären Sie am liebsten im Erdboden versunken? Multiplizieren Sie dieses Gefühl mit 1000 oder besser noch 10000. Jetzt bekommen Sie eventuell eine Idee davon, was autistische Selbstkonfrontation ist. Das Herunterfahren der Anderen-Wahrnehmung ist eine effektive Strategie, um das Schlimmste zu verhindern. Auf die Dauer ist sie jedoch nicht hilfreich, denn Leben, das sind Menschen, Begegnungen und Interaktion. Wir sind alle Herdentiere. Wir brauchen die Herde und die Herde braucht uns. Wir brauchen uns gegenseitig!

Andere-Wahrnehmung ist eine wichtige Voraussetzung, um Lernen zu können. Wir lernen hauptsächlich über Beobachtung und Imitation. Auch mir fiel es schwer, die Anderen um mich herum zu ertragen. Das lag nicht an ihnen selbst, sondern daran, dass sie mit ihrer bloßen Anwesenheit meine Selbstwahrnehmung hochfuhren. Ich lief ständig Gefahr, Selbstkonfrontation zu erleiden. Hier hat mir Stimming unheimlich geholfen. Aber wirklich Wunder gewirkt hat die Erkenntnis, dass ich mein Selbst, was mir immer übergroß vorkam, in kleinere Portionen aufteilen musste und es auch konnte (▶ Kap. 10). So wie mir meine Oma die riesig wirkenden Kartoffeln mundgerecht machte, indem sie sie in kleine Stücke schnitt, teilte ich mein Selbst in drei handhabbare Teile. Diese sind nach den Funktionen, die sie haben, benannt. Es gibt: »als Selbst«, »durch Selbst« und »für Selbst«. Solange ich mindestens eines dieser drei Teile herunterfahren oder besser noch ganz ausschalten kann, hat mein Selbst eine Größe, deren Wahrnehmung gut regulierbar ist und die keine Selbstkonfrontation mehr auslösen kann. Kann ich zwei davon ausschalten, dann kann ich für eine Zeit lang ziemlich erfolgreich in der Begegnung mit anderen Menschen sein. Nur so ist es mir möglich, meine Vorträge zu halten und die Person zu sein, die von der Gesellschaft als hochfunktional wahrgenommen wird. Aber dies kann von einer Minute auf die andere vorbei sein. Mit dieser Gefahr muss ich leben. Kann ich keines der drei Teile abschalten, dann werde ich ganz schnell wieder zu einer Gefangenen meines Autismus. Mit Elijah arbeite ich jeden Tag daran, ihm zu vermitteln, dass man auf diese Weise den Tiger zähmen kann…drei kleine Tiger sind immer noch besser als ein großer. Da er mir keinerlei verbale oder geschriebene Rückmeldungen geben kann, kann ich nur an seinem Verhalten erkennen, ob er den von mir vorgeschlagenen Weg geht. Der Anfang war stockend und manchmal erschreckend entmutigend. Es folgten immer wieder lange Phasen, in denen er viel unter Selbstkonfrontation litt. Er war dann jedes Mal gezwungen, die Andere-Wahrnehmung herunterzufahren, um sein Selbst wieder in eine Balance zu bekommen. Im Moment macht er wieder so wunderbare Schritte nach vorn, dass ich sicher sein kann, dass er aktiv dabei ist, seine Tiger zu zähmen bzw. mit den drei kleinen Tigern schon besser zurechtkommt.

Der Weg zum Wir oder die Anpassung an die Gemeinschaft

Im Laufe unserer Kindheit werden wir ständig mit größer werdenden Gruppen konfrontiert. Diese haben immer kompliziertere und aufeinander aufbauende Strukturen und Funktionsweisen, die einen immer höheren Grad an Verstehen und Anpassung verlangen. Das Individuum, unser Selbst, muss zeitweilig zurückgestellt werden, damit uns ein Platz innerhalb der Gemeinschaft ermöglicht werden kann. Aber genau das gelingt autistischen Menschen nur bis zu einem bestimmten Level. Das ist einer der Hauptgründe, warum sie keinen verlässlichen Zugang zur jeweiligen Gemeinschaft, darunter auch Schule, finden. Bei Asperger-Autisten ist gerade dies für das Gegenüber oft nicht so deutlich wahrnehmbar. Da vieles so gut kompensiert wird und den Erwartungen der Umgebung entspricht, entsteht schnell der Eindruck, alles laufe nach Plan.

Asperger-Autisten haben aufgrund ihrer besseren Kompensationsstrategien einen deutlichen Vorsprung vor frühkindlichen Autisten, doch sie erreichen auch genauso schnell ihre Grenzen. Die Familie schafft es noch, das autistische Kind gut zu beherbergen, weil sie sich als Kleinstgesellschaft fast ausschließlich nach diesem ausrichten und sich an dessen Voraussetzungen anpassen kann. Das heißt, wahre Inklusion bei Autismus ist innerhalb der großen Gesellschaft wirklich nur innerhalb kleinster Einheiten möglich. Schon in den der Familie folgenden noch kleinen Gemeinschaften wie Kindergarten und auch Freundschaften wird dies schwieriger. Die Gemeinschaften werden sehr schnell größer und schwerer zu durchschauen. Der Radius der sozialen Interaktion wird im Verlauf der Kindheit stetig erweitert, aber die Bereitschaft der Gemeinschaft, sich den Voraussetzungen des (autistischen) Menschen anzupassen, wird geringer. Irgendwann ist der Kreis, die Gemeinschaft, zu groß und zu unübersichtlich für viele Autisten, um sich darin noch zurechtfinden zu können. Die Kompensationsstrategien reichen nun nicht mehr aus, um die erwartete Anpassung an die Umgebung zu schaffen. Schon innerhalb der erweiterten Familie, Großeltern, Onkel und Tanten, führt die Begegnung mit einem autistischen Familienmitglied schnell zu Problemen, die oftmals in Familienzerrüttung enden und die Kernfamilie schnell auf sich alleingestellt lassen. Ab dem Eintritt in die Grundschule sind dann wirklich viel mehr Menschen involviert, die noch dazu nicht mehr so emotional an das autistische Kind gebunden sind wie dessen Familie. Selbst wenn hier schon eine Autismus-Diagnose vorliegt, so stehen sich Autist und Schule in den meisten Fällen ziemlich hilflos gegenüber.

Der Weg zum Wir, der unverzichtbar für beide ist, ist von Anfang an ernsthaft gefährdet. Ganz schnell erfolgt der Rückzug auf beiden Seiten und dort, wo eine Brücke hätte entstehen sollen und können, entsteht ein Riss. Wenn spätestens jetzt keine Intervention stattfindet, beginnt sich ein Graben zu formieren. Genau das möchte ich mit meinen Vorträgen, Beratungen und Büchern verhindern. Sowohl mir als autistischen Menschen als auch der Gesellschaft als mein Gegenüber muss bewusst sein, dass jeder von uns eine eigene Wahrnehmung hat. Diese ist die Grundlage für unser Verhalten. Wir müssen alle bewusster auf unsere Wahrnehmung achten. Es ist notwendig, sie ab und zu in Frage zu stellen. Inklusion bedeutet ferner, dass jeder von uns zum Wohle der Gemeinschaft an seiner Wahrnehmung arbeitet. Nur so wird es möglich sein, dass wir uns aufeinander zubewegen und uns auf einer stabil gebauten Brücke begegnen können. Jeder muss seinen Radius erweitern. Einerseits damit er den anderen erreichen kann, andererseits damit er für Andere erreichbar wird. Auch die Gesellschaft als Ganzes muss sich ihren Mitgliedern wieder nähern. Sie muss sie schätzen lernen. Schließlich sind es die Individuen, die sie zu dem machen, was sie ist. Kennen Sie den Spruch »Den Wald vor lauter Bäumen nicht sehen«? Während bei mir oft ein Mangel an Überblick besteht, so fehlt vielen nicht-autistischen Menschen die Fähigkeit die Details wahrzunehmen. Natürlich können Sie den Wald als Ganzes lieben und nutzen, aber dabei dürfen Sie nicht vergessen, dass es ohne die Bäume gar keinen Wald gäbe. Wir müssen uns gemeinsam um die Bäume kümmern, damit es den Wald weiterhin geben kann. Jeder Forstwirt wird Ihnen bestätigen, dass eine Eiche andere Bedingungen braucht, um zu wachsen und zu gedeihen als eine Fichte. So wie jeder Baum den Wald, so stellt auch jeder von uns die Gesellschaft vor andere Herausforderungen.

Aber auch jedes Individuum muss versuchen, sich so gut es kann an die jeweilige Gemeinschaft anzupassen. Wir alle müssen uns bemühen, uns so gut wir können in sie einzubringen und zu ihrem Erhalt und Erfolg beizutragen. Je größer diese Schnittstelle, desto besser. Jede noch so kleine Berührung, jede Geste, ist wertvoll. Jede Begegnung kann der Beginn einer neuen Brücke sein. Während ein Baum durchaus alleinstehen und wachsen kann, können wir Menschen dies auf die Dauer nicht. Wir brauchen die Gemeinschaft. Autistische Menschen schaffen jedoch die geforderte Anpassung nicht. Die Gesellschaft muss ihnen deshalb mehr entgegenkommen als nicht-autistischen Mitgliedern. So kann autistischen Menschen eine adäquate Teilhabe am gesellschaftlichen Leben ermöglicht werden.

Hier stoßen wir auf die nächste Herausforderung. Je größer die Gemeinschaft, desto schwieriger ist es für diese, sich dem Einzelnen anzupassen, ohne sich selbst zu gefährden. Eine erfolgreiche Inklusion bei Autismus kann daher meiner Meinung nach immer nur in Kleinst- bzw. Kleingemeinschaften erreicht werden. Diese können einem autistischen Menschen genau die Strecke entgegenkommen, die er von sich aus nicht mehr bewältigen kann. Wichtig ist hierbei, dass sich die Gemeinschaft dennoch weiterhin gut um sich kümmert und sich jederzeit sowohl ihren anderen Mitgliedern, deren Bedürfnissen als auch ihrer Grenzen auf diesem Weg bewusst ist. Die Schule muss also einerseits versuchen, sich den Voraussetzungen des autistischen Schülers anzupassen, darf aber alle anderen Schüler und die Lehrer dabei nicht vergessen. In den Familien autistischer Menschen muss dieses Bewusstsein auch entwickelt werden. Dort passiert es häufig, dass alle Familienmitglieder sich so sehr anpassen, dass sie sich selbst vergessen und ein Miteinander, obwohl von ganzem Herzen gewollt, dann nicht mehr möglich ist. Außerdem gefährdet dieses Verhalten letztendlich die Interaktion und Begegnung des autistischen Menschen mit Menschen außerhalb der sicheren Familiengruppe. Mit einem besseren Verständnis für Autismus und viel mehr aktiver Hilfe für die Familien kann genau dies verhindert werden. Ebenso muss es für die Schulen mehr aktive Hilfe und Begleitung geben, um autistische Schüler erfolgreich beschulen zu können.

Lehrerstimme

»Wir bieten Vorträge und Workshops sowohl zum Thema Autismus als auch zum pädagogisch erfolgreichen Handeln bei Aufmerksamkeitsstörungen an und die Umsetzung der Hinweise ermöglicht es den Kollegen besser arbeiten zu können.«
Ute Schnabel, Schulleiterin Förderzentrum Clemens Winkler, Brand-Erbisdorf

Wie das Du das Ich sieht oder die Bedeutung der Fremdwahrnehmung

Ganz wichtig für das Leben in einer Gemeinschaft, egal wie groß, ist die Fremdwahrnehmung. Fremdwahrnehmung ist die Fähigkeit eines Menschen, zu wissen, dass in seinem Gegenüber ein Bild von ihm selbst entsteht. Fremdwahrnehmung lässt ihn zudem vermuten, wie dieses Bild aussieht. Dadurch ist es möglich, dass Menschen die Konsequenzen ihres Verhaltens in der sozialen Interaktion gut abschätzen und gegebenenfalls ihr Verhalten auch schnell ändern können. So schaffen sie es einerseits, das vom Gegenüber erwartete Verhalten zu zeigen, und andererseits, die von ihnen gewünschte Reaktion von diesem zu bekommen.

Bei autistischen Menschen ist die Fremdwahrnehmung nicht so ausgeprägt, wie es notwendig wäre, um in der Begegnung mit anderen Menschen erfolgreich zu sein. Oftmals fehlt sie ganz. Bei der Fremdwahrnehmung geht es immer um eine Interaktion zwischen Ich und Du. Diese ist wie ein Tanz auf einem Maskenball. Das Selbst wird durch die Ich-Maske geschützt und bleibt weitestgehend unentdeckt. Bei Autismus versucht ein Selbst mit Ich-Masken zu tanzen, obwohl es weder den Tanz noch die Musik kennt. Das geht nur dann gut, wenn die Ich-Menschen wissen, dass und warum das so ist und dies akzeptieren. Das ist leider noch viel zu selten der Fall. Meist wird autistischen Menschen Gleichgültigkeit, Arroganz, Boshaftigkeit und schlechtes Benehmen unterstellt. Es wird von der Umgebung nicht verstanden, dass es sich hierbei von Seiten des Autisten um ein Nicht-Können und kein Nicht-Wollen handelt. Das ist ein großes Missverständnis. Tragisch deshalb, da es fast jeden Versuch der Begegnung durch den autistischen Menschen noch im Keim erstickt.

Es ist unendlich schwer, als Autist in einer Welt zu leben, in der die Menschen nur maskiert miteinander umgehen. Die jeweilige soziale Situation bestimmt, welche Maske getragen werden muss. Mit dieser Maske wird sichergestellt, dass im Gegenüber genau das Bild von uns erzeugt wird, welches erstens dem entspricht, was wir von uns preisgeben wollen und zweitens sich mit dem deckt, was andere Menschen von uns sehen wollen. Wer es in unserer Gesellschaft nicht schafft, die jeweils richtige Maske zu tragen, der bleibt von ihr ausgeschlossen. Ohne Maske kein Zutritt zum Maskenball. Allein schon aus diesem Grund bleibt autistischen Menschen die wirkliche Teilhabe am gesellschaftlichen Leben, und damit an der Gemeinschaft, oftmals verwehrt.

Dazu gehört auch die Beschulung. Deshalb war es sehr wichtig für mich, eine Kompensationsstrategie zu entwickeln, mit Hilfe derer ich zumindest teilweise erfolgreich auf dem Maskenball tanzen konnte. Die zündende Idee kam mir paradoxerweise auf einer Karnevalsveranstaltung, an der ich als Musketier teilnahm. Ich begriff, wie wichtig es ist, die richtige Maske zu tragen und vor allem sah ich, welche Vorteile dies für mich hatte. Außerdem merkte ich, dass es mir nun leichter fiel auf meine Mitschüler zuzugehen. Ich war jetzt als D'Artagnan anwesend und nicht als ich selbst. Eine wunderbare Erkenntnis. Ich hatte einen der drei Selbst-Anteile ausgeschaltet und damit den Weg für Begegnungen freigemacht. Ich gehörte dazu und war glücklich. Meine Mutter hatte große Mühe, mir begreiflich zu machen, dass ich nicht als Musketier in die Schule gehen könne. Sie hatte keine Ahnung, wie gut mir diese Verkleidung im Schulalltag getan hätte. Und wieder musste ich einer gerade gefundenen guten Kompensationsstrategie Lebewohl sagen. Oft fand ich mich im Schulalltag in Situationen wieder, in denen ich als D'Artagnan hätte funktionieren können. Ich hatte natürlich keine Ahnung davon, wie meine Mitschüler und Lehrer darauf reagiert hätten. Ohne Fremdwahrnehmung konnte ich auch das Verhalten meiner Mutter nicht verstehen, hatte keine Chance, die schützende Hand wahrzunehmen, die sie oft über mich zu legen versuchte.

Egal wie komisch es Ihnen erscheinen mag, aber auch ein Karnevalskostüm kann ein effektiver Nachteilsausgleich sein. Meine Schwierigkeit liegt bis heute darin, die zur Situation passende Maske auszuwählen. Dazu muss ich nicht nur wissen, wie ich auf andere Menschen wirke. Ich muss erahnen können, welches Bild von mir in ihnen entsteht und warum. Das allein ist äußerst schwierig. Aber ich muss es zudem auch noch bewusst tun. Ich verbrauche viel Energie für etwas, was bei nicht-autistischen Menschen unterbewusst, also wie von allein und energiesparend abläuft. Vor meinen Vorträgen oder Auftritten muss ich mir regelrecht einschärfen, dass das gesamte Publikum mich sehen und hören kann. Ich versuche mir bewusst zu machen, dass ich auf eine ganz bestimmte Art auf die Menschen wirken werde. Dann heißt es zu überlegen, wie ich gesehen und gehört werden möchte. Daraus ergibt sich, was ich tun muss, dass ich genau diesem Bild entsprechen kann. Das kostet nicht nur Zeit, sondern enorm viel Kraft. Diese Energie wird mir später fehlen. Ich muss also gut planen. Auf meinen Veranstaltungen zum Thema Autismus mag das alles noch gutgehen, denn Teil der Erwartungshaltung des Publikums ist es auch meinen Autismus zu erleben. Die meiste Zeit enttäusche ich mein Publikum in dieser Hinsicht aber gewaltig, da mein Patchwork-Ich in Kombination mit meinen anderen Kompensationsstrategien eine Zeit lang sehr gut funktionieren kann. Ich kann durchaus den Eindruck erwecken, ich sei gar kein »richtiger« Autist. Das ist mein Angebot an die Menschen, denn ohne Maske darf ich ja gar nicht auf ihrem Maskenball tanzen.

Ich schaffe dies aber wirklich nur über einen begrenzten Zeitraum. Viele andere Autisten schaffen das gar nicht.

Mein Sohn schafft es bislang nur für ganz kurze Momente. Elijah weiß mittlerweile, dass andere Menschen ihn sehen, denn er reagiert stark, wenn er angestarrt wird. Aber er weiß nicht, wie die Anderen ihn sehen, also welches Bild von ihm in ihnen entsteht. Würde er es wissen, dann würde er sein Verhalten entsprechend anpassen, denn er will ja zu ihnen gehören. Darum bemüht er sich jeden Tag. Wenn es sein muss leider auch mit autoaggressivem (selbstbalancierenden) Verhalten. Bitte vergessen Sie das nicht. Besonders dann nicht, wenn es Verhalten ist, das Ihnen vollkommen unverständlich ist und nicht den Regeln der Gesellschaft entspricht. Verurteilen Sie es bitte nicht, denn es zeigt doch immer wieder, dass es autistischen Menschen nicht egal ist, ob sie dazugehören oder nicht. Wie jeder andere auch versuchen sie mit ihren Mitteln zurechtzukommen. Ihnen stehen jedoch nicht genügend adäquate Hilfen zur Verfügung. Autistische Menschen streben ebenfalls nach Teilhabe und Miteinander. Ohne Unterstützung ist das für die meisten allerdings nicht zu schaffen. Es braucht Verständnis und Akzeptanz für diese andere Art des Seins. Ohne Maske, offen und ehrlich der Welt begegnen müssen, das ist Autismus. Ehrlich sein bedeutet einsam sein, erkannte der Schweizer Schriftsteller Max Frisch zu Recht.

Um wenigstens zeitweise einen Platz in ihrer Mitte zu bekommen, musste ich lernen, den Menschen das widerzuspiegeln, was sie sehen wollen. Bis heute muss ich mir immer wieder neue Masken basteln. Das Geheimnis ist wohl, die passende Maske im richtigen Moment aufzusetzen und zu beten, dass sie lange genug hält. Da es im echten Leben nicht möglich ist, einfach so wieder in mein Musketier-Kostüm zu schlüpfen, mache ich es nur in meinem Kopf. Als D'Artagnan kann ich besser funktionieren und noch dazu, ohne dass jemand merkt, was ich dafür alles tun muss. Den Maskenbau habe ich mir durch jahrelanges Beobachten meiner Umgebung mühevoll angeeignet. Als Kind habe ich mich immer wieder gewundert, woher meine Mitschüler das Wissen um diese Maskerade eigentlich haben. Ich war und blieb lange ratlos. Mir ist erst nach meiner Diagnose 2009 bewusst geworden, dass sie ein funktionierendes Ich haben. Dieses eingebaute Programm ist bei ihnen von Anfang an vorhanden.

Ich begann also erst sehr spät, mich ernsthaft mit Fremdwahrnehmung zu beschäftigen. Ich halte es für absolut notwendig, autistische Menschen so früh wie möglich über Fremdwahrnehmung aufzuklären. Es ist wichtig, ihnen bewusst zu machen, warum die Fremdwahrnehmung eine so große Rolle in der sozialen Interaktion und der Kommunikation spielt. Genau in diesen beiden Bereichen kommt es immer wieder zu enormen Missverständnissen. Die Fremdwahrnehmung fehlt bei der Mehrzahl der autistischen Menschen. Da dies sowohl ihnen als auch vielen nicht-autistischen Menschen nicht bewusst ist, scheitern ihre Begegnungen miteinander. Mit Hilfe adäquater Erklärungen und Übungen aber können autistische Menschen ein Grundverständnis für andere Menschen und deren Bedürfnisse erlangen. Damit haben sie eine gute Chance, sich in der Begegnung mit ihren Mitmenschen anders zu verhalten. Das ist ein Lernprozess, der dauert, aber enorm wichtig ist. Wenn ich auf meine Schulzeit zurückblicke, dann kann ich mit meinem heutigen Wissen um Fremdwahrnehmung erkennen, wo und wie ich andere Menschen verletzt habe, ohne dies zu wissen oder zu wollen. Das wird mich immer schmerzen. Wäre mir erklärt worden, wie ich auf Menschen wirke, was ich durch mein Verhalten bei ihnen auslöse und wie es ihnen damit geht, hätte vieles verhindert werden können. Ich bin ein Harmoniemensch und Brückenbauer. Es lag und liegt mir fern, anderen Menschen weh zu tun. Aber erst nach der Diagnose hatte ich die Möglichkeit zu lernen, wieviel Wahrheit gut für Menschen ist. An meiner Pinnwand hängt ein kleiner Zettel. Auf diesem stehen drei Dinge, die mir die Kommunikation mit meinen Mitmenschen erleichtern sollen. Es sind Brückenbauer-Tipps:

1. Ist das, was ich sage wahr?
2. Ist es notwendig, dass ich es sage?
3. Wie kann ich es freundlich formulieren?

Der erste Punkt ist schnell geklärt, der zweite erfordert viel Nachdenken und Hilfe von außen. Der dritte Punkt ist wieder etwas einfacher. Ich übe bis heute, wie ich das, was ich sagen will, verpacken muss, damit der Andere es annehmen kann. Es erinnert mich ein wenig ans Kochen. Man muss das Rezept kennen und sich daran halten, wenn das Gericht gelingen soll. Dafür gibt es aber immerhin Kochbücher. Für das Mitmensch-Sein gibt es leider keine Rezepturen. Es gibt weder Bedienungsanleitungen für Menschen noch Bastelanleitung für Ich-Masken. Genau das hätte ich gebraucht und bräuchte es auch jetzt noch. Eine Ich-Maske schützt immer das Selbst, meine sogenannte Patchwork-Ich-Maske tut dies eine Weile lang ebenso. Sie unterstützt damit meinen immerwährenden Kampf gegen die Selbstkonfrontation. Das ist ein großer Gewinn für mich und kann es auch für andere Autisten sein. Es ist sehr wichtig, die Selbstwahrnehmung regulieren zu lernen, weil dadurch erst Andere-Wahrnehmung möglich wird. Sie bedeutet einen Zugang zum Zusammensein, zur Beobachtung, Imitation und schließlich Interaktion mit anderen Menschen.

Bei Elijah sind wir jetzt an dem Punkt angekommen, an dem er seine Selbstwahrnehmung in einer ihm bekannten Kleinstgemeinschaft so gut regulieren kann, dass ihm Begegnungen mit anderen Menschen endlich eine Zeit lang gefahrlos möglich sind. Er zeigt eine enorme Freude in und an diesen Begegnungen. Seine Beschulung an einer Förderschule ermöglicht ihm eine Kleinstgemeinschaft bestehend aus sieben Mitschülern, einer Lehrerin, einer pädagogischen Fachkraft und seiner Schulbegleitung. In dieser Situation gelingt es, die Berührungsfläche mit seiner Umgebung langsam zu vergrößern. So kann er jetzt an einigen Schulveranstaltungen teilnehmen. Sogar beim großen außerschulischen Sportfest war er dabei, weil ihm Nischen angeboten worden sind. In diesen befindet er sich dann weiterhin in einer Kleinstgemeinschaft und kann so Teil der großen Gemeinschaft sein. Er kann nun Dinge erleben, die vorher undenkbar für ihn waren. Bowlingnachmittage, Kinobesuche, ein Besuch der Feuerwehr und des Alpaka-Parks haben ihm Türen zu neuen Erfahrungen geöffnet.

An dieser Stelle möchte ich Elijahs Mitschülern, der pädagogischen Fachkraft, seinen Schulbegleiterinnen, all seinen Lehrern, aber vor allem seiner Klassenlehrerin ein ganz großes und herzliches Dankeschön aussprechen. Sie alle haben Elijah von Anfang an so angenommen wie er ist. Sie geben sich immense Mühe, ihm so zu begegnen, wie es für ihn annehmbar ist. Die Menschen, die ihn an seiner Schule umgeben, sind einfach wunderbar. Elijah erlebt in der Kleinstgemeinschaft seiner Klasse schon eine Inklusion, die vielen Autisten noch immer verwehrt ist. Allerdings ist diese oft gefährdet, weil dringend benötigte finanzielle Mittel fehlen oder bei der Anschaffung oder Vergabe von Hilfsmitteln nicht wirklich ausreichend inklusiv im Hinblick auf Autismus gedacht wird. Aber das ist ein lösbares Problem. Wichtig ist, dass alle Beteiligten im offenen und ehrlichen Gespräch miteinander bleiben.

Berührungspunkte schaffen oder wie man Brücken baut

Um die momentane Situation der Ab- bzw. Ausgrenzung zu beenden, müssen wir mehr Berührungspunkte schaffen und/oder vorhandene Berührungspunkte zu immer größeren Flächen ausdehnen.

Dies erfordert, dass

1. jeder einzelne Mensch, der mit dem Kind arbeiten wird, den Autismus akzeptiert:
    a. Selbstakzeptanz als Voraussetzung für Akzeptanz des Anderen, der anders ist
    b. ausreichend Verständnis für autistisches Sein und die daraus resultierenden Verhaltensweisen
2. das autistische Kind genau dort abgeholt wird, wo es wartet:
    a. Wie weit kann das Kind von sich aus auf die Gemeinschaft Schule zugehen? (Das heißt, es muss offen über die Anpassungsfähigkeit des Kindes gesprochen werden. Einseitige Integration wird leider immer noch oft verlangt.)
    b. Wie sieht es mit Andere-Wahrnehmung bei Ihrem Schüler aus?
    c. Wie reguliert er Selbstwahrnehmung?
    d. Was passiert bei Selbstkonfrontation? (erkennbar an autoaggressivem Verhalten)
3. die Familie ausreichend Begleitung und Unterstützung im Zusammenleben mit ihrem autistischen Kind erhält:
    a. Wie wird/wurde das Kind von den Eltern auf den Schulbesuch vorbereitet?
    b. Welche Strategien/Hilfsmittel sind vorhanden, um entstehende Probleme adäquat lösen zu können?

Daraus ergibt sich,

1. wie weit die Gemeinschaft Schule auf das Kind zugehen muss, damit es Berührungspunkte gibt. Hier muss ganz klar die Anpassungsfähigkeit der Schule an das Kind erörtert werden:

a. Hat die Schule ausreichend Möglichkeiten, sowohl das Lehrpersonal als auch die Mitschüler hinsichtlich Autismus aufzuklären und sie im Umgang mit dem autistischen Kind zu schulen und zu stärken?
   b. Welche Unterstützung für die Lehrer des autistischen Schülers gibt es inner- und außerhalb des Kollegiums?
2. wie Berührungspunkte geschaffen und zu Berührungsflächen ausgedehnt werden können:
   a. Welche Kompensationsstrategien können dem autistischen Kind helfen sich noch mehr an das System Schule anzupassen? (z. B. Schulbegleitung)
   b. Welche Maßnahmen kann die Schule ergreifen, um dem autistischen Schüler besser entgegenzukommen? (z. B. Kleinstgemeinschaften innerhalb der großen Gemeinschaft schaffen – viel kleinere Klassen)

Außerdem ist es wichtig, dass Sie sich immer wieder bewusst machen, dass Ihr autistischer Schüler als ein ungeschütztes Selbst in einer Welt voller Ich-Masken unterwegs ist.

Sie können ihm von außen helfen, indem Sie ihn dabei unterstützen, dass seine Selbstwahrnehmung nicht zu Selbstkonfrontation wird. Dabei gilt es seine Andere-Wahrnehmung auf einem Level zu halten, der keine Selbstkonfrontation auslösen kann. Versuchen Sie im Gespräch mit dem Schüler und seinen Eltern herauszufinden, was Selbst- und Andere-Wahrnehmung bei ihm auslöst und welche Strategien der Schüler schon hat, um die Selbstkonfrontation zu verhindern.

Bei mir kommt es zu einer Erhöhung der Selbstwahrnehmung durch

- erhöhte Andere-Wahrnehmung – andere Menschen,
- eigenes Spiegelbild,
- Sprache/sprechen,
- den eigenen Namen hören/sagen,
- Stille.

Meine Andere-Wahrnehmung, und damit auch Selbstwahrnehmung, wird ausgelöst durch

- bestimmte Gerüche, z. B. Parfüme, Essen,
- Bewegungen anderer Menschen,
- Geräusche anderer Menschen,
- auffällige Kleidung/Farben,
- laute Stimmen,
- bestimmte Dialekte,
- Nähe (körperlich und emotional),
- direkte Ansprache (u. a. mit Namen),
- Blickkontakt,
- wenn Menschen in meine Richtung schauen,
- Fehler, die anderen Menschen unterlaufen.

Meine fehlende Fremdwahrnehmung führt dazu, dass ich

- kein Wissen um den Anderen und seine Zustände und Bedürfnisse habe,
- keine Möglichkeit der Anpassung/Veränderung des eigenen Verhaltens habe und
- kein Wissen um die Erwartungshaltung des Gegenübers habe.

Achtung: Es ist kein Nicht-Wollen, sondern ein Nicht-Wissen und Nicht-Können! Und bitte nehmen Sie es nicht persönlich!

> **Begriffserklärung**
>
> *Selbst:*
> wahres Ich, das nach innen gerichtete Individuum
>
> *Ich:*
> maskiertes Selbst, das nach außen gerichtete Individuum, anpassungsfähige Schutzmaske
>
> *Mediator:*
> Mediator-Ich zwischen Selbst und Ich und Selbst und Du, der sowohl nach innen als auch nach außen gerichtete Balancehalter, wichtige Rückmeldungen: wie sehe ich mich, wie sieht mich der Andere, Möglichkeit des Abgleichens, der Veränderung. Wichtig: Autoaggression/Selbstbalancieren ist ein Mediator-Ich-Ersatz-Mechanismus
>
> *Du:*
> umgekehrtes Ich – Spiegel-Ich – ohne Ich kein Du und auch kein Wir
>
> *Wir:*
> Gemeinschaft/Gesellschaft, Masse von Ich-Menschen
>
> *Kleinstgemeinschaft:*
> Familie
>
> *wachsende Kleingemeinschaft:*
> Freunde/Kita/GS/Schule
>
> *Großgemeinschaft:*
> Arbeits-/Alltagsumfeld/soziale Kontakte

9 Autistische Besonderheiten

Es ist fast unmöglich, über autistische Besonderheiten im Allgemeinen zu schreiben. Wichtig ist, dass Sie jedem Ihrer Schüler, autistisch oder nicht, immer neu begegnen. Es sind unsere Besonderheiten, die uns einzigartig machen. Nicht nur jeder autistische Mensch hat seine individuelle Wahrnehmung, sondern jeder Mensch. Jeder Autist reagiert daher auf sehr unterschiedliche Weise. Ich kann hier wieder nur von meinem (Er-)Leben mit meinem Autismus und von dem meines Sohnes berichten. Es ist wichtig, dass Sie sich hierzu mit den Eltern und allen anderen, auch ehemaligen, Bezugspersonen intensiv austauschen. Lernen Sie den Schüler rechtzeitig und gut kennen. Je mehr Sie über ihn wissen, desto größer ist die Chance, einen Overload, Meltdown oder Shutdown frühzeitig zu erkennen und erfolgreich zu verhindern. Sollte dies nicht gelingen, dann können Sie wenigstens richtig reagieren und so dem Schüler in der Situation effektiv helfen.

Overload

Ein Overload ist eine Überladung mit Informationen. Diese Reizüberflutung wird auch als sensorischer Overload bezeichnet. Für mich ist dies eine Situation, in der sich die äußeren Reize nach und nach aufstauen und mich dann plötzlich überfluten, sodass ich in ihnen zu ertrinken drohe. Die Reize können von überall kommen und visueller, auditiver, olfaktorischer, gustatorischer, taktiler oder haptischer Natur sein. Es können sich zudem Gefühle ansammeln, die sich dann wie bei einer Explosion in und über mir entladen. Zusätzlich bin ich weiterhin inneren Reizen ausgesetzt. Auch ganz alltägliche Dinge, wie Gespräche, Fragen gestellt zu bekommen oder Entscheidungen treffen zu müssen, haben bei mir schnell zu einem Overload geführt und tun es noch. Aber heute kann ich eine solche Überlastung besser und zeitiger erkennen und mich vor ihr schützen.

Bei mir ist es so, dass ich mit erhöhter Unruhe und Bewegungsdrang auf eine bevorstehende Reizüberflutung reagiere. Ich werde richtiggehend zappelig. Elijah dagegen versucht immer zuerst sich zurückzuziehen und hält sich bei auditiver Überlastung die Ohren zu. Unser Stimming nimmt sofort extrem zu. Auch Echolalie hilft mir, mit einem Overload fertig zu werden. Ich wiederhole dann Lieblingssätze immer und immer wieder. Elijah läuft im Kreis oder kneift sich in Arme oder Beine. Mir geht es besser, wenn ich in solchen Momenten viel Platz um mich habe. Körperkontakte, wie Umarmungen und Berühren, verschlimmern die Situation für mich. Auch Elijah möchte dann eher für sich sein. Ein in die Arme nehmen, um zu beruhigen oder zu trösten, führt bei uns beiden immer exakt zur gegenteiligen Reaktion. Wir werden dadurch zusätzlichen Reizen ausgesetzt. Wenn Ihre Schultasche schon zu schwer ist, dann hilft es Ihnen nicht, wenn ich Ihnen noch mehr Bücher hineinlege. Ich kann Sie nur entlasten, indem ich Ihnen Bücher oder gar die ganze Tasche abnehme. Der Overload ist die Meldung des Systems, dass etwas zu viel ist. Haben wir dann keine Möglichkeit uns zurückzuziehen oder uns zum Beispiel durch Stimming zu beruhigen, kann es schnell zu einem Meltdown kommen.

Meltdown

Meltdown kann mit Schmelzen übersetzt werden. Das erklärt schon ziemlich gut, was hier passiert. Ich würde sogar so weit gehen und es als eine Kernschmelze bezeichnen. Wenn es durch die ständige Überlastung (Overload) zu einem Ausfall des Systems kommt, weil keine Beruhigung möglich ist, dann erleiden viele autistische Menschen einen Meltdown. In diesem Zustand ist keine Kontrolle über die eigenen Handlungen mehr möglich. Die Reizüberflutung führt zu einem Ausnahmezustand.

Elijah schlägt sich dann meist an den Kopf oder den Kopf an die Wand. Früher hat er sich die Hände blutig gebissen. Ich habe mir als Schüler das Gesicht aufgekratzt oder in den linken Unterarm geschnitten. Nicht, um mich selbst zu verletzten, sondern, um wieder Kontrolle über meinen Zustand zu bekommen. Schon im Overload-Modus bin ich Reizen ausgesetzt, über die ich keine Kontrolle habe. Wenn ich dann nicht die Möglichkeit habe, mir durch Stimming genau die Reize zu setzen, die von mir beeinflussbar sind, dann wird mir jegliche Sicherheit genommen. Mein System schmilzt einfach durch. Der Meltdown ist da. Es ist weder Autoaggression noch ein Wutausbruch, wie Sie ihn kennen. Es ist ein Stadium höchster Verzweiflung, weil einfach alles wegrutscht und überhaupt kein Halt mehr da ist. Hier gilt, keine weiteren Reize hinzufügen. Gut-Zureden oder Trösten, Körperkontakt wie Streicheln oder Umarmen und auch Blickkontakt verschlimmern die Situation. Bleiben Sie innerlich und äußerlich ruhig und in der Nähe. So können Sie am besten helfen. Beziehen Sie das Verhalten des autistischen Schülers nicht auf sich. Mit Ihnen persönlich hat es nichts zu tun. Wichtig ist eine sichere, reizarme und dem autistischen Menschen vertraute Umgebung, damit die notwendige Sicherheit wiederhergestellt werden kann. Auch Anker, also wichtige Gegenstände des autistischen Kindes, können zu seiner Beruhigung führen.

Elternstimme

»Als Mitglied des vermeintlich neurotypischen Spektrums erschloss es sich mir anfangs nicht, warum denn der Verlust einer alten laminierten Postkarte so schrecklich sein kann, sie ist ja ersetzbar, mittlerweile habe ich dafür vollstes Verständnis und sehe darin auch die Wichtigkeit für T. Das ist seine Si-

cherheit, das ist sein Anker. Und außerdem darf er durchaus anderes denken als ich! Es gab auch Zeiten, da wurde im ganzen Haus das Licht eingeschaltet. Ich muss es nicht immer verstehen, auch meine Argumentation, dass wir Strom sparen sollten, fruchtete nicht, ich habe es einfach akzeptiert. Da es für T. so wichtig ist und ihm auch die Sicherheit gibt, die er benötigt.«
Torsten Hansen, Vater eines Autisten, aktiv im Elternzentrum Berlin e. V., Berlin

Shutdown

Nach dem Meltdown kann es zu einem Shutdown, also einem kompletten Abschalten des Systems kommen. Aber ein Shutdown kann sich ebenfalls sofort einem Overload anschließen. Auch dies kann ganz unterschiedlich aussehen. Elijah schaltete als kleines Kind ziemlich oft ab. Er war dann einfach nicht mehr da. Augen zu und weg. Erst wenn die Situation für ihn wieder annehmbar war, tauchte er erneut auf. Er war und ist wie ein U-Boot in einer See voller Gefahren. Ich schaffe es mittlerweile so gut den Overload zu erkennen, dass ich nur noch selten in solche Situationen komme. Bei mir ist es eher der Meltdown, der dem Overload folgt. Dennoch erlebe ich bis heute, dass ich nach einer Reizüberflutung einfach nicht mehr auf meine Umgebung reagieren kann. Ich höre und sehe weiterhin, was um mich herum passiert, aber ich nehme es nur extrem gedämpft, wie durch eine dicke Glasscheibe, wahr. Ich habe dann nicht das Gefühl, dass mich das, was ich da sehe und höre, überhaupt betrifft. In meiner Schulzeit hat dieses Verhalten, meine Schutzreaktion, immer zu großen Problemen mit den Lehrern geführt. Keiner hat verstanden, warum ich von einer Minute zur anderen plötzlich nicht mehr ansprechbar war und auf nichts mehr reagiert habe.

Bei Elijah ist es so, dass die Umgebung das Gefühl bekommt, dass er komplett abwesend ist. Aufgrund dessen, dass sein Autismus deutlicher sicht- und spürbar ist, löst dies in seiner Schule nicht die Reaktionen aus, die ich erleiden musste. Vielmehr zeigen die Lehrer und Mitschüler Verständnis. Auch bei einem Shutdown gilt, ruhig zu bleiben und eher Abstand zu halten. Aber es hängt wirklich sehr von jedem Autisten selbst ab, was ihm dann guttut und was nicht.

Vorsorge bei Overload, Meltdown und Shutdown

Bei sprechenden bzw. verständlich kommunizierenden Autisten ist es nicht nur möglich, sondern unbedingt ratsam, über solche Situationen zu sprechen. Nur so können alle Beteiligten wissen, wie sie am besten damit umgehen, wenn es zu einem Shutdown, Meltdown oder Overload kommt. Bei non-verbalen autistischen Menschen, die sich zudem nicht anders mitteilen können, sollten die Eltern und alle Betreuer befragt werden. Hier kann man oft nur Informationen gewinnen, indem man den autistischen Menschen in solchen Situationen gut beobachtet. Hilfreich kann hier eine Art Tagebuch sein, das mit drei Spalten ausgestattet ist: vorher, mittendrin und nachher. Stellen Sie sich zudem folgende Fragen:

1. Was hat in der Situation geholfen, was danach?
2. Wie kommt der Schüler am besten wieder aus dieser Situation heraus?
3. Erkennt er den Overload selbst?
4. Kann er allein darauf reagieren, um einen Meltdown oder Shutdown zu verhindern?
5. Welche Hilfsmittel nutzt er bereits? Welche benötigt er?

Ein Tagebuch hilft Außenstehenden, Vertretungslehrern und den Mitschülern, einen möglichen Overload frühzeitig erkennen und adäquat darauf reagieren zu können. Alle, die Umgang mit dem Schüler haben, müssen gut über seine Besonderheiten aufgeklärt werden. Besonders für die Mitschüler ist es nicht einfach, Overload, Meltdown und Shutdown des autistischen Klassenkameraden mitzuerleben.

Meine Vorschläge bei Overload, Shutdown und Meltdown

- Unbedingt Stimming zulassen.
- Reizreduktion, d. h. unnötige Reize verhindern.
- Sicherer Auszeitraum, -ort, Weg dorthin üben.
- Klar strukturierte Abläufe (Stundenplan, Pausenplan) festlegen.
- Pläne müssen eingehalten werden.
- Alles mit dem autistischen Schüler so besprechen, dass er es verstehen kann.
- Tagebuch führen.

Schülerstimme

»In bestimmten Situationen bekomme ich organisch nicht erklärbare Bauchschmerzen, die erst wieder weggehen, wenn ich aus dieser Situation entfliehe oder sie sich für mich positiv verändert bzw. verändert wird. Sie müssen sich die Schmerzen in etwa so vorstellen, dass man ein großes Stück Watte verschluckt hat und es sich am Mageneingang festsetzt, sodass man es hochwürgen will, es aber nicht funktioniert. Manchmal kommt auch ein Stechen dazu, was es noch unerträglicher macht. Und diese Schmerzen sind nicht ausgedacht, wie viele Menschen bei dem Wort ›psychosomatisch‹ vermuten würden. Sie sind real, und das merkt man mir auch an. Ich werde blass, ich rede nicht mehr und verweigere jeglichen Kontakt zu Personen in meinem Umfeld. Einzig meine Eltern, meine Schwester und mein Freund vermögen, mehr oder weniger, mich zu beruhigen. Situationen, in denen diese Beschwerden auftreten, sind vor allem solche, die in der Schule passieren. Sei es ein wichtiges Gespräch mit einem Lehrer, eine Arbeit oder einfach nur das Wissen, 8 Unterrichtsstunden in der Schule mit lärmenden Mitschülern in vollkommen überheizten und lichtdurchfluteten Klassenzimmern zu verbringen. Auch die Reize Lärm, Wärme und Licht tragen hierbei ihren Teil dazu bei. Für Sie würde es sich eventuell so anfühlen, als würde man Ihnen Kopfhörer mit ihrer meistgehassten Musik in der Lautstärke eines Düsenjets auf den Kopf setzen, Ihnen dazu eine Brille mit selbstleuchtenden Gläsern, so hell wie ein Flutlicht in einer dunklen Nacht, vor die Augen klemmen und Sie in dieser Montur in eine 90°-Sauna mit vollem Winteroutfit sperren. Und dazu kommt eine Erdbebensimulation, um das Ruckeln des Vordermanns am eigenen Tisch zu verdeutlichen. Jedoch könnten Sie dieses Prozedere einfach verlassen. Ich dagegen bin diesen Gefühlen 2/3 des Tages über ausgesetzt. Wenn ich nach so einem Tag nach Hause komme, falle ich meistens direkt, manchmal auch erst nach einer Stunde, weil ich noch so aufgedreht bin, in einen komatösen Schlaf, der bis zu 3,5 Stunden dauern kann. Und selbst danach bin ich immer noch todmüde und habe schon um 19 Uhr das Gefühl, mich wieder schlafen legen zu müssen, was durch das Abendbrot noch verhindert werden kann.«

Frauke Kronefeld, Abiturientin 2017, Asperger-Syndrom, Dresden

Der Überlebensmodus/Verteidigungsmodus

In den Überlebensmodus gerät ein Mensch immer dann, wenn sein System eine Gefahr wahrnimmt. Es kommt sehr schnell zu einer Flucht-, Kampf- oder Starre-Reaktion. Es geht im wahrsten Sinne des Wortes nur noch um das Überleben. Im Körper wird unter anderem Adrenalin freigesetzt, die Atmung verändert sich, sie wird im Gegensatz zur Verdauung schneller. Dies alles ist ganz normal, wenn es sich um kurzfristige Reaktionen auf echte Gefahren handelt. Autistische Menschen dagegen nehmen viele alltägliche Dinge und Abläufe als eine potentielle Gefahr (Tiger) wahr und sind damit fast ständig diesen Überlebensreaktionen ausgesetzt. In diesem Modus ist das bewusste Denken ausgeschaltet und das Unterbewusstsein, besonders die Amygdala, übernimmt die alleinige Kontrolle.

Sobald ich in den Überlebensmodus gerate, bin ich hochgradig licht-, geräusch- und geruchsempfindlich. Auch die kleinste Berührung löst fast sofort eine heftige Abwehrreaktion meinerseits aus. Dies erlebe ich auch bei meinem Sohn. Was für die meisten Menschen ganz normale alltägliche oder auch gar keine Stresssituationen sind, versetzt uns in höchste Alarmbereitschaft. Das führt zu einer ständigen Überstimulierung und damit Überforderung des Systems, welches immer wieder Überlebensreaktionen auslöst. In diesem Kreislauf sind viele autistische Menschen, besonders Kinder, gefangen. Es kann deshalb sehr schnell zu Flucht- und Kampfreaktionen Ihres Schülers kommen, ohne dass es einen für Sie erkennbaren Grund dafür gibt. Vergessen Sie bitte nicht, dass Ihr Schüler aufgrund seiner Wahrnehmung meint, sich in einer Gefahr zu befinden, und den Reaktionen im Überlebensmodus hilflos ausgesetzt ist. Befindet sich Ihr Schüler im Überlebensmodus, so ist ihm der Zugriff auf viele im Gehirn abgespeicherte Programme verwehrt. Basisprogramme sind zwar nutzbar, aber reichen eventuell nicht aus, um die von Ihnen als Lehrer verlangten Aktivitäten zu meistern bzw. von Ihnen erwartetes Verhalten zu zeigen. Ihrem Schüler stehen nur noch primitivste Reflexhandlungen zur Verfügung, unter anderem Verhaltensweisen wie zum Beispiel Körperschaukeln, Saugen (Finger oder Objekte), eine Faust machen oder Gegenstände fest in der Hand halten. Auch dies zählt zum Stimming und dient der Beruhigung.

All diese Sachen sind wichtige Hilfsmittel, die zur Beruhigung beitragen und autistischen Menschen ein Aushalten und Verbleiben in der Situation ermöglichen. Oftmals wird dieses Verhalten, besonders im schulischen Kontext, von der Umgebung als nicht adäquat empfunden. Auch ein Lernen ist im Überlebensmodus nicht möglich. Der Schüler muss also zumindest zeitweise aus diesem Modus herauskommen, damit er Schule und Beschulung effektiv für sich nutzen kann. Der Intellekt bzw. die kognitiven Fähigkeiten sind nicht immer ausschlaggebend für eine erfolgreiche Beschulung autistischer Kinder.

Im Gegenteil, viele Schüler mit Asperger-Syndrom werden massiv überschätzt, was ihre Fähigkeiten im schulischen Alltag angeht. Bei Kindern mit frühkindlichem Autismus kommt es dagegen zu einer Unterschätzung ihrer kognitiven Fähigkeiten. Die meisten frühkindlichen Autisten befinden sich ständig im Überlebensmodus, in welchem sie nur noch einen begrenzten Zugriff auf die Basisprogramme haben. Dies ist durchaus von außen sichtbar, wird aber von der Umgebung als geistige Behinderung interpretiert. Das führt schnell dazu, dass Menschen mit frühkindlichem Autismus damit fast jede Kompetenz abgesprochen wird. Bei den Schülern mit Asperger-Syndrom ist der Überlebensmodus auch oft der vorherrschende Zustand. Das daraus resultierende Verhalten wird hier zwar nicht als geistige Behinderung, aber dennoch als enorm störend wahrgenommen und komplett missverstanden. Da viele Menschen mit Asperger-Syndrom, so auch ich, in der Lage sind, zeitweise aus diesem Level herauszukommen und der Umgebung das widerzuspiegeln, was sie sehen will, fällt es genau dieser Umgebung dann um so schwerer, zu akzeptieren, dass dies nur eine Zeitlang gelingt. Der meistgehörte Satz meiner Schulzeit war: »Gestern ging es doch auch«.

Meine Vorschläge beim Überlebens-/Verteidigungsmodus

- Stimming zulassen.
- Amygdala umtrainieren und somit beruhigen.
- Kleine Klassen zusammenstellen.
- Ruhige reizarme Umgebungen gestalten.
- An Reizreduktion arbeiten.
  - Unnötige Reize verhindern.
  - Stressreize identifizieren.
  - Reizintensive Zeiten reduzieren (Stundenanzahl).
  - Besonders stressige Zeiten/Aktivitäten reduzieren (z. B. Hofpausen).
- Klar strukturierte Abläufe (Stundenplan, Pausenplan) festlegen.
- Paradoxe Intervention durchführen.
- Ausreichend Auszeiten ermöglichen.
- Wenn nötig, den Schüler aus der Situation entfernen.
- Sicheren Auszeitraum bereitstellen.

Der Sich-Kümmern-Modus/Bewusstseinsmodus

Der Sich-Kümmern-Modus ist nach dem Überlebensmodus der nächste Level in der kindlichen Entwicklung den es zu meistern gilt. In diesem Modus werden Reize immer öfter korrekt bewertet und die eigenen Bedürfnisse werden nicht nur besser erkannt, sondern können nun auch erfüllt werden. Dies passiert am Anfang noch durch andere Personen (Mutter, Vater, andere Familienmitglieder oder Betreuer), später dann aber durch das Kind selbst. Mit der Zunahme der Selbst- und Andere-Wahrnehmung ändert sich auch das Modell der Welt, also die Wahrnehmung des Menschen von sich und seiner unmittelbaren Umgebung.

In meiner Kindheit brachte auch dieser Level große Probleme mit sich, da meine Selbstwahrnehmung viel zu schnell zu Selbstkonfrontation wurde und ich dann sofort wieder in den Überlebensmodus geriet. Auch die nunmehr mögliche Andere-Wahrnehmung, die für das Lernen von und mit Anderen notwendig ist, trieb meine Selbstwahrnehmung sofort in die Höhe und ein neuer verhängnisvoller Kreislauf entstand. Ich empfinde diesen Zustand bis heute als äußerst unangenehm, da ich gern mit Menschen zusammen sein möchte und als besonders neugieriger Mensch an allem interessiert bin, was Menschen tun und erschaffen. Schon als Kindergartenkind spürte ich, wie mir jedes Mal der Boden unter den Füßen weg glitt, wenn ich Menschen zu nah kam oder sie mir. Ich musste lernen, meine Selbst- und Andere-Wahrnehmung zu regulieren, um nicht immer wieder in den Überlebensmodus zurückzufallen. Bis heute besteht auch bei mir weiterhin die Gefahr, dass ich ohne große Vorwarnung abermals in den Überlebensmodus rutsche. Das Wissen darum nährt meine Angst vor der Begegnung mit anderen Menschen, besonders wenn diese nichts von meinem Autismus wissen.

Bei Autismus gilt generell: Es muss immer zuerst an der Wahrnehmung gearbeitet werden, ehe man, wenn überhaupt, verhaltenstherapeutisch weiterarbeiten kann. Erst im Sich-Kümmern- oder Bewusstseinsmodus kann man an der eigenen Wahrnehmung arbeiten, d. h. die Amygdala wiederholt beruhigen und damit das Unterbewusstsein umprogrammieren. Das dies möglich ist, beweise nicht nur ich mir jeden Tag aufs Neue, sondern auch mein Sohn zeigt mir, dass die Amygdala »falsch« erlernte Reaktionsmuster wieder verlernen kann. Obgleich dies als Aufgabe zu allererst den Eltern bzw. Betreuern und den jeweiligen Therapeuten des Kindes obliegt, ist es natürlich auch wichtiges Grundwissen für alle, die mit dem Kind leben und arbeiten. Eine verbesserte Regulierung der Andere-Wahrnehmung ist einer der Schlüssel zum erfolgreichen Lernen und Leben mit Autismus.

Meine Vorschläge beim Sich-Kümmern-/Bewusstseinsmodus:

- Stimming zulassen.
- Amygdala umtrainieren und somit beruhigen.
- Reizgewöhnung anbahnen.

- Den Autismus bzw. die Gefahr »ausreden«,
  zum Beispiel »Jemand, der dich anspricht, ist nicht gefährlich«.
- Soziale Geschichten im Nachgang bearbeiten.
- Situation »so wie sie hätte sein sollen« durchgehen.
- Positive Verstärkung von richtigem bzw. neutralem Verhalten,
  also dann, wenn keine Flucht-, Kampf- Starre-Reaktion erfolgt ist.
- Gemeinsam Strategien entwickeln, um Selbst- und Andere-Wahrnehmung zu regulieren.
- Merke: Abstand reduziert Andere-Wahrnehmung.
  - Trennwände oder Sichtschutz am Arbeits- oder Sitzplatz anbringen.
  - Auf Abstand gehen oder kleinmachen, hinhocken.
- Selbstwahrnehmung niedrig halten.
  - Wenig Blickkontakt anbahnen (keinen erzwingen).
  - Nicht direkt ansprechen.
  - Abstand halten.
  - Innerlich und äußerlich ruhig bleiben.
- Weiterhin ausreichend Auszeiten ermöglichen.
- Wenn nötig, den Schüler aus der Situation entfernen.
- Eventuell Internet-Beschulung in Betracht ziehen (geringste Andere-Wahrnehmung).

Der Lernmodus/Kreativmodus

Der Lernmodus ermöglicht – wie der Name schon sagt – das Lernen über Beobachten und Imitation. In diesem Entwicklungsabschnitt haben Kinder eine Fremdwahrnehmung entwickelt, das heißt, sie wissen um das Ich und das Du. Sie verstehen, dass und wie ihr Gegenüber sie sieht. Jetzt können sie auch den Schritt vom Ich zum Wir gehen und sich sicher in soziale Interaktionen mit anderen Menschen begeben. Für autistische Menschen ist dies eine enorme Herausforderung, da die Entwicklung des Ichs nicht so verläuft wie bei nicht-autistischen Menschen. Ohne ein schützendes Ich kann man den Anderen, das Du, nicht adäquat wahrnehmen.

Es besteht immer die Gefahr der Selbstkonfrontation, die durch steigende Selbst- und damit verbunden erhöhte Andere-Wahrnehmung ausgelöst wird. Von diesem Level, der die Entwicklung des Menschen zu einem wissenden und fähigen Individuum ermöglicht, kann ich jedoch immer wieder sofort in den Überlebensmodus zurückfallen. Wenn ich es rechtzeitig merke und die Reißleine ziehen kann, dann endet mein Fall vielleicht im Bewusstseinsmodus. Hier habe ich die Chance, mich schneller wieder zu regulieren.

Elijah fällt bislang immer ungebremst bis auf den Boden des Überlebensmodus und benötigt oftmals sehr lange, ehe er dort wieder herauskommt. Dennoch sind Fortschritte zu erkennen. Früher dauerte es Tage bis er den Überlebensmodus wieder für eine kurze Zeit hinter sich lassen konnte, heute schafft er das schon in ein paar Minuten. Es gelingt ihm immer öfter, wenn auch nur sehr kurz, in den Lernmodus zu gelangen. Einmal dort angekommen, verblüfft er uns jedes Mal aufs Neue mit Fähigkeiten, die niemand, außer seiner autistischen Mutter (die ja den gleichen Tanz tanzt), bei ihm auch nur vermutet hätte. Auch deshalb ist es wichtig, Kompetenz anzunehmen und sich bewusst zu machen, dass nicht jeder von uns all seine Fähigkeiten so nach außen tragen kann, wie er es gern tun würde und wie es ja leider immer stärker von der Leistungsgesellschaft erwartet wird. Ganz wichtig ist, dass Therapien erst im Lern- und Kreativmodus wirklich Sinn machen, denn davor ist der Mensch ausschließlich mit dem Überleben beschäftigt.

Meine Vorschläge beim Kreativ-/Lernmodus

- Jeden Schüler genau dort abholen, wo er wartet (Modus/Wahrnehmungen ermitteln).
- Andere-Wahrnehmung trainieren.
  - Abstände verkleinern.
  - Personenzahl langsam vergrößern.
- Beobachten von anderen Kindern anbahnen.
- Durch Imitieren lernen anbahnen.
- Immer wieder alles erklären, erklären und nochmal erklären.
- Individuellen Nachteilsausgleich erstellen.
- Beschulungsart finden, die für den Schüler funktioniert.

Schulbegleiterstimme

»Nach dem Frühstück, beim Waschen der Hände, wollte Elijah mir Papiertaschentücher geben. (*Das allein ist schon eine enorme Leistung für ihn. Anmerk. d. Autorin*) Die waren aber alle. (*Das hätte noch vor Wochen eine Kampf-Reaktion ausgelöst. Anmerk. d. Autorin*) Elijah schaute sich um, und gab mir Klopapier. Ich sag nur Handlungskompetenz. Echt stark.«
Annett Hessel, Ergotherapeutin und Schulbegleiterin von Elijah, Grimma

10 Meine wichtigsten Kompensationsstrategien

Stimming

Stimming ist (m)eine wichtigste Strategie, um mit all den auf mich wirkenden äußeren, aber auch inneren Reizen im Alltag klarzukommen, die mir immer wieder als Gefahren präsentiert werden. Es ist ein entscheidendes Hilfsmittel für die meisten autistischen Menschen, das leider von der Gesellschaft als solches entweder nicht erkannt oder missverstanden wird. Aus diesem Grund wird es autistischen Menschen weiterhin oft weggenommen. In vielen Therapien wird zudem versucht dieses Verhalten abzutrainieren. Aber Stimming, egal, ob sozial adäquat oder nicht, erfüllt überaus wichtige Funktionen. Es reduziert die Reizaufnahme. Damit kann eine sensorische Überlastung und der Rückfall in den Überlebensmodus verhindert werden. Stimming ist (m)ein Rollstuhl, (m)ein Hörgerät, (m)eine Blindenschrift. Bitte nehmen Sie es mir und anderen autistischen Menschen nicht weg. Stimming als ein Hilfsmittel zu akzeptieren ist ein notwendiger Schritt in Richtung Autismus-Akzeptanz.

Es ist sehr wichtig, dass Sie verstehen, was genau Stimming ist und welche enorme Bedeutung es für autistische Menschen hat. Das Wort selbst kommt aus dem Englischen und ist die Kurzform von »self stimulating«. Dies kann man mit »sich selbst reizen« oder »sich selbst einem Reiz aussetzen« übersetzen. In erster Linie beruhigt Stimming den Menschen. Bei mir und auch bei meinem Sohn ist es so, dass der Stimming-Reiz, den wir uns zur Beruhigung setzen, mit dem Reiz korrespondiert, der uns gerade stresst. Das heißt, wenn wir visuell überfordert sind, dann machen wir ein visuelles Stimming. Bei einer auditiven Überlastung setzen wir uns einen bekannten auditiven Reiz, um einem Overload vorzubeugen. Es ist also durchaus möglich, am Stimming eines autistischen Menschen die sensorische Herkunft des Stressors zu erkennen. Bei nicht-sprechenden Autisten, wie meinem Sohn, ist dies oft die einzige Chance herauszufinden, was sie stresst. Leider wird Stimming noch immer häufig nur mit den sich wiederholenden Körperbewegungen wie Rocking (Körperschaukeln) oder dem Händewedeln autistischer Menschen in Verbindung gebracht. Es ist jedoch sehr viel mehr als das. Stimming kann in seiner Perfektion auch unbemerkt vom Gegenüber angewandt werden. Ein Beispiel dafür ist mein mentales Stimming. Alles was sich mental abspielt, jeden Gedanken, jede Idee, jedes innerliche Bild hält unser Gehirn für echt. Es kann nicht zwischen Realität und Bild unterscheiden. Das habe ich mir zunutze gemacht und mache das meiste Stimming nur noch in meinem Kopf. Mein mentales Stimming ermöglicht mir Teilhabe, ohne dass meine Umgebung sich gestört fühlt oder ich durch »komische« Verhaltensweisen auffalle. So kann ich mich in für mich schwierige Situationen begeben und dort eine Zeit lang verbleiben. Das ständige Bewegen meiner Zehen in den Schuhen beruhigt mich, aber stört niemanden.

Die Beschäftigung oder Konzentration auf einen bekannten Reiz ermöglicht es vielen autistischen Menschen sich so zu regulieren, dass sie in der Situation verbleiben können. Der Stress, den so viele Alltagssituationen unweigerlich mit sich bringen, wird erfolgreich reduziert. Genau das brauchen autistische Schüler im Schulalltag. Erst mit Hilfe von Stimming ist es ihnen möglich, sich einigermaßen abgesichert in Situationen mit anderen Menschen zu begeben. Dies ist etwas, was die meisten Autisten von ganzem Herzen möchten. Sie wollen dabei sein, Teil sein und einen Platz haben inmitten der Menschen, die so anders sind als sie selbst. Sie sollten das Stimming Ihres autistischen Schülers deshalb nach Möglichkeit nicht einfach unterbrechen. Auch dann nicht, wenn es den Eindruck erweckt, dass er im Unterricht vielleicht gar nicht aufmerksam ist, weil er keinen Blickkontakt herstellt, nebenher malt, sich immer wieder im Raum umschaut, an den Bändern an seinem Handgelenk oder mit einer kleinen Figur spielt. Bitte vergessen Sie nicht: Er tut das nur, um in der Situation verbleiben und Ihnen zuhören zu können!

Vielleicht kann man Stimming so besser erklären: In einem Topf soll das Wasser köcheln bzw. sieden. Es soll weder kochen, noch simmern. Es darf auf keinen Fall überkochen. Das heißt, es darf nicht wärmer als 100°C werden, aber die Temperatur soll auch nicht unter 95°C fallen. Wir müssen also sehr aufmerksam sein und die Temperatur immer wieder entsprechend regulieren. Wir können dies einerseits direkt am Herdknopf machen, andererseits den Topf kurz vom Herd nehmen oder aber auch den Topfdeckel abnehmen. Alles, was dazu führt, dass die Temperatur genau richtig ist, damit unser Wasser nur köchelt, ist akzeptabel. Mit der Zeit finden wir heraus, was am besten funktioniert. Das mag bei jedem Menschen etwas anderes sein, genau wie das Stimming auch. Beim Stimming dreht ein Autist also auch an einer Art Knopf, um weder hochzufahren noch einer sensorischen Überlastung ausgeliefert zu werden.

Stimming ist Ihnen keinesfalls fremd, sondern eher nicht so bewusst. Überlegen Sie einmal, was Sie in Stresssituationen machen, um sich zu regulieren. Manche drehen an den Haaren, andere greifen zum Stressball oder zum Kugelschreiber. Einige kauen an den Fingernägeln. Wieder andere drehen am Ohrring oder kneifen sich ins Ohrläppchen. Jeder Mensch muss irgendwann Stimming machen, um in Stresssituationen noch einigermaßen gut funktionieren oder sie zumindest überstehen zu können. Der Unterschied zu autistischem Stimming ist, dass es bei Ihnen einen extrem hohen Level an Stress bedarf, bevor Sie Stimming wirklich brauchen. Für mich und viele andere Autisten ist das Stimming schon in für Sie ganz normalen Alltagssituationen überlebenswichtig. Ihre Methoden der Beruhigung sind sozial akzeptabel. Die von autistischen Menschen oftmals nicht. Es wäre wunderbar, wenn auch jeder autistische Mensch zu einem sozial adäquaten Stimming finden könnte, das ihm Teilhabe ermöglicht und gleichzeitig niemanden stört. Gerade durch autistisches Stimming entstehen oft Situationen, in denen autistische Menschen unbewusst und ungewollt andere Menschen mit etwas behindern, das ihnen selbst erst den Zugang zu den Menschen ermöglicht. Ich meine damit ein Stimming, das für das Gegenüber eine Herausforderung ist.

So zum Beispiel das auditive Stimming meines Sohnes, welches ein sehr lautes und andauerndes (manchmal stundenlanges) »ahhhh« ist. Sowohl für uns als Familie, aber besonders im Schulalltag ist dies für seine Umgebung sehr anstrengend und schwer zu ertragen. Aber Elijah, genau wie viele andere Autisten, macht solche Dinge, um dabeibleiben und mit seinen Mitmenschen leben zu können. Stimming ist eine Art Geschenk autistischer Menschen an die unmittelbare Umgebung. Diese fühlt sich allerdings alles andere als beschenkt. Die Reaktionen der Umgebung sind oftmals für beide Seiten sehr tragisch. Da diese Art der Kommunikation völlig missverstanden wird, muss noch viel mehr Aufklärung betrieben werden, was Stimming und weitere, für Sie ungewöhnliche, Hilfsmittel autistischer Menschen angeht. Egal, wie sehr Sie das Stimming Ihres autistischen Schülers nervt oder überfordert, bitte unterbrechen Sie es nicht. Verstehen Sie es als Chance. Sie haben die Möglichkeit herauszufinden, welche Stressoren gerade dieses Stimming auslösen. Manchmal können diese ganz einfach beseitigt werden. Zum Beispiel kann man ein schiefes Bild an der Wand geraderücken, das Geräusch des Beamers abschalten und den Lichteinfall durch das Fenster mit dem Vorhang reduzieren. Das Stimming verringert sich dann fast sofort oder hört ganz auf. Es kann natürlich auch sein, dass Sie die Stressoren nicht beseitigen können, weil Sie sie nicht erkennen oder weil es aus anderen Gründen nicht geht. Zu diesen Reizen zählen zum Beispiel das Geräusch der Neonröhren oder der Heizung, ein Essensgeruch oder Parfüme. In diesen Fällen muss gemeinsam mit dem Schüler eine andere Lösung gefunden werden. Reizgewöhnung ist deshalb ab einem bestimmten Punkt immer der Vermeidung vorzuziehen. An manche Dinge im Leben muss man sich gewöhnen, wenn man dabei sein möchte. Ich habe mich an das enge beieinander stehen mit fremden Menschen gewöhnt, weil ich unbedingt auf Udo-Lindenberg-Konzerte gehen wollte.

Ein anderes, die Klasse weniger störendes Stimming, kann erforderlich sein, damit der Unterricht für alle machbar ist. Hierbei ist es wichtig, dass Sie dem Schüler erklären, dass Sie verstehen, warum er Stimming macht und dass Sie dies auch akzeptieren. Dennoch ist sein Stimming für Sie und seine Mitschüler einfach zu laut, wie z. B. Elijahs »Ahhh«. Dies wirkt sich bei den Mitschülern schnell auf die Konzentration und die Aufmerksamkeit aus. Wichtig: Nicht der autistische Schüler stört, sondern die Geräusche oder die Laute, die er gerade macht. Bedenken Sie, dass autistischen Menschen die Fremdwahrnehmung fehlt. Sie schaffen es wirklich nicht, sich in andere Menschen hineinzuversetzen und zu erahnen, wie es ihnen in bestimmten Situationen geht. Elijah weiß nicht, wie es für seine Klassenkameraden ist, wenn er lautiert oder mit der Hand immer wieder auf den Tisch schlägt. Es muss ihm auf eine Art und Weise erklärt werden, die er verstehen kann.

Ich selbst benötige auch immer noch solche Hintergrundinformationen, die ich glücklicherweise von meiner Familie bekomme. Ich bin oftmals sehr erstaunt oder auch traurig, wenn ich im Nachhinein erfahre, was mein Verhalten bei anderen Menschen ausgelöst hat. Aber es hilft mir zu verstehen und mich zu verändern. Um zu dieser Erkenntnis zu kommen, hat mir wie so oft der Zufall geholfen. In der DDR hatten viele Menschen selbstgebastelte Antennen unter den Dächern der Häuser, um heimlich Westfernsehen empfangen zu können. Da ist mir klargeworden, dass man alles empfangen kann, solange man die richtige Antenne an der richtigen Stelle stehen hat. Ich begann mir eine Art Antenne zu bauen, um die Menschen und ihre mentalistischen Zustände empfangen zu können und ihr Denken und Handeln zu verstehen. Ich baue immer noch an dieser Antenne. Sie ist mittlerweile so gut, dass sie mir viel zusätzliche Sicherheit in der direkten Interaktion mit anderen Menschen geben kann. Überhaupt kein Problem habe ich mit dem Hineinfühlen in andere Menschen, sie also über die empathische Antenne wahrzunehmen. Ich reagiere sofort und sehr stark auf die Emotionen der Menschen um mich herum. In meiner Schulzeit hat es deshalb am besten mit den Lehrern geklappt, die ruhig und gelassen waren und es auch in Stresssituationen blieben. Dem autistischen Kind all solche Dinge zu erklären und mit ihm intensiv daran zu arbeiten die Menschen in seiner Umgebung besser wahrzunehmen und zu verstehen, ist und bleibt in erster Linie die Aufgabe der Eltern bzw. Therapeuten.

Elternstimme

»Eine Auswahl an Büchern, Zeitungsauschnitten und anderen Ausdrucken hat T. nahezu immer dabei, wenn er seine Wohnung oder unser Haus verlässt, entweder trägt er den Stapel in der Hand oder hat ihn im Rucksack dabei. Was Ihnen vielleicht absurd oder skurril erscheinen mag, kann für das Kind von so enormer Bedeutung, ein Anker, ein Halt sein, also bewerten Sie es nicht. Lassen Sie es einfach so sein und stellen Sie sich die Frage, ob nicht auch Sie Sicherheit brauchen, ob nicht auch Sie ungern aus ihrer Komfortzone herauskommen. Wir alle sind einzigartig und liebenswert!«
Torsten Hansen, Vater eines Autisten, aktiv im Elternzentrum Berlin e. V., Berlin

Mono-channeling

Während die meisten nicht-autistischen Menschen zu jeder Zeit all ihre Sinne nutzen, um ein sinnvolles Abbild ihrer Umgebung zu erstellen, haben viele autistische Menschen Mono-channeling als eine Kompensationsstrategie für sich entdeckt. Dies ermöglicht es ihnen, die Flut an Reizen, der sie aufgrund ihres Autismus ausgesetzt sind, effektiv zu reduzieren. Mono-channeling bedeutet, dass ich nur über einen Sinneskanal Reize und damit Informationen aufnehme und auch verarbeite. Ich funktioniere also nur über einen einzigen Kanal. Alle anderen Sinneskanäle sind zwar weiterhin funktionsfähig, werden aber nicht zur Informationsverarbeitung genutzt. So kann ich meine erhöhte bewusste Wahrnehmung regulieren und einen sensorischen Overload erfolgreich abwenden. Ich kann nicht gleichzeitig (zu)hören und (hin)schauen und/oder (an)fassen. Mein Geschmackssinn ist zwar da, aber ich nutze ihn fast nie. Essen ordne und erkenne ich an seinem Aussehen oder an dessen Konsistenz.

Mein Ein-Kanal-Funktionieren bringt viele Vorteile mit sich, aber es hat auch einen entscheidenden Nachteil. Indem ich auf nur einen Sinneskanal fokussiere, erscheinen die Informationen, also die Reize, die ich darüber aufnehme, intensiver. Wenn ich also nur visuell in der Welt unterwegs bin, dann erscheinen Bilder gestochen scharf und ich nehme extrem viele Details war. Beim olfaktorischen und gustatorischen Mono-channeling sind demzufolge Gerüche und der Geschmack sehr intensiv. Am schwierigsten für mich ist, nur auf dem auditiven Kanal wahrzunehmen, denn dann werden Geräusche extrem laut und sind viel zu nah an mir dran. Je höher mein Stresslevel in einer Situation ist, desto mehr schaltet mein System jedoch auf den auditiven Kanal. Dies führte früher immer zu einer Fluchtreaktion, einem Ausbrechen aus dem Geräuschchaos. Ich war und bin die meiste Zeit nur auf dem visuellen Kanal aktiv, da ich mich so immer noch gut in der Welt zurechtfinden kann. Wenn ich »mono« bin, dann heißt das, dass ich alles Visuelle bewusst wahrnehme. Informationen, die über andere Sinnesorgane aufgenommen werden, werden dann nicht verarbeitet. Das bedeutet, dass ich, wenn ich mono-visuell bin, zwar alles viel besser sehe, aber dafür über das (weiterhin funktionierende) Hören, Riechen, Schmecken oder (Er-)Tasten nichts mehr wahrnehme. Das Sehen ist nun meine einzige Informationsquelle. Lippenlesen ermöglicht es mir aber dennoch Konversationen zu folgen, allerdings ohne die für ein wirkliches Verständnis notwendige Intonation. Ich wirke und agiere dann wie ein Mensch ohne Hörvermögen. Wenn mein Mann mich anspricht, reagiere ich nicht. Ich höre ihn, aber dieser auditive Reiz wird gerade nicht verarbeitet. Wir haben durch Zufall herausgefunden, dass der für unseren Hund bestimmte Pfeifton wie eine Art Schalter in mir wirkt und damit mein Hören wieder angeschaltet werden kann. Mein Mann kann mich so wieder auditiv erreichen. Er pfeift und ich reagiere. Das, wie viele andere autistische Hilfsmittel auch, verstehen die meisten Menschen erst einmal falsch.

In meiner Schulzeit hat mir mein mono-visuelles Informationsverarbeiten den Schulalltag erst ermöglicht, aber gleichzeitig auch erschwert. Ich habe viele Informationen einfach verpasst und keiner, nicht einmal ich, wusste warum. Mir wurde ständig unterstellt und vorgeworfen, ich höre nicht zu oder befolge bewusst keine Anweisungen. Da niemand von meinem Autismus wusste und ich selbst nicht in der Lage war mich zu erklären, spitzte sich die Situation immer extrem schnell zu. Dann habe ich oft auch noch den visuellen Kanal runtergefahren und war einfach gar nicht mehr da. Auch dieses völlige Abkapseln oder sich in die eigene mentale Welt zurückziehen ist kein Nicht-Wollen oder Bocken, sondern eine Überlebensstrategie, um nicht den totalen Zerfall erleben zu müssen. Welchen Sinneskanal ein autistischer Mensch wählt, um der Reizüberflutung zu entgehen, ist sehr unterschiedlich Auch wenn Ihnen Ihr Schüler keine verbale Auskunft über sein Erleben seiner Umwelt geben kann, können Sie durch Gespräche mit den Eltern und eigenes Beobachten schnell herausfinden, wie er an Informationen gelangt und welche Sinneskanäle er dafür nutzt. Eine Beschulung kann dann viel erfolgreicher gestaltet werden, wenn Sie wissen, auf welchem Kanal Sie Ihren Schüler erreichen können. Es ist ein bisschen wie mit einem Radio. Erst wenn Sie den richtigen Sender gefunden haben und die Antenne gut ausgerichtet ist, können Sie Ihre Lieblingsmusik klar und deutlich hören. Ist der Empfang gut, geht alles besser.

Visueller, auditiver, gustatorischer, taktiler oder gar olfaktorischer Typ?

Jeder Mensch hat einen Sinneskanal, über den er bevorzugt Informationen aus seiner Umgebung aufnimmt. Ich bin ein visueller Typ, da mich diese Art von Reizen am wenigsten überfordert. Visuelles Stimming vermag mich gut und schnell zu beruhigen. Ich bin immer auf der Suche nach grafischen Mustern, Formen und visuellen Zusammenhängen, die ich auch überall entdecke.

Mein Sohn sucht und findet Sicherheit ebenfalls im visuellen Erleben seiner Umgebung. Und wie ich ist auch Elijah am schnellsten mit auditiven Reizen überfordert. Es gab eine Zeit, da war Elijah nur olfaktorisch unterwegs und hat sich fast ausschließlich auf seinen Geruchssinn verlassen. Nach dem Motto »Immer der Nase« nach erkundete er seine Umgebung. Das bedeutete, er hat an allen und allem gerochen und nur diese Informationen genutzt, um die Welt zu verstehen. Ich habe dies als Kind auch ausprobiert, vor allem um Menschen zu unterscheiden, aber es hat nicht wirklich gut funktioniert. Sobald zwei Lehrer das gleiche Parfüm hatten, die Auswahl in der DDR war ja deutlich eingeschränkt, kam ich durcheinander. Ich wusste nicht mehr, wer hier wer war und welcher Unterricht nun stattfinden würde. Ich habe einige Gerüche als Anker abgespeichert, um mich an Situationen oder Menschen zu erinnern. Aber Gerüche irritieren mich bis heute so stark, dass ich nur auf den Geruchssinn zugreife, wenn es gar nicht anders geht. Um Dinge begreifen zu können, brauche ich Bilder. Gesprochene Worte und Sätze dagegen sind nicht nur auditive Reize, sondern extrem komplexe Strukturen, die mich schnell überfordern. Immer dann, wenn in meiner Schulzeit viel mit visuellen Hilfsmitteln gearbeitet wurde, war ich dabei und hatte genügend Erfolgserlebnisse, um motiviert zu bleiben. Fehlten die Bilder, dann war auch ich verloren. So auf dem Pausenhof oder nachmittags im Hort und auf dem Spielplatz. Meine Spielkameraden legten mir natürlich keine Bildkarten vor, um mir ein Spiel zu erklären. Ich musste mir alles mühsam durch Beobachten aneignen. Meist hatte ich gerade verstanden, um was es ging und wie man das macht, da spielten sie schon etwas anderes mir Unbekanntes. Ich war schnell draußen, ohne es je sein zu wollen. Das ist zum Teil auch heute noch so, aber nun weiß ich wenigstens, warum das so ist und kann mir besser selbst helfen.

Ein visueller Typ zu sein bedeutet in meinem Fall jedoch nicht, dass ich auch in Bildern denke. In meinem Kopf habe ich keine Bilder und kann nur ganz selten ein visuelles Image erzeugen. In meinem Gehirn spielt nie ein Kopfkino, sondern bestenfalls gibt es Hörspiele. Da mein Sprachverständnis aber so gering ist, stellte ich den Ton schon früh so leise, dass ich mich auf eine andere Art des Denkens und Verstehen spezialisiert habe. Dort wo andere Menschen mentale Bilder sehen, da fühle ich, um was es geht.

Köpfchen, Köpfchen – Abläufe (er)kennen und üben

Ich denke also in Gefühlen und speichere alles Erlebte als Gefühle ab. Deshalb fällt es mir auch so schwer, meine Wahrnehmung und meine Erinnerungen in Worte zu fassen, besonders wenn es im direkten verbalen Austausch verlangt wird. Spontanes Sprechen oder Unterhalten gelingt mir nur, wenn das Thema eines meiner Themen ist. Für mich ist es sehr wichtig, dass ich Abläufe möglichst vorher kenne, sodass ich mich auf eine Situation vorbereiten kann. Um mir die Welt verständlicher zu machen und mich besser darin zurechtzufinden, versuche ich mir in jeder Situation alles zu merken. Ich speichere auch die Abläufe von beobachteten Aktionen anderer Menschen ab, egal ob aus dem Fernsehen oder live im Leben. Ich habe sozusagen ein riesiges Karteikartensystem in meinem Hirn angelegt. Es ist wie bei dem Kartenspiel Memory. Ich habe eine ganz besondere Ausgabe dieses Spiels. Mein Kopfmemory ist eine einzigartige Sammlung von kleinen mentalen Karten, die sich auf Hunderte von Themen und Situationen beziehen. Sie sind allerdings nicht als Bilder abgespeichert, sondern als Gefühle. Diese Karten enthalten dennoch alle wichtigen Informationen. In jeder Interaktion mit Menschen und bei jeder Aktivität suche ich nach der passenden Karte und bin dann in der Lage, besser auf meine Umgebung zu reagieren. Gibt es noch keine Karte, dann erstelle ich sie. So habe ich mir von klein auf die Welt erschlossen.

Als Schulkind hatte ich natürlich weniger Karten und das gesamte System war grober gegliedert. Außerdem habe ich den großen Fehler gemacht, dass ich Informationen, Verhalten, Sprichwörter etc. ohne den jeweiligen Kontext, in dem man diese gebrauchen kann/muss, abgespeichert habe. Dies führte dazu, dass ich immer wieder in Fettnäpfchen trat. Ich verstand dann die Welt nicht mehr. Seit meiner Diagnose erstelle ich nicht nur weiterhin neue Karten, sondern ergänze den fehlenden Kontext bei den vorhandenen Karten. Dabei ist mir vor allem mein Mann eine unschätzbar große Hilfe, denn er erklärt mir mit viel Geduld immer wieder Abläufe, Situationen und das Know-how der sozialen Interaktion. Es hilft meinem Verständnis des sozialen Miteinanders und der Kommunikation zwischen den Menschen, wenn ich erlebte Situationen mit einer vertrauten Person im Nachhinein noch mehrmals durchgehen kann. Auch bei der Vorbereitung auf neue, unbekannte Herausforderungen ist dieses Durchsprechen, Analysieren und letztendlich einen Plan machen essentiell für mich. Dies tue ich dann nicht nur einmal, sondern immer und immer wieder. Schon allein die Wiederholung gibt mir Sicherheit und trägt damit entscheidend zur Bewältigung der Situation bei.

Elternstimme

»Immer wenn ich T. – in der Regel freitags – aus der Wohngruppe abhole, fahren wir zum Berliner Funkturm, dort sind wir schon als Dauerbesucher oder Stammkunden bekannt, T. liebt den Funkturm. Nun kann es vorkommen, dass der Funkturm (oder auch ›nur‹ die Aussichtsplattform) geschlossen hat, das ist immer ganz furchtbar für T., der Plan geht nicht auf, die Sicher-

heit des vorgesehenen Ablaufs ist zerstört. Vor einigen Jahren ist T. da völlig ausgerastet, hat geschrien, sich und andere geschlagen. Mittlerweile ist er zwar nicht erfreut, aber kann immer besser mit dieser Situation umgehen. Wenn wir dann zumindest auf das Messegelände dürfen und die Bilder am Fuße des Funkturms anschauen dürfen, dann ist alles wieder gut, T. sagt dann meistens ›habe mich gewundert‹ und ›nächstes Mal‹. Es ist also gut für ihn, zu wissen, beim nächsten Mal ist der Funkturm bestimmt wieder geöffnet. Letztens konnten wir nicht einmal zu den Schautafeln, da das Gelände aufgrund von Baumaßnahmen komplett gesperrt war, da hat T. sich schon heftig aufgeregt, er sagt dann immer ›nicht zu‹ oder ›nicht geschlossen‹, was aber nichts daran ändert, dass wir nicht auf das Gelände dürfen. Ich habe es ihm dann ruhig erklärt, dass es an diesem Tag wirklich nicht geht und ihm versprochen, beim nächsten Mal gehen wir auf den Funkturm, und es hat funktioniert. Übrigens sind T. Bücher und Blätter immer mit dabei.«
Torsten Hansen, Vater eines Autisten, aktiv im Elternzentrum Berlin e. V., Berlin

Sensing

Über Sensing habe ich ebenfalls schon geschrieben, aber da es für mich immens wichtig ist, möchte ich es in diesem Kapitel nicht unerwähnt lassen. Für mich ist Sensing eine Strategie, um meine Unfähigkeit zur Theory of Mind zu kompensieren. Anstatt zu vermuten, wie es einem anderen Menschen geht, erspüre ich sein Innerstes auf diese Art und Weise. Ich bin so sehr im Sensing-Modus, dass es mir oft sehr schwerfällt, zu unterscheiden, was meine Emotionen und Gefühle sind und welche meinem Gegenüber gehören. Ich muss dann einen räumlichen Abstand von mindestens 2,50 m herstellen, um wieder Gewissheit zu haben. Das heißt, wenn ich von Ihnen weggehe, dann bedeutet das nicht automatisch, dass ich unhöflich bin, kein Interesse an Ihnen oder es eilig habe, sondern eher, dass ich Sie besser verstehen möchte. Ich werde also auch hier in meinem Bemühen, meine Mitmenschen besser zu verstehen, oft missverstanden. Es ist außerdem sehr schwer bis unmöglich, meine Erkenntnisse aus meinem Sensing adäquat in Worte zu fassen, da ich Emotionen und Gefühle zwar intensiv wahrnehme, diese aber oft nicht benennen kann. Dennoch hilft es mir, mein Gegenüber ein klein bisschen besser einzuordnen und das wiederum vergrößert meine Chance sozialakzeptabel reagieren zu können.

Alles hat ein Ende

Die folgende Strategie kennen und nutzen Sie auch. Der Gedanke daran, dass etwas Schwieriges oder Unangenehmes endet, hilft fast allen Menschen dabei, die Situation bewältigen oder zumindest aushalten zu können. Vor jeder Herausforderung bewirkt diese Strategie bei mir Wunder und ermöglicht, dass ich mich überhaupt in die Situation begebe. Ich mache mir dann einen genauen Ablaufplan…wer wann wie wo und vor allem bis wann!

Strukturierung ist ein weiteres gutes Hilfsmittel, wenn einem Menschen aufgrund seines Autismus die Welt als einziges Chaos präsentiert wird. Struktur schafft Ordnung, Ordnung gibt Sicherheit und die braucht es, damit man den Überlebensmodus zumindest eine Zeit lang hinter sich lassen kann. Strukturen und Abläufe sollten immer flexibel gestaltet sein, da das Leben nicht wirklich planbar ist. Das heißt, das Ende kann vielleicht etwas eher oder aber auch später kommen. Wichtig ist, dass es kommt und ich dann aus der Situation »befreit« werde. Bei zunehmender Sicherheit kann mit der Reizgewöhnung begonnen werden, damit der autistische Mensch lernt und erfährt, dass es einerseits Veränderungen gibt und geben muss. Andererseits erlebt er, dass er diese bewältigen kann. Es sind meine Erfolgserlebnisse, die mich immer wieder motivieren, weiterzumachen und mich auf Neues einzulassen. Und wenn es mal nicht so gut läuft, weiß ich zumindest, dass es endet. Im schlimmsten Fall ist mir dann egal wie, es zählt nur, dass es vorbei sein wird.

Schülerstimme

»Meine Schulbegleitung, die ich schon in der 8. oder 9. Klasse zur Seite gestellt bekommen hatte, hat sich vor allem in den letzten zwei Jahren nur noch auf einen Kaffee mit mir getroffen, um zu besprechen, ob es irgendetwas Wichtiges zu klären gab. Absprachen mit Lehrern machten mir keine Angst mehr, ich war sozusagen entspannt genug, um die Selbstständigkeit zu erlernen. Natürlich war es in den Klassenzimmern noch immer laut, hell und auch unerträglich warm, doch auch das konnte ich besser ertragen. Nur noch sehr selten holte ich meine Musterblöcke hervor, auf denen ich Kästchen in bestimmten Mustern ausmalte, wenn ich mich visuell nicht mehr auf den Lehrer konzentrieren konnte. Sogar Tage, an denen ich wegen einer unerwarteten Begebenheit meine typischen Bauchschmerzen bekam, konnte ich im Endeffekt doch bewältigen. Meine Ängste wurden immer weniger. Und das war der letzte Abschnitt meiner Schullaufbahn. Es war von den dreien definitiv der beste. Ich habe es sogar geschafft, mir einen kleinen Freundeskreis aufzubauen und diesen auch zu erhalten, habe den Schulball (wenn auch nur durch versehentliches Einschreiben dafür) mitgeplant und mitgestaltet, konnte in meinen Freistunden eine Vorlesung an der Uni besuchen, habe viel zum Abistreich beigetragen und war vor allem in den letzten zwei Jahren eine Person im Jahrgang, deren Meinung und Freundschaft sehr vielen Mitschülern sehr wichtig war. Und selbst auf die, mit denen ich anderweitig nichts am Hut hatte, konnte ich mich sehr gut einlassen.«
Frauke Kronefeld, Abiturientin 2017, Asperger-Syndrom, Dresden

Die Patchwork-ICH-Maske

Das Selbst ist unser wahres Ich. Auch hierzu habe ich schon viel geschrieben. Aber da vielen Menschen die Maske gar nicht mehr bewusst ist, muss ich weiterhin darüber schreiben. Unser Selbst ist das nach innen gerichtete Individuum, dass ausschließlich die eigenen Bedürfnisse wahrnimmt und sich um diese kümmert. Da der Mensch aber ein Herdentier ist, der ohne die Gemeinschaft nicht (über-)leben kann, muss sich jeder von uns auch ab und an der Bedürfnisse dieser Gemeinschaft bewusst werden. Er muss sich als ein nach außen gerichtetes Individuum der Gemeinschaft anpassen und zu ihrem Wohle agieren können und dies auch wollen. Es ist also essentiell, dass jeder von uns in der Lage ist, die Anderen wahrzunehmen, ihre Bedürfnisse zu erkennen und sich diesen gegenüber sozial-adäquat zu verhalten.

Ein solches nach außen gerichtetes Ich hat sich bei mir nicht so entwickelt, wie es das bei den meisten Menschen tut. Ich blieb ein Selbst unter Ich-Menschen, was schon in meiner frühen Kindheit, aber spätestens ab Schuleintritt, zu großen Schwierigkeiten führte. Ich galt als eigensinnig, nicht-teamfähig, aggressiv, jähzornig, unwillig, unerzogen. Das alles nur, weil mir die Ich-Maske fehlte. Das tut sie bis heute, aber ich habe über Jahre an einem Patchwork-Ich als Schutz meines Selbst gebastelt, welches mir mit all meinen anderen Kompensationsstrategien ein »Dabeisein« von bis zu sechs Stunden ermöglicht. Das ist die Zeitspanne, in der ich es schaffe, diese Maske bewusst zu tragen. Es kann jederzeit passieren, dass sie verrutscht oder gar abfällt. Ich muss mein Flugzeug immer als Pilot und bei Sturm fliegen. Sobald ich auf Autopilot umschalte, droht der Absturz. Hierbei nutze ich meine erhöhte bewusste Wahrnehmung. Da diese mehr Energie verbraucht als unterbewusstes Denken, geht das nur sechs Stunden lang gut. Dann ist der Akku erst einmal leer.

Zum Erstellen der Patchwork-Ich-Maske habe ich die Menschen um mich herum jahrelang in der Interaktion miteinander intensiv beobachtet und analysiert. Ich speichere diese Abläufe in meinem Kopfmemory ab und wende sie dann in ähnlichen Kontexten an. Ich bin ein Schauspieler, der versucht auf der Bühne sein Bestes zu geben, ohne das Stück oder das Drehbuch zu kennen. Das tue ich bis heute und lerne immer mehr, wie ich in der sozialen Interaktion besser sein kann und dadurch mehr Teilhabe bekomme. Mit Inklusion hat dies wenig zu tun, aber ich bin hier nur am Ergebnis für mich interessiert. Man darf jedoch nicht vergessen, dass dieser Weg für viele autistische Menschen aus unterschiedlichen Gründen nicht gangbar ist. Besonders Menschen mit frühkindlichem Autismus sind auf andere Hilfen und Strategien, und besonders auf Akzeptanz und Inklusion, angewiesen.

Selbst ist der Mensch

Um eine Erhöhung meiner Selbstwahrnehmung zu verhindern und damit die Gefahr einer Selbst-Konfrontation zu bannen, habe ich anfangs, so wie mein Sohn es immer noch versucht, meine Andere-Wahrnehmung so gering wie möglich gehalten. Dies ist durchaus eine Möglichkeit, aber sie bedeutet den Rückzug, der schließlich in der Isolation endet. Mein Wunsch mit anderen Menschen in eine Beziehung zu gehen, wurde immer stärker. Ich musste es irgendwie schaffen, trotz steigender Anderer-Wahrnehmung meine Selbstwahrnehmung so niedrig zu halten, dass ich nicht zerfalle. Die einzige Lösung dafür war, dass ich lernte, die Selbstwahrnehmung in dem Maße runter zu fahren wie die Andere-Wahrnehmung hochfährt. Der Zufall kam mir in Form meiner Großmutter zur Hilfe (▶ Kap. 8).

So gelangte ich zu dieser für mich so wichtigen Kompensationsstrategie der Selbst-Teilung. Kleine Happen sind besser verdaubar. Anstatt eines großen Selbst gibt es bei mir drei kleine: »als Selbst«, »durch Selbst« und »für Selbst«. Ich muss in sozialen Interaktionen immer mindestens eines dieser drei Selbst-Teile ausschalten können, um funktionieren zu können. Richtig gut kann ich sein, wenn ich zwei dieser Selbst-Teile auszuschalten vermag. Nur so konnte ich meinen Schulalltag überstehen. Dadurch wurde ich einigermaßen unauffällig, was meinen Autismus anging. Natürlich verbraucht das wieder eine Menge Energie und ist deshalb auch zeitlich begrenzt. Oft war ich in der Schule richtig gut, aber zu Hause fehlten dann weitere Ressourcen. Ich musste also lernen, meinen Energiehaushalt effektiver zu managen. Das bedeutete damals zum Beispiel, dass ich montags in der Schule in den Augen meiner Mitschüler ungenießbar war, damit ich am Nachmittag mein geliebtes Tennis-Training gut absolvieren konnte.

Bis heute entscheide ich im Vorfeld wo und wann ich sozial-adäquat sein muss und wo ich Energie sparen kann. Zu ersterem zählen Elternabende und Gespräche im Amt. Auch meine Vorträge gehören dazu, obwohl ich da vor einem Publikum stehe, das sich meines Autismus in diesem Moment sehr wohl bewusst ist. Gespart wird oft beim Zugschaffner oder auch in Läden. Das Verkaufspersonal macht es mir inzwischen sehr einfach, da es oft so sehr mit sich selbst und untereinander beschäftigt ist, dass ich gar nicht wahrgenommen werde. Ich muss eigentlich weder grüßen noch lächeln. Erlernte Kundeninteraktion wird vom Personal wie ein Tonband abgespult, das nur dann stockt, wenn etwas Unvorhergesehenes passiert. Mittlerweile kann ein freundliches »Guten Tag« von einem Kunden fast wie eine paradoxe Intervention auf die Verkäufer wirken. In der Interaktion mit Menschen agiere ich nie als ich selbst und niemals für mich selbst. Das sieht man mir jedoch nicht an, sodass es für alle Beteiligten wunderbar funktioniert. Vielleicht können auch Schauspielunterricht bzw. Improvisationstheater ein wirksamer Therapie- bzw. Lernansatz für autistische Menschen sein?

Von Ankern und Häfen

Jeder von uns sucht ständig nach Halt, Sicherheit und Geborgenheit. Wir arbeiten und funktionieren besser, wenn eine intrinsische Motivation vorhanden ist. Das ist bei autistischen Menschen nicht anders, sondern sogar noch intensiver und überlebenswichtiger. Für mich sind Anker ganz wichtige Alltagshelfer, ohne die ich vieles gar nicht erst angehen würde. Als Anker können die unterschiedlichsten Sachen dienen. Von echten Objekten über Fotos, Musik bis hin zu mentalen Ankern ist alles möglich. Was hilft, geht. Natürlich sollte ein Anker so flexibel wie möglich sein und auch die Umgebung nicht stören. Im Moment habe ich bei meinen Vorträgen eine Spielkarte in der Hand, die ich vor kurzem auf einem Fußweg in Berlin gefunden habe. Das ist gerade mein bester Anker. Aber das kann und wird sich auch wieder ändern. Anker nutzen sich manchmal schneller ab, als mir lieb ist. Deshalb bin ich immer auf der Suche nach neuen Ankern. Meist ist es aber so, dass sie mich finden. In meiner Schulzeit hatte ich immer einen kleinen Dinosaurier in meiner Federmappe, der mir unheimlich viel Halt gegeben hat. Menschen sollten nach Möglichkeit nicht zu Ankern werden. Es ist aber fast nicht zu verhindern, dass primäre Bezugspersonen doch in diese Position geraten. Das war auch bei mir lange Zeit der Fall und alles lief wunderbar, bis mir die Person abhandenkam. Ich habe mir immer wieder Lehrer als Anker ausgesucht. Ich hatte insgesamt fünf davon in 12 Jahren Schulzeit. Das Ende meiner Schulzeit war dementsprechend dramatisch. Aus diesem Grund bin ich ein absoluter Befürworter eines Rotationssystems für Schulbegleiter, damit hier nicht die Abhängigkeiten entstehen, die Anker nun einmal mit sich bringen.

Als Häfen bezeichne ich die Orte, die für mich die größtmögliche Sicherheit bieten. Als Kind war dies mein Zuhause und auch das Haus und der Garten meiner Großeltern. Heute ist es weiterhin mein Zuhause und auf Reisen auch unser Auto. Mein Mann ist Anker und Hafen zugleich, das heißt, jeden Ort, an dem ich mit ihm bin, empfinde ich als sicher. In meiner Schulzeit hatte ich keinen Rückzug- oder Auszeitraum, aber ich weiß von meinem Sohn, dass dies ein ganz wichtiger Ort für ihn ist. Trotz des Stresses, der in der Schule auf ihn wirkt, kann er sich dort sicher fühlen. Auch der Snoezelen-Raum und sogar der Kellergang seiner Schule sind Häfen für Elijah. Zu Hause hat er sein Zimmer und einen eigenen abgegrenzten Garten mit einem für ihn hergerichteten Innenraum, in den er sich zurückziehen kann. Unser Sofa ist ebenso ein Hafen geworden, besonders dann, wenn Besuch da ist. Elijah beobachtet das Geschehen dann von dort aus und kann so dabei sein. Es ist sehr wichtig, diese sicheren Rückzugsorte zu haben, besonders dann, wenn Unvorhergesehenes, wie ein unangekündigter Besuch, eintritt. Ich selbst habe dafür einen alten Bauwagen, zu dem ohne meine Erlaubnis wirklich niemand Zutritt hat. Das ist der Ort, an dem ich immer Selbst sein kann. Es ist der Ort, an dem es meinen Autismus zwar gibt, mir dieser aber nicht das Leben schwer macht. Solch einen Ort kann ich nur empfehlen, denn jeder Mensch sollte seine Maske ab und zu einmal komplett ablegen dürfen, um Selbst zu sein und spüren zu können, wie sich das anfühlt.

Elternstimme

»Ein Anker ohne Boot Was soll das heißen, ›ein Anker ohne Boot‹? Das soll heißen, dass autistische Menschen viel mehr einen solchen Anker, einen Halt, eine Sicherheit benötigen als vielleicht die Neurotypischen. Um beim Thema zu bleiben, gehe ich hier nicht darauf ein, was hinter dem Begriff ›neurotypisch‹ steckt, da es aus meiner Sicht unmöglich ist ›typisch‹ oder ›normal‹ im Zusammenhang mit Menschen zu definieren. T., mein Sohn mit frühkindlichem Autismus, hatte zu Zeiten der Videokassette nicht nur das Bedürfnis, mehrere Filme in verschieden Zimmern im Haus laufen zu lassen, die er natürlich alle gleichzeitig hörte und mitverfolgte, die er auswendig kannte und

sie zu den besonderen Stellen der Filme auch ›persönlich aufsuchte‹. Anfangs war es auch immer mit Ärger und viel Überredungskunst verbunden, nur einen Fernseher laufen zu lassen, heute ist das kein Thema mehr. Diese Filme boten ihm – auch wenn er sie zumeist nur hörte (und er hörte sie alle zugleich) – Sicherheit (Wiederholung von Bekanntem). So war es auch immer notwendig am besten alle, aber zumindest eine große Auswahl der Kassetten bei sich zu haben, wenn er das Haus oder später seine Wohngruppe verließ. Im Zeitalter des digitalen Films sind nun alle seine Filme auf einer Festplatte und es werden in der Regel häufig die gleichen Filme geschaut. Wenn er nun alle paar Wochen bei mir ist (T. wohnt im Betreuten Wohnen), kann ich davon ausgehen, dass er ein bestimmtes Phil-Collins-Konzert in der Waldbühne sehen will, ein Anker also, der ihm Sicherheit gibt.
Torsten Hansen, Vater eines Autisten, aktiv im Elternzentrum Berlin e. V., Berlin

Gemeinsamkeiten finden

Wir haben wirklich mehr gemeinsam als uns trennt. Wir alle haben Defizite und wir alle benötigen deshalb die verschiedensten Kompensationsstrategien. Erstellen Sie doch einfach mal eine ganz persönliche Liste ihrer Strategien und finden Sie heraus, welcher Sinneskanal Ihnen der liebste ist. Können Sie Ihr Hören abschalten? Bringt es Sie durcheinander, wenn zu viele Leute auf Sie einreden? Wann und wie können Sie am besten zuhören? Was fällt Ihnen in der Interaktion mit anderen Menschen schwer? Warum ist das so? Ist das bei jedem Menschen, dem Sie begegnen so? Was tun Sie, damit Ihre Defizite nicht zu sehr auffallen? Was brauchen Sie, damit es Ihnen rundum gut geht? Auch auf diese Weise können Sie Ihren autistischen Schüler besser kennen- und verstehen lernen, nämlich indem Sie nach den Gemeinsamkeiten suchen anstatt sich vor dem Anderssein zu fürchten.

Elternstimme

»Ich habe es akzeptiert und nicht nur toleriert. Nun glauben sie nicht, dass ich immer schon so gedacht und gehandelt habe, aber das ist ein Lernprozess und es wäre eine weitere und eine ganz neue Geschichte. Toleranz bedarf aus meiner Sicht einer Bewertung, Akzeptanz bedeutet hingegen, Menschen sie selbst sein zu lassen, ein für mich ganz wichtiger Unterschied, der sich im Handeln niederschlägt.«
Torsten Hansen, Vater eines Autisten, aktiv im Elternzentrum Berlin e. V., Berlin

11 Die Kommunikation

Kommunikation, egal ob in Form von verbaler Sprache, Gebärden, Bildkarten oder Handführung, ist eine ganz wichtige Brücke, die uns Menschen miteinander verbindet. Die Fähigkeit zum Spracherwerb ist uns angeboren, aber uns unterscheidet, inwieweit und wie wir in der Lage sind, verbale Sprache zu entwickeln und anzuwenden. Die Kommunikation mit autistischen Menschen ist ganz anders, als Sie dies gewohnt sind. Da den meisten Menschen nicht bewusst ist, wie verschlüsselt ihre Sprache ist und ausgesendet wird, ist es ihnen oft auch unerklärlich, warum autistische Menschen in der Kommunikation schnell überfordert sind. Besonders autistische Kinder verfügen einfach noch nicht über genügend Wissen und Strategien, um verbale Sprache entschlüsseln zu können. Selbst wenn sie es schaffen, benötigen sie dafür viel mehr Zeit als nicht-autistische Kinder. Aber das Entschlüsseln und Verstehen reicht bei Weitem nicht aus. Sie müssen auch ihre eigenen Antworten wieder so verschlüsseln, wie es vom Gesprächspartner erwartet wird. Dort warten schon die nächsten Stolpersteine. Probleme in der Kommunikation sind somit vorprogrammiert.

Auch die tiefe Ehrlichkeit autistischer Menschen ist für viele Nicht-Autisten gewöhnungsbedürftig und der Umgang damit fällt den meisten sehr schwer. Das Gegenüber fühlt sich angegriffen oder beleidigt, obwohl dies überhaupt nicht die Intention autistischer Menschen ist. Es fehlt ganz einfach die Fremdwahrnehmung, die allerdings in der Kommunikation von großer Bedeutung ist. Hier bedarf es noch sehr viel Aufklärung. In meiner Schulzeit kam es immer wieder zu Situationen, in denen mir unterstellt wurde, dass ich mich über Lehrer lustig machen, sie bloßstellen und beleidigen würde. Heute kann ich verstehen, wie meine Mitmenschen zu dieser Annahme gekommen sind. Damals jedoch hat es mir wehgetan, wenn ich von meinen Lehrern als unhöflich, ungezogen, unerzogen, arrogant, hinterhältig und gar asozial bezeichnet wurde.

Mit zunehmendem Alter wurde das Ganze fortwährend schlimmer, denn die Erwartungshaltung der Umgebung wurde immer größer. Zum Teil ergeht es mir auch heute noch so. Die Erfahrungs- und Erwartungshaltung, die nicht-autistische Menschen haben, führt in der Begegnung mit autistischen Menschen immer wieder zu großen Missverständnissen. Alles, was den abgespeicherten Erwartungen der Menschen widerspricht, ist fremd für sie und wird fehlinterpretiert. Ein Urteil ist dann schnell gefällt und das Miteinander gerät in akute Gefahr. Es wäre wunderbar, wenn Sie in der Begegnung mit Ihrem autistischen Schüler dieses Erfahrungs- und Erwartungszahnrad in Ihrem Kopf anhalten könnten. Aber das geht nicht so einfach. Sie können allerdings versuchen, sich in der Begegnung mit dem autistischen Schüler bewusst zu machen, dass die Kommunikation mit diesem Schüler anders ist. Dieses andere Kommunizieren ist nicht nur für Sie eine große Herausforderung, sondern auch für Ihren Schüler. Das meiner Meinung nach größte Problem in der Kommunikation ist, dass Menschen viel zu viele Dinge zu persönlich nehmen. Das heißt, sie grenzen sich nicht gut genug ab, sorgen nicht ausreichend für Abstand zwischen sich selbst und dem Sprecher nebst dem von ihm Gesagten. Ein Mensch kann einen anderen Menschen nur dann beleidigen, wenn dieser es zulässt. Die meisten Menschen lassen dies immer wieder und ohne darüber nachzudenken zu. Sie fühlen sich rasch angegriffen und verteidigen sich dann ebenso schnell. Sie haben vergessen, dass die Entscheidung darüber, wie nah sie Worte, und damit auch Menschen, an sich heranlassen, allein bei ihnen liegt. Ich denke, dass sich in solchen Momenten das wesentlich erhöhte unterbewusste Denken und Handeln nicht-autistischer Menschen eher als ein Nachteil auswirkt. Es ist deshalb notwendig, dass Sie sich immer wieder bewusst machen, dass Ihr autistischer Schüler Sprache anders wahrnimmt und verarbeitet. Auch in seinen sprachlichen Reaktionen wird er Ihren Erwartungen nicht entsprechen können. Nehmen Sie die entstehenden Missverständnisse nicht persönlich, denn hier finden keine Angriffe auf Sie statt. Was sich so anfühlt wie ein Angriff, ist nur Ihre Wahrnehmung, die Realität ist eine ganz andere. Genau wie Sie versucht nämlich auch dieses autistische Kind über Kommunikation eine Brücke zu bauen. Ihm fehlen allerdings die notwendigen Werkzeuge, um die Brücke so stabil bauen zu können, dass sie sofort für alle Beteiligten begehbar ist. Eine gute Brücke muss immer von beiden Seiten gebaut werden. Falls Ihr autistischer Schüler mit Hilfe von verbaler Sprache kommuniziert, mag die Kommunikation mit ihm anfangs einfacher erscheinen als mit non-verbalen Autisten. Dennoch gibt es besonders hier vieles zu beachten bzw. sich bewusst zu machen, damit die Kommunikation auf Sprachebene gelingt. Kommunikation bedeutet, dass auf eine Aktion eine Reaktion folgt. Das heißt, es gibt immer eine Interaktion.

Eine Grundvoraussetzung für das Gelingen dieser kommunikativen Interaktion ist die Andere-Wahrnehmung, also sich des Gesprächspartners bewusst zu sein und diese Wahrnehmung aushalten und regulieren zu können. Mein Sohn schafft dies noch nicht, aber es gelingt ihm in letzter Zeit immer wieder, uns zu zeigen, dass er verbale Sprache produzieren und auch im richtigen Kontext anwenden kann. Es sind bisher nur einzelne Worte und es passiert noch sehr selten, aber uns hat er damit schon überzeugt. Elijah muss die Andere-Wahrnehmung zulassen können, ohne dass die Selbstwahrnehmung hochfährt und zur Selbstkonfrontation wird. Er muss zudem eine über Jahre entstandene Angst vor der Reaktion des Anderen überwinden. Bis dahin bleibt er ein extrem kommunikativer, aber eben non-verbaler Autist, den nur wenige Menschen verstehen können. Meist spricht er, wenn er sich allein glaubt. So spricht er seit einiger Zeit einzelne Worte und auch Sätze nach, während er seine Lieblings-DVD schaut. Dadurch, dass er die DVD in- und auswendig kennt, kennt er die Reaktion der Filmfiguren auf seine Worte schon vorher. Das gibt ihm die notwendige Sicherheit. Genau diese Sicherheit fehlt ihm in einem echten Gespräch. Der Vorteil dieser Übung vor dem Fernseher ist, dass Elijahs Sprechen nicht zu einer Reaktion und damit zu erhöhter Selbstwahrnehmung führt. Er erlebt die Situation als sehr positiv. Auch auf diese Weise trainiert er seine Amygdala um, sodass diese lernen kann, das Sprechen und Kommunizieren keine Gefahr bedeutet. Den Anderen aushalten zu können, ohne dass meine Selbstwahrnehmung zu Selbstkonfrontation wurde, war mein größtes Problem in meiner Schulzeit. Die meisten der Strategien, die ich entwickeln musste, um in der Schule bestehen zu können, wende ich auch heute noch an. Ohne sie wäre auch ich sehr schnell sprachlos. Ich muss in der Begegnung mit anderen Menschen ständig an der Regulierung meiner Selbstwahrnehmung arbeiten (▶ Kap. 8).

Meine Strategien für verbale Sprache

Wie bei so vielen Dingen, hängt meine Fähigkeit zur adäquaten Kommunikation sowohl von meiner Tagesform und der Höhe des Grundstresses als auch von meinem Gegenüber ab. Es gibt Menschen, mit denen kann ich so gut interagieren, dass ich nur wenige oder manchmal gar keine meiner Strategien benötige. Es gibt aber auch Menschen oder Situationen, da klappt es mit der Kommunikation trotz meiner vielen Strategien nur schlecht oder gar nicht. Damit ich verbale Sprache anwenden kann, muss ich meine Selbstwahrnehmung gut regulieren können. Da es sich bei der direkten verbalen Kommunikation immer um eine Interaktion mit einem oder gar mehreren Menschen handelt, muss ich gut auf meine Andere-Wahrnehmung achten. Diese muss ich so geringhalten wie es nur geht.

Ich nutze dafür folgende Strategien:

- Ich halte wenig oder gar keinen Blickkontakt.
- Ich spreche den Anderen nicht direkt an bzw. ich spreche in den Raum hinein.
- Ich spreche den Anderen nicht mit Namen an.
- Ich verwende eine unpersönliche Sprache, d. h. so weit wie möglich weg vom meinem Selbst.
- Ich flüstere oder halte die Ohren zu beim Sprechen und angesprochen werden.
- Ich nutze die schriftliche Kommunikation, z. B. über Zettel oder über E-Mail.
- Ich spreche in einer anderen Sprache, wechsle z. B. ins Englische.
- Ich spreche im Dialekt.
- Ich kommuniziere mit Hilfe von Zitaten, Film- oder Buchtexten.
- Ich spreche nur mit bestimmten Menschen.
- Ich kommuniziere nur über Bezugspersonen mit anderen, besonders fremden Menschen.
- Ich spreche nur in sicherer Umgebung, z. B. zu Hause, spezielle Themen an.
- Ich mache verschiedenes, meist mentales Stimming.
- Ich nutze körperliche Bewegung, von minimal (Zehen in den Schuhen bewegen) bis maximal (herumlaufen).

Mir hilft es, wenn mein Gesprächspartner

- ruhig und gelassen bleibt (innen und außen),
- meine oben genannten Strategien versteht und akzeptiert,
- mir ausreichend Zeit zum Verstehen und Antworten gibt,
- mich nicht oder nur wenig mit meinem Namen anspricht,
- keinen oder wenig Blickkontakt aufnimmt,
- sich während des Gespräches noch mit etwas anderem als nur mit mir beschäftigt,
- in erster Linie zuhört, um zu verstehen und nicht, um zu reagieren,
- abrupten Gesprächsabbruch versteht und akzeptiert.

Sprechende Autisten

Am Anfang war das Wort. Wenn das Wort zeitig da ist, dann bekommt ein Autist schnell die Diagnose Asperger-Syndrom. Die verbale Sprache setzt hier ziemlich früh ein und ist meist weiterentwickelt als bei nicht-autistischen Kindern. Wie viele kleine Asperger-Autisten klang auch ich des Öfteren wie ein Mini-Professor. Aber so früh wie ich zu sprechen begann, so früh begriff ich auch, dass es oftmals besser ist, lieber gar nichts zu sagen. Ich lernte schon im Kindergarten, dass ich nicht mehr wissen durfte als ein Erwachsener.

Viele Asperger-Autisten schaffen es, sich mit Hilfe ihres verbalen Vorsprunges frühzeitig viele effektive Kompensationsstrategien zuzulegen. Leider führt das oft dazu, dass durch den Autismus bedingte Defizite von der Umgebung genau deshalb nicht wahrgenommen werden können. Damit bleiben dann leider dringend benötigte Hilfen und Unterstützung aus. Auch Diagnosen werden deshalb bei Asperger-Syndrom nicht rechtzeitig gestellt. Ich selbst bekam meine Diagnose unter anderem aus diesem Grund sehr spät im Leben. Ich bin davon überzeugt, dass mir meine Fähigkeit verbale Sprache als Kompensationsstrategie nutzen zu können geholfen hat, relativ unerkannt durch meine Schulzeit zu gelangen. Ich habe schon als Kleinkind erkannt, das verbale Sprache ein Wunderwerkzeug ist, das – wie der Schlüssel meines Großvaters – Türen öffnen kann. Da ich zudem schon frühzeitig meine Selbst- und meine Andere-Wahrnehmung zumindest eine kurze Zeit lang gut genug regulieren konnte, war ich in der Lage verbale Sprache anzuwenden. Ich habe gelernt, Intonation zu erzeugen, indem ich Anderen gut zuhöre und deren Intonation ebenfalls als eine Art Memory in meinem Kopf abspeichere. Die Intonation merke ich mir allerdings nicht nur auditiv wie eine Tonaufnahme, sondern auch als Gefühl. Ich speichere jedes Wort, so wie es sich im jeweiligen Kontext anfühlt, und die dazugehörige Situation ab. Ich kann diese dann immer wieder abrufen und dadurch klingt meine gesprochene Sprache ähnlich der Sprache, die Sie erwarten. Sie brauchen diese Art der Sprache, um sich im Gespräch mit mir wohl zu fühlen. Sprache hat viel mit Vertrauen und Sicherheit zu tun. Sprache ist mehr als nur Worte. Sprache ist auch ein »einander berühren«. Wenn wir uns entscheiden, mit einem anderen Menschen zu kommunizieren, dann lassen wir diesen Menschen damit automatisch ein ganzes

Stück näher an uns heran. Das bedeutet, die Andere-Wahrnehmung nimmt zu und damit auch die Selbstwahrnehmung. Viele Menschen lassen ihren Gesprächspartner zu schnell zu nah an sich heran. Das führt nicht nur bei autistischen Menschen zu Problemen. Der eine fühlt sich sofort missverstanden und abgelehnt, der andere beleidigt und ein dritter gar durch Worte bedroht. Daher ist es besonders in der Kommunikation miteinander wichtig, dass wir uns bewusst sind, dass jeder von uns eine andere Wahrnehmung hat und dass wir nur auf unsere Wahrnehmung reagieren können, auch was Sprache betrifft. Wie schon gesagt, ob Sie jemand beleidigen kann, ist immer Ihre Entscheidung. Das, was Ihr Gegenüber sagt, definiert immer nur ihn. Wie Sie allerdings darauf reagieren, das macht Sie aus. Lassen Sie deshalb niemand anderes entscheiden, wer Sie sein wollen. Besonders wichtig ist diese Abgrenzung in der Kommunikation mit autistischen Menschen, die aufgrund der fehlenden Fremdwahrnehmung gar keine Rücksicht auf Sie und Ihre Gefühle nehmen *können*.

Einfache und Leichte Sprache

Einfache Sprache bedeutet Barrierefreiheit. Kürzere Sätze, einfache Satzstrukturen sowie wenig Fremdwörter, Redewendungen und Metaphern ermöglichen Menschen, die Schwierigkeiten beim Sprachverständnis haben, den Zugang zu Informationen. Texte werden an das Sprachverständnis des Einzelnen angepasst.

Die Leichte Sprache unterliegt im Gegensatz zur Einfachen Sprache festgelegten Regeln. Hier geht es aber auch um eine leichte Verständlichkeit der Texte. Alle amtlichen oder behördlichen Texte sollten in Leichter Sprache zugänglich sein. Das ermöglicht die selbstständige Suche nach Informationen für Menschen mit Schwierigkeiten beim Sprachverständnis. Damit dient sie der Barrierefreiheit und Selbstbestimmung autistischer Menschen. Dies ist ein wichtiger Schritt in Richtung Inklusion. Auch wenn Ihr autistischer Schüler sehr sprachgewandt ist, kann sein Sprachverständnis auf einem ganz anderen Niveau liegen. Deshalb sollte darauf geachtet werden, dass alle Texte auf eine Art und Weise aufbereitet sind, die er verstehen kann. Dafür eignen sich sowohl die Einfache als auch die Leichte Sprache. Wir sollten in allen Lebensbereichen und besonders im persönlichen Gespräch darauf achten, dass wir Sprache nicht weiter verkomplizieren. Ich weiß schon manchmal gar nicht mehr, was ich noch sagen darf und was nicht. Wenn wir Angst davor bekommen miteinander zu kommunizieren, dann nehmen wir uns eine ganz wichtige Brücke zueinander. Ein Beispiel dazu:

Neulich fragte mich ein Veranstalter Folgendes: »Welche Bezeichnung ist Ihnen am liebsten? Wie möchten Sie genannt werden? Autistin? Mensch mit ASS? Mensch mit AS (ohne die Störung)?« usw. Ich bekomme immer wieder Anfragen, wie man autistische Menschen benennen soll, ohne sie auszugrenzen, zu diffamieren oder abzuwerten Ich kann das aber immer nur für mich beantworten. Es ist völlig in Ordnung für mich, so etwas gefragt zu werden, weil es mir dann die Möglichkeit gibt, mit dem Menschen in die persönliche Begegnung zu gehen.

Wir haben jetzt die Chance, miteinander offen und ehrlich zu reden. Ich bevorzuge übrigens Autist oder autistischer Mensch, am besten aber Sie nennen mich einfach Gee Vero. Wenn mich jemand doch mal Mensch mit Autismus nennt, dann sage ich ihm einfach, dass ich die Bezeichnung »autistischer Mensch« bevorzuge und erkläre, warum das so ist. In vielen Situationen sage ich deshalb nichts oder nur wenig, weil ich mir nicht sicher bin, ob das, was ich ausdrücken möchte, wirklich so bei meinem Gegenüber ankommt. Ich muss mein gefühltes Innen in ein verbales Außen übersetzen und da geht immer etwas schief. Einfache und Leichte Sprache bedeutet, dass Ihre Sprache nicht mehr ganz so kompliziert verpackt ist. Ich habe nicht nur mehr Erfolg, sie zu entschlüsseln und zu verstehen, sondern es geht auch schneller. Allein dadurch sind viele gefährliche Fettnäpfchen aus meinem Weg geräumt.

Sprachverständnis

Vor allem bei sprechenden Autisten kommt es immer wieder zu Missverständnissen in der Kommunikation. Dies passiert auch deshalb, da vom nicht-autistischen Gegenüber angenommen wird, dass das Sprachverständnis seines Gegenübers auf dem gleichen Stand ist wie der Sprach-Output. Das muss aber nicht der Fall sein und oft ist es das auch wirklich nicht. Meine Fähigkeit, verbale Sprache zu verstehen, ist nicht annähernd so gut wie meine Fähigkeit, sie zu produzieren.

Zusätzlich zu all den anderen Problemen, die ich bewältigen musste, um überhaupt am Unterricht teilnehmen zu können, machten mir Sachaufgaben enorm zu schaffen. Hier geriet ich jedes Mal sofort in Panik. Ich verstand nicht, was von mir verlangt wurde, wusste aber, dass ich eine Aufgabe zu lösen hatte. Mir fehlte das Zwischen-den-Zeilen lesen können und damit wertvolle Informationen, um Sachaufgaben verstehen und lösen zu können. Hätte man mir die Aufgaben als rein mathematische Probleme gestellt, dann hätte ich sie wahrscheinlich alle auf Anhieb gelöst. Aber in Sprache verpackt konnte ich nichts damit anfangen. Das führte natürlich sofort dazu, dass mein Stresslevel innerhalb kürzester Zeit stieg und eine Flucht-, Kampf- oder Starre-Reaktion nicht mehr lange auf sich warten ließ. Für meine Lehrer war nicht erkennbar, warum ich plötzlich verbal aggressiv wurde, meine Sachen vom Tisch fegte oder gar nicht mehr reagierte. Ich verstand die Welt nicht und die Welt verstand mich nicht. In diesen Zeiten wünschte ich mir immer wieder, dass alles einfach aufhört. Zuhause legte ich mich auf mein Bett und wartete darauf nicht mehr da zu sein. Ich merkte, dass es nicht reichte, dass ich so aussah wie die Anderen, mich so bewegte und so sprach wie sie. Es reichte einfach nicht aus. Es ist deshalb enorm wichtig, dass Sie Ihren autistischen Schüler nicht überfordern, was Sprachverständnis angeht. Versuchen Sie herauszufinden, wo er sprachlich steht und begegnen Sie ihm genau dort. Und wieder ist es für jeden autistischen Menschen anders, aber es gibt auch bei der Kommunikation einige Sachen, die uns mehr oder weniger allen schwerfallen. Auf diese Stolpersteine oder Fettnäpfchen möchte ich jetzt etwas näher eingehen.

Lehrerstimme

»Manchmal sind es auch nur scheinbar banale Fragen, die zu Missverständnissen führen, die sich am Telefon jedoch leicht erklären lassen. J. war zum Beispiel vollkommen verunsichert, als ein Lehrer zu ihm sagte: ›Das bietest du mir nicht noch einmal an.‹ Der Junge grübelte darüber nach, welche Konsequenz folgen würde, ob die gefährlich für ihn wäre, er vielleicht wieder scheiterte oder oder oder. Aus diesem Kreislauf kam er allein nicht heraus, dies stresste ihn, er konnte nur noch mit ›Angriff‹ reagieren. Kaum hatte ich das dem Kollegen am Telefon erklärt, verstand er, was mit eindeutiger Lehrersprache gemeint war und konnte es fortan besser umsetzen.«
Ute Schnabel, Schulleiterin Förderzentrum Clemens Winkler, Brand-Erbisdorf

Wort für Wort – wörtlich nehmen

Warum soll ich Sprache nicht wörtlich nehmen, wenn ich sie doch Wort für Wort serviert bekomme? Woraus soll ich entnehmen, was mir gesagt wird, wenn nicht aus den Worten, die ich höre oder lese? Heute weiß ich, dass das Eigentliche, das was Sie meinen, zwischen den Zeilen steht, aber lesen kann ich es dort immer noch nicht. Die Verschlüsselung der Sprache und der Sinn dieser Verschlüsselung ist mir weiterhin ein Rätsel.

Als meine Lehrerin kurze Zeit nach meiner Einschulung die Worte »Hier vorn spielt die Musik« an mich richtete, bekam ich sofort Panik, denn ich hörte keine Musik. Was sie meinte, entging mir komplett und ich verstehe bis heute nicht, wie alle anderen Kinder das wissen konnten. Mein Stresslevel schoss in die Höhe und meine Selbstwahrnehmung nahm zu. Um nicht noch weiter aufzufallen, begann ich meinen Oberkörper hin und her zu bewegen, so wie ich es bei meiner Oma beobachtet hatte, wenn diese Musik hörte. Auf diese Weise wollte ich der Lehrerin zeigen, dass auch ich die Musik vernahm. Daraufhin nannte sie mich Zappel-Philipp, was mich noch mehr verwirrte, denn so hieß ich doch gar nicht. Ich dachte, dass sie meinen Namen vielleicht vergessen hat. Mir war schon bei anderen Menschen aufgefallen, dass sie sich Namen nicht so gut merken konnten. Also meldete ich mich und sagte ihr, dass ich nicht der Zappel-Philipp sei. Meinen Namen vermochte ich ihr jedoch nicht zu nennen, da dies sofort eine Selbstkonfrontation ausgelöst hätte. Stattdessen nannte ich ihr die Nummer, unter der ich im Klassenbuch geführt wurde. Obwohl erst sechs und sieben Jahre alt verstanden all meine Mitschüler sofort, was hier gerade schieflief. Alle außer mir waren im Bilde. Manchmal hatte ich Glück und traf auf Lehrer, die über solche Situationen herzlich lachen konnten, aber eine Erklärung gaben auch sie mir nicht. Viel öfter aber fühlten sich meine Lehrer auf den Schlips getreten (auch dann, wenn sie gar keinen umhatten), beleidigt oder angegriffen. Nichts davon war meine Intention. Als ich kurz nach meinem Abitur nach England ging, erlebte ich etwas Wunderbares. Hier wunderte sich niemand über mein wortwörtlich nehmen. Für einen Ausländer, der die Landessprache erst lernt, ist das nämlich total normal. Sehen Sie Ihren autistischen Schüler was Sprache betrifft also immer als einen Lernenden, einen, dessen eigentliche Muttersprache eine ganz andere ist.

Humor ist, wenn man trotzdem lacht.

Eine weitere wunderbare Brücke, die wir Menschen ganz einfach zu einander bauen können, bietet uns der Humor. Gemeinsam lachen verbindet nicht nur, sondern ist nachgewiesenermaßen auch noch gesund. Lange Zeit konnte ich mit Witzen nicht viel anfangen, aber ich hatte das Glück, einen Großvater zu haben, dem, wie meine Großmutter immer sagte, der Schalk im Nacken saß. Ich selbst habe den Schalk nie gesehen und mir anfangs sogar Sorgen gemacht, da ich nicht wusste, wie groß und schwer so ein Schalk werden kann. Mein Großvater hat sich aber nie über den Schalk beschwert, also nahm ich dann irgendwann an, dass er die Sache im Griff hat. Mein Großvater war mein Ein-Satz-Welterklärer. Er erklärte mir, dass Menschen glücklich sind, wenn sie lachen. Er tröstete mich, indem er sagte, dass man nicht immer verstehen muss, warum sie lachen. Mein Großvater erzählte mir Witze und erklärte mir die Pointen, die ich allerdings nie lustig fand. Während unserer gemeinsamen Fahrten in seinem Trabbi begann ich dennoch zu begreifen, wie wichtig der Humor für uns Menschen ist.

Da die meisten Witze auf Wortwitz basieren, kommt für mich als Wortwörtlich-Nehmer am Ende nichts Unverhofftes. Für andere Menschen hingegen endet die kleine Geschichte unerwartet und darüber lachen sie. Mit der Zeit lernte ich auf die Witze meiner Mitschüler entsprechend adäquat zu reagieren. Zum Glück begannen sie meist mit der Ankündigung »Ich erzähle dir jetzt mal einen Witz«. So wusste ich, dass jetzt gleich eine solche kleine Geschichte kommt, an deren Ende von mir als Reaktion ein Lachen erwartet wird. So weit so gut. Aber welches Lachen ist das Richtige. Bei Witzen gibt es Tränenlacher, Schenkelklopfer, müde Lächler oder man sagt nur: »Der war gut«. Gab es mehr Publikum als nur mich, dann konnte ich mich an den Anderen orientieren. War ich aber der einzige Zuhörer, dann bekam ich schon am Anfang des Witzes solchen Stress, dass ich den eigentlichen Witz gar nicht mehr mitbekam. Witze führen aber eigentlich dazu, dass Endorphine, also Glückshormone ausgeschüttet werden, die bewirken, dass es dem Menschen besser geht. Bei mir war es genau andersherum, denn jeder noch so gut gemeinte Witz löste zusätzlichen Stress aus. Durch Beobachten meines unmittelbaren Gegenübers, Familie und Mitschüler, und aus dem Fernsehen entnahm ich, dass Menschen, die andere Menschen zum Lachen bringen können, bei diesen sehr beliebt sind. Und genau das wollte ich sein. Bei allen beliebt. Ich wollte dazugehören und deshalb lernte ich nun die Witze der Menschen auswendig. Später hatte ich dann überhaupt keine Probleme mehr damit, wenn ich aufgrund meiner anderen Art des Seins mal wieder für Lacher sorgte, ohne wirklich zu wissen warum. Solange das Lachen und der Witz etwas Verbindendes haben, dann bin ich dabei. Und wenn ich wirklich nicht weiß, wie genau ich über einen Witz lachen muss, dann sage ich einfach, dass ich den schon kenne.

Sprichworte und Redewendungen

Auch Sprichworte und Redewendungen als sprachliche Mittel können Sie nicht so einfach aus Ihrer Kommunikation streichen, obwohl genau das für viele Autisten eine erhebliche Erleichterung wäre. Wenn Sprache auf diese Weise verpackt wird, dann sind viele autistische Menschen hilflos und begeben sich allein aus diesem Grund nur ungern in ein Gespräch. Auch heute noch empfinde ich es so, als würden die Menschen um mich herum eine andere Sprache sprechen, obwohl ich weiß, dass es Deutsch ist. Als Kind hatte ich wegen der Sprichwörter und Redewendungen große Probleme zu verstehen, was gesagt wurde, da ich sie natürlich wörtlich nahm. Wenn dann eine Reaktion meinerseits erwartet wurde, ging das meist schief. Ich hatte keine Ahnung, warum das immer wieder passierte. Von meiner Umgebung, meinen Großvater ausgenommen, kam auch keine Erklärung. Ich hatte keine Chance zu begreifen, was hier eigentlich vor sich ging.

Wenn ich heute zurückschaue, dann wird mir ganz viel klar. Das ist natürlich gut und hilfreich, aber es macht mich auch traurig, denn die meisten Missverständnisse hätten verhindert werden können, wenn mir die Menschen ihre Sprache erklärt hätten. Jedes Mal, wenn ich mir ein Sprichwort mühsam erarbeitet hatte, speicherte ich es ab und gewann so langsam an Sicherheit in Gesprächen. Aber es gibt bis heute noch Redewendungen, über die ich stolpere. Dies bemerkt die Umgebung natürlich sofort, wogegen ich für richtig verstandene oder gar angewandte Sprichwörter keinerlei Lob ernte. Dies entspricht ja der Erwartungshaltung der Menschen. Ich sehe das Nichtreagieren meiner Umgebung als stille Komplimente und genieße sie ausgiebig, denn es zeigt mir, dass ich richtig liege. In meiner Schulzeit stand ich ewig auf dem Schlauch und das Schlimmste daran war, dass mir niemand glaubte, dass ich es wirklich nicht verstand. Die Reaktion der Mitschüler, oftmals Lachen, konnte ich noch ertragen. Lachen war ja gut. Die Anschuldigungen der meisten Lehrer waren es nicht, sodass die Situation dann oft eskalierte und mit einer Flucht-, Kampf- oder Starre-Reaktion endete.

Während meiner Zeit in England begann ich mich mit Sprichwörtern und Redewendungen zu beschäftigen, da diese in der englischen Sprache genauso vorkommen wie in Deutsch, nur eben anders. Ich musste also jede englische Redewendung, die ich hörte und ihre Bedeutung auswendig lernen. Zugleich suchte ich nach dem deutschen Äquivalent und merkte mir auch dieses. Auch wenn Sie eine Sprache schon recht gut beherrschen, so würden doch die landesüblichen Sprichwörter und Redewendungen auch Ihnen Schwierigkeiten in so manchem Gespräch bereiten. Bei Sprichwörtern kann man sowohl mit einer wortwörtlichen Übersetzung als auch durch wortwörtliches Verstehen ziemlich schief liegen. Es würde Ihnen im Ausland dann ähnlich gehen, wie autistischen Menschen im Alltag in ihrem Heimatland. Sie würden Gesagtes ganz schnell missverstehen und entsprechend anders darauf reagieren. Wer in Deutschland nicht alle Tassen im Schrank hat, dem fehlt in England nämlich ein Sandwich zum Picknick. Wenn Sie das nicht wissen und richtig verstehen, dann schmieren Sie womöglich noch eine Schnitte und Ihr englischer Gesprächspartner beginnt sich über Sie zu wundern. Vielleicht gelingt es Ihnen auf diese Weise, sich ein wenig in die Lage Ihres autistischen Schülers zu versetzen.

Sarkasmus und Ironie

Ich sage es am besten gleich so wie es ist. Ich verstehe nur wenig von Sarkasmus, Ironie und Co. Weder der Grund der Anwendung noch der Nutzen will sich mir trotz eingehender Beschäftigung mit dieser Thematik erschließen. Es ist abermals eine verpackte Sprache, die vom Empfänger richtig ausgepackt werden muss, damit sie ihren Zweck erfüllen kann. Bei diesem Auspacken bin ich bis zum heutigen Tag einfach nicht gut und nicht schnell genug. Man könnte sagen, dass Sarkasmus und Ironie mich nicht erreichen. Dies ist für mich gar nicht so schlecht, wohl aber für den Absender, denn was immer er mir mitteilen wollte, ist komplett anders bei mir angekommen. Da nicht-autistische Menschen aber erwarten, dass Sarkasmus und Ironie von jedem erkannt und verstanden werden, kommt es allein dadurch immer wieder zu großen Missverständnissen.

Ein Beispiel, 4. Klasse Schulgarten-Unterricht: Ich säuberte eine ganze Beet-Reihe nicht nur, wie von der Lehrerin aufgetragen, vom Unkraut, sondern von allen dort wachsenden Pflanzen. Und zwar deshalb, weil ich Un-Kraut als Nicht-Kraut verstand und darunter viel natürlich auch der Blattsalat. Ich war nicht nur schnell fertig mit meiner Reihe, sondern war auch enorm stolz auf das Ergebnis. Als sich die Lehrerin das Ganze anschaute, sagte sie sarkastisch: »Na, das hast du aber toll gemacht!« Da ich keine Intonation wahrnehmen kann und damals auch noch null Ahnung von Sarkasmus hatte, verstand ich es auf meine Art, nämlich wortwörtlich. Ich freute mich über ihr Lob und machte mich voller Enthusiasmus an die nächste Reihe. Sie ahnen es vielleicht schon. In diesem Schuljahr wurde nur sehr wenig Blattsalat geerntet. Verstanden habe ich meine schlechte Note auch Jahre später nicht, schließlich hatte ich doch alles Un-Kraut entfernt.

Wenn wir miteinander sprechen, werden 23 % von dem, was wir dem Anderen vermitteln wollen, über die Intonation übertragen. Das ist eine ganze Menge an Information, die mir automatisch fehlt. Ich erkenne deshalb auch keine Fragen, wenn sie kein Fragewort vorangestellt haben. Erst wenn Sie das wissen, dann ist es vielleicht verständlich für Sie, dass ich auf Ihre Frage nicht antworte. Als Schüler wurde ich häufig gefragt, ob ich taub sei. Daraufhin habe ich dem Lehrer erläutert, dass eine solche Frage, verbal gestellt, sinnlos ist, wenn wie in diesem Fall eine Taubheit vermutet wird. Das ist so, als würde man fragen: »Schläfst du schon?«. Außerdem wusste der Lehrer doch, dass ich hörend bin. Warum also fragt er mich das? Auf meine Lehrer, die nichts von meinem Autismus und meinen Sprachschwierigkeiten wussten, muss ich extrem aufsässig, besserwisserisch und vorlaut gewirkt haben. So steht es jedenfalls in den Beurteilungen auf meinen Zeugnissen, die ja immer nur die Wahrnehmung des Lehrers von einem Schüler wiedergeben, zu der er nur aufgrund der Beurteilung des Verhaltens (Außen) gelangt.

Obwohl ich keinerlei Hilfen oder Erklärungen erhielt, wurde es im Laufe der Jahre besser. Ich beobachtete meine Umgebung intensiv, prägte mir die Verhaltensweisen der Anderen ein und war schließlich in der Lage, die von meiner Umgebung erwartete Reaktion zu imitieren. Verstanden habe ich das Ganze nur selten. Ich hatte und habe noch immer das Gefühl, ich bin ein Schauspieler, der gezwungen ist, immer wieder in eine ihm komplett unbekannte Rolle zu schlüpfen, ohne dass er das Drehbuch kennt. Selbst wenn ich gut bin, gibt es keinen Applaus. Aber sobald es nicht so läuft, wie das Publikum es erwartet, dann werde ich sofort ausgebuht. Dieses Gefühl hat mich in meiner Schulzeit mehrmals so an den Abgrund gedrängt, dass ich wiederholt Phasen schwerer Suizidalität durchmachte.

Gestik und Mimik

Wussten Sie, dass bis zu 70 % von dem, was ein Mensch seinem Gegenüber in einem Gespräch mitteilen möchte, ausschließlich über die Gestik und Mimik übermittelt wird? Das ist eine ungeheuer große Menge an Informationen. Die Menschen verstehen sich also durchaus auch ohne Worte. Damit diese so weitergegebenen Botschaften nicht verlorengehen, ist es wichtig, dass ein Mensch die Mimik und Gestik seiner Mitmenschen entschlüsseln kann. Das mag uns bei uns bekannten Menschen leichter fallen als bei Fremden, die vielleicht auch noch aus einer anderen Kultur kommen. Mir fällt es immer noch sehr schwer, die Mimik und Gestik anderer Menschen zu verstehen und adäquat darauf zu reagieren. Mir fehlen ja schon bis zu 23 % an Informationen aufgrund meiner fehlenden Intonations-Wahrnehmung. Somit verliere ich oftmals über 90 % von dem, was mir mein Gesprächspartner mitteilen möchte. Missverständnisse, Angst vor Begegnungen und Rückzug sind dann verständlicherweise vorprogrammiert.

Ich habe mich in meiner Schulzeit nur dann in Gespräche begeben, wenn sie zwischen mir und mir vertrauten Personen stattfanden. Ich habe immer Eins-zu-eins-Gespräche bevorzugt. Entscheidend für meine aktive Teilnahme an einem Gespräch war natürlich auch das Thema. Interessierte es mich nicht, worüber sich meine Klassenkameraden unterhielten, dann blieb ich stumm. Um all den Problemen mit dem Sprachverständnis zu entgehen, versuchte ich ständig über Monologe zu kommunizieren. Dies kam allerdings nicht wirklich gut an und war damit wenig hilfreich für mich. In Dialogen fühlte ich mich schnell unterlegen und es kam durch den erhöhten Stresslevel immer wieder zu Flucht-, Kampf- oder Starre-Reaktionen meinerseits. Diskussionen oder Streitgesprächen versuchte ich komplett aus dem Weg zu gehen.

Ich wusste schon im Kindergarten, dass ich in der Interaktion und Kommunikation mit den anderen Kindern besser werden musste. Ich begriff sehr zeitig, dass es notwendig ist, die Menschen anzuschauen, wenn sie mit mir sprechen. Und auch dann, wenn ich mit ihnen spreche. Das ist bis heute meine große Hürde. Es gibt Tage, da bringe ich keinen Blickkontakt zustande. Um besser damit klar zu kommen, begann ich schon im Kindergartenalter, die Mimik und Gestik der mich umgebenden Kinder und Erwachsenen zu beobachten. Und dazu musste ich sie nun mal anschauen. Ich schaue bis heute nicht in die Augen der Menschen, sondern nur in die Gesichtsmitte und immer nur kurz. Je mehr ich meine

Selbstwahrnehmung regulieren lernte, desto besser ging es mit dem Hinschauen und Wahrnehmen der Anderen. Ich übte dann wochenlang erst im Kopf und dann zu Hause mit Familienmitgliedern, was ich mir in der Schule von den Anderen abgeschaut hatte. Als nächstes probierte ich dann das Geübte mit sehr vertrauten Kindern aus und beobachtete wieder deren Reaktion auf meine Mimik und Gestik. So erlernte ich langsam und mühsam diese non-verbale Sprache so weit, dass ich sie mit mir sehr bekannten Menschen anwenden kann, ohne sie jedoch vollständig zu beherrschen. Die Angst, in einem Gespräch etwas zu verpassen, zu missverstehen oder missverstanden zu werden, ist weiterhin da. Besonders mit fremden Menschen wird das schnell zum Problem und ich sage infolgedessen lieber gar nichts. Es ist wieder ein Nicht-Können und kein Nicht-Wollen.

Ein bisschen Small Talk über Small Talk

Zum Thema Small Talk kann ich nur sagen, dass mir diese Art der Kommunikation wohl für immer fremd bleiben wird. Ich verstehe einfach nicht, warum man wertvolle Zeit der Begegnung mit dem Austausch von Nichtigkeiten verbringen soll. Small Talk machen fällt mir weiterhin enorm schwer, obwohl ich mich seit Jahren intensiv damit auseinandersetze. In meiner Schulzeit habe ich immer versucht, diese Art von Gesprächen zu vermeiden. Ging das nicht, dann endeten sie oft unschön, weil ich nicht in der Lage war, adäquate Reaktionen auf die Vorgaben meiner Mitschüler zu liefern.

Ich versuche den Small Talk als eine Art Hängebrücke zu verstehen, die nicht-autistische Menschen zu einander bauen, ehe sie sie vielleicht irgendwann durch eine feste Brücke ersetzen können oder wollen. Ich habe erst lernen müssen, wann man wem wie viel und auf welche Art und Weise erzählt. Es fällt mir schwer, mich im Gespräch mit anderen Menschen an diese erlernten Regeln zu erinnern und so gebe ich oft viel mehr von mir preis, als der Andere wissen möchte oder sollte. Ich spreche die Dinge aus, die andere auch denken, aber eben nicht laut sagen. Andererseits bin ich in Small-Talk-Situationen eher zu still oder sage komplett unpassende Dinge. Wenn mir schon Energie fehlt, kann es auch sein, dass ich mich vom Gesprächspartner wegdrehe und gelangweilt wirke, während ich jedoch in Wirklichkeit versuche, eine passende Erwiderung zu finden oder mich zu regulieren, um eine Selbstkonfrontation zu verhindern. Ich übe bis heute Small Talk mit vertrauten Personen und das hilft mir enorm. Fragen nach meinem Befinden oder danach, wie mein Wochenende war, irritieren mich immer noch. Ich habe Sätze und Reaktionen auswendig lernen müssen, um mein Gegenüber nicht sofort zu enttäuschen. Je vertrauter, relaxter und geduldiger mein Gesprächspartner ist, desto besser läuft auch der Small Talk.

Tipps für gute Gespräche

- Ruhig bleiben, wenn es zu Missverständnissen kommt.
- Nicht persönlich nehmen.

- Dem autistischen Schüler erklären, wie seine Sprache auf Sie wirkt.
- Auch die Mitschüler entsprechend aufklären.
- Sprache bewusst(er) anwenden.
- Positive Sprache verwenden, denn jedes Wort wird gehört und verarbeitet.
- Leichte und Einfache Sprache anwenden.
- Erklären und üben Sie Small-Talk-Situationen.
- Lassen Sie Small Talk hin und wieder einfach weg.
- Gesprochene Sprache mit Text, Bildern oder Gebärden unterstützen.
- Dem autistischen Schüler mehr Zeit zum Verstehen und Reagieren geben.
- Sprichwörter/Redewendungen vermeiden bzw. erklären.
- Mimik und Gestik mit Worten unterstützen und erklären.
- Sprachverständnis überprüfen, nachfragen und ggf. nochmals erklären.
- Loben Sie die richtige Anwendung von Sprichwörtern/Redewendungen.
- Gemeinsam auch mal über Missverständnisse lachen.

Nicht sprechende Autisten

Waren Sie schon einmal im Ausland im Urlaub? Oft gelingt es noch, sich mit Englisch verständlich zu machen, aber manchmal eben nicht mehr. Stellen Sie sich vor, Sie sind in einem fremden Land, in dem Ihnen gar nichts vertraut ist. Das ist aufregend, aber auch ein bisschen verängstigend. Sie verstehen weder die Sprache der Menschen noch können Sie auf andere Art mit ihnen kommunizieren. Es gelingt Ihnen trotz aller Bemühungen eventuell auch nicht, die Gestik und Mimik Ihrer Mitmenschen sicher zu entschlüsseln. Sie haben jetzt keine Möglichkeit mehr, sich wirklich mit Ihrer Umgebung angemessen auszutauschen. Stellen Sie sich vor, dass die Menschen um Sie herum nicht wissen, dass Sie Ausländer sind und somit ihre Sprache nicht verstehen können. Sie nehmen an, Sie sind genauso wie sie. Deshalb sprechen sie mit Ihnen auch wie mit einem der ihren. Sie jedoch können nicht adäquat darauf reagieren, weil Sie nichts verstehen und somit nicht wissen, wie Sie reagieren müssen. Sie haben keine Ahnung, was von Ihnen erwartet wird. Sie fallen immer mehr auf, werden zum Außenseiter. Sie können sich nicht erklären und Ihr Stresslevel steigt. Ihre Mitmenschen sind zunehmend verärgert darüber, dass Sie auf die einfachsten Worte oder Fragen nicht adäquat reagieren. Sie glauben bald, dass Sie einfach nicht wollen. Vielleicht denken sie, Sie machen das absichtlich so. Schnell werden sie sich von Ihnen provoziert fühlen. Sie aber wollen dazugehören. Sie wissen nur nicht, wie Sie das schaffen können. Ihnen fehlt der Zugang zu einer Sprache, die sowohl Sie als auch Ihre Mitmenschen verstehen können. Stellen Sie sich vor, dass man Ihnen keinerlei Hilfsmittel anbietet und sogar die Handführung als Kommunikation unterbindet. Sie geraten immer mehr ins Abseits und wissen sich nicht selbst zu helfen. Stellen Sie sich weiterhin vor, dass die Menschen, weil sie nicht wissen, warum Sie so sind wie Sie sind, Sie für Ihre Unfähigkeit zu verstehen und zu reagieren bestrafen und irgendwann beginnen Sie zu meiden oder gar ganz aufzugeben. Wie würde es Ihnen damit gehen? Wie würden Sie sich fühlen? Was würden Sie tun? Was bräuchten Sie in solch einer Situation am dringendsten? So ähnlich geht es meinem Sohn. Ich bewundere Elijah dafür, wie geduldig er mit den Menschen ist, die oftmals nicht gewillt sind, sein non-verbales Sein zu akzeptieren und sich auf seine Art der Kommunikation einzulassen. Und das auch dann, wenn sie wissen, dass er Autist ist und Sprache anders wahrnimmt.

Elijahs größte Hürde bei der Kommunikation ist die Selbstwahrnehmung bzw. Selbstkonfrontation. Da verbale Sprache immer mit anderen Menschen zu tun hat, muss er in der Lage sein, seine Andere-Wahrnehmung regulieren zu können. Da jede Andere-Wahrnehmung die Selbstwahrnehmung unmittelbar erhöht, muss Elijah lernen, seine Selbstwahrnehmung so zu steuern, dass sie niedrig genug bleibt. Er schafft es mittlerweile besser, in der Begegnung mit anderen Menschen nicht sofort Selbstkonfrontation zu erleiden. Beim Sprechen versucht er allerdings weiterhin, seine Selbstwahrnehmung kleiner zu machen, indem er das »durch Selbst« auszuschalten versucht. Er tippt immer wieder an unsere Lippen, wenn er sich mitteilen will. Aber sprechen muss ein Mensch nun einmal selbst. Wir arbeiten daran, dass er die anderen Selbst-Anteile reduzieren lernt. Dies ist ein langer und langsamer Prozess. Manche non-verbale Autisten gelangen zu verbaler Sprache, indem sie wie Charaktere aus ihren Lieblingsfilmen sprechen. Sie imitieren die Stimmen oder sprechen mit Filmzitaten. So ersetzen sie das »als Selbst« und das funktioniert ziemlich gut. Hierzu habe ich einen Filmtipp für Sie. In dem Dokumentarfilm »Life Animated« wird auf beeindruckende Art und Weise erzählt wie ein frühkindlicher Autist durch Disney-Filme wieder zur Kommunikation und so zu einer gemeinsamen verbalen Sprache mit seiner Familie findet. Elijah kommuniziert im Moment hauptsächlich über Handführung bzw. Objekte. Er nutzt sowohl körpereigene Kommunikationsformen, wie zum Beispiel Blickbewegungen, als auch bestimmte Laute, um uns auf Dinge aufmerksam zu machen. Um diese Kommunikation zu verstehen, muss man ihn aber gut kennen und sehr gut beobachten. Oftmals sind es extrem schnelle, kaum wahrnehmbare Augenbewegungen, mit denen er sich mitzuteilen versucht. In den letzten Wochen hat er vereinzelt auch auf Dinge gezeigt, die er haben möchte. Jedoch ist dies keine deutliche Zeigegestik, wie sie von anderen Menschen erwartet und damit erkannt wird.

Elijah kommuniziert viel und gern, aber seine Äußerungen werden häufig nicht als Kommunikation wahrgenommen und somit wird auch nicht adäquat darauf reagiert. Damit beginnt ein gefährlicher Kreislauf. Kommunikation ist immer Aktion und Reaktion. Bleibt die Reaktion jedoch aus, dann kann es passieren, dass der autistische Mensch irgendwann die Kommunikationsversuche seinerseits aufgibt. Also machen Sie sich besonders bei nicht-sprechenden Autisten bewusst, dass jede Handlung immer auch Kommunikation ist. Die Sprache ist nämlich immer da, nur ist sie eine ganz andere, als Sie es gewöhnt sind und erwarten.

Als wir vor Kurzem Besuch hatten, da kam Elijah nach über zwei Stunden an den Tisch und flüsterte ein kaum hörbares »Hallo, hallo«, welches unser Besuch überhaupt nicht mitbekam. Wer erwartet schon eine Begrüßung, die erst Stunden nach der Ankunft stattfindet? Ich musste unseren Besuch erst darauf aufmerksam machen und für Elijah die so wichtige Rückmeldung einfordern. Ich bin sozusagen der Dolmetscher für beide Seiten. Später erzählte unser Besuch, dass der eigene Sohn gern Schlagzeug spielt. Elijahs Antwort darauf, ein geschicktes rhythmisches Trommeln mit den Fingern auf seinen Teller, wurde erneut nicht als Kommunikation wahrgenommen bzw. nicht verstanden. Innerhalb kürzester Zeit wurden seine Versuche ins Gespräch einzusteigen also zweimal ungewollt ignoriert. Ich kann zum Glück in solchen Situationen immer als Übersetzer für Elijah agieren und ihm erklären, warum andere Menschen nicht so auf ihn reagieren, wie er es erwartet oder sich wünscht. Auf keinen Fall möchte ich, dass er seine Versuche einstellt, mit uns ins Gespräch zu kommen. Ich kann außerdem anderen Menschen Elijahs Kommunikation erklären und für sie sichtbar und verständlich machen. Vielen autistischen Menschen fehlt diese Hilfe jedoch.

Sprachverständnis

Auch beim Sprachverständnis wird non-verbalen Autisten oft wenig zugetraut, dabei kann das Sprachverständnis bei ihnen entweder genauso gut sein wie bei sprechenden Menschen oder zumindest viel besser sein als der Sprachoutput. Auch hier gilt: Außen ist nicht immer gleich innen. Sprache verstehen ist sicherer als Sprache anzuwenden. Die Gefahr der Selbstkonfrontation ist geringer. Findet die Kommunikation auf schriftlichem Weg, über Bilder oder Gebärden statt, dann sinkt die Selbstwahrnehmung auf einen akzeptablen Level. Selbst ich kann geschriebene Sprache besser verarbeiten, besonders dann, wenn ich sie ohne direkten Kontakt mit Menschen präsentiert bekomme. Dann gibt es keine direkte Andere-Wahrnehmung.

Ich liebe Briefe und E-Mails, weil sie mir die Zeit geben, die ich benötige, um das Mitgeteilte zu entschlüsseln. Ich kann Hilfsmittel wie Internet oder Nachschlagewerke nutzen, um zu verstehen. Zudem kann ich meine Antwort mehrmals überprüfen, ehe ich sie an meinem Gesprächspartner weitergebe. Manchmal, wenn es mir sehr schwer fällt über gesprochene Sprache zu kommunizieren, dann schreibe ich Zettel oder Nachrichten übers Handy, obwohl derjenige, mit dem ich reden möchte, direkt neben mir sitzt. Auch bei mir gibt es nämlich einen Punkt, an dem verbale Sprache wegfällt, weil die durch Andere-Wahrnehmung ausgelöste Selbstwahrnehmung zu hoch ist.

Nicht sprechen heißt also nicht unbedingt, dass der autistische Mensch keine verbale Sprache produzieren kann. Die Fähigkeit, Sprache produzieren zu können, sollte aber nicht bedeuten, dass man sprechen muss, um zu kommunizieren. Es kann sein, dass non-verbale autistische Menschen ihre ganz eigene Art der Kommunikation entwickeln. Das kann eine Kommunikation über Laute sein oder eine einzigartige Gebärdensprache. Das ist auch von Zwillingspaaren bekannt. Diese Sprache versteht dann natürlich nicht jeder, aber so ist es eben mit Fremdsprachen. Man muss jede erst lernen, ehe man sie verstehen und anwenden kann. Die Schwierigkeit in der Kommunikation mit autistischen Menschen ist, dass Sie keinen Kurs besuchen und sich auch kein Wörterbuch zum besseren Verständnis autistischer »Fremdsprachen« kaufen können. Sie können sie aber dennoch lernen. Dazu brauchen Sie vor allem Neugier, Empathie und Geduld. Es gibt viele Hilfsmittel, die die verbale Kommunikation ersetzen können. Vergessen Sie nie: Nicht sprechen bedeutet nicht automatisch nicht verstehen. Und: Die Fettnäpfchen beim Sprachverständnis können auch bei nicht-sprechenden autistischen Menschen vorhanden sein! Also passen Sie auch hier Ihre verbale Sprache entsprechend an.

Hilfsmittel für die nonverbale Kommunikation

So individuell autistische Menschen sind, so individuell sind die Hilfsmittel, die ihnen bei der Kommunikation helfen können. Bei Elijah haben wir mit dem Objekt begonnen. Noch heute bringt er seine Trinkflasche, wenn er Durst hat, aber auch dann, wenn er nichts mehr trinken will. Das bedeutet, dass das kommunikative Signal für »ich möchte« bei Elijah dasselbe ist wie für »ich möchte nicht«. Das macht es nicht einfach für uns, aber wir haben dennoch eine 50%ige Chance es richtig zu machen. Fifty-fifty ist besser als gar nichts. Elijah kommuniziert zudem nach wie vor noch über Handführung, die jedoch oft unvollendet ist und uns dann ratlos zurücklässt. Wir haben vor einiger Zeit begonnen, mit Fotos von den Objekten eine Kommunikation über Bilder anzuregen. Er hat großes Interesse an den Fotos, nutzt sie aber noch immer nur selten, um seine Bedürfnisse auszudrücken. Wir sind uns aber sicher, dass er mittlerweile auch ein Bild einer Flasche oder eines trinkenden Kindes erkennt. Er weiß, was dieses Bild oder diese Karte in der Kommunikation bedeutet. Aber auch hier steht ihm bislang noch seine schnell erhöhte Selbstwahrnehmung im Weg. Wir bieten ihm weiterhin laminierte Fotos von den Dingen an, die ihm wichtig sind. Wir hoffen, ihm so den Weg zum gesprochenen Wort zu zeigen und ihm zu vermitteln, dass er nicht sprechen muss, um sich mitteilen zu können. Wir freuen uns mit ihm über jede gelungene Kommunikation. Vor nicht allzu langer Zeit überraschte er mich wieder mit dem was in ihm steckt. Nach einem erfolgreichen Schultag schaute er mir lange in die Augen und sagte dann: »Tollah Tag (drei Minuten Pause) Mum«. Elijah sprach und ich war sprachlos, aber überglücklich. Elijah lehrt uns vor allem eines: Diese kleinen Wunder nicht zu übersehen, weil wir so sehr auf das eine große Wunder warten, das vielleicht nie passieren wird. Es sind die kleinen wunderbaren Dinge im Leben, die wir erkennen, schätzen und für die wir dankbar sein müssen.

Einfache Sprache und Leichte Sprache

Oft wird nicht-sprechenden Autisten sofort und gänzlich abgesprochen, dass sie ein Sprachverständnis haben. Dabei reagieren sie eventuell nur nicht so auf gesprochene Sprache, wie es erwartet wird. So wie ein verbaler Autist Schwierigkeiten beim Sprachverständnis haben kann, so kann ein non-verbaler Autist ein exzellentes Sprachverständnis haben. Also gilt: Auch bei non-verbalen Menschen muss versucht werden, herauszufinden, wie ihr jeweiliges Sprachverständnis ist. Dies ist bei Weitem keine leichte Aufgabe. Vielleicht werden Sie sich nie sicher sein, was für ein Sprachverständnis ihr nicht-sprechender autistischer Schüler wirklich hat. Auf alle Fälle schadet es nicht, wenn Sie Einfache oder Leichte Sprache anwenden. Beide, aber besonders die Leichte Sprache, dienen der Barrierefreiheit und sind effektive Hilfsmittel in der Kommunikation mit Menschen, die Sprache anders verarbeiten. Während die Einfache Sprache eine vereinfachte Form unserer Sprache ist, so ist die Leichte Sprache eine einfache Sprache, die speziellen Regeln unterliegt. Das heißt, Sätze sollten kurz sein und nur eine Aussage enthalten. Sowohl der Konjunktiv als auch bildhafte Sprache und Redewendungen verwirren und schränken das Sprachverständnis ein. Allen anderen Schülern wird dies übrigens auch guttun.

Handführung

Elijah braucht immer noch die Möglichkeit über Handführung zu kommunizieren. Nur so kann er mitteilen, was er haben möchte und was nicht. Es ist eine sehr eingeschränkte Kommunikation, aber die einzige, die er momentan verlässlich anwenden kann. Es ist deshalb wichtig, dass ihm diese Handführung nicht genommen wird. Wir haben selbst erlebt, dass in Therapien immer wieder versucht wurde, diese Art der Kommunikation zu unterbinden. Das hat natürlich bei Elijah größten Stress verursacht, da ihm nun nichts mehr blieb, um auf seine Bedürfnisse aufmerksam zu machen. Es hat sehr lange gedauert, ehe er wieder Vertrauen fasste und gemerkt hat, dass wir auf jede seiner Handlungen reagieren und diese als Kommunikation wahrnehmen. Für uns ist es völlig in Ordnung, uns bei der Hand zu nehmen, um sich mitzuteilen. Es ist keinesfalls immer eindeutig, was er auf diese Art zu kommunizieren versucht, aber wir sehen es als einen ersten Schritt in die richtige Richtung, was seine Kommunikation mit seiner Umgebung betrifft. Wir bieten ihm zusätzlich immer wieder andere Möglichkeiten der Kommunikation an. Leben, besonders mit Autismus heißt, sich über kleinste Fortschritte zu freuen und gleichzeitig immer wieder Neues auszuprobieren.

Unterstützte Kommunikation

Unter Unterstützter Kommunikation sind alle Hilfsmittel zu verstehen, die non-verbalen Menschen die Kommunikation ermöglichen können. Bei der Unterstützten Kommunikation geht es immer auch darum, non-verbalen Menschen Erfolgserlebnisse zu verschaffen, damit sie weiterhin Interesse an Kommunikation haben. Sie müssen einerseits spüren, dass ihr Gegenüber sie als interessanten Gesprächspartner wahrnimmt und andererseits erkennen, welche Vorteile Kommunikation für sie haben kann. Es geht darum, eine gemeinsame Sprache zu finden. Dabei ist es ganz egal, wie diese am Ende aussieht.

Zur Unterstützten Kommunikation gehören:

- Bildkarten
  Als erstes Hilfsmittel haben wir Elijah Bildkarten angeboten. Er hat eine Kommunikationsmappe, in der viele kleine Bildkarten auf Klettstreifen befestigt

sind. Es sind alles Bilder, die Dinge zeigen, die in seinem Alltag eine Rolle spielen und die er eventuell kommunizieren möchte. Die wichtigsten sind: Essen, Trinken, Anziehen, Schulbus, Trampolin, Fernsehen, Hörspiel. Wir haben ihm gezeigt, dass er uns mit der Übergabe eines Bildes kommuniziert, dass er das haben möchte, was auf dem Bild zu sehen ist. Es gelang eine Zeit lang mehr schlecht als recht. Im Moment schaut er sich die Bilder zwar noch regelmäßig an, aber er übergibt sie nicht mehr. Dies hat wieder mit seiner Selbstwahrnehmung zu tun. Das Prinzip der Bildkarten-Kommunikation hat er verstanden. Er steht sich aber weiterhin im wahrsten Sinne des Wortes selbst im Weg. Wir nutzen die Karten jedoch, um ihm seinen Tagesablauf zu verdeutlichen. So bleiben sie immer präsent. Er zeigt uns gerade wieder eindeutig, dass er versteht, was die Karten ausdrücken. Auf die Frage, ob er weiß, was die Essens- bzw. Trinken-Karte bedeutet, stellte er als Antwort seine Trinkflasche auf die Trinken-Karte und den leeren Yoghurtbecher auf die Essenskarte. Dies tat er aber erst, als er allein im Raum war, denn da war seine Selbstwahrnehmung niedrig genug für diese Handlung. Eindeutige Kommunikation, nur eben anders. Ihr autistischer Schüler arbeitet eventuell auch mit einer Kommunikationsmappe und Bildkarten. Es kann zudem sein, dass Fotos von Objekten genutzt werden müssen, weil die gezeichneten Bilder nicht erkannt oder angenommen werden. Zudem können individuelle und situationsgebundene Kommunikationstafeln einen erfolgreichen non-verbalen Austausch möglich machen. Diese können zu Kommunikationsbüchern ausgebaut werden, in denen das wichtige Vokabular mit Fotos, Symbolen oder Worten dargestellt wird und das Ganze thematisch geordnet ist. Es gibt auch Kleidungsstücke, wie Westen, Schürzen und Gürtel, die mit Klettbändern ausgestattet sind, sodass Symbolkarten immer am Körper getragen werden können.

- Gebärden
  Eine einheitliche Gebärdensprache sollte meiner Meinung nach die erste Fremdsprache in allen Schulen werden, denn sie wird von ca. 200.000 Menschen in Deutschland verwendet. Dazu gehören auch hörende autistische Menschen, die bevorzugt über Gebärden mit ihrer Umgebung kommunizieren. Außerdem gibt es auch Autisten, die ihre ganz eigene Gebärdensprache bzw. Zeichen entwickelt haben, über die sie ihre Bedürfnisse ausdrücken. Egal, ob Deutsche Gebärdensprache (DGS) oder eigene Handzeichen, Gebärden sind Brücken. Elijah hat einige ganz kleine eigene Gebärden, die er manchmal mehr und dann wieder gar nicht anwendet. Es ist keine verlässliche Informationsquelle für uns, aber es ist ein Anfang und vielleicht am Ende doch sein Weg zur Kommunikation. So fasst er sich bei Kopfschmerzen erst an seinen Kopf, dann an meinen. Daraufhin stellt er bei dem von mir gesprochenen Wort »Kopfschmerzen« Blickkontakt zu mir her und wartet geduldig, bis ich mit der Medizin komme und nimmt diese ohne Probleme ein. Das hat sich schon mehrmals wiederholt, sodass wir uns ziemlich sicher sind, ihn hier richtig zu verstehen. Für ihn ist das eine wichtige Erfahrung, wenn er auf kommunikative Aktionen die gewünschte Reaktion erhält. Individuelle Zeichen können unter anderem auch Buchstaben und Wörter sein, die ein autistischer Mensch mit dem Finger in die Luft schreibt. Es kann wirklich alles

Mögliche sein. Wer meint, dass nur verbale Sprache eine erfolgreiche Kommunikation sein kann, der ist wirklich innerhalb einer Box gefangen. Denken Sie nicht nur außerhalb der Box, sondern versuchen Sie ganz ohne die Box zu denken. Bleiben Sie offen und neugierig, lassen Sie sich überraschen von der Vielfältigkeit der Möglichkeiten, mit denen autistische Menschen versuchen Kontakt aufzunehmen.

- Sprachtaster
Sprachtaster können sehr effektiv in der Kommunikation eingesetzt werden. Es gibt viele verschiedene Varianten. Für Elijah haben wir uns für Sprachtaster mit der Möglichkeit der Bebilderung entschieden, damit er immer einen visuellen Input bekommt. Mit Hilfe seiner Sprachtaster hat er die Möglichkeit nach Essen, Trinken, Fernsehen, Hörspielen, Auszeiten oder einer neuen Windel zu fragen. Hinzugekommen sind vor kurzem »Ja«- und »Nein«-Taster. Er nutzt diese bisher gar nicht, aber hat den Essen-Taster als nützlich für sich entdeckt. Es fällt ihm schwer, die Taster im Beisein anderer Menschen zu nutzen. Oft benötigt er mehrere Anläufe. Erst kürzlich gab es wieder eine Situation, wo er kurz davor war den Taster zu drücken, die Hand aber dann doch zurückzog. Da seine Amygdala jetzt beruhigter ist, konnte ich ihn nochmals auffordern, mir zu zeigen, was er möchte. Er konnte dranbleiben und schaffte es dann doch noch, den Taster zu drücken. Dabei kann es passieren, dass er sich kurz mit der Faust an den Kopf schlägt. Er versucht sich zu regulieren, um in der Situation verbleiben zu können. Es ist einerseits wichtig, dass wir an den Tastern dranbleiben, aber andererseits dürfen wir Elijah keinesfalls überfordern. Kommunizieren sollte möglichst keine oder nur wenig Selbstkonfrontation auslösen. Jeder Kommunikationsversuch muss von Elijah als erfolgreich wahrgenommen werden. Nur dann wird er seine Bemühungen, mit uns in einen aktiven Austausch zu treten, nicht aufgeben, sondern verstärken. Ein eindeutiger Nachteil der Taster und Bildkarten ist, dass der autistische Mensch immer und überall Zugriff auf diese Hilfsmittel haben muss. Sind sie nicht greifbar, dann wird derjenige zum Verstummen gezwungen. Es fehlt leider oft die ausreichende finanzielle Unterstützung für die Anschaffung solcher Sprachausgabe-Geräte. Wir bräuchten jedes der Teile allein schon zu Hause mehrfach. Und in der Schule werden sie natürlich genauso in jedem Raum benötigt, in dem Elijah sich aufhält oder Unterricht hat.
- Sprachcomputer
Elijah bekam vor Jahren einen Sprachcomputer von der Krankenkasse, der sehr teuer war, aber ihn kein Stück weiterbrachte. Einerseits ist die Bedienung ziemlich kompliziert und andererseits ist Elijah auditiv zu schnell überfordert. Der Sprachcomputer hatte außerdem ein solches Gewicht, dass er ihn hätte gar nicht allein transportieren können. Elijah tut sich mit dem Tragen und Festhalten von Gegenständen schwer. Wir wissen nie, wann er etwas festhält und wann nicht. Alles, was zerbrechlich ist und bei einem Fall Schaden nehmen würde, können wir ihm nicht in die Hände geben. Ich würde mir wünschen, dass die Krankenkassen umdenken und Tablets anstatt ihre viel zu teuren Modelle zu gewähren. Mit dem Tablet kann man viel besser und einfacher kommunizieren. Es ist auch anderen Kindern bekannt und sie wissen, wie es be-

nutzt werden muss, sodass es eher Brücken baut als abschreckt. Da Elijah aufgrund seiner Körperwahrnehmung unsanft mit Objekten umgeht, kann er auch ein Tablet nicht allein in die Hände bekommen. Eigentlich muss alles angeschraubt, unzerstörbar und wasserdicht sein, um für ihn wirklich nutzbar zu sein. Für viele andere Autisten sind Sprachcomputer oder Tablets eine Tür, die ihnen den Zugang zu einer neuen Welt ermöglichen. Im Unterricht sollte autistischen Kindern die Möglichkeit gegeben werden, auf diese Art und Weise zu kommunizieren, d. h. Mitschriften und Arbeiten müssen auch auf einem Laptop geschrieben anerkannt werden. Dasselbe gilt für Prüfungen und beim Abitur. Dies kann Teil des Nachteilsausgleiches sein, der dem Schüler zusteht.

Gestützte Kommunikation

Bei der Gestützten Kommunikation geht es darum, einem non-verbalen Menschen eine körperliche Hilfestellung zu geben, sodass dieser in der Lage ist, eine Kommunikationshilfe zu benutzen. Dies kann für Schriftsprache ein Laptop sein, aber auch eine Kommunikationsmappe mit Bildkarten ermöglicht das Kommunizieren. Der nicht-sprechende Mensch benötigt bei dieser Art des Mitteilens einen anderen Menschen, seinen Stützer, damit er kommunizieren kann. Es gibt viele unterschiedliche Meinungen zu Gestützter Kommunikation. Ich selbst stehe der Gestützten Kommunikation nach einer eigenen Erfahrung mittlerweile äußerst kritisch gegenüber. Mehrere Monate befand ich mich per E-Mail in Kontakt mit zwei non-verbalen Autisten, die sich über Gestützte Kommunikation mitteilten. Ich erlebte sie zudem auch persönlich. Als der Stützer die Einrichtung verlies, blieben auch die E-Mails aus, obwohl es andere Stützer gab. Bis heute habe ich nichts mehr von den beiden gehört, was so gar nicht zu dem passt, was sie mir über Monate hinweg in ihren E-Mails schrieben. Keiner von beiden hat je wieder per Gestützter Kommunikation nach mir gefragt.

In verschiedenen Tests und Experimenten konnte zudem immer wieder nachgewiesen werden, dass die Gestützte Kommunikation keine verlässliche Kommunikation mit dem non-verbalen Menschen ist. Wenn zum Beispiel dem Stützer und dem Gestützten zwei verschiedene Worte präsentiert wurden, dann schrieb der Gestützte fast immer das Wort, welches der Stützer sah und nicht das, das er vor sich hatte. Man muss sich also fragen, wie sehr der Stützer die Kommunikation inhaltlich beeinflusst. Sicher kann es auch funktionieren, wenn der Stützer eine Art Anker für den autistischen Menschen ist. Wenn die Hilfe gar nicht so sehr über das Stützen, also Berühren, erfolgt, sondern vielleicht auf eine ganz andere Art und Weise. Dient der Stützer dazu, die Selbstwahrnehmung des autistischen Menschen zu regulieren, übernimmt der Gestützte die Wahrnehmung des Stützenden oder nutzt ihn wie eine Art Medium, über das kommuniziert wird, könnte ich mir vorstellen, dass dann doch der autistische Mensch der Kommunizierende sein kann.

Ich möchte noch erwähnen, dass Elijah in bestimmten Situationen durchaus von physischem Druck auf seinen Körper profitiert. Allerdings sind das keine kommunikativen Situationen, sondern eher praktische Sachen, wie das Aufheben von Gegenständen, das Losgehen in eine bestimmte Richtung oder um aus einer für ihn schwierigen Situation herausgehen zu können. Dafür benötigt er häufig einen »Anstoß« oder ein »Schubsen«. Oftmals kann er erst dann eine Erfahrung machen, die für ihn wichtig ist.

12   Wenn der neue Schüler anders ist ...

Lassen Sie uns bitte eine kleine Zwischenbilanz ziehen. Sie wissen jetzt schon eine Menge über Autismus. Wenn Sie noch mehr über die neuronalen Vorgänge im autistischen Gehirn lesen möchten, dann kann eventuell mein Buch »Autismus- (m)eine andere Wahrnehmung« für Sie interessant sein. In diesem Buch erzähle ich ausführlich sowohl über meinen als auch über Elijahs Autismus. Sie können es gern bei mir bestellen. Auch mein Buch »Meine Brücke zu dir«, welches ich mit einer nicht-autistischen Psychologin geschrieben habe, gibt einen tiefen Einblick in mein anderes (Er)leben meiner Umgebung. Dieses Buch ist im Buchhandel erhältlich oder kann über den Kohlhammer Verlag bezogen werden. Im Internet finden Sie außerdem eine immer größer werdende Auswahl an Biografien bzw. Erlebnisberichten autistischer Menschen. Jede ist anders, jede ist einzigartig. Jede ist eine Quelle an Informationen, die nicht-autistischen Menschen den Umgang und das Zusammenleben mit autistischen Menschen erleichtern können.

Aber kommen wir jetzt zu dem anderen Kind in Ihrer Klasse. Nun wird es wirklich individuell. Nennen wir das Kind im wahrsten Sinne des Wortes zuallererst einmal beim Namen.

Mein autistischer Schüler heißt:

Lehrerstimme

»Gemeinsam anders sein dürfen.
Ein neuer Schüler kommt in die Klasse, das ist immer eine spannende und aufregende Aufgabe für alle. Wie sieht er aus? Was macht er? Was kann er? Was kann er nicht? Wie kommt er mit unseren Schülern zurecht? Wie kommen wir mit ihm zurecht? Was können wir tun, damit er sich wohlfühlt, damit wir uns alle gut fühlen, Spaß haben und lernen können? Was müssen wir tun, damit es gemeinsam gelingt? Viele Fragen, die sich unsere Schüler stellen, die wir unseren Schülern stellen und auf die wir gemeinsam Antworten finden. Wichtig ist, sich Zeit zu geben, um sich kennenzulernen, die Eigenart(igkeit) eines jeden zu sehen, zu fühlen, zu tolerieren und zu akzeptieren und im schulischen Alltag manchmal innezuhalten, um noch einmal an den ersten Schultag eines jeden zurückzudenken. Es ist schön zu erleben, wie ein wirkliches Miteinander in unserer kleinen Schule gelingen kann, wenn alle bereit sind, dem Neuen die Chance zu geben, die man selbst zu Anfang bekommen hat. Generelle Lösungen gibt es nicht, der eine darf mit Kopfhörer arbeiten,

der andere darf sich eine Auszeit nehmen, der dritte darf malen... viele individuelle Lösungen müssen gefunden werden. Jedem das zu geben, was er wirklich braucht, um seinen schulischen Alltag zu meistern, ist unser gemeinsames Projekt. Und es geht!«
Christa Heyer, Schulleiterin, Theodor-Frings-Privatschule Viersen

Das Kennenlernen

Besonders bei einem autistischen Schüler muss ein umfangreiches Umdenken hinsichtlich aller Aspekte seiner Beschulung stattfinden. Ein rechtzeitiges Kennenlernen des Schülers ist eine der Grundvoraussetzungen, damit ein guter Start gelingen kann. Wenn Ihr neuer Schüler anders ist, dann sind auch die Eltern anders, als Sie das bisher gewohnt waren. Die Familie muss mit der anderen Wahrnehmung des Kindes leben. Oftmals passt sie sich dieser extrem an, um ein Zusammenleben überhaupt erst zu ermöglichen. Je eher Sie den Schüler und seine Eltern kennenlernen, desto besser können Sie sich auf die andere, individuelle Beschulung vorbereiten. Idealerweise findet die Kontaktaufnahme mindestens ein Jahr vorher statt. Ab diesem Zeitpunkt muss auch die Anbahnung des Schulbeginns bzw. -wechsels beginnen. In Vorbereitung auf den neuen Schulalltag und auch während der ersten Tage und Wochen kann ein Mediator hilfreich sein. Wenden Sie sich hierfür an die Autismus-Zentren vor Ort oder auch an die Landesverbände von Autismus Deutschland e. V., deren Standorte und Ansprechpartner Sie im Internet finden. Ich wünsche mir, dass autistische Menschen genau hier aktiver sein können, da ihnen nicht nur die andere Wahrnehmung bei Autismus vertraut ist, sondern weil sie auch einmal autistische Schüler waren. Dies kann nicht nur eine große Hilfe für Lehrer und ihre autistischen Schüler sein, sondern auch eine weitere sehr nützliche Nische für erwachsene autistische Menschen darstellen.

Als nächstes wird eventuell eine Schulbegleitung eine Rolle spielen. Dabei ist es wichtig, vor allem Asperger-Autisten nicht zu überfordern. Selbst wenn diese die schulischen Anforderungen hinsichtlich Leistung erfüllen können, so sind sie doch meist mit dem Schulalltag, sprich sozialen Interaktionen und der Kommunikation, ziemlich überfordert. Was nützt es Ihrem Schüler, wenn er das Wissen hat, die Aufgaben zu lösen, sie aber aufgrund seines anderen Sprachverständnisses gar nicht verstehen kann? Das Sprachverständnis spielt in jedem Schulfach eine entscheidende Rolle. Die Aufgaben müssen deshalb für jeden Schüler so aufbereitet werden, dass er sie verstehen kann. Auch hier kann ein Schulbegleiter erfolgreich unterstützen (▶ Kap. 15). Aber Schulbegleiter sind knapp. Es wird notwendig sein, schon lange vor dem Schulbeginn nach anderen Lösungen zu suchen. Zudem müssen alle anderen Hilfsmittel, die Ihr autistischer Schüler schon nutzt oder dann nutzen muss, besprochen werden. Allen voran sein Stimming, welches essentiell ist, aber oftmals auch eine den Schulalltag bzw. Unterricht störende Komponente mit sich bringt. Auditives Stimming ist fast immer zu laut, Körperstimming lenkt eventuell die Mitschüler ab und bringt dadurch Unruhe in den Unterricht. Hier muss die ganz wichtige Aufklärung der

Umgebung beginnen, das heißt Mitschüler, deren Eltern, Lehrer und alle weiteren Mitarbeiter der Schule müssen über den autistischen Schüler und seine Besonderheiten hinreichend Bescheid wissen.

Elternstimme

»In der Schule bspw. bemalt sich H. die Arme während des Unterrichts. Die Bilder zeigen uns ihr Inneres. Ihre Gedankengänge werden dort in Ansätzen bildlich gemacht. Deshalb finden wir diese kreative Art und Weise wunderbar, wie sie mit der Situation umgeht. Das haben wir als ihr ›Stimming‹ betrachtet und der Lehrerin es so vermittelt. Bis dann eine Vertretungslehrerin kam, die ihr das Bemalen der Arme verbot. An dem Tag kam H. wie ein Geist (also sehr blass) aus der Schule zurück und sie war sichtlich mitgenommen. Das zeigt, wie sehr ihr das Malen hilft die Situationen in der Schule zu ›ertragen‹.«
David Brudnitzki, Autismustherapeut und Consultant IMBSE GmbH – in&aut sowie Vater eine Tochter mit Asperger-Syndrom

Zusammen lernen – Stressoren und Strategien

Um herauszufinden, ob und wo es Berührungspunkte gibt, ist es hilfreich, alle Komponenten des Systems Schule unter dem Gesichtspunkt Wahrnehmung bzw. Reize zu betrachten. Damit meine ich einerseits alle Sinneswahrnehmungen bzw. Sinnesreize, aber auch die Selbst-, Andere- und Fremdwahrnehmung des Kindes. Es gilt festzustellen, ob und wo welche Wahrnehmung überfordert, da dies eine erfolgreiche Begegnung/Beschulung verhindert. Beginnen Sie mit dem Schüler und den Informationen, die Sie aus den Elterngesprächen haben. Erstellen Sie am besten eine Liste für alle Orte, an denen sich der Schüler regelmäßig aufhält. Am wichtigsten für Ihre Vorbereitung sind Informationen aus und über die frühere Schule oder Kita des Schülers, da in diesen ähnliche Bedingungen herrschten, wie Sie bei Ihnen vorzufinden sind. Aber auch das Verhalten zu Hause, in der Familie, in der Sportgruppe oder eventuell in einer Therapieeinrichtung werden Ihnen wertvolle Hinweise zur Wahrnehmung und den Stressoren des Schülers geben. Diese Hinweise können Sie sammeln und sich bspw. eine Übersicht dazu erstellen (▶ Tab. 1). Schon vorhandene Strategien können auch in Ihrer Schule angewandt werden, aber bitte verlassen Sie sich nicht darauf, dass diese jedes Mal oder sofort funktionieren. Für einen autistischen Menschen ist jeder Ort immer ein neuer Ort, verbunden mit all den Herausforderungen und Gefahren, die alles Neue mit sich bringt.

Je ausführlicher die Liste ist, desto größer ist die Chance, dass Sie nicht nur viele Stressoren des Schülers, sondern auch einige Berührungspunkte finden werden. Als nächstes erstellen Sie Listen für jede Komponente des Systems Schule, mit der der autistische Schüler in Berührung kommen wird. Analysieren Sie unter diesen Gesichtspunkten neben dem autistischen Schüler auch seine Klasse, alle Räume (jeweils einzeln betrachtet), das Schulgebäude (jede Etage einzeln), die Turnhalle und Umkleiden, Essensraum, Schülercafé, Schulbücherei etc. Das-

Tab. 1: Raster zur Strukturierung von Stressoren und dem Umgang mit ihnen

Wahrnehmung	Stressoren/ Überforderungen	Strategien/Lösung
visuell		
auditiv		
olfaktorisch		
gustatorisch		
taktil		
haptisch		
Körperwahrnehmung		
Selbstwahrnehmung		
Andere-Wahrnehmung		
Fremdwahrnehmung		

selbe machen Sie auch mit den jeweiligen Situationen, also Unterricht (alle Fächer einzeln), Pausen, Hofpause, Schulausflug und alle außerunterrichtlichen Aktivitäten. Beginnen Sie mit der Klasse des Schülers und gehen Sie einzeln alle Wahrnehmungen durch und vergleichen Sie dann mit der Liste, die Sie für den Schüler erstellt haben. Es ist enorm wichtig, gut zu schauen, was den Schüler überfordert und ob diese Stressoren einfach beseitigt werden können oder ob der Schüler Strategien finden muss, um die Situation bewältigen zu können. Ein Beispiel: Der Schüler ist visuell schnell überfordert. Schon allein die Mitschüler können eine visuelle Belastung darstellen, denn sie sind immer anwesend. Sie tragen zudem unterschiedliche Kleidung mit vielen verschiedenen Details. In den Pausen sind sie dazu noch ständig in Bewegung. Die Arbeitsmaterialien sind weitere visuelle Reize, die auf den Schüler wirken. Ich hatte damit große Probleme. Jeder Mitschüler sah anders aus, trug andere Kleidung, hatte andere Ranzen, Stifte usw. Ich fand toll, dass zumindest die Heftumschläge für die einzelnen Fächer farblich sortiert waren. So war Mathematik blau und Deutsch rot und das galt für alle. Aber ansonsten herrschte ein visuelles Chaos, das mir meinen Schulalltag erheblich erschwerte.

Beantworten Sie nun bitte die folgenden Fragen:
Was genau überfordert den Schüler visuell im Klassenzimmer? Erstellen Sie durch Ergänzen oder Streichen von Stressoren eine auf Ihren Schüler passende Liste.

1. Große Fenster mit visuellen Ablenkungen, die außerhalb des Klassenraumes sind
2. Pinnwand mit vielen Zetteln und Stecknadeln
3. Bilder/Poster/Dekorationen an der Wand
4. Farbig gestrichene Wand
5. Unterschiedlich aussehende Arbeitsmaterialien der Mitschüler
6. Keine Ordnung auf den Schultischen/in den Regalen etc.

Ist es möglich, diese Stressoren/Reize seitens der Schule zu beseitigen? Was kann von der Schule als Kompensation angeboten werden?

1. Hier kann von Seiten der Schule kompensiert werden: Vorhänge, Rollos oder eine Stell-/Trennwand zwischen Schüler und Fenster; Fensterfolie (Milchglas); Schüler mit dem Rücken zum Fenster setzen
2. Weniger ist mehr! Ist die Pinnwand wirklich wichtig bzw. notwendig? Wenn nicht, kann sie weg. Wenn doch, dann eventuell den Schüler die Zettel und Stecknadeln so ordnen lassen, dass es für ihn passt. Eventuell löst eine kleinere Pinnwand (Reizgewöhnung) das Problem oder Sie hängen sie an einer anderen Stelle im Raum auf (z. B. im Rücken des Schülers)
3. Wenn sich ein Stressor nicht entfernen lässt: Hängen Sie z. B. ein Bild mit dem Lieblingsmotiv des Schülers an die Wand (Ablenkung/Stimming) oder schaffen Sie flexiblen Wandbehang (Tücher/Rollo) an, der nach Bedarf genutzt werden kann, um visuell überfordernde Wanddekorationen zu bedecken.
4. Einheitliche Arbeitsmaterialien sowie Schuluniformen wären ideal, aber sind eher selten in Deutschland. Hier kann vielleicht eine Tischordnung helfen, d. h. die Klasse einigt sich auf eine Anordnung der Federmappen und Bücher auf den Tischen.

Falls dies nicht möglich ist, fragen Sie sich:

1. Hat der Schüler angemessene und in der Situation anwendbare Strategien? Diese dürfen die anderen nicht wirklich stören oder gar gefährden.
2. Kann er solche Strategien allein entwickeln?
3. Hat er ein adäquates Stimming?
4. Kann er Strategien übernehmen, die sich bei anderen bewährt haben?
5. Wie setzt er bzw. die Familie sich mit Reizgewöhnung auseinander?

Wichtigste Strategien auf lange Sicht sind Stimming und Reizgewöhnung. Das Leben ist nicht reizarm, besonders was visuelle Reize betrifft. Schauen Sie sich gemeinsam mit dem Schüler um, es gibt sehr viel visuelle Werbung im öffentlichen Bereich, sei es an Fahrzeugen, in Schaufenstern, in Läden, auf Werbetafeln und an Litfaßsäulen. Wohin man auch sieht, überall wird man mit visuellen Reizen konfrontiert. Heute viel mehr als in früheren Zeiten. Es wird nicht passieren, dass diese Reize wegen autistischen Menschen abgeschafft werden. Auch dann nicht, wenn wir mehr Inklusion (er)leben. Deshalb ist es unerlässlich, dass ein autistischer Mensch das Fokussieren auf das Wichtige, und damit zugleich das Ausblenden des Unwichtigen, erlernt oder funktionierende Kompensationsstrategien entwickelt. Ihr autistischer Schüler weiß vielleicht nicht automatisch, dass der Lehrer, der vor der Klasse steht, wichtig ist und nicht das, was durch das Fenster draußen wahrnehmbar ist. Hilfsmittel wie ein Sichtschutz oder Vorhänge können das Problem der visuellen Ablenkung lösen. Erklären Sie dem Schüler den Sinn der Pinnwand, Wandzeitung oder Bilder an der Wand. Wenn er verstehen kann, warum es diese Dinge geben muss, dann kann er sie eventuell schon besser annehmen. Auch hier heißt es: Ausblenden lernen. Wählen Sie seinen Sitzplatz so, dass er möglichst wenig Ablenkung hat, sei es visuell oder auditiv. Die Welt wird nie so gestrichen werden können, dass es mir darin gut geht. Diesen Satz sage ich mir immer dann, wenn ich an Schulen unterwegs bin. Die Farben der Flure, Zimmer oder auch Spinde sind oft sehr herausfordernd für mich. Klassenzimmer in Grundschulen sind dabei am schlimmsten. Für mich sind sie ein visueller Wirrwarr, in dem es mir schon enorm schwerfällt, nur im Raum zu verbleiben. In solch einem Raum meinen Vortrag zu halten, ist eine riesige Herausforderung für mich. Oft endet dies im Nachhinein mit einem Meltdown. So wie wir, sind auch unsere Arbeitsmaterialien anders. Stifte, Lineale, Hefte, Ordner, Blöcke und Federmappen sehen anders aus, riechen unterschiedlich und die Ordnung auf den Arbeitsplätzen unterscheidet sich von Kind zu Kind mitunter sehr. So wie jeder Mensch, müssen auch autistische Menschen ein Bewusstsein für ihre Mitmenschen und deren Andersartigkeit entwickeln. Das fällt ihnen natürlich enorm schwer. Wenn die Andere-Wahrnehmung Ihres Schülers zu hoch ist, muss er sie regulieren lernen. Da er keine oder wenig Fremdwahrnehmung hat, muss diese immer wieder bewusst trainiert werden. Situationen sollten im Nachhinein noch einmal durchgegangen werden. Die Frage, wie es den Anderen mit dem Schüler und seinem Verhalten geht, sollte dabei an oberster Stelle stehen. Diese Aufgabe fällt hauptsächlich dem Elternhaus und eventuell dem Schulbegleiter bzw. Therapieeinrichtungen zu.

Praxistipps in Kurzform

- Lage des Klassenraumes gut überlegen.
- Kleine Klassen bzw. 20-Punkte-Klassen anlegen (▶ Kap. 20).
- Die einzelnen Wahrnehmungen/Reize des Schülers analysieren und mit allen Komponenten des Schulsystems abgleichen – wo liegt das Problem und wie kann man es lösen?
- Stressoren/Überforderungen finden und, wenn möglich, beseitigen.
- Stimming erlauben.
- Immer Reizgewöhnung anbahnen, Vermeidung verhindern.
- Strategien des Schülers kennen und fördern.
- Bewusstsein für Andere und Umgebung fördern (Schulbegleiter/Elternhaus).
- Fremdwahrnehmung trainieren (Schulbegleiter/Elternhaus).

Asperger-Autisten

Die meisten Kinder mit Asperger-Syndrom gehen auf Hauptschulen, Oberschulen, Gesamtschulen und Gymnasien. Sie schaffen es die dort geforderten schulischen Leistungen zu erbringen. Je nachdem, wie viele Kompensationsstrategien sie haben und wie gut diese sind, können sie sich ihrer Umgebung unterschiedlich gut anpassen. Das heißt, sie sind in einem gewissen Maße und eine bestimmte Zeit lang zur Integration fähig. Obwohl wir 2008 mit der Behindertenrechtkonvention die Inklusion unterschrieben haben, wird weiterhin Integration verlangt. Die Schule, die Lehrer und die Mitschüler spielen eine große Rolle dabei, wie gut diese Integration gelingen kann. Es braucht manchmal nur einen einzigen Menschen, der dem Schüler so viel Halt und Beständigkeit gibt, dass eine Beschulung gut klappt. Der Nachteil ist natürlich immer, dass genau diese Person aus irgendwelchen Gründen (Krankheit, Wegzug, Schwangerschaft) irgendwann oder auch plötzlich nicht mehr da ist. Dann ist die Gefahr groß, dass alles kollabiert. Oftmals sind es nämlich sehr fragile Konstrukte, die autistischen Menschen als Basis für eine Teilnahme am gesellschaftlichen Leben dienen. Diese sind von Außenstehenden als solche fast nie wahrnehmbar.

Noch immer wird von Asperger-Syndrom als einer milden Form von Autismus gesprochen. Das mag, wie schon gesagt, so aussehen, aber es ist keinesfalls so. Ihre Wahrnehmung entspricht in diesem Fall nicht der Realität. Falls Ihnen ein autistischer Schüler so erscheint, dann hat er mit Hilfe zahlreicher Strategien Fähigkeiten entwickelt, Ihnen das widerzuspiegeln, was Sie sehen wollen bzw. müssen, damit er dazugehören kann. Das schafft er aber nur unter bestimmten Bedingungen und nur für eine gewisse Zeit. Mein Limit im Alter von 48 Jahren sind sechs Stunden. In dieser Zeit schaffe ich es, dass mein Verhalten in der jeweiligen Situation der Erwartungshaltung meiner Umgebung entspricht. Als Kind war diese Zeitspanne viel kürzer und für den Schulalltag hat es oft nicht ausgereicht. Wie die Mehrheit der Asperger-Autisten hatte auch ich keine Probleme, den Schulstoff zu bewältigen. Es war der Schulalltag, das ganze Drumherum, woran ich immer wieder zerbrach. Mein Anderssein zeigte sich vom allerersten Tag an. Aufgrund dessen, dass ich sehr gute schulische Leistungen erbracht habe, wurde mir hinsichtlich sozialer Interaktion und Kommunikation einiges vergeben. Ich hatte einerseits Glück, denn ich konnte das Nichtkönnen im Umgang mit meinen Mitschülern mit fachlichem Wissen in den einzelnen Schulfächern ausgleichen. Andererseits hatte ich das Pech, dass ich keine Hilfsangebote, geschweige denn einen Nachteilsausgleich, bekam. Während meiner gesamten Kindheit und Schulzeit war für alle Beteiligten deutlich zu spüren, dass ich anders war und große Probleme mit dem Leben in der Gemeinschaft hatte. Aber dennoch hat mich nie jemand gefragt, warum ich die Dinge so anders angehe als alle anderen. Keiner wollte wissen, was mich so stresst und wie es besser gehen könnte. Ich wurde nach meinem Verhalten beurteilt und dann auch schnell verurteilt. Schaffte ich die Anpassung nicht oder nicht so gut, dann galt ich als Störfaktor, dem mit Klassenwechsel und Schulverweis gedroht wurde. So wurde letztendlich auch die Angst zu meiner Motivation. Dennoch haben einige meiner Lehrer intuitiv richtig auf mich reagiert und mir kleine Nischen geschaffen oder mich auf meine Art lernen lassen. Das hat mir immer wieder genug Hoffnung gegeben, um weiterzumachen.

Obwohl ich, wie viele Asperger-Autisten, sehr zeitig verbale Sprache entwickelt hatte, nutzte ich diese in meiner Schulzeit noch nicht in dem Maß als Werkzeug und Hilfsmittel wie ich das heute tue. Mir war damals einfach noch nicht bewusst, dass andere Menschen interessierte Zuhörer sein können und dass ich über Fragen Antworten erhalten kann, die mich weiterbringen können. Ich stellte Fragen, viele Fragen, aber nicht primär, um eine Antwort zu erhalten, sondern eher als eine Art Echolalie, also zu meiner eigenen Beruhigung. Was andere nervt, kann für einen autistischen Menschen eine Beruhigung sein. Mein Gegenüber und seine Antworten interessierten mich jedoch weniger und sein Befinden erschloss sich mir nicht. Aufgrund der geringen oder fehlenden Fremdwahrnehmung ist es notwendig, dass Sie einem autistischen Schüler immer wieder erklären, wie sein Verhalten auf andere wirkt, welche Konsequenzen es haben kann und warum das so ist. Dann können gemeinsam Wege gefunden werden, damit es sowohl dem autistischen Menschen als auch seiner nicht-autistischen Umgebung gutgeht. Dies ist vor allem im Schulalltag wichtig, denn auch die Mitschüler haben ein Recht auf ungestörtes und stressfreies Lernen. Verlassen Sie sich nicht darauf, dass einmal Gesagtes sofort abgespeichert wird bzw. für immer abrufbar bleibt. Vieles, was verbal vermittelt wird, geht autistischen Menschen immer wieder verloren. Je besser Sie Ihren autistischen Schüler kennenlernen, desto besser werden Sie ihn beschulen können. Dies gilt für alle Schüler, aber bei autistischen Schülern ist es absolut notwendig. Positiv wirkt sich hierbei aus, dass alles was Sie für einen autistischen Schüler tun, auch den anderen Schülern zugutekommt.

Praxistipps

- Bleiben Sie ruhig, denn autistische Menschen können sich sehr gut in andere Menschen hineinfühlen, das heißt, Anspannung, Stress und Angst übertragen sich ganz schnell, aber auch Ruhe und Ausgeglichenheit. Bleiben Sie vor allem auch innerlich ruhig. Autisten können hinter Ihre Maske schauen.
- Nehmen Sie autistisches Verhalten nicht persönlich! Es hat wirklich nichts mit Ihnen zu tun. Sagen Sie sich das am besten ständig wie eine Art Mantra.
- Machen Sie sich immer wieder bewusst, dass dieser Schüler eine ganz andere Wahrnehmung der Situation hat und dass sein anderes Verhalten eine Reaktion auf eben diese Wahrnehmung ist.
- Klären Sie alle Mitschüler und deren Eltern rechtzeitig auf, damit keine Missverständnisse (z. B. zum Nachteilsausgleich) entstehen.
- Sprechen Sie mit dem Schüler. Erklären Sie ihm die Welt »Schule«.
- Motivieren Sie den Schüler, gemeinsam mit den Eltern. Erläutern Sie dem Schüler, warum er in die Schule geht und welche Vorteile Schule für ihn hat (Beruf, Geld verdienen, unabhängig sein).

- Besprechen Sie Konsequenzen und erstellen Sie alternative Pläne zur Beschulung.
- Fragen Sie den Schüler nach seiner Wahrnehmung.
- Finden Sie heraus, was und wo Stressoren sind. Manche sind eventuell einfach zu beseitigen.
- Erstellen Sie eine Liste von Stressoren, die nicht so leicht zu beseitigen sind. Hier muss der Schüler mit Hilfe der Eltern oder Therapeuten Strategien entwickeln.
- Beziehen Sie das Elternhaus ein. Sie müssen das Rad nicht neu erfinden! Eventuell klappt auch in der Schule, was zu Hause funktioniert.
- Bauen Sie Brücken und schaffen Sie ein gut vernetztes Team.
- Fordern Sie Hilfsmittel, wie Nachteilsausgleich, Schulbegleiter, Weiterbildungen, Beratungen, und die Unterstützung Ihres Schulleiters und Ihrer Kollegen ein.
- Setzen Sie aber auch Grenzen, denn Sie sind nicht der Therapeut des Schülers, sondern der Lehrer der gesamten Schulklasse.

Schülerstimme

»Für mich hat sich die Schulzeit in zwei Abschnitte aufgeteilt: Der Erste ist die Grundschulzeit und die ersten drei Jahre am Gymnasium. An diese Zeit erinnere ich mich nur bruchstückhaft, weiß aber noch, dass sie insgesamt in Ordnung war. Der zweite Abschnitt ist die Zeit von der 8. bis zur 10. Klasse. Diese drei Jahre haben erstmals extrem gezeigt, wie stark ich von meinem Asperger beeinflusst werde.«
Frauke Kronefeld, Abiturientin 2017, Asperger-Syndrom, Dresden

Frühkindliche Autisten

Frühkindliche Autisten finden momentan eher an Förderschulen ihren Platz und das sind meiner Meinung nach genau die Inseln, die sie brauchen. Ich bin ein großer Fan von Inklusion und freue mich wahrlich schon darauf, wenn sie irgendwann einmal wirklich und für alle erlebbar ist. Bei Autismus geht es mit der Inklusion nur ganz langsam voran. Und diejenigen, die darunter am meisten leiden, sind Menschen mit frühkindlichem Autismus, wie mein Sohn Elijah. Genau wie er, schaffen viele frühkindliche Autisten die von allen Seiten geforderte Anpassung nicht und haben deshalb sehr wenig oder gar keine Teilhabe. Da sie oftmals non-verbal sind und sich auch nicht anders (Gebärdensprache, Sprachcomputer) effektiv mitteilen können, fehlt ihnen das Sprachrohr, dass Asperger-Autisten für sich entdeckt haben und nutzen. Frühkindliche Autisten drohen zu den vergessenen Menschen zu werden, da sie nur ganz selten in der Öffentlichkeit präsent sind. Barrierefreiheit gibt es für sie fast gar nicht. Elijah geht seit seinem achten Lebensjahr auf eine Schule mit dem Förderschwerpunkt »Geistige Entwicklung«. Es ist die richtige Schule für ihn, obwohl er nicht nachgewiesen geistig behindert ist. Auch hier ist es die Wahrnehmung der Umgebung, dass die meisten frühkindlichen Autisten in ihrer geistigen Entwicklung zurückliegen, aber die Realität kann ganz anders sein. Oftmals können sie das, was in ihnen steckt, nur nicht so nach außen tragen und wiedergeben, wie nicht-autistische Menschen das gewohnt sind und erwarten. Wahrgenommen und beurteilt wird aber zumeist nur das Außen. Wir nehmen bei Elijah jedoch Kompetenz an und sind uns bewusst, dass hinter seinem anderen Außen, seinem ungewöhnlichen Verhalten, ein ganz normaler Junge steckt. Elijah schafft es einfach noch nicht, die Tür nach außen zu uns zu öffnen, weil er sich fast ständig im Überlebensmodus befindet. Daran zu arbeiten, dass sich dies ändert, ist immer noch unsere Hauptaufgabe. Alles andere kann und wird erst danach kommen können. Auch in der Schule wird vor allem daran gearbeitet, dass Elijah länger dabei sein kann, dass er die anderen Kinder aushalten und beobachten kann, um über Imitieren zu lernen. Dies gelingt immer besser und daran freut sich nicht nur sein gesamtes Umfeld, sondern vor allem er selbst.

Praxistipps

- Sie müssen kein Autismus-Experte sein, sondern mit dem Herzen sehen. (Es gibt auch gar keine Autismus-Experten, denn es gibt den einen Autismus nicht, sondern Millionen Autismen!)
- Sagen Sie nicht: Es geht nicht, sondern fragen Sie: Wie kann es gehen?
- Nicht vergessen: Außen ist nicht gleich innen, manche Potentiale sind nicht auf den ersten oder zweiten Blick sichtbar.
- Nehmen Sie immer Kompetenz an.
- Jedes Verhalten ist Kommunikation.
- Sprechen Sie mit non-verbalen Kindern wie mit sprechenden Kindern. Nicht zu sprechen heißt nicht, nichts zu hören oder nicht verstehen zu können.
- Strukturieren Sie den Schulalltag und erklären Sie Abläufe und Regeln auch anhand von Fotos, Bildkarten oder Symbolen, um Gesagtes »haltbarer« zu machen.
- Beobachten Sie den Schüler gut, nur so finden Sie seine Stressoren. Was passiert vor einem bestimmten Verhalten, was danach?
- Stellen Sie sicher, dass Sie und Ihr Schüler alle notwendigen Hilfsmittel haben, die Sie benötigen (Auszeitraum, Schulbegleitung, Nachteilsausgleich, Weiterbildungen, Beratungen etc.).
- Beziehen Sie unbedingt die Eltern und alle mit dem Kind lebenden oder arbeitenden Personen ein (regelmäßiger Runder Tisch).
- Stellen Sie sicher, dass Sie selbst genügend Anlaufstellen haben, und zwar genau dann, wenn Sie Rat und Unterstützung brauchen.
- Auch hier gilt: Sie sind nicht der Therapeut des Kindes.
- Achten Sie gut auf sich und sagen Sie offen und ehrlich, was bei Ihnen geht und was nicht. Suchen Sie dann gemeinsam mit den Eltern, Schulbegleitung und Kollegen nach Lösungen.

- Akzeptieren Sie auch, dass es für manche Dinge vielleicht vorerst keine Lösung geben kann. Bleiben Sie aber dran.
- Erfreuen Sie sich an dem, was Sie schon geschafft haben. Schauen Sie zurück, um weiter nach vorn gehen zu können.

13 Die Eltern des Schülers

Die Eltern sind die wichtigsten Bezugspersonen eines Kindes. Bei autistischen Kindern mag es anders aussehen, aber dennoch sind die Eltern auch hier diejenigen, die am nächsten am Kind dran sind. Es sind die Eltern, die jeden Tag, 365 Tage im Jahr, mit ihrem Kind und dessen anderer Wahrnehmung verbringen. Sie kennen ihr Kind genau. Das macht sie nicht automatisch zu Autismus-Experten. Ihnen fehlen eventuell Erklärungen für das andere Verhalten des Kindes. Aber sie wissen eine ganze Menge über das Leben mit dem Autismus dieses Kindes. Die Eltern sind deshalb Ihre wichtigsten Verbündeten im Versuch der Begegnung mit dem autistischen Kind. Nur gemeinsam, als ein Team, kann eine erfolgreiche Beschulung stattfinden. Es ist enorm wichtig, dass Sie als Lehrer eine stabile Brücke zu den Eltern bauen, die natürlich gewillt sein müssen, von ihrer Seite her eine Brücke zu Ihnen zu bauen. Je stabiler diese Brücke, desto besser für alle. Nicht zu vergessen ist hierbei, dass viele Eltern autistischer Kinder schon jede Menge schlechte Erfahrungen bezüglich des Umgangs der Gesellschaft mit dem Autismus ihres Kindes gemacht haben. Deutschland ist eine leistungsorientierte Gesellschaft. Nur einfach dabei sein zählt nicht, sondern es geht immer darum, ganz vorn dabei zu sein. Immer und überall wird miteinander verglichen, finden Wettbewerbe statt, geht es darum, unter den Besten zu sein. Viele Eltern nicht-autistischer Kinder stehen, oft unbewusst, unter diesem enormen Druck, den sie leider an ihre Kinder weitergeben. Dieser Stress beginnt mittlerweile schon vor der Geburt des Kindes. Es folgen Musik- und Schwimmunterricht im Kleinkindalter, bilinguale Kindergärten, Tablets im Kinderwagen und ein Handy noch vor Schulbeginn. Alles aus Angst, das Kind könne den Anschluss verpassen.

Selbstverständlich soll es auch in der Schule klappen, Abitur und Studium sind fest eingeplant. Man will stolz sein auf sein Kind. Die Erwartungshaltung nicht-autistischer Eltern ist oft hoch und viele Kinder können diesen »Rucksack« nur sehr schlecht tragen. Er ist einfach zu schwer und vor allem ist er gefüllt mit Dingen, die mit ihnen selbst eigentlich nichts zu tun haben. Viele Kinder (er)tragen das bis zum Eintritt in die Pubertät oder ins Erwachsenenalter sehr tapfer und geben ihr Bestes. Ein autistisches Kind hingegen setzt einen solchen Rucksack nicht auf, das kann es auch nicht. Natürlich ist das für die Eltern zuerst einmal schlimm. Viele Eltern sind enttäuscht, wollen oder können sich dies aber nicht eingestehen. Die Beziehung zum Kind verschlechtert sich. Keinem Kind bekommt die Ablehnung durch die Eltern. Egal wie subtil diese ist, autistische Kinder spüren sie. Andere Eltern sind so verzweifelt, dass sie das Kind von einer Therapie zur anderen schleppen und den kuriosesten Versprechungen irgendwelcher »Experten« Glauben schenken. Wieder andere geben ihr Kind aus ihrer Not heraus sehr früh in Wohnheime und damit die Verantwortung an andere ab. Dies passiert, weil die Eltern einfach nicht mehr können und sich nicht anders zu helfen wissen. Meiner Meinung nach liegt das hauptsächlich an der fehlenden Akzeptanz autistischen Seins durch unsere Gesellschaft. Schon innerhalb der eigenen Familie kein Verständnis und kaum Unterstützung zu bekommen, entmutigt viele Eltern.

Deutschland hat 2008 die Behindertenrechtskonvention unterschrieben. Davon ist hinsichtlich Autismus kaum etwas zu merken. Wir leben in einer Gesellschaft, in der autistische Menschen leider immer noch um Unterstützung und Hilfsmittel »kämpfen« müssen. Barrierefreiheit bei Autismus gibt es fast nicht. Es wird ganz schnell deutlich: Wer sich nicht anpassen kann, also die Integration nicht schafft, der ist raus. Ich habe in meiner Beratungstätigkeit immer wieder Eltern erlebt, die völlig verzweifelt waren. Sie hatten sich von der Diagnose erhofft, dass diese nun endlich zu Verständnis und Unterstützung führen würde, mussten aber feststellen, dass leider das Gegenteil der Fall war. Wir brauchen viel mehr Unterstützung für die Eltern und Familien autistischer Kinder. Die Familien dürfen in ihrem Alltag mit Autismus nicht allein gelassen werden. Wie den autistischen Schüler, müssen Sie auch dessen Eltern genau dort abholen, wo diese das letzte Mal verlassen wurden. Dies gilt besonders dann, wenn es vorher einen (unfreiwilligen) Schulwechsel gegeben hat. Gehen Sie offen auf die Eltern zu und machen Sie sich mit ihnen vertraut. Es ist absolut notwendig, dass Sie die Eltern von Anfang an mit ins Boot holen, wenn Sie diese Regatta erfolgreich fahren wollen. Je nachdem, welche Strategien Ihr autistischer Schüler hat, kann es eine Ruderregatta werden, einer Wildwasser-Rafting Tour ähneln oder beides abwechselnd sein. Die Eltern fahren im Gegensatz zu Ihnen eine 24-h-Regatta und zwar ein Leben lang. Das Kind in der Schule gut versorgt zu wissen, bedeutet für sie ein paar Stunden Pause machen zu können, in denen die meisten jedoch arbeiten müssen, damit die Familie auch finanziell abgesichert ist.

Bauen Sie also eine stabile Elternbrücke. Am Ende dieser Ausführungen finden Sie einen Fragebogen, der es Ihnen erleichtern soll, sich sowohl mit den Eltern als auch über die Eltern mit dem Kind vertraut zu machen.

Sich miteinander vertraut machen

Wenn es um das Bauen von Brücken geht, kommt bei mir an allererster Stelle, sich miteinander vertraut zu machen. Es ist wichtig, dass die Eltern und Sie zu Verbündeten werden, da eine erfolgreiche Beschulung ansonsten von vornherein gefährdet ist. Eltern, die schon viele schlechte Erfahrungen gemacht haben, nehmen Sie eventuell anfangs nur als einen weiteren Lehrer wahr, der sie und ihr Kind nicht versteht und der alles besser zu wissen glaubt. Das ist natürlich kein guter Ausgangspunkt. Bitte nehmen Sie dies auf keinen Fall persönlich. Es geht auch hier nicht um Sie. Vielmehr übertragen die Eltern hier Erfahrungen aus schon einmal erlebten Situation auf eine ähnliche, aber doch neue Situation. In ihren Köpfen dreht sich das Vorurteilszahnrad, das allen nicht-autistischen Menschen die Begegnung mit neuen Menschen schwermacht. Das passiert oft, ohne dass ihnen dies bewusst wird. Diese Erfahrung haben Sie auch schon gemacht. Man lehnt einen Menschen ab, bevor man ihn überhaupt kennt, nur, weil man mit einer ihm ähnlichen Person eine schlechte Erfahrung gemacht hat. Zeigen Sie den Eltern von Anfang an deutlich, dass Sie sich bemühen, ohne Vorurteile in diese neue Situation zu gehen.

Sich miteinander vertraut machen, lässt Antoine de Saint-Exupery im Kleinen Prinzen den Fuchs sagen, heißt zähmen. Bei manchen Eltern werden Sie definitiv das Gefühl haben, dass Sie sie zähmen müssen. Es ist wichtig, dass die Eltern verstehen, dass Sie ein anderer, ein neuer Lehrer sind. Hier geht es nicht um Kontrolle oder ein Einmischen seitens der Schule in die Familie. Es geht vielmehr um einen neuen Anfang für das Kind. Dieser kann nur gelingen, wenn alle am gleichen Strang ziehen. Gehen Sie den Eltern entgegen, und reichen Sie ihnen nicht nur eine, sondern beide Hände. Holen Sie sie so ab, dass sie mitgehen können. Nicht nur in einem Gespräch mit den Eltern, sondern generell sollten Sie bewusst darauf achten, dass Sie eine positive Sprache anwenden.

Tipps für ein positives Elterngespräch

1. Vermeiden Sie negative Begriffe und Militärjargon. Verbales Abrüsten ist äußerst wichtig: »Nehmen Sie nichts in Angriff«, sondern »gehen Sie es an«. »Fahren Sie keine schweren Geschütze auf«, sondern machen Sie Vorschläge und bieten Sie Lösungen an.
2. Streichen Sie Worte wie »nicht« oder »kein«, da das Gehirn diese nicht wirklich wahrnimmt: Sie sagen: »kein Problem«, aber das Gehirn verarbeitet »Problem«. Einfach ist das nicht, man wird schnell rückfällig. Das merken Sie sicher auch hier in meinem Buch. Aber Übung macht den Meister!
3. Hören Sie zu, um zu verstehen, nicht um zu erwidern. Lassen Sie den Eltern Zeit beim Erzählen.
4. Achten Sie darauf, dass eventuelle Meinungsverschiedenheiten nicht größer werden.
5. Signalisieren Sie den Eltern deutlich, dass Sie zu Kompromissen bereit sind.
6. Verwenden Sie keine Aber-Sätze, sondern nutzen Sie als Antworten Und-Sätze.
7. Positiv wirkt sich auch die Verwendung des kleinen Wörtchens »noch« aus, denn es zeigt, dass Sie sich nicht als alleinigen (Über)Wisser sehen, sondern Ihrem Gegenüber Spielraum geben. Sagen Sie, dass etwas *noch* nicht geht, anstatt es komplett zu verneinen.
8. Um Druck aus einem Gespräch zu nehmen, hilft es, zeitliche Begriffe wie »schnell«, »kurz« und »fix« wegzulassen.
9. Führen Sie mehrere kurze Gespräche zu den einzelnen Punkten oder machen Sie ausreichend Pausen, damit alle Beteiligten Zeit zum Nachdenken und Verdauen haben.

Das häusliche Umfeld und die Strukturen kennenlernen

Zu meiner Schulzeit war es üblich, dass der Klassenlehrer in den ersten Schulwochen jeden Schüler und seine Familie in deren häuslichen Umfeld besuchte und bei Kaffee und Kuchen mehr über das Kind und sein Leben erfuhr. Es gab beiden Seiten die Möglichkeit, außerhalb des Schulalltages miteinander ins Gespräch zu kommen und sich als Menschen zu begegnen. Ich finde das eine gute Idee, denn in vertrauter Umgebung, im eigenen Wohnzimmer, fühlen sich die Eltern und auch das Kind wesentlich sicherer und wohler. Dies begünstigt definitiv den Brückenbau.

Gerade bei einem autistischen Schüler ist es notwendig, dass Sie als Lehrer seinen Familienalltag und die Strukturen kennenlernen, die sowohl das Kind als auch die Familie benötigt, um ihr Leben mit Autismus zu bewältigen. Ich empfehle mehrere Besuche, damit wirklich gute Einblicke und Gespräche möglich werden. Außerdem können Sie hier schon vor der Beschulung erfahren, auf welche Stressoren das Kind reagiert und wie es sich reguliert. Sie können herausfinden, was für ein Stimming es hat und welche anderen Hilfsmittel es nutzt. Es kann abgeklärt werden, welche Unterstützung das Kind für den Schulalltag braucht. Ob zum Beispiel ein Schulbegleiter notwendig ist und wie lange das Kind überhaupt am Schulalltag teilnehmen kann. Sie haben die Möglichkeit, dem Kind und den Eltern die Schule und den Unterrichtsablauf zu erläutern. Sie können gemeinsam schauen, was eventuell verändert werden muss. Sie können sich von den Eltern erzählen lassen, was sie von der Schule erwarten und dies dann mit Ihrem Schulleiter und den Kollegen besprechen.

Die erfolgreiche Beschulung eines autistischen Kindes muss frühzeitig und gründlich vorbereitet werden. Ist das Kind einmal in der Schule, werden immer noch genügend Probleme auftauchen, die es in der Situation zu bewältigen gilt. Mit der Beschulung eines autistischen Kindes begeben sich alle Beteiligten auf eine große Abenteuerreise. Jeder Abenteurer wird Ihnen dasselbe sagen: Je besser Sie vorbereitet und ausgerüstet sind, desto größer die Chance, dass Sie das Ziel der Expedition unversehrt erreichen.

Die Interessen des Schülers erkunden

Als Lehrer wissen Sie besonders gut, wie schwer es ist, einen Schüler von außen zu motivieren. Bei Autismus ist alles, also auch das Motivieren, extremer. Am besten konnten meine Lehrer mich motivieren, wenn sie auf meine Interessen eingegangen sind. Außerdem ist es für mich auch heute noch ganz wichtig, dass mir der Sinn der Aktivitäten und Abläufe erklärt wird und zwar so, dass ich es verstehen kann. Auch bei Elijah erleben wir täglich, dass er dann hochmotiviert ist, wenn etwas für ihn Sinn macht oder für ihn von Interesse ist. Über die Interessen des Kindes können Sie eine Brücke zu ihm bauen. Es ist deshalb wichtig, dass Sie wissen, wofür sich Ihr Schüler begeistert. Auch wenn Sie Ihnen komisch oder exzentrisch erscheinen mögen, so lassen sich die ungewöhnlichsten Interessen dennoch dazu nutzen, ein autistisches Kind zu motivieren und ihm somit

Wissen zu vermitteln. Für das Erklären von Regeln oder Strukturen können Sie Spezialinteressen des Kindes ebenso nutzen wie für paradoxe Intervention in Krisensituationen.

Spezialinteressen sind eine Art Sicherheitsnetz für autistische Menschen, ohne die sie den Alltag nicht schaffen können. Egal, was es bei Ihrem Schüler ist, bitte nehmen Sie es ernst und interessieren Sie sich dafür. All das macht die Brücke sicherer, und da stürmische Zeiten zu erwarten sind, brauchen Sie eine sichere Brücke bzw. einen guten Anker für Ihr Boot. Übrigens haben Sie aus genau demselben Grund auch ein oder zwei Hobbys. Nur ist es bei Ihnen vielleicht etwas, was Sie ab und zu mal machen, weil es Ihnen guttut. Für viele Autisten ist es überlebenswichtig, sich ihren Spezialinteressen täglich und ausgiebig hingeben zu können. Es mag sein, dass Sie das ständige Gerede über Dinosaurier und griechische Mythologie irgendwann nervt, aber vergessen Sie nicht, Ihrem autistischen Schüler ermöglicht es Teilhabe an einer Welt, die für ihn immer wieder ein einziges Chaos ist.

Welches Stimming wird genutzt?

Ich kann es nicht oft genug wiederholen. Stimming ist (m)ein wichtigstes Hilfsmittel überhaupt. Stimming beruhigt mich und ermöglicht mir, mich in die Interaktion mit anderen Menschen zu begeben und in dieser eine Zeit lang verweilen zu können. Stimming ermöglicht mir Teilhabe. Ein ideales Stimming ist eines, welches den autistischen Menschen beruhigt und die nicht-autistische Umgebung nicht allzu sehr nervt. Stimming kann einem autistischen Menschen dabei helfen, Barrieren zu überwinden, die Sie von Ihrer Seite nicht abbauen können. Es wird leider noch sehr oft missverstanden. Bis heute wird es autistischen Menschen weggenommen bzw. werden Stimming-Aktivitäten unterbunden. Einem Rollstuhlfahrer nimmt niemand den Rollstuhl weg, auch dann nicht, wenn er quietscht oder Spuren auf dem Boden hinterlässt.

Leider erfährt Stimming diese Akzeptanz als Hilfsmittel noch immer nicht. Finden Sie deshalb beim Elterngespräch heraus, welches Stimming das Kind nutzt und in welchen Situationen es unbedingt Stimming braucht. Ist dieses Stimming innerhalb des Schulalltags akzeptabel für die anderen Schüler und Sie als Lehrer? Das ist eine ganz wichtige Frage, denn das Kind braucht dieses Stimming, um die Situation Schule mit all ihren Stressoren bewältigen zu können. Hier stößt Inklusion bei Autismus meiner Meinung nach schon an ihre Grenzen. Im Falle eines Stimmings, welches eher störend ist, muss mit dem Kind nach Alternativen gesucht werden, um seine Teilhabe und Beschulung nicht zu gefährden. Sie können durchaus auch Stimming-Methoden von anderen autistischen Menschen vorschlagen. Im Internet geben zahlreiche Autisten bereitwillig Auskunft darüber, wie sie sich beruhigen. Ich habe mein Stimming fast immer durch Zufall gefunden, da es damals keine Möglichkeit gab, sich in Büchern oder im Internet zu belesen. Nutzen Sie all die Ressourcen, die es zum Glück heute gibt.

Was funktioniert zu Hause wie und warum?

Alles, was zu Hause gut funktioniert, sollte unbedingt in der Schule ausprobiert werden. Obwohl es keine Garantie für eine Eins-zu-eins-Übertragung gibt, ist es doch immer einen Versuch wert. Die Eltern können gute und entscheidende Hinweise geben. Beachten Sie hierbei wirklich jedes kleinste Detail. Jede noch so kleine Veränderung kann zu einer anderen Reaktion führen. Oftmals nehmen nicht-autistische Menschen diese Veränderungen gar nicht wahr, da ihr Unterbewusstsein sie als unwichtig einstuft. Die Eltern sind dahingehend vielleicht doch etwas geschulter im Blick und können gute Zuarbeit leisten.

Bei Elijah ist es anders herum. Da funktioniert in der Schule mehr als zu Hause. In der Schule führt er zum Beispiel den Löffel beim Essen eigenhändig zum Mund. Zu Hause isst er mit den Fingern oder muss gefüttert werden. Bis heute bin ich noch nicht dahintergekommen, warum er dies nicht übertragen kann. Da ich nicht vor Ort dabei sein kann, muss ich mich auf die Situationsschilderung seiner Schulbegleitung verlassen. Diese ist nicht-autistisch und hat eben nur 5 bis 10 % bewusste Wahrnehmung. Sie kann mir also nur eingeschränkt berichten. Aber vielleicht ist es bei ihm wie bei allen Kindern, nämlich, dass sie sich anderswo besser benehmen als zu Hause. Das macht die Sache gleich wieder wunderbar normal. Außerdem ist sein Zuhause seine vertrauteste Umgebung und wir sind seine sichersten Menschen. Bei uns kann er auch mal nicht funktionieren und weiß doch, dass wir ihn immer so lieben werden wie er ist.

Was funktioniert nicht und warum?

Hier ist der Fokus besonders auf Dinge und Fähigkeiten zu richten, die das Kind für den Schulalltag benötigt. Alles andere ist für Sie erst einmal nicht wichtig. Selbst wenn das Kind super toll Klavier spielen kann, nützt ihm dies nur sehr wenig beim Verstehen des Verhaltens seiner Mitschüler oder beim Warten in der Essensschlange. Finden Sie frühzeitig heraus, welche Hilfsmittel dem Kind eventuell ab Schulbeginn neu zur Verfügung stehen oder zur Verfügung stehen müssen. Ermöglichen diese Dinge ihm, seine nicht vorhandenen Fähigkeiten so zu kompensieren, dass es den Schulalltag bewältigen kann?

Es stellt sich auch die Frage nach einem Schulbegleiter. Falls ein solcher nötig ist, sollte dieser das Kind, die Eltern und auch Sie schon lange im Vorfeld gut kennenlernen. Die Beantragung von Hilfsmitteln benötigt oft viel Zeit. Das Kind und Sie als Lehrer sollten alle notwendigen Hilfsmittel unbedingt ab dem ersten Schultag zur Verfügung haben. Denken Sie daran, dass Sie sich auf ein Abenteuer einlassen und dafür möglichst gut ausgerüstet sein sollten. Gleichzeitig dürfen Sie sich jedoch nicht entmutigen lassen, wenn Sie doch erst einmal ohne die benötigten Hilfen starten müssen. Dann verschieben Sie den Aufstieg auf den Gipfel etwas, bleiben länger im Basislager oder richten mehr Zwischenlager ein als ursprünglich geplant.

Was funktionierte in Kita, Grundschule oder der letzten Schule?

Sie müssen gar nicht ganz von vorn beginnen. Wenn möglich, dann versuchen Sie sich mit der Kita, der Grundschule oder den Kollegen der letzten Schule Ihres autistischen Schülers zu treffen und zu vernetzen. Dort können Sie sich Informationen holen, die Ihnen und letzten Endes auch dem Schüler den Neubeginn erleichtern. Es kann sein, dass dies den Eltern nicht so gut gefällt, wenn diese schlechte Erfahrungen an den vorangegangenen Einrichtungen gemacht haben. Dennoch: In all diesen Einrichtungen wurden wertvolle Information gesammelt, die Sie zumindest als eine Art Grundgerüst ansehen können. Wenn Sie auf den Himalaja hochwollen, würden Sie dann nicht auch Reinhold Messner befragen oder zumindest eines seiner Bücher lesen? Ich schon. Beachten Sie aber bitte auch hier, dass eine Situation an der Grundschule nicht eins zu eins einer Situation an der neuen Schule entspricht. Für Sie ist ein Klassenzimmer ein Klassenzimmer und ein Pausenhof ein Pausenhof. Ihr Gehirn sucht und findet die Gemeinsamkeiten, egal wie sehr sich der eine Pausenhof vom anderen unterscheidet. Bei Ihrem autistischen Schüler ist dies nicht so. Für ihn ist jeder Pausenhof anders, neu und somit potentiell gefährlich.

Besprechen Sie nach Möglichkeit mit dem Schüler und seinen Eltern, warum z. B. die Hofpause in der Grundschule funktioniert hat. Was hat ihm dort Sicherheit gegeben? Kann das auf die neue Schule übertragen werden? Wenn die Pause an der alten Schule ein Problem war, dann versuchen Sie herauszufinden, woran genau das lag. Schauen Sie sich dann gemeinsam die Pausensituation an Ihrer Schule an. Jetzt können Sie auf Fehlersuche gehen und somit eventuell verhindern, dass die Pausen dem Schüler den Schulalltag erschweren oder gar unmöglich machen. Wenn Sie alle schulischen Komponenten so analysieren, dann beseitigen Sie schon vor dem eigentlichen Schulstart viele Hürden und Barrieren. Manchmal sind es wirklich kleine Dinge, wie zum Beispiel eine Uhr auf dem Pausenhof oder aber auch keine Uhr, die den Schüler enorm stressen können. Wie sagt man so schön, der Teufel steckt im Detail... aber die Lösung auch.

> **Fragebogen für ein gutes Elterngespräch**
>
> 1. Wer ist/sind die wichtigste(n) Bezugsperson(en)?
> 2. Gibt es Geschwister? Großeltern? Wie ist die Beziehung des Kindes zu ihnen?
> 3. Welche Stärken hat das Kind?
> 4. Hat es musikalische, künstlerische, sportliche, naturwissenschaftliche Begabungen?
> 5. Wie wird Sicherheit im Alltag erlangt?
> 6. Welche Rituale, Strukturen, Abläufe gibt es?
> 7. Welches Stimming hat das Kind?
> 8. Gibt es Anker? Welche sind das?
> 9. Welche Hobbys hat das Kind?
> 10. Besucht es Sportgruppen oder Ähnliches?

11. Gibt es Spezialinteressen? Welche?
12. Werden diese zur Alltagsbewältigung genutzt? Wie?
13. Wie sehen Meltdown/Shutdown/Overload aus?
14. Wann und wie häufig passieren sie?
15. Wie und woran können sie vorher erkannt werden?
16. Welche Auslöser und Lösung sind bekannt?
17. Welche Stressoren sind bekannt?
18. Wie reguliert sich das Kind?
19. Kann es allein eine Stresssituation verlassen?
20. Wo reguliert es sich dann?
21. Welche Interventionen funktionieren?
22. Funktioniert paradoxe Intervention? Wenn ja, welche?
23. Zeigt das Kind Vermeidungsverhalten?
24. Wann tut es das?
25. Wie wird damit in der Familie umgegangen?
26. Findet Reizgewöhnung statt?
27. Wenn ja, wie?
28. Macht das Kind Therapien?
29. Welche? Mit welchen Zielen?
30. Hat es Allergien?
31. Welche sind das?
32. Nimmt es Medikamente?
33. Welche und wofür?
34. Beeinträchtigen sie das Kind im Schulalltag?
35. Wie viel weiß das Kind von seinem Autismus?
36. Wie sollen die Mitschüler vorbereitet werden?
37. Wie lief das in Kita/Grundschule/der vorherigen Schule ab?
38. Gab es einen Nachteilsausgleich?
39. Wie sah er aus?
40. Soll es wieder einen geben?
41. Wie muss er aussehen?
42. Gab es einen Schulbegleiter?
43. Soll es weiterhin einen geben?
44. Welche Hilfsmittel werden zu Hause genutzt?
45. Welche Hilfsmittel wurden in Kita/Grundschule/der vorherigen Schule genutzt?
46. Was wünschen Sie sich von der Schule?
47. Welche Ängste/Befürchtungen haben Sie bezüglich der Schule?
48. Wo kommen diese her?
49. Kann das Kind seine Bedürfnisse adäquat ausdrücken?
50. Besonders bei nonverbalen Kindern: Wie macht es das?

Elternstimme

»Lehrer und Schulleitung sollten akzeptieren, dass Eltern ihr Kind besser kennen und auch mal deren Hinweise beachten. Eine Zusammenarbeit zum Wohle des Kindes wäre sinnvoll. Lehrer und Schulleitung sollten auch nicht versuchen, den Eltern gegenüber etwas zu vertuschen, sondern offen darüber sprechen. Es sollte nicht versucht werden, die Schüler in das bestehende System zu zwingen, sondern man sollte sich Gedanken machen, wie man den Unterricht an die Schüler anpassen könnte.«
Petra T., Mutter eines 13-jährigen Autisten, Ehrenamt in einem Berliner Autismus-Verein

14 Der Nachteilsausgleich

Ein wirklich effektiver Nachteilsausgleich muss genauso individuell sein wie das Kind, dem er helfen soll. Der Nachteilsausgleich dient, wie der Name schon sagt, dazu, die durch den Autismus des Schülers entstehenden Nachteile zu kompensieren. Es geht auf keinen Fall um eine Bevorzugung eines Einzelnen. Bei Autismus ist die Behinderung für die Umgebung schwerer erkennbar als dies bei körperbehinderten Schülern der Fall ist. Deshalb ist eine Aufklärung der Mitschüler und deren Eltern unerlässlich. Dies bedeutet allerdings auch, dass mit der Autismus-Diagnose offen umgegangen wird. Das ist nicht immer der Fall. Die Eltern des autistischen Schülers müssen dann unbedingt über die möglichen Konsequenzen für ihr Kind aufgeklärt werden. Wenn die Mitschüler und deren Eltern nicht wissen, dass und warum ein Schüler einen Nachteilsausgleich erhält, gibt es für sie oft leider keine andere Möglichkeit als dies als eine Bevorteilung dieses Schülers und damit eine Benachteiligung von sich selbst bzw. ihres eigenen Nachwuchses wahrzunehmen. Probleme sind dann vorprogrammiert.

Ich möchte Ihnen einen Rezeptvorschlag des Integrationsteams des Humboldt-Gymnasiums Radeberg zum Nachteilsausgleich nicht vorenthalten, der mich in der Vorbereitungsphase zu diesem Buch erreichte. Dort weiß man, dass es kein ultimatives Rezept für einen effektiven Nachteilsausgleich gibt. Es kommt vielmehr darauf an, die Zutaten, die man hat, so zu verwenden, dass am Ende ein Kuchen dabei herauskommt, der allen schmeckt.

Lehrerstimmen

»Rezept für Nachteilsausgleich – ›Eine gute Küche ist das Fundament allen Glücks.‹

Man nehme

- die Schule hoch oben auf dem Berge – dem Freudenberg dazu
- allerlei Schüler von A wie autistisch bis Z wie ziemlich normal
- allerlei Lehrer von A wie aufrichtig bis Z wie zugewandt mit einer innovativen, aufgeschlossenen Schulleitung
- allerlei Eltern von A wie aufgeregt bis Z wie zufrieden.

Man finde

- den Schüler, der schweigt oder ständig spricht

- die Schülerin, die sich zurückzieht oder ständig im Mittelpunkt stehen will
- den Schüler, der eine starke Brille trägt oder alles wahrnehmen muss
- die Schülerin, die mal umarmt werden möchte oder Nähe nicht erträgt...

Für alle rührt man einen Grundteig aus einem Kilo Erfahrung, einem Liter Liebe, zwei Packungen Wissen, einem Pfund Zeit, einer großen Hand voll Differenzierung und einer Prise Verrücktheit. Man lässt den Teig kurz ruhen und variiert nun je nach Bedarf:

- in der Backzeit
- im Belag
- in der Verfeinerung durch weitere Zutaten.

Dieser Arbeitsschritt wird im Team besprochen und umgesetzt.

Der fertige Kuchen kann nun serviert werden, wieder bieten sich verschiedene Möglichkeiten je nach Notwendigkeit an: große oder kleine Stücke, mit oder ohne Sahne... Gerne unterstützt unser Team die Ausgabe der individuellen Kuchenstücke und nascht auch einmal selbst davon. So bekommt jeder SEIN passendes Stück vom Kuchen, auch unser junger Mensch, der besonders ist – besonderer als die anderen. Unser Team vergewissert sich, ob der Kuchen geschmeckt hat und bekömmlich war.

Arbeitsaufwand: hoch, aber lohnenswert
Schwierigkeitsgrad: wird geringer, je öfter man es ausprobiert
Kalorien: ca. 350 kcal p.P.

Bei uns bekommen Sie keine fertigen Rezepte, aber vielleicht Ideen, Anregungen und neue Perspektiven. Bestes Gelingen und guten Appetit wünscht« *das Integrationsteam des Humboldt-Gymnasiums Radeberg: Simone Nobis, Heike Bien, Jana Neugebauer*

Es ist keine einfache Aufgabe, einen effektiven Nachteilsausgleich zu erstellen, der sowohl im Unterricht als auch in Prüfungssituationen für den autistischen Schüler funktioniert. Eine gesunde Portion Humor erleichtert vieles. Genau das gefällt mir am Team der Integrationshelfer aus Radeberg.

Ein Nachteilsausgleich ist kein Erhalt von Vorteilen. Das verstehen viele Eltern der Mitschüler und sogar einige Lehrer leider immer noch nicht. Artikel 3 des Grundgesetzes besagt, dass niemand wegen seiner Behinderung benachteiligt werden darf. Wichtig zu wissen ist, dass das Schulrecht in Deutschland Sache der Bundesländer ist und es somit leider unterschiedliche Regelungen zu allem, was Schule betrifft, gibt. So wie alle anderen Kinder hat jedes autistische Kind grundsätzlich das Recht, vorrangig eine Regelschule zu besuchen. Die Rahmenbedingungen für eine erfolgreiche inklusive Beschulung sind meiner Meinung nach jedoch noch lange nicht gegeben. Das betrifft nicht nur autistische Schüler, sondern alle Kinder im schulpflichtigen Alter. Die inklusive Schule geht nämlich davon aus, dass alle Schüler anders sind und passt sich den Bedürfnissen jedes einzelnen Schülers an. Wir wissen alle, dass es diese Schule bislang nicht gibt. In

Sachsen ist es immer noch so, dass eine Art Förder- bzw. Sonderschulpflicht besteht. Das ist in keinem Fall mit dem 2008 unterzeichneten Artikel 24 der UN Behindertenrechtskonvention vereinbar. Elijah erlebt somit Diskriminierung anstatt Inklusion.

Da es aber derzeit in keinem einzigen Bundesland ein wirklich inklusives Bildungssystem gibt, müssen wir vorerst noch mit dem arbeiten, was wir haben. Es ist an uns, dies so zu verändern, dass irgendwann alle Kinder in eine gemeinsame Schule gehen und davon profitieren werden. Die Frage, ob Elijah auf eine Regelschule gehen soll/kann, hat sich bei uns gar nicht gestellt, weil die Antwort schon durch das bestehende System vorgegeben war. Elijah hat aber das große Glück, innerhalb seiner Schule Menschen um sich herum zu haben, die wirklich versuchen, ihm Teilhabe und Barrierefreiheit zu ermöglichen. Die Antwort auf die Frage, welche Schule einem autistischen Kind die bestmögliche Schulbildung vermitteln kann, muss mit der Frage beginnen, auf welche Art und Weise das autistische Kind lernen kann. Hierzu habe ich Ihnen folgenden Fragebogen erstellt, der Ihnen zu einer erfolgreichen Beschulung Ihres autistischen Schülers verhelfen soll. Es sind meiner Meinung nach wichtige Fragen, die im Vorfeld der Beschulung gestellt und grundehrlich beantwortet werden müssen.

> **Fragebogen zum Nachteilsausgleich**
>
> - Welche Voraussetzungen bringt das Kind mit?
> - Wo sind seine Stärken?
> - Wie kann es diese Stärken nutzen? (z. B. um zu kompensieren)
> - Wobei benötigt es Unterstützung?
> - Welche Hilfsmittel benötigt es und in welchem Umfang?
> - Wo genau steht das Kind?
> - Kann die Schule es dort abholen? Wie ist das möglich?
> - Wie kann sich die Schule auf das Kind einstellen?
> - Gibt es ausreichend Berührungspunkte, die ein erfolgreiches Beschulen des Kindes ermöglichen und die ausgebaut werden können? Besonders bei Kindern mit Asperger-Syndrom darf nicht nur auf die kognitiven Fähigkeiten, sprich IQ-Leistungen, geachtet werden, sondern es muss genau geschaut werden, wie das Kind den Schulalltag hinsichtlich sozialer Interaktion und Kommunikation zu meistern imstande ist.
> - Inwieweit schafft das Kind eine Integration?
> - Welche Hilfsmittel/Nachteilsausgleiche waren bisher erfolgreich?
> - Was hat bisher nicht geklappt?
> - Wie kann dies verbessert werden?
> - Was und wie viel kann ein Nachteilsausgleich bewirken?
> - Wie muss dieser konkret aussehen?
>
> Aber auch:
>
> - Was kann die Schule leisten?

- Wo liegen die Grenzen der Schule?
- Welche anderen Arten der Beschulung kommen in Frage?

Der Nachteilsausgleich muss von den Eltern des autistischen Schülers schriftlich beantragt werden. Es ist dennoch ratsam, vorher gemeinsam mit den Eltern zu besprechen, wie ein angemessener individueller Nachteilsausgleich für ihr Kind aussehen kann, damit es den angestrebten Schulabschluss schaffen und später einen Beruf erlangen kann, der seinen Begabungen und Interessen entspricht. Die Eltern benötigen hierzu Ihre Unterstützung. Bilden Sie einen Think Tank mit allen Beteiligten: Schüler, Eltern, Lehrer, Schulleitung und Behörden. Der Fokus liegt hierbei 100 % auf individuell. Scheuen Sie sich nicht davor, auch ungewöhnliche Maßnahmen als Nachteilsausgleich bei Ihrer Schulleitung und ggf. dem Schulamt geltend zu machen. Autismus ist ein Abenteuer und genauso ist alles, was mit Autismus zu tun hat, abenteuerlich. Das heißt, die Spielräume bei Nachteilsausgleichen bei autistischen Schülern müssen viel größer sein als bei Schülern mit anderen Behinderungen. Da autistische Kinder Schwierigkeiten in der Kommunikation und im Sprachverständnis haben, muss besonders auch dahingehend in allen Fächern auf einen effektiven Nachteilsausgleich geachtet werden. Die Sprache des Kindes sollte analysiert werden und es muss festgestellt werden, wo genau Schwierigkeiten bestehen. Für mich waren Interpretationen jeglicher Art eigentlich nicht machbar. Mein Verständnis von Sprichwörtern und Metaphern war gering. Aus diesem Grund verstand ich auch in den naturwissenschaftlichen Fächern oft die Aufgabenstellungen nicht. Das bedeutet, dass sich bei mir die kommunikativen Einschränkungen bei Autismus auf alle Schulfächer auswirkten.

Es gilt also in wirklich jedem Unterrichtsfach darauf zu achten, wie und warum sich der Autismus für den Schüler hier als Nachteil auswirken kann. Obwohl es aufgrund der enormen Individualität autistischer Menschen nicht möglich ist, Vorgaben für den Nachteilsausgleich zu erstellen, möchte ich doch an dieser Stelle einige Vorschläge unterbreiten. Zudem werden Sie in den folgenden Kapiteln immer wieder zahlreiche Ideen und Hinweise dazu finden, was Ihr autistischer Schüler benötigen könnte, um sowohl den Schulalltag als auch den Schulstoff erfolgreich meistern zu können. Die möglichen Nachteilsausgleiche, die ich hier auflistet, hätten mir während meiner Schulzeit enorm geholfen. Wichtig ist, dass der Nachteilsausgleich bei jeder Art von Leistungsüberprüfungen und auch in allen Abschlussprüfungen angewandt werden darf.

Meine Vorschläge zum Nachteilsausgleich

- Schul- bzw. Unterrichtszeiten individuell festlegen, z. B. Abitur in vier anstatt zwei Jahren.
- Zeitweises alleiniges Arbeiten in einem anderen Raum erlauben.
- Rückzugsraum zur Verfügung haben.
- Freie Wahl des Sitzplatzes im Klassenzimmer/Speiseraum/Schulbus geben.

- Alternativer Transport zur Schule (z. B. im Taxi) ermöglichen.
- Trennwände bzw. Sichtschutz am Arbeitsplatz anbieten.
- Pläne, Abläufe und andere Strukturierungshilfen, eventuell mit Bildern/Piktogrammen anstatt Schrift, erstellen.
- Zuhilfenahme von Laptop/Tablet zur Mitschrift erlauben.
- Mitschrift im Unterricht teilweise bis komplett erlassen.
- Kopien des Tafelbildes ausgeben.
- Arbeitsblätter und Aufgabenstellungen individuell gestalten.
- Aufgabenstellungen und Texte in Leichter Sprache erstellen.
- Bevorzugte Schreib- und Arbeitsutensilien zulassen.
- Druckschrift anstatt Schreibschrift erlauben.
- Räumliche Trennung bei Klassenarbeiten ermöglichen.
- Mehr Zeit bei Klassenarbeiten einräumen.
- Weniger Hausaufgaben aufgeben.
- Individuell aufbereitete Hausaufgaben in Leichter Sprache aufgeben.
- Vorgaben und Anweisung konkretisieren und so darlegen, dass der Schüler sie verstehen kann, z. B. mündliche Aufgabenstellungen schriftlich vorlegen.
- Möglichkeit mündliche Aufgaben schriftlich vorzulegen und vice versa.
- Andere Pausenregelungen festlegen/strukturierte Pausen ermöglichen.
- Aufenthalt im Schulgebäude gestatten anstatt auf dem Pausenhof.
- Von Schulveranstaltungen und Sportwettbewerben freistellen.
- Klassenfahrten (Schlaf-, Essens- und Waschsituationen) individuell gestalten.
- Kein Vortragen von Gedichten/Liedern einfordern oder nur in der Eins-zu-eins-Situation mit dem Lehrer bzw. als Videodateien annehmen.
- Kein Vorturnen im Sport einfordern oder nur in der Eins-zu-eins-Situation mit dem Lehrer.
- Individualsportarten anstatt Mannschaftssport anbieten.
- Erbringung alternativer Leistungen (z. B. Referate oder schriftliche Ausarbeitungen) ermöglichen.
- Keine oder wenig Gruppenarbeiten durchführen oder dafür Mitschüler finden, die dafür geeignet sind oder immer die gleichen Gruppen bilden (Buddy-System).
- Mündliche Leistungskontrollen vorher ankündigen.
- Mit dem Rücken zur Klasse stehen dürfen.
- Hinter der Tafel arbeiten dürfen.

Hilfreiche Hinweise und Informationen zum Thema Nachteilsausgleich finden Sie unter anderem auf den Internetseiten von Autismus Deutschland e. V., wo Sie auch zahlreiche andere Informationen rund um Autismus bekommen. Hier können Sie auch Kontakt zu den vielen Regionalverbänden aufnehmen, die geeignete Ansprechpartner für Sie und Ihre Schule sein können.

Schülerstimme

»Im Endeffekt ist es so simpel, aber trotzdem so unvorstellbar für viele: Eine einfache Stundenreduktion kann wahre Wunder bewirken. Meine Eltern und ich wussten, dass ich rein intellektuell das Abitur locker schaffen kann. Doch mit dem zeitlichen Druck, der durch die langen Schultage einherging, wäre mir ein Abschluss vielleicht gar nicht möglich gewesen. So entschlossen wir uns, die Oberstufenverweildauer von den regulären zwei Jahren auf vier Jahre zu strecken. Die Aufteilung der Schuljahre war bei mir wie folgt: Ich habe zwei Jahre alle diejenigen Fächer, in denen ich später nicht geprüft werde, also die 11. und 12. Klasse mit meinem Jahrgang, bei dem ich nur acht von eigentlich dreizehn Fächern besuche. So hatte ich statt 35h nur 17h pro Woche, in denen ich den Unterricht besucht habe. Sobald die anderen ihre Abiturprüfungen schrieben, setzte ich mich bei irgendeiner 10. Klasse mit in den Unterricht, um keine Schulzeit zu versäumen und den in zwei Jahren verblassten Stoff wieder nachzuholen. Gleichzeitig lerne ich die Leute kennen, mit denen ich die nächsten zwei Jahre meine Prüfungsfächer besuchte. Mit 18h statt 35h pro Woche lernte ich sehr zuverlässig den Stoff, der Ende der zweiten 12. Klasse mit den anderen zusammen geprüft wurde. Und schwuppdiwupp, hielt ich im Juni 2017 mein Abiturzeugnis in der Hand. Wenn das Kind das Abitur schaffen kann, lohnt es sich, gerade für die Oberstufe eine solche Streckung zu beantragen und auch daran festzuhalten. Rein rechtlich ist es möglich und sehr leicht umsetzbar. Die einzigen Kosten, die dabei entstehen, sind die zwei zusätzlich zu druckenden Zeugnisse. Und ich denke, dieser geringe Aufwand ist für jeden zu verschmerzen.«
Frauke Kronefeld, Abiturientin 2017, Dresden

Nachteilsausgleich für Lehrer

Ich bin der Meinung, dass Sie als Lehrer autistischer Schüler auch eine Art Nachteilsausgleich bekommen sollten. Was meinen Sie? Als Lehrer von besonderen Schülern benötigen Sie nicht nur viel Energie, Kraft und Kreativität, sondern auch viele zusätzliche Hilfsmittel. Wie bei einem Nachteilsausgleich für Schüler geht es hierbei nicht um eine Bevorteilung von Lehrern autistischer Kinder. Vielmehr müssen Bedingungen geschaffen werden, die es dem Lehrer ermöglichen, den Unterricht und den Schulalltag erfolgreich für alle Schüler zu gestalten. Bei der Beschulung autistischer Schülern ist es empfehlenswert, dem Lehrer die Möglichkeit zu geben, sich in besonders schwierigen Situationen eine Auszeit nehmen zu können. Es müsste einen Vertretungslehrer oder Springer an der Schule geben, der sofort übernehmen kann. So ein Schichtwechsel ist dann erforderlich, wenn Sie Ihre innerliche Ruhe nicht mehr bewahren können. Dies kann zu einer erfolgreichen Deeskalation von Krisensituationen führen. Außerdem benötigen Sie einen kompetenten Ansprechpartner in Sachen Autismus, der Ihnen wirklich jederzeit zur Verfügung steht. Dazu gehören auch Beratungen und Weiterbildungen zum Thema Autismus an der Schule, die ohne Wenn und Aber immer genau dann stattfinden, wenn sie benötigt werden. Sie brauchen eine sehr gute und verlässliche Ausrüstung, um das Abenteuer Autismus bestehen zu können. Es darf auf keinen Fall zu einer Vereinzelung von Lehrern besonderer Schüler kommen. Der Umgang mit schwiergen Unterrichtssituationen, wie etwa die Beschulung autistischer Kinder, muss und kann erlernt werden. Ein Lehrer ist kein Wissensvermittler im Alleingang, der ohne Hilfe und Beistand von außen zurechtkommen muss. Eine umfangreiche Unterstützung ist dringend erforderlich, damit Sie als Lehrer nicht Beschwerden wie Burn-out oder Depressionen entwickeln. Machen Sie das bitte Ihrer Schulleitung, dem Schulamt und wenn nötig dem Bildungsministerium ganz deutlich klar. Hier ist eine enorme Veränderung der Sichtweise auf den Lehrer innerhalb des Systems Schule notwendig. Wenn nicht Sie, wer soll es dann ändern?

Wie müsste also Ihr Nachteilsausgleich aussehen?

- Welche Hilfsmittel benötigen Sie für den Unterricht?
- Haben Sie ausreichende Möglichkeiten zur Weiterbildung zum Thema Autismus?
- Haben Sie kompetente Ansprechpartner zum Thema Autismus/zum Autismus des Schülers?
- Sind die Kollegen entsprechend sensibilisiert?
- Gibt es eine Vertretung/einen Springer in Krisensituationen?
- Haben Sie ausreichend Supervision?
- Gibt es kollegiale Fallbesprechungen/-beratungen?
- Gibt es einen Schulpsychologen an Ihrer Schule?
- Welche anderen Möglichkeiten der Entlastung benötigen Sie?

15   Der Schulbegleiter

Der Schulbegleiter kann ein ganz wichtiges Hilfsmittel für autistische Kinder sein. Dies gilt auch für Schüler mit Asperger-Syndrom und für hochfunktionale autistische Schüler. Deren Schwierigkeiten im Schulalltag sind oft nicht auf den ersten Blick sichtbar. Gerade hier sollte deshalb gut geschaut werden, inwieweit ein Schulbegleiter notwendig ist, damit der Schüler effektiv beschult werden kann. Auch im Schulalltag, der außerhalb des Unterrichtes stattfindet, benötigen viele autistische Kinder Unterstützung. Das heißt, sie brauchen Begleitung und Assistenz, um Pausen und andere außerunterrichtliche Aktivitäten besser bewältigen zu können. Bei autistischen Kindern, die Mittelschulen und Gymnasien besuchen, liegen die wirklichen Schwierigkeiten oft in der Interaktion und Kommunikation mit ihren Mitschülern. Hierbei sollten sie von Anfang an gut begleitet werden, um Problemen vorzubeugen oder diese frühzeitig zu erkennen. Die schulischen Anforderungen können die Kinder meist gut bewältigen. Das Erbringen von Leistung stellt sie vor keine so große Herausforderung, kann aber dennoch durch verschiedene Stressoren auch stark beeinträchtigt sein. Schulbegleiter sollten idealerweise Teil des Teams der Schule sein. Jede Schule sollte einen Pool an Schulbegleitern haben. Das ist nicht nur notwendig, um die tägliche Beschulung autistischer Kinder zu gewährleisten und Ausfälle zu vermeiden, sondern um dem Artikel 24 der Behindertenrechtskonvention wirklich gerecht zu werden. Gleichzeitig kann so verhindert werden, dass der Schüler von einem einzigen Schulbegleiter abhängig wird.

Die Gefahr, dass ein autistischer Schüler den Schulbegleiter als Anker empfindet, ohne den er nicht mehr funktionieren kann, ist immer gegeben. Ein Rotationssystem, bei dem die Schulbegleiter regelmäßig wechseln, kann dies erfolgreich abwenden und für das Leben nach der Schule fit machen. Um ein guter Schulbegleiter zu sein, bedarf es keiner speziellen Ausbildung. Vielmehr ist es wichtig, dass Menschen, die besondere Kinder begleiten, sich selbst in einer Balance befinden und in Krisensituationen sowohl innerlich als auch äußerlich Ruhe bewahren können. Sie müssen mit dem Herzen sehen und ein wirkliches Interesse am Kind haben.

Für Sie als Lehrer wird es anfangs sicher ungewohnt sein, dass da ein Schüler mit Begleitung in Ihrem Unterricht sitzt. Auch ein Rollstuhl, ein Hörgerät oder eine Brille können Hilfsmittel eines Schülers sein. Diese werden ohne Wenn und Aber zugelassen. Vielleicht, weil es bei diesen Hilfsmitteln offensichtlicher ist, warum sie gebraucht werden. Ich möchte Sie bitten, dass Sie den Schulbegleiter ebenfalls als ein solches notwendiges Hilfsmittel sehen. Ohne den Schulbegleiter wäre es dem Schüler nicht möglich, die Schule zu besuchen und so Zugang zu Bildung und Teilhabe zu erhalten. Der Schulbegleiter ist weder eine Konkurrenz noch eine Bedrohung für Sie. Bitte versuchen Sie Ihr Erfahrungs- und Erwartungszahnrad ein bisschen zu stoppen. Besonders dann, wenn Sie vielleicht schon schlechte Erfahrungen mit anderen Schulbegleitern gemacht haben. Der Schulbegleiter ist zu allererst natürlich für den autistischen Schüler zuständig. Er ist aber indirekt auch für Sie da, denn er kann verhindern, dass es zu genau dem Verhalten kommt, mit dem weder Sie noch die Mitschüler gut leben, lernen und arbeiten können. Er ist da, um Sie als Lehrer zu entlasten und den Unterricht mit einem autistischen Schüler zu ermöglichen. Er kann Ihnen ein ganzes Stück weit den Rücken freihalten. Für den autistischen Schüler wird es ebenfalls eine enorme Entlastung sein, zu wissen, dass er jederzeit Hilfe an seiner Seite hat.

Kein Mensch möchte aufgrund seiner Art des Seins anders behandelt und womöglich abgelehnt und ausgegrenzt werden. Der Schulbegleiter ist also eines der wichtigsten Hilfsmittel in Ihrem Klassenzimmer. Er agiert selbstständig, d. h. er benötigt keine Anleitung von Ihnen oder gar eine ständige Supervision. Natürlich sollte es einen regelmäßigen Austausch außerhalb des Klassenzimmers geben, zu dem auch die Eltern eingeladen werden können. Der Schulbegleiter sollte in der Lage sein, Ihren Kollegen den autistischen Schüler und seinen Autismus zu erklären. Eventuell kann er Ihnen bei einem Elternabend bei der Sensibilisierung der Eltern der Mitschüler zur Seite stehen. Er ist sozusagen der Vermittler zwischen allen Beteiligten und dem autistischen Schüler. Dazu muss er diesen natürlich gut kennen. Elijahs Schulbegleiterinnen kennen ihn seit über 12 bzw. über sieben Jahren. Das ist ein großer Vorteil, da sie seine Entwicklung miterlebt haben und die ganz kleinen Schritte nach vorn wahrnehmen können. Bei Elijah besteht zum Glück wenig Gefahr der Abhängigkeit, da er sich eher Objekte anstatt Personen als Anker aussucht. Eine Vertretung kann er selbst dann gut annehmen, wenn er die Person überhaupt nicht kennt. Er hilft sogar dabei, dass auch mit einer neuen Schulbegleitung die Abläufe so bleiben, wie es ihm guttut. Als Familie haben wir einen sehr guten Draht zu den Schulbegleitern und das ist uns auch enorm wichtig. Probleme werden offen und ehrlich angesprochen und immer mit Elijah im Fokus gelöst. Da Elijah nonverbal ist, kann er zu Hause nichts vom Schulalltag erzählen. Über ein kleines Mitteilungsheft bekommen wir täglich umfangreiche Informationen von den Schulbegleiterinnen zu seinem Schultag. Sie sind auch in der Schule Elijahs Stimme und unterstützen ihn und seine Mitschüler in der Begegnung miteinander. Und das mit großem Erfolg! Ohne Schulbegleitung wäre Elijah ein Schulbesuch überhaupt nicht möglich. Er ist traurig, wenn er wegen krankheitsbedingtem Ausfall seiner Schulbegleitung nicht in die Schule gehen darf. Aus diesem Grund finde ich es wichtig, dass sich die Situation der Schulbegleitung in Sachsen bzw. in ganz Deutschland für alle Kinder, die diese Unterstützung benötigen, grundlegend positiv verändert. Behinderte Kinder haben ein Recht auf Bildung und ein Recht auf alle Hilfsmittel, die ihnen den Zugang zu dieser Bildung ermöglichen. Und zwar an jedem einzelnen Schultag.

Lehrerstimme

»In unserem Verein ist das so, dass wir einen Pool an Vertretungskräften haben. Das sind ganz tolle Leute, die wir flexibel einsetzen können. Es sind meist Lehrer, Erzieher, die schon im Ruhestand sind. Wenn sehr großer Engpass durch Krankheit ist, können wir auch manchmal nicht besetzen, das ist aber die Ausnahme. Wir haben ganz schöne Rückmeldungen aus den Schulen, dass es super klappt. Wir bemühen uns immer die Vertretungskräfte möglichst zu den gleichen Schülern zu schicken. Unsere Mitarbeiterin, die für die Schulbegleitung verantwortlich ist, macht eine Einweisung und ist Ansprechpartner. Alle Vertretungskräfte laden wir immer zu unseren Fortbildungen und Beratungen für Schulbegleiter ein.«
Sabine Heckel, Rehabilitationspädagogin, Vorsitzende Autismus Vogtland e. V.

Was ein Schulbegleiter können muss

Damit das Lernen mit einem Schulbegleiter gut funktioniert, ist es wichtig, dass der Schulbegleiter folgende Punkte erfüllt. Der Schulbegleiter eines autistischen Schülers muss

1. den Schüler und dessen Autismus sehr gut kennen (und idealerweise schon einige Zeit vor seinem Einsatz als dessen Schulbegleiter mit dem Kind Kontakt haben).
2. wissen, was Autismus ist und wie und warum autistisches Verhalten entsteht.
3. die Andersartigkeit, die Autismus mit sich bringt, akzeptieren können.
4. vor dem Einsatz mindestens eine Fortbildung zu Autismus und eventuell zum Einsatz als Schulbegleiter besucht haben.
5. in der Lage sein, die Lehrer und Mitschüler ausreichend über den Autismus und das daraus folgende andere Verhalten des Schülers aufzuklären.
6. wissen, wie die Selbst-, Andere- und Fremdwahrnehmung des Schülers entwickelt ist.
7. wissen, auf welchem sensorischen Kanal der Schüler hauptsächlich agiert.
8. in der Lage sein, den Lehrern und den anderen Schülern die Kompensationsstrategien des Schülers schlüssig zu erklären.
9. die Funktion des Stimmings des Schülers erklären und ggf. in ein akzeptables Stimming umwandeln können. (immer gemeinsam mit dem Schüler)
10. wissen, wann Auszeit benötigt wird und hier notfalls für den Schüler agieren, d. h. die Auszeit auch durchsetzen, wenn es der Schüler selbst nicht erkennt und entsprechend handeln kann.
11. wissen, wie ein Meltdown/Shutdown des Schülers aussieht und entsprechend ruhig und schnell agieren können.
12. ein guter Vermittler (Mediator) zwischen dem Schüler und seiner Umgebung sein.
13. in der Lage sein, Sprache für den Schüler verständlich zu »übersetzen« (also Leichte Sprache/Einfache Sprache beherrschen).

14. in der Lage sein, der Umgebung die Sprache des Schülers zu erklären.
15. die Stressoren (er)kennen, die bei dem Schüler Flucht-, Kampf- oder Starre-Verhalten auslösen und an deren Beseitigung mitwirken.
16. frühzeitig erkennen, wann die sensorische Überlastung zu groß wird und erfolgreich intervenieren, d. h. Overloads verhindern können.
17. in der Lage sein, eigenständig und verantwortlich zu handeln, oftmals auch Entscheidungen für den autistischen Schüler zu treffen, wenn dieser in der Schulsituation (erhöhter Stress/Überlebensmodus) dazu nicht in der Lage ist. Es kann sich hierbei auch um für Nicht-Autisten nichtige Dinge handeln, wie z. B. etwas essen oder nicht, Jacke anziehen, Buch aufschlagen, Sachen einpacken.
18. sowohl gegenüber dem Lehrkörper als auch dem Elternhaus eine große Kooperationsbereitschaft zeigen.
19. immer im Sinne des autistischen Schülers handeln, auch dann wenn dies gelegentlich zu Konflikten mit dem Lehrkörper führt.
20. als Mediator zwischen dem Schüler und den Lehrern fungieren können.
21. wie jeder Mensch die Fähigkeit zu Eigenreflexion besitzen.
22. vom Schüler gezeigte sozial-inadäquate Verhaltensweisen aushalten und anderen erklären können.
23. Kompetenz voraussetzen und dem Schüler dies auch deutlich vermitteln.
24. wissen, wann Hilfe absolut notwendig ist und diese dann adäquat geben.
25. wissen, wann der Schüler eine Herausforderung allein meistern kann und ihn dazu ermutigen.
26. ausreichend Supervision haben.
27. ausreichend Zugang zu Fortbildungs- und Schulungsangeboten haben und diese wahrnehmen.

Was ein Schulbegleiter nicht sein darf

Der Schulbegleiter eines autistischen Schülers darf nicht

1. zu einem Anker werden.
2. unersetzbar werden.
3. einschränken oder abschotten.
4. zu früh, aber auch nicht zu spät ins Geschehen eingreifen.
5. emotional reagieren, da der Schüler dies sofort übernehmen wird.
6. den Autismus des Schülers und das damit verbundene Verhalten persönlich nehmen.
7. eventuelle Konflikte mit dem Lehrer vor dem Schüler oder vor der Klasse austragen.
8. ohne Absprachen mit der Schule im Alleingang agieren.
9. ohne das Wissen und die Zustimmung der Eltern agieren.
10. zum »Spielball« zwischen Schule und Elternhaus oder auch Schüler und Schule/Elternhaus werden.

Was ein Schulbegleiter unbedingt beherrschen sollte

Der Schulbegleiter eines autistischen Schülers sollte

1. bei der sozialen Interaktion des Schülers mit anderen Schülern und Lehrern helfen.
2. dem autistischen Schüler dabei helfen, Kompensationsstrategien zu finden und anzuwenden.
3. dem Schüler gegebenenfalls dabei helfen, Hilfen annehmen zu können.
4. Vermeidungsverhalten des Schülers erkennen und adäquat intervenieren.
5. dem Schüler bei der Reizgewöhnung helfen.
6. immer in Reichweite sein, auch wenn der Schüler Fortschritte macht.
7. dem Schüler im Nachhinein soziale Regeln erklären und deren Einhaltung mit ihm üben.
8. zusammen mit dem Schüler Pläne und Abläufe gestalten, z. B. für Pausenzeiten und Schulausflüge (diese sollten so flexibel wie möglich gehalten werden).
9. dem Lehrkörper und auch den Eltern immer Gesprächsbereitschaft signalisieren.
10. einen regelmäßigen Austausch mit den Eltern haben.
11. sowohl den Eltern als auch den Lehrern gegenüber kritische Meinungen angemessen äußern können.
12. bis zu einem gewissen Grad auch Ansprechpartner für die Mitschüler sein.
13. den Schüler mit dem Herzen sehen.
14. Verständnis für die doch oftmals schwierige Situation der Lehrer als auch der Eltern haben.

Was Aufgabe eines Schulbegleiters sein kann

Der Schulbegleiter kann

1. die Kommunikation des Schülers mit Lehrern und Mitschülern unterstützen und verbessern und so eine Art Dolmetscher für den autistischen Schüler sein.
2. Aufgabenstellungen des Lehrers an die Voraussetzungen des autistischen Schülers anpassen.
3. Abläufe und Regeln mit dem autistischen Schüler trainieren.
4. Kontaktanbahnung mit den Mitschülern fördern und lenken.
5. den autistischen Schüler auf Gruppenaktivitäten vorbereiten.
6. dem autistischen Schüler beim selbstständig(er) Werden in allen Bereichen des schulischen Alltags helfen und ihn angemessen unterstützen.
7. das Lernen und die Aufgaben für den autistischen Schüler strukturieren bzw. portionieren, um Erfolgserlebnisse zu schaffen.
8. Pausenaktivitäten organisieren bzw. Leer- und Freizeiten strukturieren.

9. dem autistischen Schüler bei der Wahrnehmungsverarbeitung helfen und die positive Veränderung der Wahrnehmung des Schülers von sich selbst und anderen unterstützen.
10. bei Problemsituationen (Meltdown, Shutdown, Overload) intervenieren, ggf. mit Entfernen des Schülers aus der Situation in einen Auszeitraum.
11. bei der Regulierung und der Rückkehr in die Klasse/Gruppe helfen.
12. Orientierungshilfen, wo und wann sie gebraucht werden (Gebäude, Aktivitäten, Situationen) erstellen.
13. aktiv an der Erstellung und ständigen Überprüfung des Nachteilsausgleiches teilnehmen.

Schulbegleiterstimme

»Ich habe 16 Jahre als Schulhelferin in verschiedenen Schulen mit Kindern gearbeitet, die die verschiedensten Probleme und Behinderungen hatten. Viele Jahre habe ich mit autistischen Kindern gearbeitet. Ich habe sie an der Grundschule von der ersten bis zur vierten Klasse begleitet. Ich hatte das Glück, mit sehr engagierten Lehrern zu arbeiten. Die enge Zusammenarbeit zwischen Schulhelfer und Lehrer und zwischen Schulhelfer und Eltern ist enorm wichtig für eine erfolgreiche Integration von Kindern im Autistischen Spektrum. Eine gute Arbeit als Schulhelfer kann nur auf einer guten Beziehung zum Kind beruhen, auf Vertrauen, Einfühlungsvermögen, Akzeptanz und Verständnis für die wirklich besonderen Bedürfnisse dieser Kinder. Durch meinen eigenen autistischen Sohn hatte ich eine Menge Erfahrung und konnte zu allen Kindern, die ich betreut habe, eine gute vertrauensvolle Beziehung aufbauen. Außerdem hatten auch die Lehrer Vertrauen in meine Erfahrungen und Fähigkeiten und folgten meinen Ideen und Vorschlägen, auch wenn sie manchmal unkonventionell waren. Bei jedem auftretenden Problem haben wir nach Lösungen gesucht, die sowohl für das autistische Kind als auch für den Rest der Klasse tragbar waren. Das braucht auf jeden Fall die Flexibilität der Lehrer und das Gehen auf ungewohnten Wegen. Aber die Auseinandersetzung lohnt sich auf jeden Fall. Der Ansatz meiner Arbeit war eine sehr engmaschige Unterstützung ganz am Anfang direkt nach der Einschulung. Mit zunehmender Sicherheit und Selbstständigkeit des Schülers habe ich mich immer mehr zurückgezogen und auch anderen Kindern in der Klasse geholfen. Dabei habe ich mich ganz auf die Geschwindigkeit des Kindes eingelassen und war jederzeit als Hilfe ansprechbar. Das hat so gut geklappt, dass beide Kinder in der weiterführenden Schule dann ohne Schulhelfer zurechtgekommen sind und einen erfolgreichen Schulabschluss erreichen konnten. Diese gute Arbeit habe ich in einem Montessori-Zweig einer Berliner Grundschule machen können. Ich würde den Montessori-Ansatz jederzeit für autistische Schüler empfehlen. Es gibt genug Strukturen, die Sicherheit geben und trotzdem genug Freiraum für individuelle Lösungen und Arbeitsweisen. Ich bin sehr froh, dass ich diese guten Erfahrungen machen durfte und ich bin sicher, dass es an vielen Schulen mit Hilfe von Schulassistenz und engagierten Lehrern funktionieren kann, Schülern im Autismus-Spektrum einen erfolgreichen Schulbesuch zu ermöglichen. Dazu sind gar nicht so viele Voraussetzungen nötig: Rückzugsmöglichkeiten und flexible, verständnisvolle Lehrkräfte sind meiner Meinung nach mit die wichtigsten. Außerdem die Bereitschaft, sich einiges Wissen über Autismus anzueignen und von erfahrenen Schulhelfern und/oder anderen Fachkräften Ratschläge und Vorschläge ernst- und anzunehmen. Und natürlich den Schülern zuhören, sie gut beobachten, ihre Kommunikationsmöglichkeiten und ihr Selbstbewusstsein stärken. So kann es gelingen, dass der Schulbesuch autistischer Kinder positiv und mit Freude verlaufen kann.«

Grit Hansen, ehemalige Schulhelferin, Berlin

16 Andere Hilfsmittel

Neben dem Schulbegleiter und dem Nachteilsausgleich gibt es noch viele andere Hilfsmittel, damit ein autistischer Schüler seinen Schulalltag gut meistern kann. Dazu zählen vor allem die individuellen Kompensationsstrategien, die der Schüler für sich finden konnte. Diese nimmt die Umgebung oftmals entweder gar nicht bewusst wahr oder versteht sie nicht als Hilfsmittel. Die Hilfsmittel werden genauso unterschiedlich sein, wie die Menschen, die sie brauchen. Sie werden einiges kennen, aber vieles wird Ihnen fremd sein. Selbst wenn Sie den Sinn des Hilfsmittels nicht erkennen, lehnen Sie es bitte dennoch nicht ab. Wir sind alle anders und deshalb helfen jedem von uns auch unterschiedliche Dinge. Sie selbst werden Strategien und Hilfsmittel haben, die Ihnen in Ihrem Alltag helfen, aber einem anderen Menschen vielleicht nicht. Hier ist wieder Akzeptanz gefragt. Sprechen Sie sowohl mit Ihrem Schüler als auch mit seinen Eltern über die Hilfsmittel. Sagen Sie dabei offen und ehrlich, welche dieser Hilfsmittel den Unterricht eventuell beeinträchtigen können. Finden Sie dann gemeinsam Alternativen. Das Ziel muss immer sein, dass der autistische Schüler den Zugang zur Bildung nicht verliert und dass sowohl er als auch seine Mitschüler gut miteinander und voneinander lernen können. Kommen Sie einander näher, finden Sie Kompromisse und akzeptieren Sie auch die Hürden, die Ihnen im Weg liegen werden. Noch einmal: Je früher Sie den Schüler kennenlernen, desto besser können Sie sich auf ihn und seine andere Art zu Sein vorbereiten.

Stimming

Von den meisten autistischen Menschen wird Stimming als wichtigstes Hilfsmittel im Alltag angesehen. Leider wird es selbst vom unmittelbaren Umfeld des autistischen Menschen immer noch nicht ausreichend erkannt. Im Gegenteil, häufig wird es verkannt und dem autistischen Menschen dann weggenommen oder untersagt. Ich bitte Sie eindringlich, das nicht zu tun. Natürlich sollte das Stimming Ihres autistischen Schülers mit der Situation Schule/Unterricht idealerweise kompatibel sein. Es sollte weder Sie noch die Mitschüler so sehr irritieren, dass der Unterricht gefährdet ist. Sie müssen hier einen guten Kompromiss für alle finden. Stimming dient einem Menschen zur Beruhigung. Wenn es ein die Umgebung belastendes Stimming ist, dann müssen Sie zu allererst herausfinden, wo die Stressoren liegen. Eventuell können diese schnell und einfach beseitigt werden.

Bei sprechenden Autisten haben Sie es wesentlich leichter Stressoren zu finden, aber dennoch nicht einfach. Bleiben Sie dran. Erklären Sie Ihrem Schüler, dass es für alle wichtig ist, dass Sie gemeinsam mit ihm herausfinden, warum die jeweilige Situation stressig für ihn ist. Oft sind es kleine Veränderungen, die eine große Wirkung haben können. Das gilt im positiven als auch im negativen Sinn. Erläutern Sie dem Schüler, wie sein Stimming auf Sie und die Klasse wirkt und warum gerade dieses Stimming in dieser Situation ablenkend oder irritierend ist. Stellen Sie sicher, dass er versteht, dass es keine Ablehnung seiner Person oder seiner anderen Art zu sein ist. Es ist wichtig, dass er weiß, dass Sie nach einer Lösung suchen, die allen guttut. Hier muss man immer wieder beachten, dass autistischen Menschen die Fremdwahrnehmung fehlt. Allein aus diesem Grund sind sie enorm benachteiligt. Sie brauchen ganz viele Erklärungen, damit sie ihre Umgebung nicht missverstehen, sondern ein Verständnis für die Bedürfnisse der Menschen um sie herum entwickeln können. Dies ist für die soziale Interaktion und damit die Teilhabe autistischer Menschen enorm wichtig.

Fremdwahrnehmung erlernen

Fremdwahrnehmung ist eine Grundvoraussetzung für ein Gelingen der sozialen Interaktion und ein gutes Miteinander. Fremdwahrnehmung und Theory of Mind können bis zu einem gewissen Maß erlernt werden, da es sich um kognitive Fähigkeiten handelt. Ich arbeite bis heute daran. Es gelingt mir oft nur im Nachhinein, mir zu erarbeiten, wie es einem anderen Menschen in einer bestimmten Situation mit mir ergangen sein könnte. Eine große Hilfe ist mir mein Mann, der mit mir gemeinsam die Situationen durchgeht und mir erklärt, warum Menschen so und nicht anders reagiert haben.

Bei Ihrem Schüler werden es in erster Linie die Eltern sein, die ihm helfen, Fremdwahrnehmung zu entwickeln. In den meisten Fällen sind es zusätzlich auch Therapeuten verschiedener Einrichtungen, wie zum Beispiel Autismus-Zentren oder Elternvereinigungen. In der Schule sollte der Schulbegleiter das verbindende Element sein. Er kann dem Schüler immer wieder Rückmeldungen zu den Gefühlen und Empfindungen seiner Mitschüler und Lehrer in den jeweiligen Situationen oder Begegnungen geben. Es ist wichtig, dass ein autistisches Kind frühzeitig lernt, dass andere Menschen Bedürfnisse haben und dass diese sich von den eigenen Bedürfnissen unterscheiden können. Der Schulbegleiter muss auch beim Erkennen der Bedürfnisse anderer mit Rat und Tat zur Seite stehen, damit die soziale Interaktion mit Gleichaltrigen gelingen kann. Er ist in vielen Fällen eine Art Türöffner, der darauf achten muss, dass er so viel Hilfe wie nötig, aber eben auch so wenig wie möglich gibt.

Anschubsen

Das Anschubsen autistischer Menschen durch Betreuer wird von Außenstehenden oftmals als übergriffig wahrgenommen. Egal, wie es aussieht, es dient wirklich dazu, dass ein autistischer Mensch »durchstartet«. So kann er zumindest einmal eine bestimmte Erfahrung machen, um zu wissen, wie es sich anfühlt, wenn man zum Beispiel einen Hund streichelt, schaukelt oder mit den Füßen im Wasser watet. Meinem Sohn und mir fehlt ein großer Teil der wohl angeborenen Neugier. Es ist jedoch gerade dieses Entdeckertum, das nicht-autistischen Menschen hilft, sich ihre Umgebung zu erschließen. Elijah hätte ohne unser aktives Eingreifen und Zutun niemals herausgefunden, wie es ist, eine Rutsche hinunterzurutschen. Sie werden sehr schnell feststellen, dass Hilfsmittel bei Autismus zum Teil sehr anders aussehen, als Sie das erwarten. Wenn mein Mann mich »anschubst« oder mir in der Öffentlichkeit mehrmals einen Ablauf erklärt und meine immer gleichen Fragen geduldig beantwortet, nehmen die Anwesenden das nicht als Hilfsmittel für (s)eine autistische Frau wahr, sondern sehen im besten Fall ein sehr komisches Verhalten eines Mannes gegenüber seiner Frau. Meinen Autismus sieht man mir ja nicht an. Oft macht es das so schon nicht einfache Anderssein noch schwerer.

Hilfsmittel des autistischen Schülers können sein:

- Stimming (malen, Musik hören etc.)
- Schulbegleiter
- Nachteilsausgleich
- eventuell zeitweiser Einzelunterricht/halbe Unterrichtstage
- Mono-channeling
- Anker (kleine Gegenstände, Bilder etc.)
- festgelegte Auszeiten
- einen festen Plan des Tages schriftlich/visuell gestalten und bei sich tragen
- Rituale/Strukturen (z. B. immer den gleichen Sitzplatz haben)
- Notfallrufnummer der Eltern/Bezugspersonen
- Geschwister an der gleichen Schule (Aber Achtung: Anker-Gefahr)

Lesen Sie hierzu mehr im Kapitel »ABC meiner Strategien« (▶ Kap. 27).

Hilfsmittel seitens der Schule

- Individuellen Nachteilsausgleich erstellen.
- Klare, deutliche Beschriftung/Kennzeichnung der Zimmer anbringen.
- Laminierten Lageplan/Wegweiser inner- und außerhalb des Schulgebäudes erstellen.
- Einheitlichen Sitzplan der Klasse für jedes Zimmer/Fach anlegen.
- Liste mit Namen und Bildern der Mitschüler/Lehrer anfertigen.
- Verhaltensregeln in der Schule (Schulordnung) in Einfacher/Leichter Sprache oder Bildern festhalten.
- Verhaltensregeln innerhalb der Klasse gemeinsam erarbeiten und für alle sichtbar anbringen, damit jederzeit darauf verwiesen werden kann.
- Videoaufzeichnung vom Schulalltag, d. h. von allen relevanten Situationen, machen, damit der Schüler sich in Ruhe zu Hause ansehen kann, wie Situationen ablaufen, wie es aussieht und sich anhört (Vergessen Sie nicht,

das Einverständnis aller auf dem Video erkennbaren Lehrer und Kinder bzw. deren Eltern einzuholen.)
- Auszeitraum/-areal festlegen, den Weg dorthin festlegen, kennzeichnen und einüben.
- Notfallzeichen (Handzeichen, Karte etc.) ausmachen, wenn ein Overload, Meltdown, Shutdown droht.
- Klassenraum, wenn nötig und möglich, reizarmer gestalten.
- Gemeinsamer Gang durch die Schule, um Stressoren zu finden und zu beseitigen.
- Ansprechpartner festlegen und den Zugang zu diesen absichern.
- Pausen strukturieren oder Pausenraum (z. B. Bibliothek) zur Verfügung stellen.
- Dem Schüler eine feste Aufgabe geben (z. B. Materialien sortieren oder ordnen, Bücher in der Schulbibliothek einsortieren).
- Feste Ansprechpartner innerhalb der Schule haben (besonders wenn es keine Schulbegleitung gibt).
- Eventuell ein Buddy-System aufbauen oder ein schon bestehendes weiterhin nutzen.

Elternstimme

»Gut ist, dass H. eine Freundin gefunden hat und wir glauben, dass sie dadurch einen positiven Grund hat, die Schule zu besuchen. Seitdem ist vieles einfacher geworden. Glücklicherweise wechselt ihre Freundin nächstes Jahr auch auf die Gesamtschule. Wir müssten es nur hinbekommen, dass sie auch in dieselbe Klasse gehen. Das wäre wichtig. Anfang November gehe ich an die neue Schule und kläre das Kollegium auf und versuche zu sensibilisieren.«
David Brudnitzki, Autismus-Therapeut und Consultant IMBSE GmbH – in&aut und Vater eine Tochter mit Asperger-Syndrom

17   Die Kollegen

Es gab schon immer autistische Schüler in allen bestehenden Schulformen. Der Unterschied zu heute ist, dass die Mehrzahl dieser Kinder nun mit einer Diagnose kommt. Sie als Lehrer wissen also im Vorfeld, dass sie ein anderes Kind in Ihrer Klasse haben werden. Meine Beschulung war von Anfang an für alle Beteiligten erschwert, weil keiner meiner Lehrer wusste, warum ich bin wie ich bin und wie sie hätten besser mit mir umgehen können. Eine Diagnose darf kein Stigma sein! Sie sollte immer als Vorteil gesehen werden, da erst sie es dem Schüler selbst, aber auch seinem Umfeld ermöglicht, ein besseres Miteinander gestalten zu können. Offenheit im Umgang mit Autismus hat höchste Priorität auf dem Weg zur Inklusion. Wir alle wissen, dass es zur inklusiven Schule noch ein weiter Weg ist. Die UN Behindertenrechtskonvention wird in Deutschland vor allem hinsichtlich der Beschulung autistischer Menschen überhaupt noch nicht verwirklicht. Wie sagt man so schön? Papier ist geduldig. Aber wir dürfen es nicht mehr sein. Es gibt schon jetzt vieles, was wir ändern können. So ist es zum Beispiel ganz wichtig, dass alle Lehrer, die an Ihrer Schule tätig sind, ein Grundwissen über Autismus haben. Nur so können sie ein Verständnis für die andere Art des Seins autistischer Schüler entwickeln. Dabei ist es vollkommen egal, ob sie den autistischen Schüler selbst im Unterricht haben oder nicht. Es kann schnell passieren, dass ein Lehrer als Vertretung einspringen muss und sich dann plötzlich mit Autismus konfrontiert sieht. Ohne Vorbereitung und Autismus-Grundwissen kann das nur schief gehen. Alle Kollegen müssen über die besonderen Abläufe und Strukturen in der Klasse informiert sein, die es dem autistischen Schüler ermöglichen, am Unterricht teilzunehmen. Sie müssen den Nachteilsausgleich kennen und auch mit den Aufgabenbereichen des Schulbegleiters vertraut sein. Allein die Anwesenheit eines Vertretungslehrers kann eine enorm große Strukturänderung und damit Herausforderung für einen autistischen Schüler darstellen. In solch einer Situation ist es wichtig, dass möglichst alle anderen Strukturen erhalten und Abläufe eingehalten werden. Nur so kann der Schüler genügend Sicherheit und Halt erfahren, um in der für ihn komplett anderen und neuen Situation verbleiben und den Unterricht meistern zu können.

Über Autismus aufklären

Zusätzliche Stresssituationen, sowohl für den Lehrer als auch für den Schüler, seine Schulbegleitung und nicht zu vergessen die Mitschüler, können nur verhindert werden, wenn alle Kollegen zu Autismus geschult sind. Dies kann durch eine allgemeine Fortbildung zu Autismus geschehen. Es ist dazu aber unbedingt notwendig, dass alle Lehrer zudem über den autistischen Schüler und seine ganz eigene andere Art des Seins Bescheid wissen. Um Ihre Kollegen über Autismus aufzuklären, können Sie mittlerweile auf zahlreiche autistische und nicht-autistische Referenten zugreifen. Mit deren Hilfe können dem gesamten Kollegium sowohl ein allgemeiner Überblick zum Thema Autismus als auch spezifische Informationen zur Beschulung autistischer Kinder vermittelt werden. Wichtig ist hier jedoch, sich bewusst zu sein, dass autistische Experten immer nur aus ihrer eigenen Wahrnehmung über ihr Leben mit ihrem Autismus sprechen können. Was dem einen Autisten in seiner Schulzeit geholfen hat, kann für den nächsten ein absoluter Stressor sein. Nicht-autistische Experten können nur von dem berichten, was sie mit einzelnen autistischen Menschen erlebt haben. Sie können also ausschließlich aus der Außenperspektive berichten. Bitte bleiben Sie sich immer der Individualität Ihres Schülers bewusst. Es sollte Sie jedoch nicht davon abhalten, sich mit anderen Lehrern über deren autistische Schüler auszutauschen. Ich höre bei meinen Vorträgen an Schulen leider immer wieder, dass Lehrer meinen, da sie einen autistischen Schüler hatten, kennen sie sich nun mit dem Thema aus. Ich weise dann darauf hin, dass sie immer nur wissen, wie sie mit diesem einen autistischen Schüler umgehen müssen. Falls Sie Kollegen haben, die schon mit autistischen Kindern gearbeitet haben, können diese durchaus eine wertvolle Informationsquelle für Sie sein und bestimmt können Sie von den Erfahrungen Ihrer Kollegen profitieren. Es kann durchaus sein, dass Sie dabei etwas entdecken, was Ihnen und Ihrem Schüler helfen kann. Es ist immer gut, ab und zu über den Tellerrand zu schauen, aber niemals gut, alle in einen Topf zu werfen.

Sozialpädagogenstimme

»Ich wünsche mir: Autismus als Thema in die Lehrerausbildung fest integrieren. Lehrer als Autismus-Beratungslehrer über die Autismus Zentren ausbilden und andocken, diese werden regelmäßig geschult: Fallbesprechungen und Fortbildungen, und die Autismus-Beratungslehrer schulen dann das Kollegium (von Lehrer zu Lehrer funktioniert das meiner Meinung nach besser) und es gäbe bei Fragen direkt einen Ansprechpartner vor Ort. Es handelt sich nur um einen Ausschnitt meiner Wünsche.«
Antonia Vahlberg, Sozialpädagogin, Leitung Autismus Zentrum, Lebenshilfe Salzgitter e. V.

Den Schüler vorstellen

Neben allgemeiner und externer Fortbildung zu Autismus halte ich es für sehr wichtig, dass der autistische Schüler dem Kollegium ganz individuell vorgestellt wird. Dies können Sie natürlich nur dann wirklich erfolgreich machen, wenn Sie den Schüler selbst ausreichend gut kennen. Es ist empfehlenswert, eine Vorstellung rechtzeitig aber dennoch erst dann zu machen, wenn hinsichtlich der Beschulung schon konkrete Vorgehensweisen festgelegt sind. Ist der Schüler einer

Autismus-Einrichtung angegliedert, in welcher er vielleicht Therapien oder Sozialtraining erhält, dann kann durchaus auch ein Mitarbeiter dieser Einrichtung über die Besonderheiten des Schülers und die Notwendigkeiten bei der Beschulung sprechen. Auch die Eltern, die ja am nächsten dran sind, können ihr Kind dem Kollegium vorstellen. Wichtig ist auf jeden Fall, dass alle, auch der Hausmeister, die Köchinnen und das Reinigungspersonal, wissen, dass es diesen besonderen Schüler geben wird. Ansonsten werden in ganz kurzer Zeit viele Missverständnisse entstehen. Diese kosten nicht nur Zeit und Energie, sondern gefährden einen guten Start und können den weiteren Schul- und darüber hinaus den Lebensweg des Schülers erschweren. Erstellen Sie deshalb für und mit Ihren Kollegen von Anfang an einen Plan hinsichtlich der Vorgehensweise, wenn ein vertrauter Lehrer ausfällt und eine Vertretung durch einen anderen, dem autistischen Kind unbekannten Lehrer, unumgänglich ist. Beantworten Sie für Ihre Kollegen schon im Vorfeld schriftlich genau die Fragen in Kurzform, die Sie sich selbst hinsichtlich Ihres Umgangs mit dem autistischen Schüler gestellt und beantwortet haben. Folgende Fragen können einen guten Einstieg bieten:

- Was gibt es bei diesem Schüler zu beachten?
- Was sind bekannte Stressoren? Wie reagiert der Schüler auf diese?
- Was geht, was geht nicht? z. B. Blickkontakt, Berührungen
- Wo liegen seine Stärken?
- Wo benötigt er Hilfe?
- Welche Hilfsmittel nutzt der Schüler? Wann und warum?
- Welche Funktionen hat der Schulbegleiter?
- Wie sehen Stresssituationen aus? Overload, Meltdown, Shutdown
- Wie reguliert sich der Schüler? z. B. Stimming, Auszeitraum

Solch eine kurze, aber übersichtliche Beschreibung der besonderen Art des Seins Ihres autistischen Schülers kann sehr hilfreich sein, wenn ein Kollege kurzfristig und unvorbereitet einspringen muss. Wenn man etwas Neuem gegenübersteht, freut man sich über jede noch so kurze Anleitung, die die Situation erklärt und den Weg weist. Ich habe immer wieder eine Art Gebrauchsanweisung sowohl für Elijah als auch mich selbst betreffend geschrieben. Vor Kurzem habe ich dem neuen Fahrer von Elijahs Schulbus eine kurz zusammengefasste Info zu Elijah gegeben. Es mag zwar ungewöhnlich sein, eine Bedienungsanleitung für einen Menschen zu erstellen, aber im Falle autistischer Menschen ist es ein äußerst sinnvolles Werkzeug, damit das Mitmensch-Sein gelingen kann. Sie und Ihre Kollegen können bei Ihrem autistischen Schüler nicht oder nur bedingt auf Ihre Erfahrungen mit anderen Schülern zurückgreifen. Vertretungslehrer haben nicht die Zeit, den Schüler allmählich besser kennenzulernen. Sie springen immer ins tiefe Wasser, das heißt, sie müssen sofort schwimmen können. Sie sind, was den Umgang mit einem autistischen Schüler angeht, allerdings in einem ihnen völlig unbekannten Gewässer mit gefährlichen Strömungen. Geben Sie Ihren Kollegen deshalb einen Rettungsring im Sinne von guter Vorbereitung und einem funktionierenden Plan mit. Nur wer sich einigermaßen sicher fühlt und ein gutes Team im Rücken weiß, wagt auch den Sprung ins Ungewisse.

Teamwork – alle ziehen an einem Strang

Über seine Fähigkeit des Sensings kann ein autistischer Mensch extrem gut wahrnehmen, ob sich die Menschen um ihn herum, bei dem was sie tun und wie sie es tun, einig sind oder nicht. Für eine erfolgreiche Beschulung bzw. ein gutes Miteinander ist es absolut unumgänglich, dass wirklich alle an der Förderung des Kindes Beteiligten an einem Strang ziehen. Sie müssen sich alle einig sein, in welche Richtung Sie gehen und wie Sie auf bestimmte Situationen und Verhalten des Kindes reagieren. Jeder Einzelne im Team muss den Plan absegnen und zwar mit gutem Gewissen. Wenn Zweifel oder Probleme auftauchen, dann müssen diese sofort offen und ehrlich besprochen werden. Das ist keinesfalls einfach, aber notwendig. Besonders den Eltern, die emotional an das Kind gebunden sind, fällt es oft nicht leicht auf der Sachebene zu bleiben. Aber gerade das ist wichtig, damit das Team ein Team bleibt und nicht in Splittergruppen zerfällt, von denen jede in eine andere Richtung am Kind zieht. Ein autistisches Kind ist nicht automatisch seinen Eltern gegenüber loyal, sondern dem Menschen, der ihm die größte Sicherheit vermittelt. Auch bei mir waren das immer wieder Menschen außerhalb der Familie und auch Lehrer, für die ich mein Möglichstes getan habe. Niemand, aber schon gar nicht ein autistisches Kind, sollte in eine Position gebracht werden, in der es sich für eine Seite entscheiden muss. Es bringt am Ende überhaupt nichts, wenn sich Schule und Eltern oder Lehrer und Schulbegleiter überwerfen. Sie machen sich damit nicht nur selbst den Weg schwerer, sondern nehmen dem autistischen Schüler jede Chance auf erfolgreiche Teilhabe an der Gemeinschaft Schule.

Als Lehrer haben Sie gelernt, diplomatisch mit Eltern umzugehen. Bei Eltern autistischer Kinder müssen Sie sich bewusst machen, dass diese mit ihrem Kind und in dem daraus folgenden Alltag fast immer allein sind. Diese Eltern handeln oft auf eine für Außenstehende unverständliche Art und Weise. Häufig erschwert das Verhalten der Eltern ihrem Kind gegenüber dessen weiteren Entwicklungsweg. Dennoch geschieht dies von Seiten der Eltern aus Liebe und leider auch aus einer großen Verzweiflung heraus. Wir leben in einer Gesellschaft, die immer mehr Anpassung verlangt. Die Eltern merken sehr wohl, dass ihr Kind diese Anpassung nur schlecht oder gar nicht schaffen wird. Sie agieren aus Angst und Verzweiflung. Sie wollen wie alle Eltern nur das Beste für ihr Kind. Weil sie so nah an diesem Kind dran sind, übersehen sie vielleicht manchmal die richtigen und notwendigen Wege, auf denen dieses Beste zu erreichen ist. Oft haben sie deshalb eine andere Wahrnehmung darüber, was das Beste für ihr Kind ist. Die Eltern sehen sich häufig auch als Einzelkämpfer und allein diese Wahrnehmung baut viele neue Barrieren auf. Wenn dies der Fall ist, dann signalisieren Sie den Eltern zu allererst, dass Sie auf der Seite des Kindes und damit auf ihrer Seite stehen. Je stabiler die Brücke ist, die Sie zu den Eltern bauen, desto mehr Chancen eröffnen sich dem Kind. Holen Sie sich neben den Eltern und dem Schulbegleiter zudem alle Ihre Kollegen ins Boot. Es wird jedem von Ihnen guttun. Mit jeder erfolgreichen Beschulung eines autistischen Kindes kommen wir der inklusiven Schule ein Stück näher. Denn, und ich sage das immer wieder, was einem autistischen Schüler guttut, tut allen Kindern in der Klasse/Schule gut. Autisten sind wie die Kanarienvögel im Bergbau... sie sind häufig die ersten, die merken, dass etwas nicht stimmt und zeigen dies deutlich an. Am Ende leiden alle Menschen unter Strukturlosigkeit, Lärm, Durcheinandergerede, visuelle Überlastungen, Zeitdruck, Schubladendenken, Vergleichen und dem täglichen Alltagsstress. Leider bemerken nicht-autistische Menschen das fast immer erst dann, wenn es schon zu spät ist. Die Folge sind Burn-Out-Beschwerden, Antriebslosigkeit und Depressionen.

Dranbleiben

Geben Sie bitte nie auf! Es gibt immer einen Weg. Das Miteinander mit autistischen Menschen ist ein Abenteuer und nicht einfach, aber dennoch bereichernd. Es kann durchaus sein, dass Sie bei der Lösungssuche für das eine Problem die Antwort auf ein ganz anderes finden. So habe ich es oft in meinem Leben erlebt. Treffen Sie sich in regelmäßigen Abständen mit den Eltern, Schulbegleitern und mit Ihren Kollegen zu einer Fallbesprechung. So bleiben alle auf dem aktuellen Stand und haben die Möglichkeit, neuen Input zu liefern. Holen Sie sich Unterstützung von Autismus-Netzwerken wie Autismus Deutschland e. V., von dem es in Ihrer Nähe einen Regionalverband geben wird. Vernetzen Sie sich mit anderen Lehrern, auch von anderen Schulen und Schultypen. Diese machen ihre eigenen Erfahrungen mit ihren Schülern, aber eventuell haben sie schon genau die Lösung gefunden, die Ihnen und Ihrem Schüler helfen kann. Ein guter Kontakt zur vorherigen Schule Ihres autistischen Schülers ist genauso hilfreich wie eine Kooperation mit der Einrichtung, die sich nach dem Besuch Ihrer Schule anschließen wird. Von einer engen Zusammenarbeit profitieren am Ende alle Beteiligten. Besuchen Sie Autismus-Fachtage und -veranstaltungen. Dort sprechen immer häufiger Autisten selbst, an deren Expertise Sie sich bereichern können. Auch zur Vernetzung sind solche Veranstaltungen gut geeignet. Es gibt zahlreiche Bücher zu den unterschiedlichsten Autismus-Themengebieten. Viele davon sollten in jeder Schulbibliothek stehen. Ihnen steht ein ganzes Netzwerk in Form des Internets als Informationsquelle zur Verfügung. Allerdings gibt es keine Garantie für die Qualität der Beiträge, die Sie dort finden.

Verlieren Sie weder die Hoffnung noch den Glauben. Lachen Sie viel und auch mal über sich selbst. Was wäre das Leben ohne Humor? Haben Sie keine Angst davor, Fehler zu machen, wenn Sie neue Wege gehen. Nur aus Fehlern können wir lernen! Probieren Sie ungewöhnliche Wege aus. Experimentieren Sie! Viele Erfindungen, die uns heute unser Leben erleichtern, beruhen auf Fehlern von Wissenschaftlern oder wurden durch Zufälle gemacht. Wenn Alexander Fleming seine Petrischalen sofort ausgewaschen hätte, dann hätten wir heute vielleicht kein Penicillin.

Lehrerstimme

»Im letzten Halbjahr der 6. Klasse galt nun das Augenmerk auf die Umschulung an eine Oberschule. Diese wurde ein voller Erfolg, auch weil beide Schulen nach wie vor eng zusammenarbeiten. Besonders dankbar war ich dann auch, als mich mein ehemaliger Schüler zu seiner Jugendweihe einlud und ich nun zu jedem Halbjahreszeugnis eine Nachricht bekomme, welche Zensuren denn erreicht wurden.«
Ute Schnabel, Schulleiterin Förderzentrum Clemens Winkler, Brand-Erbisdorf

18　Die Mitschüler

Genau wie jedes andere Kind braucht ein autistisches Kind Gleichaltrige, von denen es in der Begegnung lernen kann. Zu solchen Begegnungen kommt es bei autistischen Kindern allerdings oftmals nicht automatisch, vielmehr müssen Interaktionen von außen und sehr individuell angebahnt und ständig begleitet werden. Oft ziehen sich autistische Menschen nämlich nur deshalb aus dem Miteinander zurück, weil sie wiederholt negative Erfahrungen gemacht haben. Auch hier ist es ein Nicht-Können und kein Nicht-Wollen. Unterstützen Sie deshalb Ihren autistischen Schüler in seinen Bemühungen, Kontakt zu seiner Umgebung aufzunehmen. Egal, wie anders dieser Umgang mit den Klassenkameraden ist, er ist äußerst wichtig, und zwar für beide Seiten. Ohne eine gute Beziehung zu den Mitschülern kann die Beschulung nicht erfolgreich sein. Bei der Planung der Beschulung ist zu beachten, ob und inwieweit die Anwesenheit anderer Menschen im Raum den Schüler belastet. Hat er genügend Strategien, um seine Andere-Wahrnehmung zu regulieren? Sowohl die Klassenstärke (im besten Fall Punktesystem anstatt Personenzahl) als auch die Auswahl der Mitschüler spielen eine wichtige Rolle. Für ein autistisches Kind kann schon eine weitere zusätzliche Person im Raum überfordernd sein.

Mein Sohn konnte anfangs niemanden im gleichen Raum ertragen, ohne einen Overload zu erleiden. Nach Jahren der Gewöhnung und Arbeit an der Anderen-Wahrnehmung ist er nun in einer Klasse von sieben Mitschülern und drei Erwachsenen sehr glücklich. Auch die Hofpausen mit allen Kindern der Schule kann er gut meistern und nimmt nun sogar von sich aus Kontakt zu den Kindern auf. Das zeigt noch einmal, wie wichtig es ist, das Kind dort abzuholen, wo es wartet und es vor allem so abzuholen, dass es folgen kann. Reizgewöhnung, auch wenn sie schwierig ist und lange dauert, bis erste Erfolge sichtbar sind, führt immer zu mehr Teilhabe. Erst dann hat das Kind eine Chance, sich zu entfalten und innerhalb der Gemeinschaft seinen Platz zu finden und einzunehmen. Vermeidung fühlt sich zwar erst einmal gut an, aber löst Probleme nur scheinbar, kurzfristig oder oberflächlich. Letztendlich führt sie dazu, dass der Bewegungsradius des autistischen Menschen stetig kleiner wird. Anstatt ihn freier und selbstbestimmter werden zu lassen, wird der autistische Mensch ganz schnell zu einem Gefangenen seiner Wahrnehmung. Überlegen Sie deshalb immer, wie etwas funktionieren könnte und probieren Sie es aus.

Wir neigen alle dazu, an Gewohntem festzuhalten. Veränderungen werden erst einmal kritisch betrachtet und oftmals abgelehnt. Es kann gut sein, dass auch Ihr Schüler und eventuell die Eltern sich gegen Neues und Ungewohntes wehren, weil Vermeidung nicht nur einfacher ist, sondern ihren Alltag oftmals erst möglich bzw. erträglich macht. Aber bleiben Sie dran und helfen Sie ihnen dabei, neue Wege zu gehen, die zwar anstrengend, aber letztendlich unheimlich lohnend sein werden. Hier in der Kleinstgemeinschaft der Klasse kann noch vieles geübt und erlernt werden, was nach der Schule von jedem Menschen verlangt wird. Leistungsfähigkeit und vor allem die Anpassung an die Gemeinschaft und das reibungslose Funktionieren in ihr sind in unserer Gesellschaft derzeit Voraussetzung, um dazugehören zu können.

Vorbereitung des autistischen Schülers auf die Klasse

Der autistische Schüler sollte so früh wie möglich die Gelegenheit haben, seine Klasse kennenzulernen. Eine sichere Möglichkeit, sich mit den Mitschülern schon vor Beginn der gemeinsamen Schulzeit vertraut zu machen, können kleine Steckbriefe der Mitschüler sein. Diese sollten mit einem Foto versehen sein und Auskunft über Hobbys und Vorlieben geben. Kleine Hinweise zu Dingen oder Verhaltensweisen, die der jeweilige Mitschüler gar nicht mag, können diese Steckbriefe vervollständigen. Vielleicht bietet auch ein Freunde-Buch eine Möglichkeit des ersten Kennenlernens. Diese sind im Handel erhältlich und der autistische Schüler kann es selbst aussuchen. Außerdem ist ein Freunde-Buch eine ganz normale Sache unter Kindern, das heißt, der autistische Schüler fühlt sich nicht zu anders und die Mitschüler wundern sich erst einmal weniger. Außerdem können so auch die Eltern des autistischen Kindes die Klasse schon vor Schuljahresbeginn kennenlernen. Sie haben dann die Möglichkeit, ihr Kind entsprechend besser vorzubereiten.

Sie sollten im Vorfeld auch schon versuchen, erste Regeln für den Umgang mit den Mitschülern aufzustellen. Gibt es einen Schulbegleiter, so kann auch er sich mit den einzelnen Kindern vertraut machen und die Anbahnung von Kontakten von Anfang an effektiver unterstützen. Gemeinsamkeiten, wie ähnliche Interessen oder gleiche Hobbys können herausgearbeitet und als Brücken genutzt werden. Diese Art der Vorbereitung auf den Schulbesuch kann auf die Lehrerschaft und den Ablauf des Schulalltags erweitert werden. Das persönliche Kennenlernen der Mitschüler sollte idealerweise nicht am ersten Schultag stattfinden. Gut wäre ein erstes Treffen an einem Ort, an dem sich der autistische Schüler besonders wohl und sicher fühlt. Eventuell muss auch hier schon kleinschrittig vorgegangen werden. Mehrmals zwei bis drei neue Menschen kennenzulernen ist besser, als von allen auf einmal überfordert zu sein. Es ist wichtig, dass autistische Menschen in der Begegnung mit anderen Menschen positive Erfahrungen machen. Die Nähe der Mitschüler zum autistischen Schüler muss unter Umständen von außen, am besten durch den Schulbegleiter, reguliert werden. Es kann aber durchaus sein, dass der autistische Schüler zu nah an seinen Klassenkameraden dran ist. Vielen autistischen Menschen fällt es in der Interaktion mit anderen Menschen schwer, das richtige Maß an Nähe und Abstand zu finden. Eine von Seiten des autistischen Schülers gut gemeinte Begegnung kann schnell schiefgehen, wenn sie von seinen Mitschülern als Belastung empfunden wird. Es ist wichtig, dass für den Umgang mit den Mitschülern klare Regeln aufgestellt werden. Bedenken Sie, dass all das Wissen hinsichtlich sozialer Kompetenz, was sich Kinder schon in der Kita spielend aneignen, bei einem autistischen Kind gleichen Alters fehlen kann. Ganz egal, wie clever das Kind ist, wie toll es Klavier spielen, wie klug es reden und welche mathematischen Probleme es lösen kann, vergessen Sie nicht, dass keine oder nur wenige soziale Kompetenzen vorhanden sein können. Es kann für dieses Kind Schwerstarbeit sein, sich einen annähernd gleichen Stand hinsichtlich des Umgangs mit Anderen anzueignen. Dies betrifft auch die kommunikativen Fähigkeiten des Kindes. Sprache ist eine wunderbare Brücke, aber nur dann, wenn der Andere sie auch versteht.

Es mag generell so aussehen, dass Kinder mit frühkindlichem Autismus schwerer betroffen sind als Asperger-Autisten, aber dies täuscht. Die meisten Asperger-Autisten, vor allem Mädchen, haben schon im Kleinkindalter so gute Kompensationsstrategien, dass sie nach außen oftmals nicht viel anders wirken als ihre Altersgenossen. Solange alles nach Plan läuft, fallen sie fast nicht auf. Geht aber etwas schief oder gibt es die kleinste Veränderung, dann kann sich das Blatt sehr schnell wenden. Während bei frühkindlichen Autisten die Probleme deutlicher sichtbar sind, bleiben diese der Umgebung bei Asperger Autisten manchmal sogar ziemlich lange verborgen. Aus diesem Grund werden ganz viele Kinder erst sehr spät mit Autismus diagnostiziert. Vor allem die Mädchen werden hier weiter übersehen. Sie sind einfach zu gut darin, ihrer Umgebung das widerzuspiegeln, was diese von ihnen erwartet. Aber sie schaffen es eben nur eine gewisse Zeit lang und ihre Probleme werden oft verkannt. Viele Asperger-Mädchen fallen z. B. zuerst durch Essstörungen auf, die nicht als eine Reaktion auf ihren Autismus wahrgenommen werden.

Ich konnte bis ins Erwachsenenalter nicht oder nur unter größter Anstrengung gemeinsam mit anderen Menschen essen. Im Teenageralter wurde auch bei mir eine Essstörung vermutet, da nur mein Verhalten interpretiert, nicht aber meine inneren Problematiken erkundet wurden. Ich hatte großes Glück, dass ich mit einem Großteil meiner Mitschüler schon seit der Kinderkrippe in einer Gemeinschaft war. Sie haben sich nie wirklich über meine andere Art des Seins gewundert. Sie waren in ihrer Gesamtheit mein Anker. Meine Mitschüler waren während meiner gesamten Schulzeit sehr wichtig für mich. Mir waren sie vertraut und ich kannte sie zu Schulbeginn in- und auswendig. Ich gehörte zu ihnen, und zwar so wie ich war. Das habe ich gespürt und es tat mir nicht nur gut, sondern hat mich enorm motiviert. Sie haben mich zum Teil auch vor anderen Schülern geschützt und das gab mir ein Stück weit mehr Sicherheit. Diese Vertrautheit kann im heutigen Schulsystem leider nicht mehr entstehen, da es zu viele Schul- und Klassenwechsel gibt und meist keine gemeinsame Kita-Zeit vorhanden ist. Ich denke, dass ich heute in der Schule viel mehr auffallen würde. Ich könnte die notwendigen Anpassungen nicht mehr schaffen, da allein dadurch, wie das System Schule momentan funktioniert, viel mehr Stressoren vorhanden sind, die es in meiner Schulzeit so nicht gab.

> **Praxistipps**
>
> - Eine frühzeitige und auf den Schüler angepasste Vorbereitung auf die Mitschüler sicherstellen.
> - Steckbriefe oder Freunde-Buch mit Fotos, Hobbys und Besonderheiten erstellen.
> - Gemeinsamkeiten herausarbeiten.
> - Regeln für den Umgang mit den Mitschülern erarbeiten.
> - Eltern und Schulbegleiter einbeziehen.
> - Den Stand der Fähigkeiten der sozialen Interaktion und Kommunikation prüfen.
> - Strategien prüfen und ggf. neue Lösungen anbieten/suchen.
> - Ein frühzeitiges Kennenlernen der Mitschüler an einem sicheren Ort ermöglichen.
> - Positive Erfahrungen in der Interaktion ermöglichen.
> - Motivieren, ermutigen und neugierig machen.

Vorbereiten der Klasse auf den autistischen Mitschüler

Es ist ebenso ganz wichtig, die Klasse gut auf den autistischen Schüler vorzubereiten und zwar bevor er ihr Mitschüler wird. Natürlich setzt dies eine hundertprozentige Offenheit seitens des Schülers und seiner Eltern voraus. Einige Familien tun sich damit sehr schwer und möchten nicht, dass außer dem Lehrer jemand vom Autismus des Kindes weiß. Ich kann das verstehen, dennoch ist es ein Rezept für ein Desaster. Egal, wie anpassungsfähig der autistische Schüler ist, die anderen Kinder werden schnell merken, dass etwas nicht stimmt. Kinder haben nämlich noch diese feinen Antennen, die vielen Erwachsenen fehlen. Außerdem sind sie auf der Suche nach einem Platz in einer Leistungsgesellschaft. Da wird schon mal nicht nur sprichwörtlich mit den Ellbogen gearbeitet, um voranzukommen. Wenn die Mitschüler nichts vom Autismus wissen, dann haben sie auch keine Chance, dem autistischen Mitschüler adäquat zu begegnen. Wenn Sie einen anderen Menschen auf einem Stuhl sitzen sehen, dann nehmen Sie nicht automatisch an, dass dieser Mensch gelähmt ist und Sie seinen Rollstuhl nur nicht sehen. Sie bitten ihn vielleicht aufzustehen, weil Sie sich hinsetzen wollen. Wenn er non-verbal ist, kann er Ihnen nicht antworten und sich erklären. Schnell werden Sie sich wundern, warum er nicht so reagiert, wie Sie es gewohnt sind. Erst wenn Sie den Rollstuhl sehen oder durch einen Mitmenschen aufgeklärt werden, wird es Ihnen möglich sein, zu verstehen und dem Menschen besser zu begegnen.

Ohne das Wissen um den Autismus eines Menschen können Sie diesem also gar kein guter Mitmensch sein. Ein gutes Miteinander mit autistischen Menschen ist ohne die notwendige Offenheit schwierig bis unmöglich. Nicht nur Asperger-Autismus ist eine unsichtbare Behinderung. Selbst bei Menschen mit frühkindlichem Autismus erkennen die Mitmenschen nicht unbedingt deren Autismus, sondern sehen oftmals nur Verhaltensweisen, die von der bekannten Norm extrem abweichen. Ohne eine Erklärung wird es kein Verständnis der Umgebung geben können. Die Mitschüler eines Asperger-Autisten werden zum einen eventuell einen hochfunktionalen Mitschüler wahrnehmen, der aber andererseits innerhalb weniger Sekunden auch völlig hilflos sein kann. Sie werden einerseits angepasstes Verhalten sehen, aber auch Situationen erleben, die nicht dem entsprechen, was sie erwarten. Sie werden einen Mitschüler haben, der vielleicht vieles besser kann als sie, aber an genau den Dingen immer wieder scheitert, die für sie keine Hürden sind. Genau das muss den Mitschülern gut erklärt werden, damit sie es verstehen und einordnen können. Außerdem werden autistische Hilfsmittel, wie zum Beispiel der Schulbegleiter oder auch der Nachteilsausgleich, oft nicht erkannt bzw. missverstanden. Wie sollen die Mitschüler einen Nachteilsausgleich verstehen, wenn sie nicht wissen, warum dieser notwendig ist? Sie werden schnell fragen, warum der Mitschüler mit einem Betreuer in die Schule kommt. Vielleicht meinen sie scherzhaft, es sei sein Bodyguard. Dann werden sie den Schüler fragen, wozu er diesen denn braucht und so weiter und so fort. Allein dies kann schon zu so viel Selbstwahrnehmung bei dem autistischen Schüler führen, dass eine Selbstkonfrontation ausgelöst wird. In Null-Komma-Nichts kann es zu einer Flucht-, Kampf- oder Starre-Reaktion kommen. Damit haben die Mitschüler auf keinen Fall gerechnet, noch werden sie damit adäquat umgehen können. Nun stehen die Weichen schon fast auf Ablehnung und Ausgrenzung. Nur Offenheit und Ehrlichkeit schafft Brücken und verbindet.

Ein erstes Gespräch mit der Klasse sollte allerdings ohne den autistischen Schüler stattfinden, damit sich alle erst einmal mit dem Thema Autismus anfreunden können, ohne zugleich eine Unsicherheit in der Begegnung zu erleben. Dieses Gespräch soll auf den Mitschüler vorbereiten und vor allem neugierig machen. Am Ende sollte die Klasse sich auf die Begegnung freuen und motiviert sein, dem autistischen Schüler einen guten Platz in ihrer Mitte zu geben. Schon in diesem ersten Gespräch über Autismus sollte der Fokus auf den Gemeinsamkeiten liegen und nicht auf dem, was die Kinder unterscheiden wird. Wenn Sie mit den Kindern über autistische Besonderheiten reden, sollten Sie immer deutlich machen, dass wir alle anders sind und jeder von uns sowohl Potentiale als auch Defizite hat, bei deren Bewältigung wir unterschiedliche Hilfen benötigen.

Eine hervorragende Art, die Klasse auf den neuen Schüler, der anders sein wird, vorzubereiten, bietet Carol Gray mit ihren Arbeitsbüchern »Der sechste Sinn« und »Der sechste Sinn 2«. Diese Unterrichtspläne wurden speziell dafür entwickelt, den Mitschülern Autismus zu erklären. Über die Beschäftigung mit den fünf bekannten Sinnen gelangen die Kinder schließlich zu ihrem verborgenen sechsten Sinn, der bei ihrem autistischen Mitschüler nicht so gut oder anders ausgebildet ist. Sie lernen zu verstehen, was es bedeutet, ohne den sechsten Sinn durchs Leben gehen zu müssen. Außerdem bekommen sie erklärt, wie sie ihrem Mitschüler dabei helfen können, dennoch ein Teil der Gemeinschaft zu werden. Geeignet sind diese leicht umzusetzenden Unterrichtspläne besonders für Kinder bis 12 Jahre, aber meiner Meinung nach auch durchaus noch darüber hinaus.

Informationen und Orientierungshilfen zum Umgang mit autistischen Schülern finden Sie zudem bei Vereinen wie Autismus Deutschland e. V. und dessen Regionalverbänden. Therapiezentren und Beratungsstellen können ebenfalls kompetente Ansprechpartner sein. Die Mitschüler benötigen zudem einen ständigen Ansprechpartner, an den sie sich jederzeit mit Sorgen oder Problemen wenden können. Das kann ein Schulpsychologe oder Schulsozialarbeiter sein, der sich ebenfalls mit dem Thema Autismus gut auskennt. Es gibt mittlerweile zahlreiche Bücher, die Kindern ab ca. fünf Jahren das Anderssein ihres autistischen Spielkameraden gut verständlich erklären. Das Internet bietet eine Fülle an Informationen und Kontaktadressen dazu und kann eine erste Anlaufstelle sein. Um alle Schüler der Schule auf das Thema Autismus aufmerksam zu machen, eignet sich vielleicht auch eine gemeinsam von dem autistischen Schüler und seiner Klasse gestaltete Wandzeitung mit dem Titel »Wir sind alle anders – das haben wir gemeinsam«.

Ich bin sehr stolz, dass auch mein Kunstprojekt »The Art of Inclusion« verstärkt von Schulen genutzt wird, um auf kreative Art und Weise die Einzigartigkeit eines jeden von uns aufmerksam zu machen und für gegenseitige Akzeptanz zu werben.

> **Praxistipps**
>
> - Eine Vorbereitungsstunde zu Autismus abhalten, z. B. mit Carol Gray »Der sechste Sinn«.
> - Informationen zum Umgang der Mitschüler mit dem autistischen Klassenkameraden aus dem Internet recherchieren und bereitstellen.
> - Sich mit der ehemaligen Schule austauschen.
> - Sich mit anderen Schulen zu diesem Thema vernetzen.
> - Die Eltern einbeziehen.
> - Den bzw. die Therapeuten des Schülers befragen/einbeziehen.
> - Autismus-Vereine und -Beratungsstellen kontaktieren.
> - Eine Literaturliste zum Thema autistische Kinder/Freunde/Mitschüler für die Eltern der Mitschüler erstellen.
> - Eine Wandzeitung/ein Projekt »Wir sind alle anders – das haben wir gemeinsam« planen und in der Klasse umsetzen.
> - Kunstaktionen, z. B. The Art of Inclusion, durchführen.
> - Mindestens einen Ansprechpartner für die Mitschüler benennen.

Den autistischen Schüler vorstellen – Gemeinsamkeiten finden

Wenn es darum geht, den autistischen Schüler vorzustellen, sollte vorher geklärt werden, ob und wieweit er involviert werden möchte. Wenn er dabei sein möchte, sollte ganz genau besprochen werden, ob er sich selbst vorstellt und wie er das umsetzt. Er könnte sich den Mitschülern mit Hilfe einer Wandzeitung oder auch nur eines Steckbriefs mit Foto und Infos über sich vorstellen. Die Mitschüler sollten dies dann ebenfalls tun. So können schnell Gemeinsamkeiten gefunden und Brücken gebaut werden. Wenn verbale Sprache oder vor der Klasse stehen keine Hürden für den autistischen Schüler sind, kann auch ein Vortrag eine gute Möglichkeit sein, über sich selbst aufzuklären. Möglich ist auch ein selbst gedrehtes Video. Wichtig ist, dass es dem autistischen Schüler mit der Art der Begegnung und Vorstellung gut geht. Vergessen Sie bitte nicht, dass Kinder von Natur aus neugierig sind und deshalb bestimmt sehr viele Fragen haben werden. Also klären Sie im Vorfeld, ob es möglich ist, dass die Schüler ihren autistischen Mitschüler direkt befragen können. Oder ist es vielleicht besser, wenn sie ihre Fragen auf einen Zettel schreiben oder einen Brief an ihn verfassen? Eine gute Idee ist es meiner Meinung nach, wenn sich alle Schüler der Klasse vorstellen. Damit ist der autistische Schüler einer von vielen, die über sich berichten. Es sollte immer versucht werden, Sonderstellungen des Kindes zu vermeiden. Außerdem lernen sich die Kinder so untereinander viel besser kennen, was dem Klima in der Klasse von Anfang an guttun kann.

Nachdem sich alle vorgestellt haben und klar ist, dass jeder anders ist, ist es Zeit, die Gemeinsamkeiten zu finden. Auch das ist einfacher als gedacht. Lassen Sie die Kinder einen Kreis bilden. Fragen Sie sie zum Beispiel, wer von ihnen gern Fahrrad fährt. Diese Kinder kommen in die Mitte des Kreises. Stellen Sie weitere solche Fragen und kommentieren Sie die sich immer wieder neu bildenden Gruppen. Die Kinder können auch einzeln in den Kreis gehen und etwas von sich preisgeben oder erzählen. Dann wird geschaut, ob ein anderer dies teilt und die beiden eine Gemeinsamkeit haben, von der sie vielleicht noch gar nichts wussten. Falls dies nicht der Fall sein sollte und keine Gemeinsamkeit gefunden wird, dann geht es darum, dass die Kinder Akzeptanz zeigen. Ich kenne jemanden, der ziemlich viel und weite Strecken mit dem Fahrrad fährt. Ich mache das nicht. Ich teile dies nicht mit ihm, aber akzeptiere es als seine andere Art des Seins. Eine Gemeinsamkeit gibt es hier allerdings: Ich habe auch ein Fahrrad. Ich glaube fest daran, dass ich mit jedem Menschen, dem ich begegne, mindestens eine Gemeinsamkeit habe. Durch diese Übungen findet sich eventuell ganz von selbst ein besonderer Freund (engl. buddy) für den autistischen Schüler.

Das Buddy-System

Ein Buddy-System kann eine wirklich effektive Hilfe für einen autistischen Schüler sein, aber es darf keinesfalls erzwungen oder verordnet werden. Oftmals ergibt sich eine solche Beziehung von ganz allein. Viele autistische Kinder suchen sich nämlich automatisch ein Kind als Begleiter bzw. Orientierung aus. Dies muss nicht unbedingt bedeuten, dass eine Freundschaft zwischen den Kindern entsteht oder entstehen muss. Eine Buddy-Beziehung kann sehr subtil und einseitig sein, also nur vom autistischen Kind als solche wahrgenommen werden. Bei mir war es so, dass aufgrund dessen, dass ich von der Kinderkrippe bis zur 10. Klasse mit der gleichen Gruppe Kinder zusammen war, die gesamte Gruppe eine Art kollektiven Buddy für mich darstellte. Meine Mitschüler waren mir sehr vertraut und ich ihnen auch. Aber ich habe mir immer einen Menschen in meinem Umfeld ausgesucht, an dem ich mich versucht habe zu orientieren. Ich übernahm dessen Wahrnehmung und sein Verhalten diente mir als Vorbild. Oft merkte die betreffende Person gar nichts davon. So gab es auch einen besonderen Mitschüler, der mit seiner zurückhaltenden Art beruhigend auf mich wirkte. Er war eher still und griff selten aktiv ins Geschehen der Klasse ein, dennoch wurde er von der Klasse respektiert und anerkannt. Ab der 5. Klasse nahm ich ihn mehr und mehr wahr und wurde mir seiner besonderen Gabe mir gegenüber bewusst. Da er zudem noch mein Banknachbar war, erleichterte er mir meine Schuljahre bis zur 10. Klasse ungemein. Das weiß er bis heute nicht. Ich war sehr verunsichert, als er in der Abiturstufe nicht in meiner Klasse neben mir, sondern in der Parallelklasse saß. Zum Glück gab es noch Berührungspunkte (gemeinsame Fahrt zur Schule und nach Hause, Hofpausen), um mir den Einstieg in Klasse 11 zu erleichtern. Außerdem hatte ich in meiner Klasse noch eine Mitschülerin, mit der ich seit dem Kindergarten immer in einer Gruppe/Klasse zusammen war.

Die Gefahr, dass der Buddy zum Anker wird, besteht immer. Genau das darf auf keinen Fall passieren, da so eine Abhängigkeit entsteht, die für den autistischen Schüler in eine Sackgasse führen kann. Sobald der Anker nicht mehr verfügbar ist (Wegzug, Schulende) kann der autistische Schüler in Gefahr geraten. Das Buddy-System ist immer nur als eine temporäre Hilfe zu verstehen. So wichtig ein Buddy für einen autistischen Schüler auch ist, diese Brücke zu einem anderen Menschen darf nicht zu einer Belastung dieses Menschen führen. Sie müssen als Lehrer sehr aufmerksam beobachten, wie die Beziehungen des autistischen Kindes zu seinen Mitschülern sind. Diese müssen eventuell von außen so gelenkt werden, dass es für beide Parteien ein gutes Verhältnis ist und bleibt. Das autistische Kind benötigt hierbei eine umfangreiche Unterstützung und viele Erklärungen. Da die Fremdwahrnehmung eingeschränkt ist, muss ihm erklärt werden, wie es seinen Mitschülern mit ihm und seinem Verhalten geht. Erst dann kann ein autistischer Mensch verstehen, dass und wie er auf andere Menschen wirkt und welche Konsequenzen sein Verhalten haben kann. Ich hätte eine solche Intervention und Hilfe in meiner Schulzeit dringend gebraucht. Sie blieb aus und ich deshalb allein.

Elternstimme

»Dann kam S. und sie ist bis heute die einzige wirkliche Freundin von H. Sie war zwar schon immer mit H. in der Klasse, aber die Freundschaft entwickelte sich erst nach und nach. S. ist als Freundin prima, denn sie kann sich sehr flexibel auf ihr Gegenüber einstellen und das kommt H. natürlich sehr entgegen. Sie ist ähnlich ›dünn‹ wie H. und sie passen einfach gut zusammen. Wir zeigten H. wie sie telefonieren kann und sich mit S. verabreden kann und sie machte es. Auch wenn es anfangs kommunikative Herausforderungen gab. Aber das konnte sie mit Erklärungen gut lösen. Sie schafften es nach und nach sich zu verabreden.«
David Brudnitzki, Autismus-Therapeut und Consultant IMBSE GmbH – in&aut und Vater eine Tochter mit Asperger-Syndrom

19   Die Eltern der Mitschüler

Auch wenn sie nicht direkt mit dem autistischen Schüler zu tun haben, müssen auch die Eltern der Mitschüler unbedingt mit ins Boot geholt werden, wenn die Beschulung dieser besonderen Klasse gelingen soll. Die Eltern werden täglich Informationen von ihren Kindern einfordern. Was sie erhalten, beruht jedoch einzig auf der Wahrnehmung ihrer Kinder und nicht auf der Realität des Schulalltags mit dem autistischen Mitschüler. Vieles davon wird sie verwirren, vor allem dann, wenn sie nicht wissen, dass es sich um ein autistisches Kind handelt, von dem ihre Kinder berichten. Sie werden sich fragen, warum dieses Kind so agiert und warum es vom Lehrer oft anders behandelt wird. Ein offener Umgang mit dem Autismus des Schülers ist schon allein deshalb unabdingbar. Wird der Autismus auf Wunsch der Eltern nicht bekanntgegeben, wird es auch mit den Eltern der Mitschüler Probleme geben. Sensibilisieren Sie die Eltern des autistischen Schülers unbedingt dafür.

Ein Elternabend zu Autismus ist eine gute Gelegenheit, um auch die Eltern der Mitschüler auf das andere Kind in der Klasse vorzubereiten. Dabei muss gar nicht wirklich tiefgründig und umfassend auf das Thema Autismus eingegangen werden. Wichtig ist, dass die Eltern der Mitschüler wissen, dass ein autistisches Kind in der Klasse beschult werden wird. Sie müssen wissen, was dies für die Klasse bedeutet und was aber auch nicht. Erfahren die Eltern der Mitschüler nichts vom Nachteilsausgleich des Schülers oder gar auch nichts von seinem Autismus, dann werden sie ganz schnell zu der Vermutung kommen, dass hier »Extrawürste« gebraten werden. Dies führt unweigerlich zu unschönen Situationen, die jedoch mit Offenheit und Aufklärung verhindert werden können. Autismus sollte als eine andere Art der Wahrnehmung vorgestellt werden, die ein anderes, der Umgebung oftmals unverständliches Verhalten zur Folge hat. Besonderer Fokus sollte auf der anderen Art der Kommunikation, Reizüberflutung und dem Fehlen der Fremdwahrnehmung liegen. Den Eltern muss erklärt werden, wo die Schwierigkeiten des autistischen Kindes liegen und wie sich dies im Schulalltag äußert. Hier können Sie durchaus auch auf Carol Gray zurückgreifen. Auch Artikel 24, der das Recht behinderter Menschen auf Bildung festschreibt, muss ein Thema sein. Viele Eltern nicht-behinderter Kinder wissen nämlich nicht einmal, dass es die Behindertenrechtskonvention gibt, geschweige denn was darin festgehalten ist. Auch der Nachteilsausgleich muss den anderen Eltern ausführlich erläutert und begründet werden. Ich habe selbst erlebt, dass Elijahs Tür-zu-Tür-Fahrdienst von anderen Eltern als ein Vorteil wahrgenommen wurde. Aber der Nachteilsausgleich macht genau das, was das Wort aussagt, er gleicht einen Nachteil aus. Damit die Eltern das verstehen und annehmen können, muss ihnen sowohl der Nachteil des Schülers offen dargelegt und erklärt werden als auch die Mittel und Möglichkeiten, die zur Anwendung kommen, um eben diesen Nachteil auszugleichen. Ich könnte mir vorstellen, dass man das mit einer alten Gewichtswaage gut verdeutlichen kann. Was auf der einen Seite zu wenig vorhanden ist, muss auf der anderen Seite so ausgeglichen werden, dass die Waage in die Balance kommen kann. Erst dann hat der autistische Schüler die gleichen Voraussetzungen, um genauso erfolgreich lernen zu können wie seine Mitschüler.

Schülerstimme

»Was ich noch häufig zu hören bekam: ›Boah, du hast ja nur vier Stunden heute. Voll fies, wir haben acht!‹ Und selbst darauf konnte ich ruhigen Gewissens kontern: ›Dafür bleibe ich zwei ganze Jahre länger an der Schule. Was wäre dir denn lieber?‹ Tatsächlich ist die Betrachtung der Oberstufenverlängerung als Vorteil falsch. Es wird ein gigantischer Nachteil ausgeglichen. Nicht mehr und nicht weniger.«
Frauke Kronefeld, Abiturientin 2017, Asperger-Syndrom, Dresden

Elternabend zum autistischen Kind

Der vorbereitende Elternabend kann mit oder ohne die Eltern des autistischen Schülers stattfinden. Egal wie der Elternabend gestaltet wird, Voraussetzung ist ein offener Umgang der Eltern des autistischen Schülers mit dessen Autismus. Im Idealfall sind die Eltern des Schülers bei diesem Elternabend nicht nur anwesend, sondern aktiv involviert. Sie kennen ihr Kind am besten und können es den anderen Eltern somit authentisch vorstellen. Die Eltern der Mitschüler bekommen dadurch einen, wenn auch kleinen, Einblick in das Leben und den Alltag mit einem autistischen Kind. Erst dann haben sie die Chance, Empathie für dieses Kind und seine Familie zu entwickeln. Es geht vor allem darum, Brücken zu bauen, also Berührungspunkte zu schaffen. Die Eltern des autistischen Schülers können Fragen beantworten, damit Missverständnisse erst gar nicht entstehen.

Sie sollten, wenn das für sie möglich ist, auch nach dem Elternabend, Ansprechpartner für die anderen Eltern bleiben und natürlich auch umgekehrt. Es wäre doch toll, wenn die anderen Eltern eine Art Anker für die Eltern des autistischen Schülers werden könnten. Da Barrierefreiheit bei Autismus hauptsächlich in den Köpfen der Menschen gelingen und die Akzeptanz von Herzen kommen muss, liegt noch ein langer Weg vor uns. Wie sagte Einstein: »Welch triste Epoche, in der es leichter ist, ein Atom zu zertrümmern als ein Vorurteil!« Aber es ist nicht unmöglich. Geben Sie den Eltern der Mitschüler zudem die Gelegenheit, an Autismus-Vorträgen oder Weiterbildungen an Ihrer Schule teilzunehmen. Sie alle bilden ein Team und je stärker das Team, desto erfolgreicher die Mission. Weisen Sie die Eltern auch auf andere Veranstaltung zum Thema Autismus hin, empfehlen Sie Bücher oder Internetbeiträge und versuchen Sie jederzeit ein offenes Ohr für Bedenken und Ängste der Eltern der Mitschüler zu haben.

19 Die Eltern der Mitschüler

Auch mit den Eltern der Mitschüler können Sie einen Think Tank bilden, damit das Lernen ihrer Kinder in dieser besonderen Klasse besser gelingen kann. Vier Augen sehen mehr als zwei. 25 Köpfe haben demzufolge mehr Ideen als nur einer. Nutzen Sie das. Holen Sie sich die Eltern der Mitschüler an Bord. Schon allein der Gedanke, dass man in einer Situation oder mit einer Aufgabe nicht allein ist, gibt enorm viel Kraft.

20 Die Schule

Eine Schule ist viel mehr als nur eine Bildungseinrichtung. Für Heranwachsende ist sie ein wichtiger Ort der Begegnung mit anderen Menschen. Neben dem gemeinsamen Lernen bietet sie zahlreiche Möglichkeiten der Interaktion mit Gleichaltrigen. Schule, das ist die Gesellschaft im Kleinformat. Die Kinder lernen hier, wie sie einen Platz innerhalb der Gemeinschaft bekommen. Sie können unter anderem austesten, welche Konsequenzen es für sie hat, wenn sie sich nicht an die Regeln und Strukturen der schulischen Gemeinschaft halten.

Für mich war die Schule auf alle Fälle eine Teststrecke. Die Schule hat neben der wichtigen Aufgabe der Wissensvermittlung noch eine viel wichtigere Funktion, nämlich den Kindern und Jugendlichen unsere gesellschaftlichen Normen zu vermitteln. Und zwar so, dass diese nicht nur ihren Platz in der Gemeinschaft finden, sondern auch lernen, wie sie zum Wohle dieser agieren können. Für eine erfolgreiche Eingliederung in eine Gemeinschaft und eine Teilhabe am Leben auf allen Ebenen dieser Gemeinschaft benötigt ein Mensch zahlreiche Fähigkeiten in der sozialen Interaktion und Kommunikation. Autistischen Menschen fehlen gerade hier viele Fertigkeiten und Strategien. Viele Asperger-Autisten schaffen dennoch eine ausreichende Anpassung an die Gesellschaft. Verschiedene Kompensationsstrategien ermöglichen es ihnen, zumindest eine Zeit lang genau das widerzuspiegeln, was die Gesellschaft, in diesem Fall Lehrer und Mitschüler, erwarten. Eine außergewöhnliche Leistung, die jedoch von ihrer Umgebung nicht als eine solche wahrgenommen wird. Mit den schulischen Anforderungen haben sie die wenigsten Probleme, das heißt Lernen und Wissenserwerb sind in der Regel nicht der Grund, warum die Beschulung autistischer Kinder so oft nicht gelingt. Eher ist es die andere Art der Interaktion und Kommunikation mit ihrer Umgebung, die sehr schnell zu einem Hindernis wird. Selbst sprechende Asperger-Autisten haben große Probleme mit der Kommunikation, vor allem mit dem Sprachverständnis. Da sie verbale Sprache oftmals überdurchschnittlich gut anwenden können, wird vom jeweiligen Gegenüber auch von einem guten oder gar erhöhten Sprachverständnis ausgegangen. Dies kann, muss aber nicht der Fall sein.

Für mich heißt Inklusion, in einer Gesellschaft zu leben, in der jeder Mensch den Platz einnehmen kann, der gut für ihn als Individuum ist. Es bedeutet aber auch, dass kein Mitglied die Gemeinschaft, egal ob gewollt oder ungewollt, gefährden darf. Uns muss dabei klar sein, dass es aufgrund der neuronalen Vielfalt Menschen gibt, für die die Gesellschaft ganz besondere Plätze schaffen muss. Das mag nicht einfach sein, aber nur dann werden wir sowohl den Voraussetzungen des Einzelnen als auch den Bedürfnissen der Gesellschaft als Gemeinschaft gerecht. Und genau das passiert (noch) nicht oder viel zu wenig.

Obwohl wir seit 2008 laut Artikel 24 der Behindertenrechtskonvention Inklusion in der Bildung haben, ist die Umsetzung in der Praxis immer noch sehr schwierig und funktioniert häufig überhaupt nicht. Es wird weiterhin eine zu große Anpassungsleistung autistischer Kinder an das System Schule verlangt, die viele von ihnen einfach nicht bringen können. Natürlich gibt es Ausnahmen. Ein Ort, wo schon zahlreiche Ansätze zur Inklusion sichtbar sind, ist die Schule meines Sohnes. Er hat da wirklich großes Glück und das wissen wir auch.

Damit die inklusive Schule/Gesellschaft gelingen kann, muss uns also bewusst sein, dass Inklusion, nicht nur bei Autismus, Grenzen hat. Die Schule, muss immer auch sicherstellen, dass sie all ihren Schülern und Lehrern und nicht nur Einzelnen gerecht wird. Offenheit und Ehrlichkeit sind Voraussetzungen, damit wir eine Gemeinschaft bilden können, die für uns alle funktioniert. Auch eine Schule kann nur bestehen, wenn ihre Regeln und Strukturen von allen eingehalten werden. Jeder Schüler muss sich bewusst sein, dass er nicht nur ein Individuum ist, sondern gleichzeitig auch Teil der großen Gemeinschaft Schule, zu deren Wohl er beitragen muss. Gleichzeitig muss sich die Schule darüber im Klaren sein, dass sie sehr unterschiedliche Schüler beherbergt. Es ist absolut wichtig, zu verstehen, dass autistische Schüler viele Anforderungen und Erwartungen der Lehrer und Mitschüler nicht ohne Unterstützung und Hilfsmittel erfüllen können. Die Betonung liegt wieder auf »können« bzw. »nicht können«. Es ist ein gewaltiger Unterschied, ob ein Mensch etwas nicht kann oder ob er es nicht will. Wir müssen hier unbedingt eine Balance finden zwischen Anpassung und Inklusion, wie sie in der Behindertenrechtkonvention definiert worden ist. Vielleicht müssen wir das, was wir als Gesellschaft erreichen wollen, neu bzw. anders definieren oder benennen. Es muss beiden gut gehen, dem Schüler als Individuum und der Schule als Gemeinschaft. Nur dann können wir uns den Traum von einer Schule für alle erfüllen. Nur dann werden wir eine erfolgreiche Gesellschaft sein können, in der alle Menschen, egal wie anders sie sind, ein erfülltes und würdevolles Leben haben können. Genau das muss auch in der Kleingemeinschaft Schule und auch in der Kleinstgemeinschaft Familie so sein.

Viele Eltern versuchen, ihren autistischen Kindern zu helfen, indem sie sich fast gänzlich an sie anpassen und die Bedürfnisse der Familie weit nach hinten stellen bzw. vergessen. Sie verkleinern Schritt für Schritt ihren Tanzbereich und stehen irgendwann mit dem Rücken an der Wand. Mit Inklusion hat auch das nichts zu tun. Eine solche Anpassung seitens der Familie endet obendrein für das autistische Kind nicht gut. Besonders hinsichtlich der Schule missverstehen Eltern oft den Inklusionsgedanken und meinen, dass Lehrer und Schule sich laut Artikel 24 hundertprozentig an ihr Kind und dessen Bedürfnisse anpassen müssen. Das ist und wird bei Autismus schon allein deshalb nicht möglich sein, da es wie gesagt ca. 69 Millionen verschiedene Autismen auf der Welt gibt. Wenn Sie nur einen einzigen autistischen Schüler an Ihrer Schule haben, dann haben Sie sicher eine größere Chance, sich vollkommen an den Schüler und seine Voraussetzungen anzupassen. Ganz gelingen wird es jedoch nie. Sie dürfen nämlich die x-Menge an Schülern nicht vergessen, die zwar nicht-autistisch sind und ohne Diagnose kommen, aber die auch Bedürfnisse haben und denen es im schulischen Umfeld genauso gut gehen muss. Haben Sie mehrere autistische Schüler, dann wird es schnell um einiges schwieriger oder gar unmöglich werden, die Schule so zu gestalten, dass sie barrierefrei für alle autistischen Schüler ist.

Professor Georg Theunissen ist einer der bekanntesten und führenden Heil- oder Sonderpädagogen im deutschsprachigen Raum und dazu noch ein wunderbarer Mensch. Er hatte bis 2019 den Lehrstuhl für Geistigbehindertenpädagogik und Pädagogik bei Autismus an der Martin-Luther-Universität Halle-Wittenberg inne. Professor Theunissen setzt sich enorm für Empowerment und Inklusion autistischer Menschen ein. Hier einige seiner Vorschläge, damit die Beschulung autistischer Kinder besser gelingt.

Praxistipps eines Experten

- »Schule mit Nebenräumen
- Unterricht mit mehreren Personen (Fachlehrkraft und päd. Mitarbeiter und Mitarbeiterinnen)
- individualisierter Bildungsplan für das autistische Kind (gemeinsam mit Eltern erstellen), sodass den Besonderheiten und v. a. auch den Spezialinteressen und Stärken entsprochen werden kann
- wenn möglich frühzeitig Klassengespräche über Autismus, autistische Besonderheiten, natürlich im Einvernehmen des Betroffenen und unter seiner Mitwirkung
- Elternabend zur Aufklärung ist ebenso wichtig
- Aufgeschlossene Lehrkräfte, die über Autismus (nicht Autismus Spektrum Störung) informiert werden sollten – nach dem modernen Verständnis von Autismus, wie in meinem Buch ›Autismus verstehen‹ oder (wenn es um herausforderndes Verhalten geht) in meinem Buch ›Autismus und herausforderndes Verhalten‹
- UN-BRK sagt: Recht auf Erziehung und Unterricht im allgemeinen Bildungswesen, dass allen zugänglich sein muss und Recht auf einen qualitativ hochwertigen Unterricht (das bedeutet nicht automatisch nur gemeinsamen Unterricht)

Ich unterscheide zwischen schulischer Inklusion (alle unter einem Dach) und unterrichtlicher Inklusion (gemeinsames Lernen).«
Prof Dr. Georg Theunissen

Barrierefrei bei Autismus – Was kann die Schule leisten und was nicht

Erinnern Sie sich an das Zitat von Stephen Mark Shore: »Kennen Sie einen Autisten, dann kennen sie nur den einen Autisten«? Ich finde es wirklich sehr treffend. Am besten Sie drucken sich dieses Zitat aus und hängen es dort auf, wo

Sie es täglich mehrmals sehen. Übrigens kann man das Wort Autist mit dem Wort Mensch ersetzen. Jeder Mensch ist anders, aber das ist vielen Menschen schon gar nicht mehr bewusst, da sie sich nach außen, besonders im Verhalten, doch sehr ähnlich sind. Aber innen unterscheiden wir uns sehr voneinander. Es ist unser Selbst (autos), das jeden von uns zu einem Individuum macht. Dieses Selbst, das bei nicht-autistischen Menschen auch vorhanden, aber versteckter ist, ist bei autistischen Menschen aufgrund der fehlenden Ich-Maske deutlich spürbar. Dieses Unmaskiert-Sein ist nur am Verhalten, dem Außen, erkennbar. Leider ist es genau dieses andere Verhalten, das in der Interaktion sehr schnell von der Umgebung interpretiert wird. Das passiert, ohne dass die andere Wahrnehmung des Menschen, das Innen, mit in Betracht gezogen wird. Barrierefreiheit bei Autismus ist eine höchst schwierige und eventuell in ihrer Gänze eine unlösbare Aufgabe an die Gesellschaft, denn was dem einen Autisten hilft, kann für den anderen Autisten ein Stressor sein.

Anders als bei Körperbehinderungen, wo einerseits die Behinderung deutlich sichtbar und verständlich ist und die Menschen andererseits sofort wissen, wie sie helfen können, ist Autismus nicht sichtbar. Von außen wahrnehmbar ist nur die Reaktion des Einzelnen auf seinen Autismus. Selbst wenn Sie wissen, dass Sie es mit einem autistischen Menschen zu tun haben, dann wissen Sie immer noch nicht, wann und wie Sie ihm in bestimmten Situationen helfen können. Dies ist auch dann schwierig, wenn Sie den Menschen besser kennen. Zudem sind die Hilfen und Hilfsmittel nicht eins zu eins auf andere autistische Menschen übertragbar, das heißt Barrierefreiheit bei Autismus wird immer individuell sein müssen. Bei körperbehinderten Menschen können einmal installierte Hilfsmittel auch von anderen genutzt werden. So können zum Beispiel alle Rollstuhlfahrer die Rampe vor dem Schuleingang ohne Weiteres nutzen. Hier gibt es Barrierefreiheit quasi von der Stange, wogegen sie bei Autismus immer maßgeschneidert sein muss. Dies ist zum einen natürlich viel teurer und zum anderen erfordert es auch eine intensivere Vorarbeit und kostet mehr Zeit. Dadurch, dass die Barrieren bei Autismus in der sozialen Interaktion und in der Kommunikation zu finden sind, muss die Barrierefreiheit im Kopf und im Herzen der Mitmenschen beginnen. Sie können immer nur versuchen, sich dem Ziel zu nähern. Es wird so scheinen, als rücke dieses immer ein Stück weiter weg, je näher Sie kommen. Aber das ist nur Ihre Wahrnehmung. Bei der Barrierefreiheit bei Autismus ist definitiv der Weg das Ziel. Gehen Sie ihn so gut Sie können.

Beginnen Sie den Weg beim Elterngespräch, wo Sie im Vorfeld herausfinden können, welche Barrieren einer erfolgreichen Beschulung im Weg stehen. Machen Sie eine Liste, die Sie dann mit Schulleitung, Kollegen und eventuell anderen am Kind tätigen Personen (Schulbegleiter, Therapeuten) durchgehen können. Denken Sie nie, es geht nicht, sondern überlegen Sie »Wie könnte es gehen?«. Auch die Eltern müssen diese positive Sichtweise annehmen, wenn sie ihr Kind weiterbringen wollen. Sie müssen gemeinsam herausfinden, was genau die Barrieren sind und wie sie überwunden werden können. Stellen Sie auch bitte immer wieder die Frage, ob eine bestimmte Sache oder Situation wirklich eine Barriere ist und wenn ja, für wen. Ich habe mich selbst oft dabei ertappt,

Hürden zu sehen, die gar keine waren. Dies geschah oft unterbewusst, um meinen Sohn und zum Teil auch mich selbst zu schützen. Ich habe dann Anstöße von außen gebraucht. So auch von seiner Lehrerin, die durchaus bemerkt hat, dass die Barriere eher eine Barriere in meinem Kopf war. Die Angst vor Veränderung und Vermeidungsverhalten führt ganz schnell dazu, dass man die Tür vor lauter Wand nicht mehr sieht. Helfen Sie den Eltern und auch dem Kind, diese Türen zu finden und bestärken Sie sie darin, dass es in einem neuen Raum zwar anders, aber durchaus besser sein kann. Schubsen Sie gegebenenfalls sowohl die Eltern als auch Ihren Schüler an. Mein Sohn und ich brauchen dies immer wieder. Auch das ist Hilfe bei Autismus.

Sprechen Sie zudem offen und ehrlich mit den Eltern und eventuell auch mit dem Schüler über die Grenzen der Leistungsfähigkeit Ihrer Schule. Es ist für alle Beteiligten wichtig, zu wissen, welche Wege möglich sind und unter welchen Voraussetzungen sie gegangen werden können. In Badeshorts hätte Reinhold Messner weder den Nanga Parbat noch den Mount Everest besteigen können. Mit der richtigen Ausrüstung dagegen war kein Gipfel mehr vor ihm sicher. Es muss uns allen bewusst sein, dass die Barrierefreiheit für einen (autistischen) Schüler nicht zu einer Behinderung eines anderen Schülers führen darf. Ein Beispiel, damit Sie verstehen, was ich meine: Während hohe Bordsteinkanten oft ein unüberwindbares Hindernis für Rollstuhlfahrer sind, erleichtern sie blinden Menschen das Leben. Mit abgesenkten Bordsteinkanten helfen wir also Rollstuhlfahrern, gehbehinderten Menschen und Menschen mit Rollator oder Kinderwagen, aber nehmen gleichzeitig sehbehinderten Menschen eine für sie notwendige Möglichkeit der Orientierung weg.

Ein anderes Beispiel ist das Gendern in der Sprache, das ich am Anfang meines Buches zu erklären versucht habe. Es erschwert die Lesbarkeit und damit das Verständnis von Texten nicht nur für Menschen, die Probleme bei der Sprachverarbeitung und dem Sprachverständnis haben, sondern auch für diejenigen, deren Muttersprache nicht Deutsch ist. In der Einfachen bzw. Leichten Sprache stellt Gendern eine große Erschwernis dar. Allein diese beiden Beispiele machen deutlich, dass es nicht einfach ist, Barrierefreiheit jederzeit für alle zu gewährleisten. Noch schwieriger wird es, wenn wir uns nicht offen und ehrlich darüber austauschen, was möglich ist und was vielleicht nicht. Ein Schulbegleiter und ein individueller Nachteilsausgleich können sehr effektive Hilfsmittel sein, um zahlreiche Barrieren im Schulalltag zu überwinden und die unterrichtliche Inklusion zu ermöglichen, ohne die Gemeinschaft/Klasse zu gefährden. Beides sollte nicht erst dann beantragt werden, wenn die ersten Probleme auftauchen, sondern von Anfang an, und so lange wie nötig genutzt werden können.

Der Traum von einer Schule für alle

Im Moment ist es ein Traum. Es muss noch eine ganze Menge getan werden, damit dieser Traum irgendwann einmal wahr wird. Die Schule als Ort des Lernens für autistische Schüler barrierefrei und nutzbar zu gestalten, bedeutet unter anderem, dass wir den Ort Schule auch baulich anders denken müssen. Damit meine ich, dass mehrere kleinere Schulgebäude besser geeignet sind als ein großes Haus, in dem sich alles abspielt. Eine inklusive Schule sollte wie ein Campus gestaltet sein, auf dessen großflächigem Areal es viel mehr Möglichkeiten geben kann, sich den Voraussetzungen autistischer Schüler anzupassen. Interessante Ideen dazu, wie eine Schule baulich konzipiert werden kann, damit sie für autistische Kinder ein Maximum an Barrierefreiheit bieten kann, liefert die Architektin Tamara Kessel. Sie ist Mutter eines autistischen Kindes und beschäftigt sich unter anderem intensiv mit dem Thema »Autismusfreundliche Schulen«. Erwähnen möchte ich an dieser Stelle das Buch »Empfehlungen und Leitlinien für barrierefreie und ›autismusfreundliche‹ Schulen und Kindergärten« von Tamara Kessel. Außerdem ist Autismus im Kontext der Barrierefreiheit nun endlich auch Teil eines umfassenden Fachbuchs für Planer, Architekten, Ingenieure, Ämter und auch Schulen. Im »Atlas barrierefrei bauen«, herausgegeben von Nadine Metlitzky und Lutz Engelhardt, in dem sich führende Experten in verschiedenen Kapiteln dem barrierefreien Planen und Bauen widmen, hat Tamara Kessel ein Kapitel über die notwendige bauliche Barrierefreiheit bei Autismus verfasst. Das hatte zur Folge, dass die Bedürfnisse autistischer Menschen hier erstmals in den Fokus eines Fachpublikums rücken konnten. Bitte empfehlen Sie diese Literatur unbedingt Ihrer Schulbehörde und den zuständigen Bildungsministerien!

Sicher können Sie Ihre Schule nicht neu- oder komplett umbauen, aber dennoch können auch Sie viel tun. Mobile Trennwände können die Größe eines Raumes verändern und dem Schüler zu einem abgeschirmten, sicheren Arbeitsplatze oder Ruheraum verhelfen. Wählen Sie einen abgelegenen Raum als Klassenzimmer und platzieren Sie damit den autistischen Schüler etwas weiter weg vom Trubel der Masse. Manchmal ist am Rand stehen die einzige Möglichkeit überhaupt dabei zu sein. Bei allem, was den Schulalltag betrifft, gilt es Gemeinschaften kleiner, langsamer und ruhiger zu machen. Besonders Autismus stellt die Gesellschaft und somit die Schule vor eine große Herausforderung. Beide müssen sich bei autistischen Schülern wirklich dem Einzelnen bewusst werden, um sich auf dessen Bedürfnisse einstellen zu können. Sowohl die schulische als auch die unterrichtliche Inklusion autistischer Kinder kann nur in Kleinstgemeinschaften funktionieren. Die kleinste Gemeinschaft im System Schule ist die Klasse oder Lerngruppe. Eine geringe Klassenstärke ist das A und O für eine erfolgreiche Beschulung autistischer Kinder. Aber nicht nur diese profitieren davon. Da jedes, aber besonders jedes autistische Kind, anders ist, kann überhaupt keine Pauschalzahl für die Klassenstärke festgelegt werden. Vielmehr entscheiden die individuellen Fähigkeiten der Schüler über die Klassenstärke. Ich stelle mir dazu Folgendes vor: Die Einführung eines Punktesystems für Klassen und Schüler, ähnlich wie beim Golf. Vielleicht wissen Sie, dass beim Golf das ungefähre Spielpotential mit einer Kennzahl angegeben wird, die man Handicap nennt. Auf Deutsch bedeutet das Benachteiligung oder Erschwerung. Beim Golf errechnet sich das Handicap aus der Differenz der Schläge, die zum Beenden eines Platzes, zum Par, benötigt werden. Für jedes Loch ist ein Par definiert. Es handelt sich dabei um die Anzahl von Schlägen, die ein sehr guter Spieler durchschnittlich benötigt, um den Ball vom Abschlag in das Loch zu spielen. Das Handicap dieses Spielers ist null. Verschieden hohe Handicaps können gegeneinander aufgerechnet werden. Dies macht es nicht nur möglich, dass Spieler mit unterschiedlichen Fähigkeiten dennoch miteinander spielen können, sondern dass auch schwächere Spieler beste Ergebnisse erzielen können.

Ich schlage also vor, mit Hilfe eines Punktesystems die maximale Klassenstärke zu ermitteln. So entstehen Klassen, die der Lehrer individuell und adäquat beschulen kann. Somit kann jeder Schüler seinen Fähigkeiten entsprechend gut lernen. Ein Schüler muss die Möglichkeit haben, sich auf seine Art und in seinem Tempo zu entwickeln, um Ergebnisse zu erzielen, die ihn weiterhin motivieren. Die maximale Punktzahl für die Klasse wird anhand der Leistungen von Schülern ohne Behinderung und ohne einen Bedarf für Nachteilsausgleich festgelegt. Sie sollte aber bei nicht mehr als 20 Punkten liegen. Ein 1-Punkt-Schüler zeigt sowohl die benötigten schulischen Leistungen als auch eine ausreichende Kompetenz im Bereich soziale Interaktion und Kommunikation. Dieser Schüler erreicht die maximale Teilhabe in allen Bereichen des Systems Schule. Das heißt, nach dem Punktesystem können maximal 20 1-Punkt-Schüler gemeinsam in einer Klasse lernen. Momentan beträgt die durchschnittliche Klassenstärke an staatlichen Schulen jedoch 28 Schüler. Und diese Kinder, ob mit oder ohne Diagnose, bringen zum Teil eine erheblich höhere Punktzahl mit.

Wir müssen bei jedem einzelnen Schüler sowohl seine Potentiale als auch seine Defizite ganz genau und ehrlich betrachten und auswerten. Jedem Schüler wird ein Benachteiligungswert zwischen 1 und 10 gegeben. Wenn z.B. ein Schüler aufgrund seines Autismus eine Punktzahl von 5 bekommt, heißt das, dass dieser Schüler von seinem Beschulungsumfang und -aufwand fünf Schülern mit Handicap 1 entspricht. Mit diesem autistischen Schüler können dann in einer 20 Punkte-Klasse noch 15 Schüler mit Handicap 1 beschult werden. Die Klassenstärke beträgt also insgesamt 16 Schüler, entspricht aber in ihrer Größe und ihrem Aufwand für den Lehrer einer Klasse mit 20 1-Punkt-Schülern. Körperbehinderte Schüler bekommen auch dann mehr als nur einen Punkt, wenn sie den Leistungsanforderungen gerecht werden können und auch die erforderliche soziale und kommunikative Kompetenz haben. Sie sind aus anderen Gründen dennoch auf zusätzliche Unterstützung und Hilfen angewiesen, um der Anforderung Schule gerecht werden zu können. Es gibt unzählige Möglichkeiten, wie eine 20-Punkte-Klasse aussehen kann. Es können auch nur acht Schüler in einer Klasse lernen wie bei meinem Sohn. Geben wir Elijah 10 Punkte, dann bleiben noch 10 Punkte, die vergeben werden können. Je nachdem wie die Handicaps der anderen Mitschüler aussehen, kann Elijahs Klasse eine sehr unterschiedliche Klassenstärke haben.

Egal wie viele Kinder in dieser Klasse letztendlich lernen, sie ist genauso voll wie eine Klasse mit 20 Schülern mit Handicap 1 an einem Gymnasium. Die kleinste Klasse, die auf diese Weise zustande kommen kann, besteht aus nur einem Schüler, dessen Benachteiligungswert aufgrund seiner Behinderung 20 ist. Dies hätte eine Einzel- oder auch Internetbeschulung zur Folge. Für die Verwirklichung der Vision »Eine Schule für alle« ist ein solches System meiner Meinung nach unabdingbar. Der Startpunkt muss aufgrund der aktuellen Situation an den Schulen eventuell bei einer 28-Punkte-Klasse liegen, es sollte aber so schnell wie möglich mit 20-Punkte-Klassen gearbeitet werden. Die Klassen werden so zu Kleinstgemeinschaften, die allen Schülern bessere Lern- und dem Lehrer bessere Lehrbedingungen bieten. Je geringer die Klassenstärke, desto besser kann sich die Klasse dem autistischen Kind anpassen und andersherum. So entstehen nicht nur Berührungspunkte, sondern Berührungsflächen, ohne die eine erfolgreiche Beschulung und Inklusion nicht möglich sind.

Versuchen Sie doch einmal, Ihre Klasse nach diesem Punktesystem aufzuschlüsseln. Die Gesamtzahl der Punkte zeigt Ihnen, wie viele Kinder Sie eigentlich vor sich sitzen haben und adäquat beschulen müssen. Im Grunde genommen errechnen Sie so Ihren Überforderungsquotienten. Bevor Sie nun verzweifeln, lesen Sie vielleicht schon einmal das Kapitel »Zu guter Letzt – Entspannungsübungen und Strategien für Ihren Schulalltag« (▶ Kap. 29).

Wie funktioniert die Schule?

Ich hatte überhaupt keine Ahnung, was Schule ist, als ich am ersten Schultag zwischen all den anderen Kindern stand. Ich sah genauso aus wie sie, mit Zuckertüte in der Hand und Ranzen auf dem Rücken, aber ich war komplett verloren und überfordert. Die Informationen, die ich im Kindergarten und auch von meiner Familie bekommen hatte, haben mir bei Weitem nicht ausgereicht. Gesprochene Sprache hat mich als Kind immer wieder überfordert. Ich habe oftmals einfach abgeschaltet, aber dennoch immerzu genickt, wenn mir meine Mutter etwas erklärt hat. Meine Umgebung war damit zufrieden gestellt, aber ich war weiterhin allein. Ich habe mir letztendlich fast alles, auch Schule, selbst und auf meine Art erschließen müssen. Schule unterscheidet sich enorm von Kindergarten und die Grundschule ist etwas ganz anderes als weiterführende Schulen. Der Wechsel von der Kleingemeinschaft Kita in die Grundschule gelingt häufig noch sehr gut, da viele Eltern kleine und überschaubare Grundschulen für ihre autistischen Kinder auswählen.

Der Übergang in weiterführende Schulen gestaltet sich aber als viel schwieriger und ist eine enorme Herausforderung für Schüler mit Asperger-Syndrom. Es ist wichtig, dass schon lange vor dem Schulbesuch oder Schulwechsel Gespräche mit dem Schüler und seinen Eltern stattfinden, in denen die neue Schule genau erklärt wird, und zwar mit allen Pros und Kontras. Vielen autistischen Menschen fällt es sehr schwer, Gemeinsamkeiten zu erkennen und sie erleben ähnliche Situationen immer wieder als komplett neu. Dies ist äußerst beängstigend und kann schnell zu Problemen führen, wenn die Umgebung sich dessen nicht bewusst ist. Dann nämlich erwartet sie, dass der Schüler sich in der neuen Schule zurechtfindet, weil er ja vorher auf einer Grundschule war oder von einer Schule auf eine andere gewechselt hat. Selbst von Kindergartenkindern wird erwartet, dass sie sich in der neuen Umgebung Schule einigermaßen gut und selbstständig zurechtfinden. Gruppen sind jetzt zwar Klassen, statt Erziehern gibt es Lehrer, aber vieles ähnelt dennoch der Struktur des Kita-Alltags. Ich erkannte das aber nicht. Es dauerte jeweils Monate, bis sich mir wieder eine Regel oder Struktur erschloss. Oft gab es dann aber auch gleich wieder neue Veränderungen, sodass ich die gesamte Zeit wie ein Ertrinkender mit den Armen ruderte. Mein Verhalten war auffällig, aber den wahren Grund kannte niemand. Hilfe blieb aus.

Regeln und Strukturen

Die Schulordnung ist für alle bindend, muss aber für autistische Schüler anders aufbereitet werden. Je nachdem, auf welche Art und Weise der Schüler verstehen kann, sollte ihm die Schulordnung anhand von Bildern, Piktogrammen, Einfacher oder Leichter Sprache oder auch als Audiodatei zur Verfügung gestellt werden. Jeder einzelne Punkt muss so erklärt werden, dass er vom Schüler auch wirklich verstanden werden kann. Auch die Konsequenzen, die ein Nichteinhalten der Schulordnung nach sich zieht, müssen klar und deutlich erläutert werden. Für die Klasse sollten Regeln und Strukturen festgelegt werden, eventuell sogar noch speziell für Pausenzeiten. Für viele autistische Menschen ist es enorm wichtig, dass alle anderen sich an diese Regeln halten! Das bedeutet aber nicht unbedingt, dass sie dies prinzipiell auch selbst tun. Aus eigener Erfahrung kann ich sagen, dass Regeln und Strukturen in erster Linie für mich einen Sinn ergeben mussten. Taten sie das nicht, dann gab es Probleme. Ich hielt mich besser an Regeln, wenn mir die Konsequenzen des Regelbruchs bekannt waren und ich diese für mich nicht wollte.

Ich hätte mir als Schüler gewünscht, dass mir jemand die Regeln und Strukturen ausführlich erläutert und mir nicht nur den Sinn dieser, sondern vor allem die jeweiligen Konsequenzen eines Regelbruchs deutlich gemacht hätte. Eine schriftliche Aufzählung der Regeln gefolgt von den Konsequenzen sowohl bei Einhaltung als auch bei Nichteinhaltung dieser Regeln hätte mir meinen Schulalltag enorm erleichtert. Ich habe mir eine solche »Wenn-Dann-Liste« selbst angefertigt, besonders, was den Umgang mit Lehrern betraf. Im Schulalltag autistischer Kinder ist insbesondere hierbei ein Schulbegleiter notwendig, denn ohne eine solche Hilfe von außen kann die soziale Interaktion nicht gelingen. Für die Eltern wird es schwer sein, zusätzlich zum nicht einfachen familiären Alltag auch noch einen aktiven Einfluss auf den Schulalltag ihres Kindes zu nehmen. Viele autistische Menschen trennen das eine strikt vom anderen, sodass es sein kann, dass das Kind zu Hause nicht über die Schule sprechen möchte. Ein Sozialtraining, dass bei der Wahrnehmung ansetzt, halte ich für sehr sinnvoll, damit sich dem Kind Regeln und Strukturen und Konsequenzen des eigenen Verhaltens erschließen. Wenn ein autistisches Kind immer wieder negative Erfahrungen macht, dann hört es irgendwann auf, in den Kontakt mit anderen Kindern zu treten. Dies kann sich schnell zu einer kompletten Schulverweigerung entwickeln. Bei mir war es oft so, dass ich nicht wusste, warum jeder Versuch meinerseits zu den Anderen und in die Schule zu passen, misslang. Ich gab aber nie auf, weil mein Wunsch dazuzugehören so stark war.

Was ist wo? – Lageplan

Gehen Sie den Weg zur Barrierefreiheit in der Schule weiter, indem Sie diese mit dem Schüler (eventuell gemeinsam mit den Eltern und Schulbegleiter) wie ein Museum besichtigen. Das haben wir auch mit Elijah und seiner Schule mehrmals gemacht. Ein Autist muss sich sowohl mit den Gebäuden als auch der unmittelbaren Umgebung erst vertraut machen. Sprechende Kinder können Sie hinsichtlich Stressoren oder nach Dingen befragen, die ihnen guttun würden. So finden Sie heraus, was Sie eventuell schnell verändern können (schiefe Bilder geraderücken, Unordnung beseitigen etc.), damit sich das Kind sicherer fühlt. Erstellen Sie gemeinsam einen Lageplan, der dem Kind hilft, sich innerhalb des/der Gebäude zu orientieren. Diesen Plan kann es laminiert immer bei sich tragen. Wichtig ist, dass der Schüler mehrere Ansprechpartner innerhalb der Schule hat, die er auch wirklich ansprechen kann (Strategien überprüfen) und die ihm dann entsprechend weiterhelfen können. Ein Hilfsmittel ist immer nur dann gut, wenn es genutzt werden kann. Versichern Sie sich deshalb immer, dass Ihr Schüler die ihm zur Verfügung stehenden Hilfsmittel auch annehmen kann. Probleme mit der Selbstwahrnehmung oder -konfrontation können dem sehr schnell im Weg stehen.

Der Schulweg

Jeder Schulbesuch beginnt mit dem Schulweg. Schon allein der Weg zur Schule stellt eine enorme Herausforderung für viele autistische Schüler dar. Sie müssen die Sicherheit des Elternhauses verlassen und sind sofort einer Unmenge an Reizen ausgesetzt, die innerhalb kürzester Zeit eine Reizüberflutung auslösen können. Sie benötigen gut funktionierende Kompensationsstrategien, um nicht schon auf dem Schulweg einen Overload oder Meltdown zu erleiden.

Ich konnte meinen Schulweg mit dem Fahrrad in einer kleinen Gruppe Mitschüler gut bewältigen. Fahrradfahren war etwas, was ich gern tat, weil es Bewegung und Stillstand zugleich bedeutete. Ich saß auf dem Rad, aber das Rad bewegte sich. Solche Aktivitäten, wie auch Schaukeln, Wippen, Auto- oder Zugfahren, wirkten entspannend auf mich. Aber wirklich wichtig war die kleine Gruppe Mitschüler, die mir schon vor der Schulzeit durch die Kita vertraut war. Ich wurde jeden Morgen von einem Mädchen abgeholt und dann traf sich die Gruppe an einer Kreuzung, bevor es gemeinsam die drei Kilometer in Richtung Schule ging. Dazu muss ich sagen, dass damals viel weniger Verkehr auf den Straßen war und die Welt sich langsamer drehte als heute.

Die Gruppe erleichterte mir auch das Ankommen auf dem Schulhof, wo wir unsere Räder abstellten. Dort waren so viele Schüler anwesend, dass ich den ersten Stress hinsichtlich Selbstwahrnehmung bekam. Ich versuchte innerhalb meiner Gruppe zu verschwinden. Zudem war der Geräuschpegel schon hier im Freien gefährlich hoch. Visuelle Reize konnte ich zwar besser kompensieren, aber das kostete mich viel Energie, die mir später fehlte. Manchmal war ich schon allein wegen des Schulweges am Ende meiner Kräfte. Meine Töchter sind beide mit öffentlichen Bussen, und später mit Zug und Straßenbahn, zur Schule gefahren. Das hätte ich nicht geschafft. Ich hätte mich aus solch einer Situation sehr schnell rausgenommen. So erging es mir in meiner Studienzeit. Bereits der Weg zur Universität und das alleinige Ankommen waren voller Stressoren, die ich nicht bewältigen konnte, sodass ich einfach nicht mehr hingegangen bin. Es war nach der Wende und es hat keinen interessiert. Es gab keine Strukturen mehr, keine Kontrollen und niemanden, an den ich hätte andocken können. Ich hatte meine »Buddies«, meine Gruppe, meinen Anker, mit dem Abitur verloren. Es macht mich immer noch traurig, wenn ich heute daran denke, was mir genommen wurde und was mir hätte ermöglicht werden können, wenn auch nur ein Mensch meine Hilflosigkeit gespürt und mich an die Hand genommen hätte. Man hätte mir nur den Weg zur Universität und die Ankunft dort bzw. auch die Wege zwischen den einzelnen Räumen erklären und einfacher gestalten müssen. Denn dann hätte ich sie allein bewältigen können.

Das kann auch bei Ihrem autistischen Schüler notwendig sein. Individuelle Pläne können einen gewaltigen Unterschied für ihn und damit auch für Sie und die Mitschüler machen. Schauen Sie sich also mit dem Schüler und dessen Eltern den Schulweg genau an. Gibt es einen Schulbegleiter, der eventuell auch ein Schulwegbegleiter sein kann? Hat der Schüler schon Kontakt zu Mitschülern, denen er sich anschließen kann? Wie kann der Schulweg möglichst stressfrei gestaltet werden? Dazu müssen zuerst alle potentiellen Stressoren erkannt werden. Dann gilt es zu prüfen, inwieweit sie entfernt werden können. Stressoren können alle auditiven, visuellen, olfaktorischen und eventuell auch viele taktile oder haptische Reize sein. Dazu gehören auch andere Menschen, die den Schulweg kreuzen bzw. mit in Bus oder Bahn sitzen.

Mein erster Stressor beim Verlassen unserer Wohnung waren Nachbarn, denen ich begegnete, wenn ich mein Fahrrad aus dem Keller holte. Diese erwarteten einen Gruß und stellten mir Small-Talk-Fragen. Sie fragten unter anderem wiederholt, ob ich jetzt in die Schule gehe. Da stehe ich mit meiner Schultasche in der Hand vor ihnen und werde wieder und wieder gefragt, ob ich zur Schule gehe. Da ich das nicht als Small Talk verstanden habe, fielen meine Antworten entsprechen sozial-inadäquat aus. Ergebnis der Begegnung war eine erhöhte Selbstwahrnehmung, Verwirrtheit, Wut, Energieverlust und eine in mir wachsende Angst vor diesen und ähnlichen Begegnungen. Ich war ständig auf der Flucht. Ich kann mich bis heute nicht richtig an Zusammentreffen mit Menschen gewöhnen. Die zweite Begegnung ist anstrengender als die erste, die dritte eine Herausforderung und die vierte eine Katastrophe für mich, sodass es eine fünfte oftmals nicht gibt. Bin ich gezwungen, Menschen immer wieder in ähnlichen Situationen zu begegnen, dann besteht die Gefahr der Vermeidung. Da ich aufgrund der fehlenden Fremdwahrnehmung Konsequenzen nicht vorhersehen kann, bleibt mir gar keine andere Wahl als zu handeln, ohne mögliche Konsequenzen auch nur erahnen zu können. Das Risiko, dass ich einfach nicht mehr in eine solche Situation hineingehe, ist hoch und besteht heute noch. Manchmal reicht nur eine Begegnung aus, in der meine Selbstwahrnehmung so hochfährt, dass ich aus dieser Begegnung einfach weggehe, ohne zu wissen wohin, ohne zu schauen, ob ich sicher bin und ohne, dass mir die Möglichkeit bewusst wird, mir Hilfe holen zu können.

Der Schulweg birgt viele Gefahren für autistische Schüler, die mit dem bloßen Auge nicht sichtbar sind. Mein Sohn kann weder allein noch mit Begleitung öffentliche Verkehrsmittel benutzen und wird deshalb von einem Fahrdienst (Kleinbus eines extra dafür vom Amt bestellten Fahrunternehmens) von der Haustür bis zur Schule gefahren. Dort erwartet ihn dann seine Schulbegleitung. Dies ist wie schon gesagt kein Luxus oder Vorteil, sondern der Nachteilsausgleich, den er benötigt, um den Schulweg überhaupt meistern zu können und damit die sichere und relativ stressfreie Ankunft in der Schule zu haben. Auch hochfunktional erscheinende Asperger-Autisten kann der Schulweg mit ÖPNV überfordern. Dies muss nicht unbedingt sichtbar sein. Es kann wie in vielen anderen Situationen sogar sein, dass Ihnen der Schüler glaubhaft machen will, dass er den Schulweg schafft. Viele Asperger-Autisten haben schon als Kinder ein gutes Gespür dafür entwickelt, was ihr Gegenüber hören will. Sie wollen keine Außenseiter sein, sondern dazugehören und das so sehr, dass es vielen von ihnen immer schwerer fällt, Hilfen anzunehmen. Besonders wenn sie wissen, dass Gleichaltrige diese nicht benötigen. Da Mitschüler sehr schnell auf anderes Verhalten reagieren, sind wir dann im Nu wieder bei einer erhöhten Selbstwahrnehmung angelangt. Diese hat zwar einen anderen Grund, aber dennoch die gleichen schwerwiegenden Folgen.

Für den Nachhauseweg ist zu beachten, dass ein mehr als anstrengender Schultag hinter dem autistischen Schüler liegt. Es sollte jeden Tag darauf geachtet werden, ob noch ausreichend Ressourcen vorhanden sind, um den Weg nach Hause ohne Probleme bewältigen zu können. Am Ende vieler meiner Schultage folgte ich einfach meiner Gruppe Mitschüler wie ein Entenküken. Ich war so auf diese Gruppe Menschen geprägt, dass ich ihnen einfach hinterherfuhr. Fuhren sie erst noch zur Eisdiele, dann fuhr ich mit. Teilte sich die Gruppe, dann folgte ich der größeren Teilgruppe. Noch heute zeige ich dieses Verhalten nach Stresssituationen, vor allem nach Veranstaltungen. Da, wo mein Mann hingeht, da gehe auch ich hin.

Selbst wenn Ihr autistischer Schüler den Schulweg schafft, so sollte dennoch geschaut werden, wie viel Energie durch Stress und Reizüberflutung verbraucht wird. Diese Energie fehlt dann von der ersten Unterrichtsminute an. Es sollte eventuell über einen individuellen Transport mit einem Fahrdienst/Taxi nachgedacht werden, damit der Schüler möglichst wenig gestresst und mit ausreichend Energie für den Schultag in der Schule ankommt. Den Zusammenbruch vieler autistischer Kinder nach der Schule erleben oftmals nur die Eltern zu Hause. Den Lehrern fällt es dann schwer, dieses hochfunktionale Kind, das sie im Unterricht erleben, mit dem von den Eltern beschriebenen Häufchen Unglück übereinzubringen. Auch ich war so ein Kind und bin auch heute noch so ein Mensch. Bei meinen Vorträgen merkt kaum jemand, was ich da wirklich leiste, aber wieder zu Hause, oder manchmal schon auf dem Heimweg, beginne ich auch heute noch zu zerfallen. Auch der Weg zu den Veranstaltungen oder jegliche Wege, die zu Begegnungen mit Menschen führen, fallen mir unheimlich schwer und sind oftmals mein größter Stressor. Ein immer zur Verfügung stehender Begleiter wäre Barrierefreiheit für mich. Aber dies als Hilfsmittel genehmigt zu bekommen, ist mir bisher noch nicht gelungen. Ich habe Glück, dass mein Mann und meine Töchter mich dahingehend viel unterstützen. Schade, dass es Harry Potters Flohpulver nicht wirklich gibt, denn dann wäre der Stressor »An- und Abreise« für mich beseitigt.

Praxistipps

- Den Schulweg von der Haustür zur Schultür und zurück auf Stressoren testen.
- Welches Transportmittel ist am besten geeignet? Fahrrad, ÖPNV, Taxi, Fahrdienst?
- Welche Hilfsmittel braucht der Schüler, um den Schulweg möglichst stressfrei zu bewältigen?
- Benötigt er eine Begleitung?
- Wo und wie kann der Schüler unterwegs Hilfe finden? Notfallnummer/Anlaufstelle
- Legen Sie einen festen Ankunftsort fest.
- Der Schulbegleiter steht bei Ankunft bereit, eventuell auch ein Lehrer oder Mitschüler.
- Es erfolgt ein täglicher Check, ob auch der Nachhauseweg sicher bewältigt werden kann.

Ansprechpartner

Ansprechpartner können sowohl Mitschüler als auch ältere Schüler sein, ebenso Lehrer und sonstiges Schulpersonal. Sie sind vor allem dann unerlässlich, wenn der Schüler keine Schulbegleitung hat. Ansprechpartner müssen leicht erreichbar und vor allem während des gesamten Schultages zu jeder Zeit verfügbar sein. Ist ein Lehrer der Ansprechpartner, so muss der autistische Schüler genau wissen, wo und wie er diesen erreichen kann. Als erste Anlaufstelle eignet sich das Sekretariat der Schule, da dies immer besetzt ist. Dies kann eine Art Notfallinsel sein, von wo aus dann die entsprechend benötigte Hilfe gerufen wird.

Auch Mitschüler können sich als Ansprechpartner eignen. Autistische Kinder suchen wie alle Kinder nach Vorbildern. Wunderbar wäre ein Buddy-System, bei dem Mitschüler eine Art Patenschaft für den autistischen Mitschüler übernehmen. Manchmal entwickeln sich solche Buddy-Beziehungen von ganz allein und funktionieren ohne großes Zutun der Umgebung. Die meisten autistischen Menschen tendieren nämlich dazu, sich an Menschen zu orientieren, die sie gut wahrnehmen können und als Anker sehen. Es ist dabei darauf zu achten, dass keine Abhängigkeit entsteht, da Menschen aus den verschiedensten Gründen auch von heute auf morgen wegfallen können.

Ein Buddy zu sein darf zudem keine extra Belastung für den Mitschüler darstellen und muss immer auf freiwilliger Basis stattfinden. Auch ein telefonischer

Kontakt zu den Eltern kann dem Schüler wieder Halt geben und schon ein kurzes Gespräch die notwendige Sicherheit wiederherstellen. Allein das Wissen um diese Möglichkeit kann beruhigend wirken. Ist ein Gespräch nicht möglich, dann kann eine speziell dafür aufgenommene Sprachnachricht der Eltern oder eine Sprachnachricht des Schülers an die Eltern als Ersatz dienen. Ich hatte in meiner Schule zwar keinen Auszeitraum, aber dennoch eine kleine Insel. Meine Großmutter war eine der Schulsekretärinnen und ich wusste, dass ich im Notfall in dieses Zimmer »flüchten« konnte. Zudem war meine Mutter Lehrerin an meiner Schule. Allerdings hat sie strikt zwischen Lehrerin (Schule) und Mutter (außerhalb der Schule/zu Hause) unterschieden. Das hat mir den Schulalltag als Lehrerkind und das Leben überhaupt leichter gemacht. Ich trennte ja auch. Meine Mutter war mir aber vertraut genug, dass ich mich im Notfall an sie hätte wenden können. Mir war ganz egal, ob sie dann als Lehrerin oder als meine Mutter auf mich reagierte. Zu wissen, dass ich in dieser stürmischen See zwei Anker hatte, reichte aus, mich so weit zu beruhigen, dass ich überhaupt in die Schule gehen konnte. Ich habe keine der beiden Möglichkeiten je in Anspruch genommen, da es mir als Kind unmöglich war, meine Bedürfnisse adäquat auszudrücken. Jeder Versuch hat meine Selbstwahrnehmung so hochgefahren, dass sie zu einer Selbstkonfrontation wurde. Sogar meiner Familie gegenüber blieb ich deshalb verschlossen und tat mein Möglichstes, damit sie glaubten, alles sei in bester Ordnung.

Lehrerstimme

»Die Eltern schafften zu Hause noch klarere Strukturen, die Schule ebenso. Wir ritualisierten nicht nur den Unterrichtstag an sich noch stärker, sondern jede einzelne Unterrichtsstunde, sodass der Junge zu jeder Zeit wusste, was ihn erwartete. Veränderungen im Stundenplan wurden entweder eine Woche vorher schon mit ihm besprochen oder von der pädagogischen Fachkraft aufgefangen. Der Schüler bekam die Möglichkeit, eine Auszeit kurz anzuzeigen und dann zu nutzen. Einzige Vereinbarung war, nach max. fünf Minuten wieder ins Klassenzimmer zurückzukehren oder der pädagogischen Fachkraft eine Information zukommen zu lassen. Die verpassten Aufgaben arbeiteten die Eltern zu Hause mit ihm nach, sie wurden vom Lehrer jedoch nicht vor der Klasse angesprochen, sondern kommentarlos ins Hausaufgabenheft eingeschrieben.«
Ute Schnabel, Schulleiterin Förderzentrum Clemens Winkler, Brand-Erbisdorf

21 Die Klasse

Die Klasse ist die kleinste Einheit im System Schule. Mit durchschnittlichen Klassenstärken von bis zu 28 Schülern sind die Klassen aber nicht nur für Asperger-Autisten viel zu groß. In meiner Schulzeit saß ich mit 27 Mitschülern in einer Klasse und war schon allein damit täglich überfordert. Die Klasse der Förderschule für geistige Entwicklung meines Sohnes Elijah hatte im Schuljahr 2019/2020 acht Schüler. Dazu kommen ein Lehrer, ein Erzieher und zwei Schulbegleitungen. Es ist also eine Kleinstgemeinschaft von acht Kindern und vier Erwachsenen. Für Elijah sind das schon ziemlich viele Menschen. Mittlerweile ist es ihm besser möglich, sowohl seine Selbstwahrnehmung als auch die Andere-Wahrnehmung so zu regulieren, dass er mehr Zeit mit der Klasse verbringt und diese Zeit zum Beobachten der Kinder und ihrer Aktivitäten nutzen kann. Anfangs haben ihn schon viel weniger Menschen im Klassenzimmer so überfordert, dass wir mit einer reduzierten Schulzeit beginnen mussten. Er hat mit nur einer Stunde begonnen. Nach sieben Jahren ist er jetzt bei vier Unterrichtsstunden (montags), fünf Unterrichtsstunden (freitags) und sechs Unterrichtsstunden an den restlichen Tagen angekommen. Eine weitere Erhöhung seiner Schulzeit ist zwar genehmigt, aber zurzeit nicht möglich, da es an Schulbegleitung fehlt. Momentan ist die Zeit, die Elijah in der Schule verbringt, für ihn und für seine Umgebung stimmig. Elijahs Weg entspricht einer langsamen, aber einer sehr erfolgreichen Entwicklung nach vorn. Die Gesellschaft muss sich den unterschiedlichen Leistungsfähigkeiten und Geschwindigkeiten ihrer Mitglieder wieder bewusst werden und diese auch respektieren. Nur dann kann ein Individuum seine Potentiale wirklich entfalten.

Die Größe der Klasse ist entscheidend für die unterrichtliche Inklusion und damit für den Erfolg bei der Beschulung autistischer Kinder. An den Förderschulen sind die Klassen klein und können sich schon allein deshalb viel besser an einen autistischen Schüler und seine Voraussetzungen anpassen. Mit einem Punktesystem wie in Kapitel »Die Schule« (▶ Kap. 20) beschrieben, können Klassen gebildet werden, deren Größe und Zusammensetzung allen – auch autistischen – Kindern die Möglichkeit gibt, auf ihre Art zu lernen und ihre Stärken und Potentiale zu offenbaren. Lehrer haben dann eine reelle Chance, alle Kinder in ihrer Klasse adäquat zu beschulen.

Elijah ist in seiner Klasse richtig gut angekommen und fühlt sich dort sehr wohl. Ist die Klasse ein sicheres Boot mit gutem Anker und einem geeigneten Liegeplatz im großen Hafen Schule, dann können selbst autistische Kinder wie Elijah das Segeln lernen. Der Lehrer ist der Kapitän, der seine Schüler, seine Mannschaft, gut kennen und der genau wissen muss, wer welche Aufgaben bewältigen kann oder wie viel Hilfe benötigt wird. Schulbegleiter sorgen für extra Sicherheit und werfen im Notfall Rettungsringe, wenn doch mal ein Mann über Bord geht.

Ganz wichtig ist, dass Motivation vorhanden ist. Sie muss in erster Linie und größtenteils vom autistischen Schüler selbst kommen. Aber auch die restliche Mannschaft, inklusive der Eltern der Mitschüler, muss hoch motiviert sein, wenn unser Wunsch nach »Einer Schule für alle« Wirklichkeit werden soll. Elijahs Motivation kommt zum Beispiel daher, dass es ihm Spaß macht, in die Schule zu gehen. Er ist gern mit anderen Kindern zusammen. Bei mir war es eher, dass ich durch adäquate Leistungen weder negativ noch positiv auffallen wollte. Ich wollte nur den Anforderungen und Erwartungen der Anderen entsprechen. Ein Großteil meiner Motivation war leider auch Angst. Außerdem war mir früh bewusst, dass ich einen guten Schulabschluss benötige, um später eine Arbeit zu haben und Geld verdienen zu können. Das hat mich motiviert, aber auch meine Angst verstärkt. Wenn ich allerdings den Sinn einer Aktivität nicht erkannte, dann war meine Handlungsbereitschaft gleich Null und ich war nur schwer von außen zu motivieren. Ich finde es daher äußerst wichtig, dass autistischen Schülern ausreichend und deutlich der Sinn ihres Schulbesuches erklärt wird. Ihnen muss aufgezeigt werden, welche Vorteile der Schulbesuch für sie kurz- und längerfristig bringt. Auch die Konsequenzen, die sich ergeben, wenn der Schüler nicht sein Bestes gibt und womöglich keinen Schulabschluss schafft, müssen deutlich, aber auch einfühlsam erklärt werden. Das Motivieren von außen mag nicht ideal sein und bei autistischen Menschen nicht so gut funktionieren, aber es sollte dennoch immer wieder versucht werden, von außen einen positiven Einfluss auf die schulische Entwicklung des autistischen Kindes zu nehmen. Finden Sie heraus, wie Sie Ihren autistischen Schüler motivieren können. Ohne Motivation gibt es keine Handlung und ohne Handlung ist keine Veränderung möglich.

Lehrerstimme

»Als J. zurück an unsere Schule kam, war er Schüler einer Klasse 5 und die meldende Schule berichtete von zunehmenden Konzentrationsproblemen, Schwierigkeiten in der sozialen Interaktion, Frustrationsintoleranz und Leistungsproblemen trotz offensichtlich guter kognitiver Befähigung. Die bis dahin erfolgte integrative Unterrichtung wurde mit sofortiger Wirkung aufgehoben, da der Junge im Sportunterricht mit einer Hochsprunglatte und diversen anderen Sportgeräten auf seine Mitschüler und Lehrer losgegangen war. An unserer Schule herrscht, wo möglich, das Klassenlehrerprinzip, d. h. ich unterrichtete so viele Wochenstunden wie möglich in dieser Klasse, um den ständigen Lehrerwechsel auf ein für den Schüler verträgliches Maß zu minimieren. Meine Fächer Deutsch, Englisch und der Förderunterricht ermöglichten mir 13 Wochenstunden, verteilt auf alle fünf Tage der Woche. Mit ihm lernten weitere elf Jungs in dieser Klasse. In die Kleinklasse konnte sich der Schüler schnell wieder gut integrieren, manchmal blieb er jedoch Außenseiter. Seinen Misserfolg an der Oberschule thematisierte er von sich aus nicht, auf Gesprä-

che darüber ließ er sich nicht ein. Seine jetzigen Mitschüler sprachen von ihm als einen guten Schüler und verlässlichen Freund.«
Ute Schnabel, Schulleiterin Förderzentrum Clemens Winkler, Brand-Erbisdorf

Das Klassenzimmer

Der autistische Schüler muss vor Beginn des Schuljahres natürlich nicht nur mit dem Klassenzimmer, sondern mit allen anderen Unterrichtsräumen, in denen beschult wird, vertraut gemacht werden. Jetzt ist der Zeitpunkt, um über Einrichtung/Gestaltung, Sitzordnung und den individuellen Arbeitsplatz zu sprechen. Gehen Sie gemeinsam durch die Räume und lassen Sie sich von dem Schüler oder/und seinen Eltern zeigen, was Stressoren sind. Sprechen Sie gemeinsam darüber, welche Veränderungen es braucht, damit der Schüler hier gut lernen kann. Es wird viele Dinge geben, die Sie sofort verändern können. So zum Beispiel können chaotische Pinnwände geordnet, Vorhänge angebracht oder entfernt und ein Kabelwirrwarr entwirrt oder verdeckt werden. Andere Sachen werden mehr Zeit, Aufwand und auch Geld kosten, um sie anders zu gestalten, sind aber im Bereich des Möglichen, so z. B. die Farbe der Vorhänge, Rollos anstatt Vorhänge oder die Farbe der Spinde. Natürlich gibt es auch viele Dinge, die Sie nicht für Ihren Schüler passend gestalten können. Eckige Fenster oder Tische werden nicht so einfach rund und bauliche Veränderungen kosten in Planung und Ausführung viel Zeit und vor allem Geld. Hier sind dann der autistische Schüler und seine Eltern gefragt, Kompensationsstrategien zu entwickeln, um die notwendige Reizgewöhnung, sprich Anpassung, des Schülers an nicht veränderbare Dinge oder Situationen zu schaffen.

Die Schule kann sich immer nur bis zu einem gewissen Punkt an den Schüler anpassen. Sowohl der autistische Schüler als auch die Schule haben Grenzen. Es muss versucht werden, dass sich beide zumindest an ihren Grenzen berühren. Sollte dies nicht möglich sein oder sollte die Berührungsfläche zu klein sein, muss umgedacht werden. Die Frage ist immer »Wie kann es gehen?«. Was können Sie tun, um die Situation zu verbessern? Lassen Sie nichts unversucht. Jede noch so kleine Veränderung kann große Wirkung haben. Eventuell kann der Schüler mit dem Rücken zu den Fenstern sitzen, die für ihn Stress bedeuten oder es hilft vielleicht eine Stellwand zwischen seinem Arbeitsplatz und den Fenstern. Diese kann gleichzeitig als Sichtschutz und als Begrenzung fungieren und ist möglicherweise schon an der Schule vorhanden. Denken Sie immer wie Nelson Mandela, der einmal sagte: »Es scheint immer unmöglich, bis man es tut.« Also tun Sie es! Wenn Sie einen autistischen Schüler haben, dann müssen Sie bereit sein, zum Abenteurer zu werden. Wenn Kolumbus nicht losgesegelt wäre, hätte er die Karibik nicht gefunden. Also segeln Sie!

Lehrerstimme

»Garderobenpläne mit den Fotos, Piktogrammen bzw. Namen der Schüler ermöglichen das Auffinden der eigenen Sachen und zeigen, wo Schultaschen bzw. Sportsachen selbstständig abgestellt werden. Einzelne Bereiche für Aktivitäten sind im Klassenzimmer klar voneinander abgegrenzt (farbige Klebestreifen am Boden, Teppich, Raumteiler aus Regalen). Durch die in den einzelnen Bereichen vorhandenen Materialien wird die Funktion dieser klar definiert. Schriftliche und bildliche Hinweise an Schränken, Regalen, Schülerfächern oder auch an Lehr- und Lernmitteln dienen als visuelle Hilfe (farbige Markierungen, Fotos, Piktogramme, Ganzwörter).«

Eva Glawe-Then, Lehrerin an einer Schule mit Förderschwerpunkt geistige Entwicklung, Zwickau

Die Lage

Das Klassenzimmer sollte einen möglichst ruhigen und vielleicht eher abgelegenen Standort haben. Ideal ist ein Zimmer am Ende des Ganges und auf einer Etage, auf der weniger Betrieb herrscht. Es sollte auch von außen betrachtet die ruhigste Ecke sein, das heißt, weg von den Lärmquellen, die den Schüler am meisten stressen. Ob das eher die Straße mit dem Verkehrslärm ist oder doch der Schulhof, der in den Pausen bevölkert wird, hängt vom Schüler ab. Beachten Sie, dass durch die Fenster visuelle Reize zu einer Ablenkung führen können. Auch hier können Stellwände dieses Problem schnell und flexibel lösen. Aus eigener Erfahrung kann ich sagen, dass auch der Lichteinfall autistische Menschen enorm ablenken kann. Je nach Sonnenstand und Bewölkung änderte sich für mich das Zimmer innerhalb von Sekunden immer wieder. Wichtig sind somit Rollläden oder Vorhänge vor jedem Fenster. Zeigen Sie Ihrem Schüler das Zimmer zu unterschiedlichen Zeiten. Im Sommer sieht es nämlich anders aus als im Winter, früh am Tag anders als am Mittag oder Nachmittag. Mit Menschen im Raum wirkt es anders, als wenn es leer ist. Die Wege zu allen anderen Unterrichtsräumen, die der Schüler nutzen wird, müssen ihm gezeigt werden. Besser noch ist es, einen Lageplan zu erstellen, den der Schüler versteht und nutzen kann. Alle Zimmer müssen für den Schüler klar und verständlich gekennzeichnet sein. Der Schüler muss Gelegenheit haben, seine Wege innerhalb des Schulgebäudes in stressfreien Situationen erst einmal ohne Mitschüler üben zu können. Es ist wirklich wichtig, dass er schon einige Zeit vor Beginn seiner Beschulung sowohl Zugang zum Schulgebäude und den Unterrichtsräumen als auch zu Turnhalle, Umkleiden, Essensraum, Schülercafé usw. hat. Er muss ausreichend Zeit haben, sich auf seine Art und Weise mit der neuen Umgebung vertraut zu machen. Vielleicht filmen Sie oder die Eltern die einzelnen Räume und auch die Gänge, sodass er zu Hause die Gelegenheit hat, sich alles in Ruhe immer wieder anzuschauen. Hier sollten dann auch Aufnahmen zu Zeiten des aktiven Schulbetriebes gemacht werden, damit der Schüler einen visuellen und auditiven Eindruck vom eigentlichen Schulalltag bekommt. Die Gewöhnung ist enorm wichtig und findet anders und langsamer statt als bei nicht-autistischen Kindern. Außerdem können mit Hilfe solcher Filme in der sicheren, häuslichen Umgebung Stressoren gefunden und besprochen werden.

Einrichtung/Gestaltung

In jedem Raum, den der autistische Schüler nutzt, muss er seinen festen Platz haben. Er muss zudem in jedem Zimmer jederzeit alle Hilfsmittel zur Verfügung haben, die er benötigt. Es gibt unterschiedliche Vorgaben in jedem Bundesland, was die Räumlichkeiten und deren Größen betrifft. Nicht bedacht wurde bis jetzt, dass sich dies alles grundsätzlich ändern muss, wenn wir eine inklusive Schule anstreben. Ein autistischer Schüler benötigt definitiv mehr als nur zwei Quadratmeter Platz um sich herum, vor allem, wenn er einen Schulbegleiter hat. Momentan müssen Sie einfach das Beste aus dem machen, was Sie haben. Wenn nicht durch größeren Abstand abgegrenzt werden kann, dann eventuell mit Stellwänden oder auch dadurch, dass der Schüler mit dem Rücken zur Klasse sitzt. Das Tafelbild muss dann anders übermittelt werden. Hier können Tafelbildkopien zum Einsatz kommen, die dem Schüler vorgelegt werden. Mein Sohn ist auch ein »Rückwärts-Mensch«, das heißt, dass Elijah allem Neuen, Menschen eingeschlossen, erst einmal den Rücken zukehrt. Es heißt nicht, dass er sich nicht für das Neue und die Menschen interessiert! Es bedeutet lediglich, dass er es nicht auf direktem, von der Gesellschaft erwartetem Weg tun kann. Elijah nutzt dabei seit einiger Zeit Spiegelbilder, um sicher sehen zu können, was sich da hinter seinem Rücken abspielt. Anders, aber clever, denn er umgeht so die Selbstkonfrontation. Bei mir ist es allerdings so, dass mein Spiegelbild die Selbstwahrnehmung hochfährt, da ich weiß, dass ich das da im Spiegel bin. Glastüren an Schränken oder auch Bilderrahmen, ja sogar Sonnenbrillen spiegeln Gesichter wieder und sind somit Stressoren für mich.

Die Sitzordnung

Als Lehrer wissen Sie, dass die Sitzordnung einen großen Einfluss auf die Klasse und das Unterrichtsgeschehen haben kann. Es gilt gut zu überlegen, wer mit wem an einem Tisch sitzt, aber ebenso wo jeder einzelne Schüler am besten sitzen sollte. Auch hier gibt es bei autistischen Schülern große Unterschiede. Während einer sich in der ersten Reihe und direkt vor dem Lehrertisch wohlfühlt, ist für den nächsten Autisten ein Platz in der letzten Reihe viel besser geeignet. Bei autistischen Schülern, die sich Ihnen mitteilen können, können Sie das im Vorfeld besprechen, aber schauen Sie bei der Umsetzung in die Tat, ob es wirklich die beste Lösung ist. Wie bei allen Dingen, gilt auch hier, ausprobieren und gegebenenfalls überdenken, verwerfen und von vorn anfangen. Bei autistischen Schülern, die sich nicht so gut oder gar nicht mitteilen können, müssen Sie auf die Eltern zurückgreifen. Diese können berichten, wie es in Kita oder Grundschule geklappt hat oder welche Erfahrungen sie zu Hause gemacht haben.

Nachdem Sie den Sitzplatz festgelegt haben, schauen Sie sich gemeinsam mit dem Schüler und eventuell den Eltern das Klassenzimmer nochmals unter dem Aspekt Stressoren und Reize an. Es kann auch sein, dass erst im Verlauf der ersten Schultage bzw. Unterrichtsstunden deutlich wird, ob der Sitzplatz gut ist. Außerdem können jederzeit Reize hinzukommen, die Ihnen nicht bewusst sind, aber den Schüler stressen. Das kann ein neues Bild an der Wand sein, das vielleicht schief hängt oder dessen Motiv ein Stressor ist. Auch die veränderte Frisur eines Mitschülers, der vor dem autistischen Schüler sitzt, ein neues Kleidungsstück eines anderen Mitschülers oder der Geruch der neuen Filzstifte des Banknachbarn können die Situation plötzlich verändern. Jede noch so kleine Veränderung kann eine große Wirkung auf den autistischen Schüler und damit auch auf seine Umgebung haben. Erwarten Sie nicht, dass der autistische Schüler Ihnen dies von sich aus mitteilt bzw. mitteilen kann. Machen Sie regelmäßige Check-ups, kündigen Sie Veränderungen an und bleiben Sie immer im Gespräch mit dem Schüler hinsichtlich Stressoren und Reizüberforderung.

Der autistische Arbeitsplatz

Mit dem autistischen Arbeitsplatz meine ich den Tisch des autistischen Schülers, an dem er im Unterricht sitzt. Zu meiner Schulzeit gab es eine Art Tischordnung, das heißt, uns wurde genau vorgeschrieben, was auf dem Tisch liegen durfte und wie Federmappe, Bücher und Hefte auf dem Tisch angeordnet sein mussten. Somit war ein System vorgegeben, an welches sich alle meine Mitschüler zu halten hatten. Da auch Bücher und Hefte einheitlich eingeschlagen werden mussten und die Auswahl an Federmappen in der DDR doch eher überschaubar war, ergab sich ein recht geordnetes Bild. Mir kam das sehr zugute. Das ist heute ganz anders. Die Welt ist bunter und die Auswahl an Schulmaterialien viel größer. Weniger Kinder in der Klasse lösen dieses Problem zwar nur zum Teil, aber kleinere Klassen bringen auch dahingehend eine nicht zu unterschätzende Erleichterung. Ein gut strukturierter Arbeitsplatz ist sehr wichtig. Ich habe bis heute zu Hause eine Bastelmatte als Schreib- und Esstischunterlage. Diese ist in einem mir angenehmen Grün und hat ein weißes Zentimeter-Raster. Alles, was ich darauflege, kann ich genau ausrichten. Die Matte stört keinen anderen, gibt mir aber sehr viel Sicherheit. Eine solche Unterlage zeigt der Umgebung deutlich an, dass hier mein Arbeits-/Sitzplatz ist, sodass es dahingehend nicht zu Missverständnissen kommen kann.

Möglich ist auch, dass mit farbigem Klebestreifen Areale des Tisches, unter anderem die Grenze zum Tischnachbarn, visuell erkennbar gemacht werden. Eventuell benötigt es auch einen Sichtschutz zum Nachbarn. Mir hätte das Lernen in einer Art Kabine, die nach vorn offen ist, wie es sie in manchen Fremdspracheninstituten gibt, gutgetan.

Wenn es dem autistischen Schüler gar nicht möglich ist, einen Arbeitsplatz innerhalb des Klassenzimmers zu nutzen, dann sollte es eine Beschulung über Videoübertragung geben. Der Schüler sitzt dazu in einem anderen Raum und bekommt das Geschehen im Klassenzimmer per Video mit. Dieses System wird an Gerichten angewandt, wenn Zeugen nicht im Gerichtssaal aussagen können.

Natürlich sind viele Schulen noch nicht dahingehend ausgestattet, aber sie sollten es sein. Somit wäre zumindest eine schulische Inklusion gewährleistet. Die unterrichtliche Inklusion kann während dieser Zeit angebahnt werden. Denkbar ist auch eine Internetschule, die von zu Hause aus »besucht« werden kann. Auf diese Art und Weise kann eine Beschulung so stattfinden, dass der autistische Schüler nicht überfordert wird, sondern mit einem großen Abstand zum Unterrichtsgeschehen lernen kann. Der Abstand zu einer realen Schule und Mitschülern sollte langsam, immer der Geschwindigkeit des Schülers angepasst, verkleinert werden. Ziel muss immer sein, die Teilhabe des autistischen Schülers zu ermöglichen und weiter auszubauen. Eine zusätzliche Alternative wäre, den Schüler stundenweise einzeln zu beschulen oder ihn nur die Unterrichtsstunden besuchen zu lassen, die er schafft. Besonders in der Abiturstufe kann eine solche halbierte Beschulung zum Erfolg, sprich Abitur führen. Dann macht ein autistischer Schüler sein Abitur eben nicht in zwei, sondern vier Jahren.

Auch bei der Wahl von Stuhl und Tisch sollte gut nachgedacht werden. Elijah hat lange Zeit gar nicht auf einem Stuhl sitzen können, da ihm dies mit seiner geringen Körperwahrnehmung nicht möglich war. Also gab man ihm ein Stehpult. Noch heute bevorzugt er Stehpulte statt Tisch und Stuhl, aber er schafft es mit Hilfe neuer Kompensationsstrategien und Hilfsmittel (z. B. ein schweres Kissen auf den Oberschenkeln) auch zeitweise am Tisch zu sitzen. Es ist aber auch möglich, dass Stuhl und Tisch in Ordnung sind und ein autistischer Schüler sich aufgrund anderer Reize und Stressoren nicht hinsetzen kann. Bei meinem Sohn ist das oft der Fall. Um sich zu spüren, muss er in Bewegung sein. Dieses Verhalten nimmt in Stresssituationen noch zu. Da nützt ihm selbst der beste Stuhl nichts. Aber auch das Hinsetzen auf Drehstühle oder Stühle auf Rollen oder gar eine Kombination aus beiden sind nach wie vor schwierig für ihn, aber wir üben fleißig. Es kann durchaus sein, dass auch der Tisch fest mit dem Fußboden verbunden werden muss.

Ich hatte als Kind einen sehr großen Drang nach Bewegung und besonders das Stillsitzen und Zuhören fiel mir schwer. Das tut es auch heute noch. So komisch das klingen mag, aber geholfen hätte mir in meiner Schulzeit, wenn ich während des Unterrichtes zumindest zeitweise auf einem Ergometer hätte sitzen können. Meine Füße waren damals ständig in Bewegung, weil ich nur so die notwendige Rückmeldung bekommen konnte, dass es mich gibt. Hocker waren und sind mir ein Graus und auch Stühle ohne Lehne immer noch eine Herausforderung. Im Sportunterricht auf einer Bank stillzusitzen war eine fast unlösbare Aufgabe für mich. Also reden Sie über Stühle und finden Sie einen Stuhl bzw. eine Sitzgelegenheit, die für den Schüler geeignet ist. Eventuell macht auch ein Wechsel zwischen Sitzen und Stehen dem Schüler das Leben leichter und ermöglicht es ihm, am Unterrichtsgeschehen teilzunehmen. Auch hier können Ihnen der Schüler selbst, wenn mitteilungsfähig, und/oder die Eltern helfen. Zögern Sie nicht, Erfahrungen mit anderen autistischen Schülern einzubringen. Es kann nämlich durchaus sein, dass Sie auf diesem Weg eine Lösung finden. Die Welt der Stühle ist groß und ich suche bis heute nach dem perfekten Stuhl für mich, aber ich habe mich auch an viele Stühle gewöhnen können.

22   Der Unterricht

Ich habe definitiv den strukturierten Unterricht den Pausen bevorzugt, die ich anfangs als sehr chaotisch und auch bedrohlich wahrgenommen habe. Das erfolgreiche Vermitteln von Lehrstoff, Kenntnissen und Fähigkeiten durch den Lehrer erfolgt immer nach einem Plan und in einer verlässlichen Regelmäßigkeit, die einem autistischen Schüler automatisch entgegenkommt. Für mich bedeutete die Unterrichtsstunde Sicherheit und Reizreduktion. Verglichen mit den Pausen kam sie mir oftmals wie eine Auszeit vor. Sie war vorhersehbarer als das Pausengeschehen, aber blieb auch immer ein Stück weit fragil, da sie von der Person des Lehrers abhängig war. In meiner Kindergartenzeit habe ich mich jedes Mal geweigert, in den Kindergarten zu gehen, wenn meine Erzieherin nicht da war. Meine Mutter brachte mich dann zu meinen Großeltern. Aber in der Grundschule ließ sie sich natürlich nicht mehr darauf ein, d. h. sie unterstützte meine Vermeidung nicht länger. Ich musste wohl oder übel einen Weg finden, mit Vertretungsstunden und -lehrern klar zu kommen. Ich klammerte mich an all die mir vertrauten Dinge, hauptsächlich an meine Klassenkameraden, die meine Anker waren. Es war wichtig für mich, dass drei bis vier der mir sehr vertrauten Kinder jeden Tag anwesend waren. Fehlten alle meine Anker-Kinder, dann war der Schulalltag wie eine Bootsfahrt auf stürmischer See. An solchen Tagen musste ich mich auf mein gutes Schwimmen, das heißt auf meine Kompensationsstrategien, verlassen können, um nicht zu ertrinken. Allein aufgrund von Vertretungsstunden bin ich bis zum Ende meiner Schulzeit regelmäßig über Bord gegangen, aber ich habe gut schwimmen gelernt. Ich konnte meinen Stress und meine Ängste zunehmend besser vor meiner Umgebung verbergen.

Strukturen

Ohne Rettungsringe darf kein Boot den Hafen verlassen. Für einen autistischen Schüler sind Strukturen im Schulalltag solche Rettungsringe. Das gilt auch für den Unterricht. Der Schulalltag wird durch die Unterrichtsstunden zeitlich und durch die Klassen- und Fachräume und die Sitzordnung räumlich schon gut strukturiert. Die Grundstruktur des Unterrichts ist an jeder Schule ähnlich: Stundenklingeln, Begrüßung, Stunde mit Interaktion von Lehrer und Schülern, Verabschiedung, Pausenklingeln. Jeder Schüler kennt diesen Ablauf. Bei mir hat sich die für mich notwendige Sicherheit für eine erfolgreiche Teilnahme am Unterricht und am Schulalltag jedoch nicht eingestellt.

Als Autist konnte und kann ich nie genug wissen, was die Struktur und den Ablauf einer Situation betrifft. Jede Einzelheit ist wichtig, damit ich abschätzen kann, wie abgesichert die Gesamtsituation ist. Wenn es eines gibt, was ich in meiner Schulzeit gelernt habe, dann, dass Veränderung das einzige ist, worauf ich mich wirklich verlassen kann. Also forschte ich immer nach und versuchte herauszufinden, wo sich etwas verändern könnte und wo nicht. Struktur hat den Nachteil, dass sie uns sofort fehlt, wenn sie nicht mehr da ist. Mir fehlte sie nicht nur, sondern jede Veränderung, jedes Abweichen von der mir vertrauten Struktur, machte mir Angst. Und zwar eine solche Angst, dass ich oft nur noch mit Flucht, Kampf oder Starre reagieren konnte. Aus diesem Grund sollte es eine flexibel gestaltete Struktur sein, die Raum für Veränderungen bietet. Auf diese Veränderungen muss der autistische Schüler so vorbereitet werden, dass er sie erkennen und annehmen kann. Es bleibt also auch hier sehr individuell und Sie müssen schauen, wo der Schüler steht, welche Voraussetzungen er mitbringt und wie er am besten mit den Veränderungen, die ein Schulalltag immer mit sich bringt, zurechtkommen kann.

Lehrerstimme

»Zur Strukturierung der Zeit nutzte ich sehr gerne Zeitschaltuhren, große Sanduhren (die auch mal einen Sturz oder Wurf aushalten) oder einfache Eieruhren. Der Stundenplan wird täglich am Morgen gemeinsam mit den Schülern aufgebaut. Einzelne Unterrichtsstunden wie auch individuelle Aktivitäten (z. B. Therapien, Einzelförderung) werden durch Piktogramme dargestellt. Wichtig bei der Handhabung der Pläne ist, dass die ›erledigten‹ Unterrichtsstunden von den Schülern abgenommen und im Fertigkörbchen abgelegt werden. Hierauf achten erfahrungsgemäß meine autistischen Schüler sehr penibel, wenn ich den Hinweis zur Abnahme vergesse. Gerne arbeite ich auch mit individuellen Fotostundenplänen, wenn es dem autistischen Schüler noch nicht möglich ist, Piktogramme zu lesen. Klettpunkte an den Fotos ermöglichen die Mitnahme dieser zu dem betreffenden Ort, an dem die jeweilige Aktivität stattfindet. Auch mobile Pläne wie z. B. Fotoringbindungen zum Umklappen haben sich ebenfalls schon als sehr hilfreich erwiesen. Ich überprüfe bei der Nutzung sämtlicher Strukturierungshilfen immer wieder deren Sinn und Notwendigkeit und passe diese an das Alter und den Entwicklungsstand der autistischen Schüler an. Die Strukturierung meines Klassenzimmers sowie meines Unterrichtsalltages erleichtert mir sehr die Arbeit und den Umgang mit meinen autistischen Schülern. Außerdem werden die aus der Unterstufe bekannten Piktogramme des Stundenplans in den höheren Klassen weitergeführt, sodass die Schüler bekannte Strukturen immer wiedererkennen.«
Eva Glawe-Then, Lehrerin an einer Schule mit Förderschwerpunkt geistige Entwicklung, Zwickau

Das Stundenklingeln

An fast jeder Schule beginnt der Unterricht mit dem Stundenklingeln. Nachdem ich mich daran gewöhnt hatte, hat mir dieses auditive Signal in meinem Schulalltag sehr geholfen. Im Umgang mit autistischen Menschen werden Sie schnell merken, dass eine autistische Wahrnehmung und das sich aus dieser ergebende Verhalten sehr viel Widersprüchliches hat. Obwohl das Stundenklingeln eine große auditive Strukturierungshilfe für mich war, löste das Pausenklingeln am Ende jeder Unterrichtsstunde weiterhin einen enormen Stress bei mir aus, da es den Beginn der unstrukturierten Pause ankündigte. Das bedeutet, dass jede Hilfe je nach der Situation, in der sie zum Einsatz kommt, auch immer ein zusätzlicher Stressor werden kann. In meinem Fall stresste mich anfangs sowohl das Stunden- als auch das Pausenklingeln. Nachdem ich mich endlich an den Ton gewöhnt hatte (was sehr schnell ging, da das Klingeln einer strikten Struktur unterlag), löste nicht mehr der Ton Angstzustände in mir aus, sondern das Wissen darum, was das Klingeln zu bedeuten hatte. So wurde das Pausenklingeln zu einem Stressor, da es das Ende der strukturierten Zeit ankündigte, die mir Sicherheit gab.

Das Pausenklingeln war mir trotz alledem eine große Hilfe. Ein unangekündigter Übergang von der strukturierten Unterrichtsstunde in das laute Durcheinander der Pause hätte viel schlimmerer Folgen gehabt. Es kann also sein, dass Ihr Schüler mit Flucht-, Kampf- oder Starre-Reaktion auf das Pausenklingeln reagiert, aber dass der Stressor eher die nachfolgende Pause ist und nicht der Klingelton an sich. Genau dort muss dann die Veränderung ansetzen, zum Beispiel mit einem Pausenplan für den Schüler. Zu Hause vermisste ich solche auditiven Strukturierungshilfen. Heute habe ich eine große Zeitschaltuhr in der Küche und besitze dies in klein auch als Armbanduhr. So kann ich mich jederzeit sowohl visuell als auch auditiv strukturieren.

Es kann natürlich sein, dass Ihr autistischer Schüler vor allem Geräusche, also auditive Reize, als Stressoren empfindet und aus diesem Grund mit einer Flucht-, Kampf- oder Starre-Reaktion wirklich auf die Schulklingel reagiert. Natürlich kann man das Klingeln ganz einfach abstellen, aber es wird dann für alle Schüler ein verlässlicher Ersatz gebraucht. Eventuell kann geschaut werden, ob die Schulklingel in den Zimmern abgeschaltet werden kann, in denen autistische Kinder unterrichtet werden, bei denen sie Stress auslöst. Vielleicht schafft ein anderer Klingelton die notwendige Abhilfe. Zugleich sollten die Eltern des Schülers mit einer Reizgewöhnung beginnen, da auch die beste Inklusion solche und ähnliche Geräusche nicht verhindern wird. Mir hilft es, wenn mir Dinge, die bei mir Stress auslösen, angekündigt werden. Bei auditiven Reizen kann ich mir dann entweder die Ohren zuhalten oder Kopfhörer aufsetzen. Gleichzeitig verstärke ich mein Stimming. Mir war die Schulklingel wichtig, da ich durch ihr Ertönen den Ablauf meines Schulalltages ganz gut begreifen konnte. Klingel-Begrüßung-Stunde-Verabschiedung-Klingel-Pause-Klingel und so weiter. Außer bei einem Stromausfall und während der Prüfungen hat die Klingel auch immer funktioniert. Natürlich geriet meine Welt sofort aus dem Gleichgewicht, wenn ein Lehrer zu spät kam oder den Unterricht über das Pausenklingeln hinaus überzog. Das ist auch heute noch so, wenn ich auf Fachtagen einen Vortrag halte und der Zeitplan verzögert sich immer mehr, weil Vorredner die Zeitangaben nicht einhalten. Das führt dazu, dass ich sehr schnell unruhig werde und gegen Flucht-,

Kampf- und Starre-Reaktionen ankämpfen muss. Das ist von außen nicht immer sicht- bzw. wahrnehmbar, aber in meinem Inneren geht es dann ziemlich drunter und drüber. Hier hilft es, wenn mir gesagt wird, dass sich der Plan ändert, aber dass mir meine Vortragszeit in ihrer Länge erhalten bleibt. Ich beruhige mich selbst, indem ich schon im Vorfeld solche Planänderungen als Eventualitäten in meine Vorbereitung einbeziehe. Ich sage mir immer wieder, dass das passieren kann. Aber es ist kein Grund zur Sorge, es birgt keine Gefahr, sondern ist das ganz normale Leben. Alle Menschen holen sich Sicherheit aus Strukturen und bekannten Abläufen, aber das heißt leider nicht, dass sie sie auch einhalten. Das gilt übrigens auch für autistische Menschen, von denen sich viele nur dann an eine Regel oder Struktur halten, wenn diese für sie Sinn ergibt und ihnen die Konsequenzen ihres Verhaltens verständlich erklärt oder aufgezeigt worden sind.

Der Lehrer

Der Lehrer ist die wichtigste Person im Unterricht, er beginnt und beendet die Stunde, steht vor der Klasse und hat alle Fäden in der Hand. Mir fiel es anfangs sehr schwer, die Person, die vorn an der Tafel stand als den Chef der ganzen Sache zu begreifen und somit auch anzunehmen. Es wurde besser, als meine Lehrerin einmal ins Zimmer kam und fragte, was das denn hier für ein Zirkus sei und alle waren sofort ruhig. Da wurde mir klar, dass sie so eine Art Zirkusdirektor sein musste und mit Zirkus kannte ich mich viel besser aus als mit der Schule. Von da an war die Schule für mich eine ganze Zeit lang der Zirkus, das Klassenzimmer die Manege und die Lehrerin Zirkusdirektor und manchmal auch Dompteur. Und wir Schüler, wir waren Seiltänzer, die versuchten, so über das Seil zu tanzen, dass es Applaus gab. Ich war allerdings nur damit beschäftigt nicht abzustürzen, denn unter meinem Seil gab es kein Sicherheitsnetz.

Ich hatte übrigens in meiner Schulzeit von 12 Jahren nur drei Klassenlehrer und zwar jeweils drei, sieben und zwei Jahre lang. Sieben Jahre (von Klasse 4 bis 10) ein und denselben Klassenlehrer zu haben, war schon damals ungewöhnlich, kam mir aber sehr entgegen, denn es bedeutete Struktur und Sicherheit. Ich denke, dass ich meine Schulzeit von der 4. bis zur 10. Klasse deshalb so gut schaffen konnte, weil der Klassenlehrer derselbe blieb und auch die Klasse weitestgehend so bestehen blieb, wie sie am Anfang war. Ich kannte sie irgendwann alle so gut, dass sie für mich sichere Menschen wurden. Ich konnte mich zumindest während des Schuljahres darauf verlassen und in den Ferien betete ich, dass sich nichts änderte. Ich hatte Glück, dass mir nicht nur mein Klassenlehrer sieben Jahre lang erhalten blieb, sondern sich auch insgesamt bei der Lehrerschaft der Schule wenig änderte. Ich kannte jeden Lehrer, auch wenn ich nicht bei ihm Unterricht hatte. Ich hatte mir ein mentales Lehrerverzeichnis angelegt, das ich immer, wenn ich neue Informationen bekam, updatete. Dies half mir besonders dann, wenn mein Klassen- oder Fachlehrer krank war und eine Unterrichtsstunde durch einen anderen Lehrer vertreten wurde.

Vertretungen – Notfallplan

Jeder Lehrerwechsel war anstrengend für mich. Besonders unangekündigte Vertretungen machten mir enorm zu schaffen. Neue Lehrer versetzten mich in Angst und Schrecken. Vertretungsstunden können im Schulalltag nicht verhindert werden, aber für den Fall einer Vertretung muss es einen Notfallplan geben. Allen Beteiligten muss klar sein, wie in dieser Situation am besten zu verfahren ist.

Ob eine Vertretungsstunde bei einem autistischen Schüler gelingen kann, hängt von ganz vielen Faktoren ab. Solche Situationen müssen unbedingt gut durchgesprochen werden. Mit Hilfe von sozialen Geschichten können Abläufe zu Hause geübt und sich mit ihnen im Vorfeld vertraut gemacht werden. Erstellen Sie mit dem Schüler eine Liste von Dingen, die passieren können, wenn es zu einer Vertretung kommt. Was bleibt gleich und was ändert sich? Wovor hat der Schüler Angst? Wie kann dem entgegengewirkt werden? Welche Kompensationsstrategien hat er schon? Was würde es ihm leichter machen, einen Lehrerwechsel zu verkraften? Das Stichwort ist Reizgewöhnung, denn es wird immer wieder passieren, dass ein anderer, neuer Lehrer hinzukommt. Dies kann nicht immer ausreichend vorher angekündigt werden. Erstellen Sie einen individuellen Notfallplan, der sowohl Ihnen als auch dem Schüler in der Situation sofort hilft. Darin wird festgehalten, ob und wie der Schüler eine Vertretungsstunde meistern kann. Falls dies nicht möglich ist, muss ein Plan B her, in welchem festgelegt ist, wo sich der Schüler während der Vertretungsstunde aufhält und was er dort macht. In Frage kommen der Auszeitraum oder die Schulbibliothek und eine Aufgabe, die er allein und ohne Hilfe lösen kann. Ist ein Schulbegleiter da, kann dieser eventuell mit ihm Aufgaben lösen und auch die Beaufsichtigung ist dann abgesichert.

Praxistipps

Im Vorfeld:

- Eine schriftliche Kurzinfo zum Schüler und seinen Besonderheiten und zum Unterrichtsablauf in dieser besonderen Klasse für Vertretungslehrer erstellen, am besten laminieren und an einem festgelegten Ort aufbewahren.
- Einen Notfallplan erstellen und aufschreiben, mehrfache Kopien für Schüler, Eltern, Schulbegleiter, Klassenlehrer, Fachlehrer und ein Exemplar für den Vertretungslehrer laminieren.
- Den Notfallplan des Schülers mit allen in Frage kommenden Vertretungslehrern besprechen und aushändigen oder eine Kopie an einem bekannten Ort im Lehrerzimmer aufbewahren.
- Wenn möglich, nur dem Schüler bekannte Lehrer als Vertretungslehrer einsetzen.
- Es sollte das Fach vertreten werden, welches wirklich im Stundenplan steht.
- Zusätzlichen Raumwechsel/Veränderungen vermeiden.

- Einen Auszeitraum oder geeigneten Raum (Bücherei, Schülercafé) bereithalten, falls der Schüler doch aus der Situation raus muss oder gar nicht hineingeht.
- Die Betreuung absichern, falls kein Schulbegleiter da ist.
- Eine Lehrerinfo für und mit dem Schüler erstellen: Foto, Name, Unterrichtsfächer, unveränderbare Besonderheiten, an denen sich der Schüler den Lehrer merken kann.
- Die Ursachen einer Vertretungsstunde besprechen/aufschreiben: Warum kommt ein anderer Lehrer?
- Den Ablauf einer Vertretungsstunde besprechen/aufschreiben: Was ist anders? Was bleibt gleich? Wie kann ich damit umgehen?
- Die Situation als soziale Geschichte zu Hause und real in der Schule durchgehen und immer wieder üben

In der Situation:

- Dem Vertretungslehrer den Notfallplan aushändigen.
- Den Schüler so zeitig wie möglich über die neue Situation informieren.
- Unbedingt nach Notfallplan vorgehen.
- Ruhig bleiben!

Die Länge des Unterrichts

Eine Unterrichtseinheit ist immer zeitlich festgelegt. Sie ist also eine Konstante. Auch der Schultag wird durch den Stundenplan festgeschrieben. Dies ist eine verlässliche Struktur. Dennoch kann es sein, dass Ihr Schüler weder eine komplette Unterrichtseinheit noch den gesamten Unterrichtstag schafft. Bei Elijah haben wir mit nicht einmal einer Schulstunde begonnen und uns ganz langsam hochgearbeitet. Wir sind jetzt nach sechs Jahren an zwei Tagen bei vier Unterrichtseinheiten, an zwei Tagen bei fünf Unterrichtseinheiten und an einem Tag schon bei sechs Unterrichtseinheiten, d. h. einem vollen Schultag angelangt. Wir hoffen, diese Zeiten im nächsten Schuljahr zu erhöhen. Hierzu muss noch einmal gesagt werden, dass es mittlerweile nicht mehr Elijahs Selbstwahrnehmung ist, die einer Stundenerhöhung im Weg steht, sondern der Mangel an Schulbegleitern.

Mir war ein solch sanfter Einstieg nicht möglich, aber dennoch war der Grundschulalltag die meiste Zeit machbar, denn ich hatte ja die Kita auch bis zum Mittag geschafft. Was mich überforderte, war der sich anschließende Hortbesuch, wo es auch unstrukturierter und viel lauter zuging. Besonders die »freie« Zeit im Garten war für mich ein Horrorszenario, da ich mich gegen diese Reizüberflutung weder schützen, noch ihr entkommen konnte. Eine langsame Gewöhnung ist das A und O bei Autismus. Vergessen Sie bitte nie, dass Autismus ein Nicht-Können ist und das ganz viele autistische Menschen sehr wohl all die Dinge, die von ihnen erwartet werden, gern können würden. Sehen und würdigen Sie deshalb auch noch so kleine Fortschritte Ihres autistischen Schülers.

Die Unterrichtszeiten müssen für jeden autistischen Schüler individuell festgelegt werden. Es kann auch sein, dass ein autistisches Kind nach dem Übergang von einer Schule zur nächsten eine Stundenreduktion benötigt, um sich an den neuen Schulrhythmus und die neuen Mitschüler und Lehrer zu gewöhnen. Auch der Einsatz eines Schulbegleiters als Hilfsmittel bedeutet nicht automatisch, dass nun die Stundenzahl erhöht werden kann. Es bringt niemandem etwas, wenn ein autistischer Schüler gezwungen ist, den ganzen Schultag durchzuhalten und dabei nichts lernt, sondern ständig mit sich kämpfen muss und durch Verhalten auffällt, was am Ende allen Beteiligten schadet. Viele autistische Kinder profitieren auch was die schulischen Leistungen betrifft von einer Verkürzung der Schulstunden bzw. des Schultages. Eventuell kann der Schüler auch einen Teil der Stunde bzw. des Unterrichtstages separat, also einzeln beschult werden oder für diese Zeit Stillarbeit bekommen. Eine individuell zugeschnittene Beschulung hinsichtlich des Beschulungszeitraumes kann nicht nur, sondern muss über den Nachteilsausgleich ermöglicht werden. Artikel 24 (Bildung) der Behindertenrechtskonvention sagt dies eindeutig aus.

Praxistipps

- Kann der Schüler eine gesamte Unterrichtseinheit bewältigen?
- Welche Hilfsmittel benötigt er dafür? Schulbegleitung/Stimming
- Woran liegt es, dass er es nicht schafft? Können Barrieren eventuell einfach beseitigt werden? (visuelle, auditive Reize)
- Wie viele Unterrichtseinheiten pro Tag schafft er? Welche sind das?
- Kann er während seiner Anwesenheit im Unterricht auch wirklich gut lernen?
- Welche Maßnahmen könnten ihm helfen länger am Unterricht teilzunehmen und so den Schulstoff und folglich auch den Schulabschluss erfolgreich zu meistern? Unterrichtsverkürzung, Einzelunterricht in einigen Fächern, Hausarbeiten
- Einen individuellen Nachteilsausgleich erarbeiten.
- Eine Reizgewöhnung anbahnen.

Aufgabenstellungen

Sowohl schriftlich als auch mündlich gestellte Aufgaben sind weitere Hürden, die auch für viele Asperger-Autisten nicht leicht zu überwinden sind. Auch wenn verbale Sprache vorhanden ist, bedeutet dies eben nicht, dass auch das Sprachverständnis auf dem gleichen Level ist. Oftmals wird dies aber von der Umgebung so wahrgenommen und führt dann unweigerlich zu Problemen. Diese werden dann häufig gar nicht dem Sprachverständnis zugeordnet, so dass auch die Lösungen nicht dort gesucht werden, wo sie wirklich liegen. Verbale

Sprache erscheint mir bis heute verpackt oder verschlüsselt. Es ist eine Art Geheimsprache, die ich lange Zeit nicht verstand und mit der ich immer noch große Probleme habe (▶ Kap. 11).

Eine für den Schüler verständliche Aufgabenstellung ist der Schlüssel zum Erfolg. Dieser Schlüssel ist nicht nur bei Autismus kein Generalschlüssel, sondern wieder ein Einzelstück. Damit der Schlüssel passt und schließt, muss das Sprachverständnis des autistischen Schülers gut geprüft werden. Verlassen Sie sich hierbei nicht auf die Aussagen des Schülers oder der Eltern. Wurde ich gefragt, ob ich die Aufgabe verstanden habe, dann habe ich immer ganz schnell ja gesagt. Dies entsprach meist nicht der Wahrheit, sondern war eine Schutzmaßnahme. Jede an mich gerichtete Frage löst nämlich erst Andere- und schließlich Selbstwahrnehmung aus. Diesen Zustand gilt es zu vermeiden. Ich habe schnell gelernt, welche Antworten mir wieder die von mir benötigte Stressfreiheit und Sicherheit verschafften. Mir hat geholfen, wenn ich die Aufgabenstellung schriftlich bekam, sodass ich sie mehrmals allein durchlesen konnte. Sachaufgaben haben mich sehr verwirrt. Ich fand die Aufgaben an sich schon komisch, aber besonders die Reaktion der Lehrer und Mitschüler auf meine Ausführungen zu diesen Aufgaben habe ich lange Zeit überhaupt nicht verstanden. Meine Mitschüler lachten meist über mein Wörtlich-Nehmen. Viele Lehrer hingegen dachten, dass ich dies absichtlich tue und nahmen es sehr persönlich.

Es fing schon in der 1. Klasse mit den einfachsten Texten in der Fibel an, die ich wortwörtlich nahm und deshalb die ungewöhnlichsten Fragen dazu äußerte. Interessierte mich eine Sachaufgabe vom Thema her, dann war ich wesentlich motivierter, sie zu lösen. Einmal schrieb ich eine Gegenfrage als Antwort auf die Frage »Wie viele Äpfel hatte Peter noch in seinem Korb?«, nämlich, »Warum ist das wichtig für mich?«. Dies war sehr bezeichnend für mich und meine Art die Welt wahrzunehmen. Ich begriff nicht, dass sich hinter dem Text eine Rechenaufgabe versteckte, die es zu lösen galt. Erkannte ich die Rechenaufgabe im Text, hieß das noch lange nicht, dass nichts mehr schief gehen konnte. Ich teilte zum Beispiel schon in der Grundschule fünf Äpfel durch zwei, damit Peter und Nina die gleiche Anzahl an Äpfeln bekamen. Ich hatte doch schon zigmal gesehen, wie meine Oma einen Apfel für uns beide teilte. Die Erklärung des Lehrers, dass 5 nicht durch 2 teilbar wäre, hat die Situation noch verschlimmert, da ich wusste, 5:2=2,5. Wäre mir erklärt worden, dass ich als Schülerin der 2. Klasse 5 durch 2 nicht teilen darf und warum das so ist, dann hätte ich eine bessere Chance gehabt, das System Schule besser zu begreifen. Weiterhin hätte mir geholfen, wenn ich immer nur eine Aufgabe pro Blatt Papier bekommen hätte und nicht fünf Aufgaben auf einem Blatt. Der Umfang des gesamten Textes überforderte mich. Auch heute stressen mich lange Emails oder Texte und ich benötige viel Zeit, um sie zu strukturieren und zu verstehen. Die Motivation, mich mit einem langen Text auseinanderzusetzen, schrumpft immer mehr mit zunehmender Länge des Textes. Meist lasse ich sie meinen Mann lesen, der mir dann nur das Wichtige weiterleitet. Diese Aufgabe fällt in einer Schulsituation dem Schulbegleiter zu.

22 Der Unterricht

> **Praxistipps**
>
> - Das Sprachverständnis testen.
> - Schriftliche Aufgabenstellungen sind sicherer als mündliche.
> - Eine Aufgabe pro Blatt oder Aufgaben nacheinander geben/austeilen.
> - Ggf. Aufgabenstellung erläutern.
> - Einfache Sprache oder Leichte Sprache verwenden.
> - Keinen Sarkasmus und keine Ironie verwenden, Redewendungen möglichst vermeiden.
> - Keine bildhafte Sprache (hierzu auch Kapitel »Kommunikation«, ▶ Kap. 11) verwenden.
> - Statt Sachaufgaben besser reine Rechenaufgaben stellen.
> - Auf individuelle Interessengebiete eingehen, um zu motivieren.

Elternstimme

»Beim Deutschaufsatz mussten vorgegebene Worte in eine Geschichte eingebaut werden. Die vorgegebenen Worte bezogen sich auf eine Detektivgeschichte (Einbrecher, Mitternacht, Spuren etc.). Wie schön und auch erfolgversprechend wäre es gewesen, wenn sich die vorgegebenen Worte auf das Spezialgebiet des Kindes (U-Bahn, S-Bahn, Bus etc.) bezogen hätten.

Das Unterrichtsmaterial sollte auch für Schüler mit Autismus ›lesbar‹ sein. Bei meinem Sohn gibt es unglaublich schlechte Kopien, auf denen man teilweise fast gar nichts mehr erkennen kann. Das ist schon für neurotypische Schüler ein Problem. Aber für Schüler mit Autismus und der einhergehenden Wahrnehmungsbesonderheit ist das eine Katastrophe.«

Petra T., Mutter eines 13-jährigen Autisten, Ehrenamt in einem Berliner Autismus-Verein

Gruppenarbeiten

Teamwork, wie man heute die Gruppenarbeit nennt, ist aus dem Unterrichtsgeschehen nicht mehr wegzudenken. Aber gerade das Arbeiten in einer Gruppe stellt eine große Herausforderung für autistische Schüler dar. Zu meiner Schulzeit gab es eher selten Gruppenarbeiten, aber es gab sie. Besonders gestresst hat es mich, wenn solche Arbeiten über einen langen Zeitraum stattfanden und gegenseitige Besuche der Gruppenmitglieder in den jeweiligen Familien notwendig waren. Nach einer Weile schaffte ich es innerhalb einer festen Gruppe in der Schule eine Arbeit zu erledigen. In meiner Schulzeit stellten meine Mitschüler als Gruppe einerseits einen Anker dar, aber als Individuen eben auch Stressoren. Je kleiner die Gemeinschaft wurde und je enger die Beziehung, desto mehr fuhr meine Selbstwahrnehmung hoch. Ich lief Gefahr, einer Selbstkonfrontation ausgesetzt zu werden und konnte dies nur dadurch verhindern, dass ich mich kratzte (Selbstbalancieren) und die Andere-Wahrnehmung runterfuhr.

Dieses Problem entstand besonders bei Gruppenarbeiten oder auch im Sportunterricht (Riegenbildung/Stationsbetrieb). Es gab genau zwei Möglichkeiten für mich, die Andere-Wahrnehmung niedrig zu halten und so der Selbstkonfrontation zu entgehen. Entweder übernahm ich sofort das Kommando und damit die Gruppe oder, wenn dies scheiterte, zog ich mich ganz zurück und überließ den anderen Kindern das Feld komplett. Die erste Variante wurde bald auch von meinen Mitschülern bevorzugt, da diese merkten, dass es ganz in ihrem Sinne war, wenn ich allein als die Gruppe agierte. Sie hatten plötzlich Freizeit und bekamen am Ende eine gute Note. Ich profitierte, indem ich mich nicht mit ihnen auseinandersetzen musste, also keine oder nur wenig Andere-Wahrnehmung brauchte und außerdem mein Ding auf meine Weise machen konnte. Nach außen mussten wir natürlich wie eine Gruppe wirken, aber dafür sorgten meine Mitschüler, denn sie hatten ja die dafür notwendige Fremdwahrnehmung. Sie wussten ganz genau, was der Lehrer sehen will und muss, um keinen Verdacht zu hegen.

Bei der zweiten Variante, bei der ich nur stiller Teilhaber war, brauchte ich auch keine hohe Andere-Wahrnehmung, aber ich musste es allein schaffen, den Eindruck, ich sei voll dabei, zu erwecken. Das fiel mir enorm schwer, zumal ich ja auch darunter litt, mich nicht wirklich einbringen zu können. Ich geriet immer wieder an diesen Abgrund, den man nur mit Können, nicht aber mit bloßem Wollen überwinden konnte. Jedes Mal blieb ich dort allein und immer verzweifelter stehen. Bis heute wünsche ich mir, ich wäre teamfähig, aber ich bin es nun mal nicht. Einer Arbeit, die eine Zusammenarbeit oder auch nur ein regelmäßiges Zusammensein mit anderen Menschen voraussetzt, werde ich niemals nachgehen können. Es ist kein Grund mehr zu verzweifeln, da ich jetzt weiß, warum das so ist und dass ich andere wunderbare Fähigkeiten habe.

Bei Gruppenarbeiten war es sehr wichtig für mich, mit den Mitschülern zusammen zu arbeiten, die ich gut wahrnehmen konnte, d. h. deren Mimik und Gestik ich einigermaßen deuten konnte und deren Sprache ich verstand. Es machte einen großen Unterschied, ob mir die Kinder und auch ob ich ihnen vertraut war. Es gab immer ein paar Kinder, die mich beruhigten, weil ich sie schon lange kannte. Sie waren ihrerseits geduldig mit mir, weil ihnen meine andere Art zu sein vertraut war. Wir hatten uns aneinander gewöhnt. Sie wussten, dass man bei mir eben nicht mal einfach einen Stift aus der Federmappe nehmen oder meine Sachen zur Seite schieben konnte. Sie kannten meine Eigenheiten und akzeptierten sie als zu mir gehörig. Es war also ein großes Glück, dass ich zehn Jahre mit den Kindern zusammen war, von denen ich die meisten schon aus Krippe und Kita kannte. Das war eine enorme Hilfe für mich und ich konnte nur deshalb meine Schulzeit (nach außen) erfolgreich abschließen. Wie es in mir drinnen aussah, ist eine andere Geschichte, aber ich hatte verstanden, dass es den Menschen nur um das »Außen« geht. Das ist heute leider noch mehr der Fall als damals.

Mögliche Probleme bei der Gruppenarbeit:

- Plötzliche Nähe (körperlich und Wahrnehmung)
- Selbstwahrnehmung/Selbstkonfrontation durch erhöhte Andere-Wahrnehmung

- Überlastung durch Gruppengespräche, mehrere Schüler sprechen miteinander zur gleichen Zeit.
- Strukturlosigkeit

Tipps zur Lösung von Problemen in der Gruppenarbeit

- Trotz Gruppenarbeit räumliche Entfernung erlauben.
- Eine Kleinstgruppe mit vertrauten Mitschülern bilden.
- Kleinstgruppe immer in derselben Besetzung formen.
- Die Mitschüler treten einzeln an den autistischen Schüler heran.
- Die Mitschüler sprechen einzeln und nacheinander sowohl mit dem Schüler als auch innerhalb der Gruppe.
- Aufgaben des autistischen Schülers festlegen.
- Den Arbeitsbereich eindeutig markieren.
- Einen Zeitplan festlegen.
- Pläne visuell unterstützen.
- Auszeiten festlegen.
- Mit kurzen Gruppenaktivitäten beginnen, um eine Reizgewöhnung zu ermöglichen.

Vorträge

Vorträge vor der Klasse zu halten, löste bei mir zwar auch Selbstkonfrontation aus, aber nur solange ich meine Mitschüler als Gegenüber bewusst wahrnahm. Sobald ich die Andere-Wahrnehmung und die Wahrnehmung meiner Umgebung runterfuhr, konnte ich Vorträge halten, Gedichte aufsagen oder auch ein Lied vortragen. Ich bevorzuge in der Kommunikation überhaupt das Monologisieren, besonders dann, wenn es zu einem meiner Lieblingsthemen sein darf. Im Musikunterricht habe ich sehr gelitten, da ich Intonation nicht gut wahrnehmen kann und deshalb beim Singen von Liedern große Probleme habe. Mir hat hier geholfen, dass wir beim Liedvortrag nicht die Klasse, sondern den Musiklehrer am Klavier anschauen durften. Hinter ihm befand sich ein Fenster und durch dieses Fenster »entkam« ich jedes Mal, wenn ich singen musste. Ich bin mental aus dem Zimmer und damit dem Lehrer und meinen Mitschülern entwischt, ohne dass sie es merkten. Als ich begriff, wie mir das mein Leben erleichterte, habe ich es natürlich auch in anderen Fächern probiert. Ich stand meinen Klassenkameraden anfangs zwar frontal gegenüber, drehte mich aber immer mehr zur Seite. Die Drehgeschwindigkeit hing vom jeweiligen Lehrer ab. Manche Lehrer störte es wenig, andere reagierten sofort und korrigierten meine Position. Dann suchte ich mir einen Punkt an der Wand gegenüber und stellte mir vor, der Raum sei leer und ich führe ein Selbstgespräch, das niemand hören kann. Es half mir auch, wenn ich während des Vortrages eine Landkarte, das Koordinatensystem oder die Karte mit den chemischen Elementen als visuelle Hilfsmittel in meinen Vortrag einbauen konnte. Meine gesamte Aufmerksamkeit habe ich dann auf diese Dinge gerichtet. So rückten meine Mitschüler wieder mehr in den Hintergrund und ich konnte meine Selbstwahrnehmung so regulieren, dass keine Selbstkonfrontation aus ihr wurde.

Spontan an die Tafel gerufen zu werden, löste allerdings sofort eine Erhöhung meiner Selbstwahrnehmung aus, zumal bei einem Aufruf auch mein Name genannt wurde. Das Hören meines Namens war zu Schulzeiten und auch lange danach sehr schlimm für mich. Vieles hätte einzig und allein dadurch verhindert werden können, wenn der Lehrer auf die Nennung meines Namens verzichtet hätte. Ich war auch lange nach meiner Schulzeit nicht in der Lage, das zu verbalisieren. Daran sehen Sie, dass mir meine Fähigkeit zu verbaler Sprache in ganz vielen Situationen überhaupt nichts genützt hat. Mein Problem mit Selbstwahrnehmung und -konfrontation stand einer erfolgreichen Kommunikation immer wieder im Weg. Auch mein Sohn hat aufgrund dieser Problematik noch nicht zu einer Kommunikation gefunden, die seine Umgebung gut verstehen kann. Der Haken an der Sache ist, sobald das Gegenüber versteht, kommt es zu einer Reaktion auf Elijahs Aktion (Sprechen, kommunizieren) und damit zu einer Erhöhung seiner Selbstwahrnehmung. Er hat bis heute noch keine gut funktionierende Strategie, um mit dieser hohen Selbstwahrnehmung umzugehen bzw. eine Selbstkonfrontation zu verhindern. Dies war bei mir trotz verbaler Sprache ähnlich.

Eine frühzeitige Ankündigung, dass ich einen Vortrag halten muss, half mir sehr, da ich nun Zeit hatte, mich mit der für mich extrem schwierigen Situation auseinanderzusetzen, Pläne zu machen und Strategien zu suchen. In solchen Situationen war ich dann viel besser darauf vorbereitet, dass mein Name genannt wird, ich vor der Klasse stehen werde, es still sein wird und ich meine Selbstwahrnehmung regulieren muss, indem ich die Andere-Wahrnehmung runterfahre. Ich musste dennoch verbale Sprache produzieren und verständlich zu einem vorgegebenen Thema sprechen. In solchen Situationen habe ich weder als ich selbst noch für mich selbst gesprochen. Lesen Sie hierzu auch meine Ausführungen zu »Selbst ist der Mensch« im Kapitel »Meine wichtigsten Kompensationsstrategien« (▶ Kap. 10). Ich nahm mich also auch hier mental komplett aus der Situation raus. Ich lernte, mich im richtigen Moment aus- und hinterher wieder anzuschalten. Dies funktionierte gut, aber ich verbrauchte dafür sehr viel Energie, die mir dann natürlich im weiteren Schulalltag fehlte.

Praxistipps

- Die Andere-Wahrnehmung geringhalten, um Selbstkonfrontation zu vermeiden. Lesen Sie dazu auch »Berührungspunkte schaffen oder wie man Brücken baut« im Kapitel »Soziale Interaktion« (▶ Kap. 8).
- Karten/Objekte können visuelle Anker sein.
- Kein Frontales vor der Klasse stehen oder Jemanden ansehen müssen erzwingen.
- Hilfsmittel, die die Selbstwahrnehmung regulieren (Stimming), zulassen.
- Eine lange Ankündigung vorher ermöglicht Reizgewöhnung, besseres Vorbereiten und längeres Üben.

- Statt den Namen aufzurufen bspw. »Du bist dran« sagen (Selbstwahrnehmung).
- Das Thema selbst wählen lassen (erhöht Motivation).

Klassenarbeiten

Bei Klassenarbeiten ist der Stresslevel aller Beteiligten wesentlich höher als beim normalen Schulbetrieb. Einige meiner Klassenkameraden hatten wirklich regelrecht Angst vor jeglicher Art von Benotung. Da ich die Klasse als meinen Anker sah und die Wahrnehmungen meiner Mitschüler sehr gut spüren konnte, geriet ich in solchen Situationen noch schneller an meine Grenzen. Ich hätte die Leistung ohne Weiteres bringen können, wäre da nicht der Stress meiner Klassenkameraden gewesen. Hier machte mir also meine erhöhte Empathie einen gewaltigen Strich durch die Rechnung. Ich übernahm die Angst der anderen. Oftmals führte das dazu, dass ich mich von meinen Mitschülern vor allem räumlich entfernen wollte. Ich wollte weg, musste Abstand habe. Nur so konnte ich herausfinden, ob das, was ich spürte, meine Gefühle waren oder die der anderen. Das ist auch heute noch so.

Ein weiteres Problem bei Klassen- oder Stillarbeiten ist die Stille, die mir dann einfach zu laut ist. Stille kann ein Schutz sein, besonders wenn ein autistischer Mensch schnell auditiv überlastet ist. Aber bei mir ist sie nur dann Schutz und Sicherheit, wenn sie von mir erzeugt wird, d. h. wenn ich das Radio ausmache, meine Kopfhörer aufsetze oder eben den auditiven Sinneskanal komplett ausschalte. Wenn der Stresslevel jedoch schon zu hoch ist, dann schaffe ich das nicht mehr und dann schwellen alle Geräusche, die trotz vermeintlicher Stille immer da sind, zu einer auditiven Explosion an. Stille kann also einerseits ein Hilfsmittel sein, welches aber andererseits auch ganz schnell zu einem Stressor werden kann, weil es eine wirkliche Stille nicht gibt. Mein eigenes Schlucken zum Beispiel ist dann so laut, dass ich es nicht mehr ausblenden kann. Allein das fährt meine Selbstwahrnehmung ganz schnell zur Selbstkonfrontation hoch. Mir passiert das heute immer noch, aber ich kann schneller und besser darauf reagieren. Eine von anderen erzeugte Stille kann sehr schnell dazu führen, mich von der eigentlichen Aufgabe abzulenken. Da ich meine Energie nun für die Bewältigung dieses Stressors verwenden muss, fehlt sie mir beim Lösen der Aufgaben. Ich war mit so vielen anderen Dingen beschäftigt, die nichts mit der Arbeit zu tun hatten, dass ich häufig unter Zeitdruck geriet. Zeitdruck, das kennen Sie, ist nie hilfreich und auch für nicht-autistische Menschen ein großer Stressor. So kam es zu Fehlern, die ich in einem entspannten Zustand nicht gemacht hätte. Der Stress während der Klassenarbeiten brachte mir hin und wieder auch mal eine 2 oder 3 ein. Das führte zu meiner Überraschung zu einer Anerkennung innerhalb der Klasse. So lief ich nicht Gefahr, als Streber oder Einser-Schüler noch mehr ins Abseits zu geraten. Als ich dies erkannte, war ich automatisch etwas gelassener, was Klassenarbeiten anging.

Da Klassenarbeiten oft nur schriftliche Aufgabenstellungen beinhalten, ohne dass der Lehrer zusätzlich eine mündliche Erklärung abgibt, wurde mir mein Sprachverständnis oft zum Verhängnis. Nachfragen war nicht erlaubt, aber ich hätte es oft auch gar nicht vermocht. Vor allem bei Sachaufgaben war ich sehr schnell so konfus, dass ich alles einfach hinschmeißen wollte. Meine andere Wahrnehmung von Buchstaben und Zahlen machte es mir sehr schwer, in Diktaten und bei Rechenaufgaben gute Ergebnisse zu erzielen. Ich denke nicht in Bildern, sehe die Zahlen nicht vor einem geistigen Auge, sondern ich (er)fühle sie. Und für mich fühlt sich eine 9 genauso an wie eine 6. Wie soll ich da die Aufgabe 6 plus 9 lösen? Dazu kommt noch der Stress der lauten Stille, die deutlich spürbare Angst einiger Mitschüler, Zeitdruck, mein geringes Sprachverständnis und noch unzählige andere Stressoren.

Als ich in der 12. Klasse war, ließ mich mein Mathelehrer Kurzarbeiten in einem anderen Zimmer schreiben. Ob er gemerkt hat, dass ich unter all diesen Stressoren so sehr litt, dass ich die Leistung, die ich in mir hatte, nicht nach außen tragen konnte, kann ich nicht sagen. Es ist auch egal, ob er mir bewusst oder unbewusst geholfen hat. Er hat mir auf alle Fälle einen Nachteilsausgleich eingeräumt, der mir äußerst gutgetan hat. Er wusste damals nichts von meinem Autismus oder Nachteilsausgleichen. Er reagierte wohl einfach empathisch und damit menschlich.

Auch bei den Buchstaben kann ich Kleinbuchstaben, sowohl in Druck- als auch in Schreibschrift geschrieben, nicht auf Anhieb unterscheiden. So wie zum Beispiel n und u oder p und q. Hier habe ich aber im Gegensatz zu den Zahlen schon in meiner Schulzeit eine Lösung gefunden, nämlich die Druckschrift in Großbuchstaben. N und U, und auch P und Q, fühlen sich jetzt unterschiedlich an. Leider durfte ich bis zum Abitur nicht mit Großbuchstaben und in Druckschrift schreiben. Ich war extrem dankbar für die Tintenlöschstifte, die ich von Verwandten aus dem Westen bekam. Wenn Sie meine Schulhefter heute durchblättern würden, können Sie sehen, wie oft mich der »Tintenkiller« gerettet hat.

Auch olfaktorisch ist eine Klassenarbeit eine Herausforderung. Heute mehr als zu meiner Schulzeit, da es in der DDR keine so enorme Auswahl an Füllern, Patronen und Stiften gab. Dennoch lenkte es mich enorm ab, wenn auch nur ein Mitschüler einen neuen Stift hatte oder mein Banknachbar seinen Filzstift öffnete, um eine Überschrift zu unterstreichen. Zum Geruch kam dann noch das langanhaltende Geräusch des Stiftes, wenn dieser auf dem Papier und am Lineal entlang glitt.

Visuell überforderte es mich, wenn bei schriftlichen Aufgaben alle Aufgaben auf einem Blatt Papier standen. Zum Glück hatten wir in der Grundschule gelernt, dass und wie man die Aufgaben mit dem Löschblatt abdeckt. Ich benötigte immer zwei Löschblätter, denn ich deckte nicht nur die noch zu erledigenden Aufgaben ab, sondern nach Erledigung der ersten auch die schon abgeschlossenen Aufgaben. Das dadurch entstandene Sichtfenster half mir, mich wenigstens visuell besser auf die nun zu lösende Aufgabe konzentrieren zu können.

Auch das Lesen des Tafelbildes und das Abschreiben der Aufgaben von der Tafel strengte mich schon so sehr an, dass ich dort viel von meiner Energie verbrauchte. In meiner Schulzeit wurden uns manchmal Kopien vorgelegt, aber die waren extrem unleserlich und haben stark gerochen. Ablenkung pur. Das hat sich zum Glück geändert, denn Kopien können enorm hilfreich sein, da sie für autistische Schüler individuell angepasst werden können. Mit der Ausgabe von Kopien können eine Vielzahl von Stressoren kompensiert und damit die Aufgaben für den autistischen Schüler erleichtert oder gar erst möglich gemacht werden. Aber sie müssen gut lesbar sein!

Für mich ist auch ein Stressor, wenn das Original schief auf dem Kopierer lag und ich dann keine »gerade« Kopie vor mir liegen hatte. Es sind diese kleinen Dinge, die nicht-autistische Menschen einfach ignorieren können, weil sie ja eigentlich auch wirklich unwichtig sind. Aber bei autistischen Menschen ist das eben anders. Es ist sicher eine große Herausforderung für Sie als Lehrer, auf all solche für Sie kleinen, unwichtigen Details achten zu müssen. Sie müssen dies bewusst tun und das kostet auch Sie sehr viel Energie. Hilfreich wäre auch hier ein autistischer Lehrer- oder Schulberater, der aufgrund seiner anderen Wahrnehmung genau solche Kleinigkeiten für Sie immer wieder sichtbar, sprich bewusst wahrnehmbar, machen kann. Dann würde Ihnen viel schneller klar werden, warum Ihr autistischer Schüler in solchen Momenten schon wieder mit Flucht, Kampf oder Starre reagiert.

Praxistipps

- Ganz wichtig: Einen individuellen Nachteilsausgleich für diese Situationen erarbeiten.
- Stressoren sichtbar machen und beseitigen.
- Kompensationsstrategien checken.
- Hilfsmittel (Stimming) erlauben.
- Das Sprachverständnis checken.
- Aufgaben anders stellen, einzeln präsentieren oder abdecken erlauben.
- Deutlich lesbare Kopien erstellen anstatt Tafelbilder abschreiben zu lassen.
- Den Schrifttyp anpassen.

Hausaufgaben

Auch bei den Hausaufgaben muss individuell vorgegangen werden und Hilfsmittel müssen zugelassen werden. Jedoch sind die meisten autistischen Kinder zu Hause entspannter, was sich in den Hausaufgaben widerspiegeln kann. Bei mir war es so, dass ich in meinen Hausaufgaben viel weniger Fehler machte, da ich diese ja in einer fast stressfreien, mir angepassten Umgebung machen konnte. Diese Leistungsdiskrepanz führte wiederholt dazu, dass mir bei den Hausaufgaben ein Abschreiben unterstellt wurde. Ich begann dann Fehler in die Hausaufgaben einzubauen. Letzen Endes saß ich viel länger an den Hausaufgaben als meine Mitschüler. Sowohl der Umfang der Hausaufgaben als auch die Aufgabenstellung muss an den autistischen Schüler angepasst werden.

Zu Hause steht zudem der Schulbegleiter nicht mehr zur Verfügung. Die meisten Eltern sind schnell mit dem Schulstoff ihrer Kinder überfordert. Sie erklären es eventuell abweichend vom Lehrer oder geben Hilfestellung ganz anders als der Schulbegleiter. Dann ist der autistische Schüler nicht nur gestresst, sondern nun ganz auf sich allein gestellt. Da das in seiner eigentlich sicheren Umgebung passiert, werden Probleme im familiären Alltag noch verschärft. Die Eltern reagieren auch deshalb zum Teil sehr gereizt auf alles, was mit Schule zu tun hat. Mir fehlte oft einfach die Energie, um mich nach einem für mich extrem anstrengenden Schultag noch mit Hausaufgaben zu beschäftigen. In meiner Abiturzeit habe ich die Hausaufgaben dann lieber am Morgen des nächsten Tages erledigt. Das bedeutet aber einen nicht zu unterschätzenden Energieverlust für den anschließenden Schultag. Es war ein Nullsummenspiel. Für eine Wissensüberprüfung bedarf es nicht unbedingt einer Hausaufgabe. Schriftliche Hausaufgaben können am Computer erledigt oder durch eine mündliche ersetzt werden, die dem Lehrer per Video vorgelegt werden. Die Technik kann autistischen Menschen das Leben und Lernen außerordentlich erleichtern. Nutzen Sie das für sich und Ihren Schüler.

Schülerstimme

»Auch, wenn ich in der Schule funktioniert habe, hat sich gerade zu Hause gezeigt, was diese Belastung eigentlich mit mir anrichten kann. An Hausaufgaben konnte ich nicht mehr denken, wie auch, wenn ich nach der Schule nur etwa zwei oder drei Stunden wach war, während derer ich Abendbrot aß, den Ranzen gepackt habe und mich vom Tag erholen musste.«
Frauke Kronefeld, Abiturientin 2017, Asperger-Syndrom, Dresden

Auszeiten

Auszeiten sind die wirklich wichtigen Zeiten im Leben eines autistischen Menschen. Ich erlebe jeden Tag aufs Neue bei meinem Sohn, wie wichtig diese Erholungsphasen für ihn sind. Elijah nimmt sie sich auch in der Schule und das ist gut so. Viele autistische Kinder lernen jedoch im Zusammensein mit anderen Kindern, dass diese keine oder wenige Auszeiten benötigen. Oft spüren sie die Wichtigkeit der Anpassung an die Gruppe. Da sie keine Außenseiter sein wollen, nehmen sie sich selbst auch keine oder nur wenige Auszeiten. Die Folgen sind oft verheerend und für die Umgebung sofort wahrnehmbar. Das Verhalten wird als sozial inadäquat gesehen und abgelehnt. Auf Ursachensuche begibt sich jedoch kaum jemand.

Auch ich versuchte alles, um in der Schule so gut wie möglich zu funktionieren und keinen Gang runterzuschalten. Mit dem Ergebnis, dass ich zu Hause dann regelmäßig völlig zusammenklappte. Anfang der 11. Klasse, als ich in einer neuen

Schule mit neuen Menschen und Regeln funktionieren musste und die Anforderungen an mich in der sozialen Interaktion noch einmal anstiegen, merkte ich schnell, dass ich auf diesem Level nicht lange Mit- geschweige denn Durchhalten würde. Aus Angst aufzufallen, reagierte ich dennoch nicht darauf. Das führte nach fünf Monaten zu einer völligen Erschöpfung und es ging fast sechs Wochen gar nichts mehr. Zum Glück lagen drei Wochen davon in den Ferien. Ich wurde auf alles getestet, was es gab, aber niemand kam auf Autismus oder eine Wahrnehmungsbesonderheit. Irgendwann war ich soweit wiederhergestellt, dass ich zurück in die Schule konnte. Ich nahm mich nun noch mehr als zuvor immer dann mental aus dem Geschehen raus, wenn es nicht anders ging und ich eigentlich eine reale Auszeit gebraucht hätte. Daraufhin wurde mein Verhalten in der Schule zwar als zu stimmungsabhängig kritisiert, aber mir ging es besser.

Ich kann nicht sagen, ob ein verkürzter Unterricht, eine Art ausgedehnte Schulzeit, mir mehr geholfen hätte als kleine Auszeiten innerhalb des Schultags. Heute hilft mir, wenn ich in Stresssituationen einfach in Ruhe gelassen werde. Ich bin körperlich zwar noch da, aber mental ganz woanders. Das ist mir lieber, als den Raum oder die Situation verlassen zu müssen. Eine Auszeit muss also nicht zwingend eine räumliche Trennung vom Geschehen oder den Mitmenschen sein. Auch Malen oder ein Lieblingslied hören, ist für mich eine wirksame Auszeit, nach der ich dann wieder aktiv am Zusammensein teilnehmen kann.

Dennoch ist es wichtig, dass jeder autistische Schüler einen Raum/Ort hat, an den er sich zurückziehen kann, wenn er eine Auszeit benötigt. Dieser Ort muss jederzeit für ihn freigehalten werden. Es kann auch nur ein bestimmter Stuhl sein, aber dieser Stuhl muss immer frei sein. Nicht einmal eine Tasche darf »nur mal kurz« dort abgestellt werden. Weiterhin ist wichtig, dass sichergestellt wird, ob der Schüler von allein merkt, dass er eine Auszeit benötigt und ob er sie dann auch nimmt bzw. nehmen kann. Das Ziel muss sein, dass der autistische Schüler nicht vollkommen erschöpft vom Schulalltag zu Hause ankommt und die Familie dann alle Folgeerscheinungen und Nachwirkungen (er)tragen muss. Dies würde unweigerlich zu einer weiteren Anpassung der Familie an den Autismus ihres Kindes führen, die weder ihr noch dem autistischen Kind guttäte.

Praxistipps

- Einen immer frei zugänglichen Auszeitraum, -ort bereithalten.
- Einen individuellen Auszeitplan erstellen
- Hilfe beim Nehmen der Auszeiten geben (Erkennt der Schüler, wann eine Auszeit notwendig ist?).
- Eine Absicherung des Weges zum Auszeitraum (Kann er vom Schüler allein erreicht werden oder braucht er Hilfe?) vornehmen.
- Immer auch auf der Suche nach den Gründen für Auszeiten sein, damit mit Hilfe von Reizgewöhnung eine Besserung erzielt werden kann.
- Den Mitschülern gegenüber offen mit dem Thema Autismus umgehen, um ein Verständnis für die Auszeiten des autistischen Schülers zu erlangen.

Sonstige Herausforderungen

Kunstunterricht

Besonders der Kunstunterricht stellte mich vor olfaktorische Herausforderungen, denn Farben sehen nicht nur bunt aus, sie riechen auch bunt. Ich empfand den Moment, wenn alle ihre Farbkästen öffneten als besonders schlimm und so graute es mir bald nicht mehr nur davor, sondern vor dem Kunstunterricht überhaupt. Ich zeigte herausforderndes Verhalten, aber niemand kam auf die Idee, dass es die Gerüche sind, die zu meinem zum Teil aggressiven Verhalten führten. Ich habe hauptsächlich mit meinem Verhalten anstatt mit Worten kommuniziert, und genau das hat keiner verstanden. Der Lehrer kritisierte, was ich tat, aber er fragte nicht, warum ich das tat. Es führte letztendlich dazu, dass ich, obwohl ich das Malen für mich auch damals schon als existentiell wahrnahm, den Kunstunterricht in der Abiturstufe abwählte und mein anderes »Horrorfach« Musik bevorzugte. Die Selbstwahrnehmung war ungefähr gleich, aber Musik war die geringere olfaktorische Belastung. Außerdem sind Klaviere und Pianos in meiner Wahrnehmung verlässliche Anker und somit eine Beruhigung innerhalb des Chaos. Ich kann mir vorstellen, dass es für viele autistische Schüler heute noch um einiges schlimmer ist, als es bei mir der Fall war, da es viel mehr verschiedene Hersteller von Farbkästen und Kunstmaterialien gibt, das olfaktorische Durcheinander also viel intensiver ist als zu meiner Schulzeit.

Wenn ich zu Vorträgen in Schulen bin, dann (er)freue ich mich einerseits an all den Kunstwerken, die die Gänge und Treppenhäuser schmücken, aber andererseits ist es eine enorme Herausforderung, solche Schulhäuser zu betreten und mich in ihnen aufzuhalten, denn die Gerüche der Bilder werden mir schnell zu viel. Ich habe zusätzlich noch eine Form von Synästhesie, bei der mein Hirn den Gerüchen Farben zuordnet. Wenn ich etwas rieche, fühlt sich der Geruch wie eine bestimmte Farbe an. Nicht immer, aber oft. Wenn dann die Farbe Blau eher wie Gelb riecht, komme ich natürlich aufs gehörigste durcheinander, weil ich nun nicht sicher sein kann, welche Farbe ich da vor mir habe. Realität versus Wahrnehmung. Auch das war im Kunstunterricht problematisch, denn wie sollte ich der Aufforderung mit Blau zu malen nachkommen, wenn mir olfaktorisch von meinem Gehirn in meinem Farbkasten das Grün als Blau angepriesen wurde. Meine Farbwahrnehmung unterscheidet sich enorm von der anderer Menschen. In meiner Schulzeit war das ein viel größeres Problem als das heute der Fall ist. Seit ich weiß, dass und was bei mir anders ist, geht es mir besser damit. Lange Zeit habe ich aber nur mit einem schwarzen Filzstift gemalt und andere Farben und Materialien ignoriert. Auch bei der Art des Papiers und dessen Form war ich als Schüler extrem unflexibel. Ich bevorzuge auch heute noch 25x25cm großes Aquarellpapier.

> **Praxistipps**
>
> - Möglichst einheitliche Kunstmaterialien (Farben, Stifte etc.) verwenden.
> - Geruchsschutz erlauben.
> - Einen Arbeitsplatz etwas abseits, z. B. am Fenster, bereitstellen.

Musikunterricht

Der Musikunterricht forderte mich hauptsächlich, weil ich wegen meiner erhöhten Selbstwahrnehmung hier immer der Gefahr einer Selbstkonfrontation ausgesetzt war. Ich habe auch bei meinen nicht-autistischen Mitschülern gespürt, dass vielen von ihnen das Vorsingen vor der gesamten Klasse äußerst unangenehm war. An diesem Beispiel zeigt sich, dass vieles, was für Autisten nicht möglich ist, auch für nicht-autistische Schüler eine schwierige Situation sein kann. Ich liebe Musik und nutze Lieder intensiv als Stimming, um mich zu beruhigen. Ich singe auch gern, aber schon im Kindergarten hörte ich immer wieder, dass ich das nicht könne. Ich glaubte das nicht. Auf meiner geliebten Schaukel bei meiner Oma trat ich ja täglich den Gegenbeweis an und sang stundenlang. Oma fand es toll und ich auch. Ich hatte noch nicht begriffen, dass meine Art zu singen nicht den Erwartungen der Gesellschaft entsprach. Es kam dann in der Schule relativ schnell dazu, dass ich ausgelacht und auch gehänselt wurde, weil meine Lieder anders klangen. Um in Musik zu bestehen, muss man Intonation wahrnehmen und wiedergeben können. Im Musikunterricht hatte ich auch meine schlechtesten Noten und meine einzige 5 in zwölf Jahren Schule. Es wurde klassische Musik vorgespielt, nämlich das Musikmärchen »Peter und der Wolf« von Sergej Prokofjew. Anstatt mich mit den Instrumenten eines Sinfonieorchesters vertraut zu machen, stürzte mich die Behandlung dieses Werkes in tiefste Verzweiflung. Es gelang mir nicht, die einzelnen Instrumente herauszuhören und so die Figuren des Märchens zu unterscheiden.

Damit nicht genug, denn wir sollten anhand der Musik auch deren Stimmungen und Gefühle erkennen. Ich konnte nur raten und lag auch damit völlig daneben. Ich bekam nicht nur meine 5, sondern mir wurde zudem unterstellt, im Unterricht überhaupt nicht zugehört zu haben. Das empfand ich als extrem unfair. Es machte mich traurig, denn ich hatte mich wirklich bemüht. Gerade ich hörte genau hin. Ich begann verstärkt zu zweifeln, ob mit mir irgendetwas nicht stimmte. Beim Liedvortrag war ich immer froh, wenn es kein Frühlings- oder sehr melodiöses Lied war, das ich vortragen musste, da ich mit diesen komplett überfordert war. Ich gab mir die größte Mühe, aber es klang wohl fürchterlich in den Ohren der Anderen. Mein Musiklehrer bemerkte aber, dass ich Kampflieder ziemlich gut hinbekam und so durfte ich sogar einmal mit dem Schulchor auftreten. Es war der Geburtstag Ernst Thälmanns und ich stand in der ersten Reihe und war richtig stolz auf mich. Der Inhalt der Kampflieder und deren Sinn und Zweck waren mir egal. Ich konnte singen! Ich war endlich einmal mit dabei! In der 10. Klasse sang ich dieses Lied dann auch zu meiner mündlichen Musikprüfung und bekam eine 1 dafür. Mit meiner Selbstwahrnehmung half mir auch mein Musiklehrer unbewusst, in dem er uns beim Vorsingen erlaubte, uns von der Klasse weg- und zum Klavier hin zu drehen. Auf diese Weise konnte ich die Anderen besser ausblenden und den Vortrag überstehen. Musik ist bis heute ein ganz wichtiger Bestandteil meines Lebens. Auch Elijah nutzt Musik, sowohl um sich zu beruhigen als auch um zu kommunizieren. Solange die Erwartungshaltung des Gegenübers gering ist bzw. idealerweise keine Erwartungen an ihn gestellt werden, ist Musik eine Brücke, über die er zu gehen wagt.

Praxistipps

- Statt frontalem Singen vor der Klasse separates Vorsingen erlauben.
- Vorsingen per Videobeitrag für den Lehrer ermöglichen.
- Gehörschutz erlauben.
- Den Fokus der Benotung auf die Musiktheorie legen.
- Musik als Motivation nutzen.
- Musik als Stimming fördern.

Chemieunterricht

Eine weitere große Herausforderung, sowohl olfaktorisch als auch auditiv, war der Chemieunterricht. Die Gerüche der Chemikalien und unerwartete Geräusche, wie ein Knall oder Verpuffungen, haben mich in extrem angespannte Zustände versetzt. Ich war schon Stunden vorher angespannt und bekam vom Unterricht dann entsprechend weniger mit. Dieses Verhalten wurde von manchem Lehrer als Abneigung gegen sein Fach oder gar seine Person missverstanden. Es entwickelte sich eine Art persönlicher Beziehungsstress mit diesen Lehrern, den ich nicht verstand und gegen den ich machtlos war.

Erst in der Abiturstufe schaute der Chemielehrer genauer hin und erkannte, dass die Abneigung weniger dem Fach und schon gar nicht ihm galt, sondern den Begleiterscheinungen, die die Chemie mit sich brachte. Er reagierte instinktiv richtig, denn auch er wusste nichts von meinem Autismus. Aber er wusste, was ich mochte. Und das waren Sprachen. Also involvierte er mich über mein Spezialinteresse in seinen Unterricht. Ich übersetzte die Etiketten der Chemikalien und hatte so plötzlich eine Aufgabe innerhalb des Unterrichts. Ich wurde gebraucht, fühlte mich wertgeschätzt und es veränderte die Dinge. Ich begann Anfang der 11. Klasse mit einer 4 in Chemie und schloss das Abitur mit einer 1 ab. Im zweiten Halbjahr der 12. Klasse besuchte ich sogar den fakultativen Chemiekurs. All das bewirkte dieser eine Lehrer, indem er mir entgegenkam und mich dort abholte, wo ich die ganze Zeit schon gewartet hatte.

> **Praxistipps**
>
> - Experimente rechtzeitig ankündigen.
> - Auditive und olfaktorische Reize feststellen.
> - Geruchs- und Gehörschutz erlauben.

Sportunterricht

Schulsport ist für viele Schüler, ganz egal, ob autistisch oder nicht, ein Graus. Ich war ein sportliches Kind, habe viele Sportarten mit großer Freude betrieben und war auch bei Sportwettkämpfen erfolgreich. Sport kam mir und meinem Drang nach Bewegung sehr entgegen. Aber dennoch stellte mich auch der Sportunterricht vor große Herausforderungen. Es begann schon im Umkleideraum mit der erzwungenen extremen räumlichen Nähe zu meinen Mitschülern. Es war wie in einem Ameisenhaufen gefangen zu sein. Die Situation war so schlimm für mich, dass ich meine Mutter regelrecht anbettelte, mich an Tagen, an denen Sportunterricht war, nicht in die Schule zu schicken. Dies war natürlich keine Option. Meine Mutter musste vor jeder Sportstunde dazukommen und mich mit Versprechungen oder kleinen Belohnungen in den Raum tricksen. Zum Glück war es möglich, dass sie eine Zeit lang vor den Umkleideraum stehen bleiben konnte. Sie interpretierte meine Angst als Platzangst, was sie aber nicht war. Ich hatte Menschenangst, aber all meine Versuche, dies zu erklären, blieben ungehört. Somit wurde das Problem nicht gelöst. Ganz im Gegenteil, die Anwesenheit meiner Mutter brachte neue Schwierigkeiten, denn meine Mitschüler lachten darüber und nannten mich »Lehrerkind« und »Muttersöhnchen«, obwohl ich ein Mädchen war. Also gab Mutter ihren Posten vor der Tür schon nach kurzer Zeit wieder auf. Von der Umkleide aus hatte ich sie sowieso nie sehen können, deshalb stellte ich sie mir einfach weiterhin dort stehend vor. Das half mir sehr. So entdeckte ich meine eigene Phantasie als ein verlässliches Hilfsmittel, um meine oftmals falsche Wahrnehmung zu kompensieren.

Auch die Lautstärke in dem sehr kleinen Raum überforderte mich dermaßen, dass ich oft zu weinen begann und wie ein Häufchen Unglück in einer Ecke des Raumes ausharrte. Es waren nicht einmal zehn Minuten, die ich in dem Umkleideraum verbringen musste, aber diese kurze Zeit reichte aus, um einen gesamten Schultag zunichte zu machen. An Tagen, an denen Sport auf meinem Stundenplan stand, war ich nicht zu gebrauchen. Schon am Vortag war ich vor Angst wie gelähmt. Da es insgesamt drei Sporttage pro Woche gab, konnte ich allein wegen dieser Problematik keinen einzigen Tag relaxt und ohne Stress und Angst in die Schule gehen. Überstanden habe ich die Situation im Umkleideraum auch deshalb, weil ich mir erst im Selbstgespräch, später dann nur noch im Kopf immer wieder sagte, dass es enden würde. Diese Strategie nutze ich bis heute und mittlerweile kann ich relaxter in Stresssituationen gehen, weil ich genau das verinnerlicht habe: Es wird enden.

Eine Turnhalle ist bis heute auch ein visueller Stressor für mich, weil mich die vielen Linien, die auf dem Hallenboden gemalt sind, komplett verwirren und überfordern. Es kostet mich größte Überwindung, solche modernen Sporthallen überhaupt zu betreten, geschweige denn in ihnen einen Vortrag zu halten. Dies ist allerdings schon zweimal vorgekommen, sodass ich mich wieder auf meine alten Turnhallen-Strategien verlassen musste. Auch die Geräusche in einer Turnhalle sind herausfordernder als in anderen Räumen. Etwas, was mir den Unterricht erschwerte, war der Fakt, dass ich nicht gut über Beobachten und Körperimitation lernen kann. Das heißt, allein vom Zuschauen kann ich mir eine Sportübung oder -bewegung nicht erschließen und sie erfolgreich nachmachen. Ich schaffe das selbst dann nicht, wenn derjenige, der sie mir zeigt, nicht in Spiegelposition, sondern mit dem Rücken zugewandt vor mir oder auch neben mir steht. Ich benötige Körperführung, damit ich spüren kann, wie sich die Bewegung anfühlt, wenn sie ausgeführt wird. Erst dann weiß ich, was ich tun soll. So wie man beim Fallschirmspringen auch mit einem Tandem-Sprung beginnt, so habe ich das Federball, Tischtennis und später das Tennis spielen erlernt. Ich brauchte immer jemanden, der die dazu notwendigen Bewegungen mit mir durchführt. Auf diese Weise habe ich mir viele Sportarten erarbeiten können. Beim Schwimmen hat das Wasser den nötigen Körperkontakt ausgelöst, so dass ich sofort eine ausreichende Rückmeldung zu meinen Bewegungen bekam und wusste, wie sie sich anfühlen. Die Schwierigkeit bei dieser Art des Lernens liegt nämlich in der dazu erforderlichen Körpernähe. Die Motivation musste also sehr hoch sein, damit ich das zulassen und aushalten konnte.

Praxistipps

- Umkleidesituation vorher durchgehen und üben.
- Stressoren finden.
- Die Turnhalle sowohl leer als auch mit Mitschülern testen.
- Eventuell eher oder später umkleiden lassen.
- Eine separate Umkleidemöglichkeit finden (Klassenzimmer, Schultoilette).
- Eventuell Körperführung anbieten, um Bewegungsabläufe zu erlernen.
- Auch möglich: Videoaufnahmen machen, die zu Hause immer wieder angeschaut und mit den Eltern geübt werden können.
- Gehörschutz in der Turnhalle erlauben.
- Wenn möglich, eventuell den Boden mit Matten oder Belag abdecken, um visuelle Überlastung zu vermeiden.

Elternstimme

»Was ich mir wünsche von einer Schule für alle? Verständnis für die andere und besondere Art des Seins. Täglich versuche ich, unsere Lehrer dafür zu sensibilisieren und überzeuge durch meine Arbeit, mein Wissen und meine ›guten‹ Ergebnisse. Als zweites ein wenig Entgegenkommen und Vorschläge auszuprobieren, offen sein für Experimentieren, besonders in der Schuleingangsphase. Schauen, passt diese Unterstützung zum Kind, ja, klasse, wie kann man sie auf-

bauen? Beispielsweise das Erlernen, mit mehreren Aufgaben auf einem Blatt fertig zu werden, ohne zu verweigern, aufzugeben oder abzuschalten. (Zum Beispiel erst jede Aufgabe einzeln vorlegen, Kind löst die eine, Schulbegleiter klebt sie auf ein ›Fertig‹-Blatt. Klappt dies gut, Aufgabenanzahl auf zwei erhöhen, dann vielleicht auf drei, dann auf vier usw.) Den Lehrern zeigen, wieviel mit wenig Mehraufwand die Abänderung von einem Arbeitsblatt, einer kleinen Veränderung an der Tafel oder ähnliches für Autisten die Welt bedeutet. (Und meist für die ›anderen‹ Kinder auch besser ist.)«
C. Scholz, *Mutter eines autistischen Kindes, Sachsen*

Feueralarm

Jeglicher Alarm ist nichts für mich. Jede Form von unerwarteten lauten sirenenartigen Geräuschen und die damit verbundene Hektik der Umgebung lösen sofort Stress aus. Auch Feuerwerk, Böller und Knaller kann ich nur dann ertragen, wenn sie angekündigt werden und ich mich ausreichend darauf vorbereiten kann. Auch an meiner Schule fanden natürlich regelmäßig Feueralarmübungen statt, auf deren Ablauf wir von den Lehrern vorbereitet wurden. Es wurde genau besprochen, was wir mitnehmen durften, wer wen an die Hand nahm, wer vorn ging, wer hinten und vor allem wohin wir gingen. Alles wurde vorher geklärt, das war gut, aber dennoch kam die Übung jedes Mal aus dem Nichts. Ich hatte auch hier wieder Glück. Da meine Oma die Schulsekretärin war, wusste sie, wann die Feueralarmübungen stattfanden und warnte mich. Bei den Übungen selbst verhielt ich mich sehr vorbildlich, da ich das Ganze viel ernster nahm als meine Mitschüler. Ich war damals gar nicht in der Lage zwischen echt und Übung zu unterscheiden. In meiner Wahrnehmung war alles real.

Bei Elijah sind wir ganz langsam an solche ungewöhnlichen Unterbrechungen des Schulalltages herangegangen. In der ersten Zeit ist er an diesen Tagen zu Hause geblieben, da es ihn völlig aus der Bahn geworfen hätte. Er war damals noch mit vielen anderen Stressoren beschäftigt. Dann sind wir dazu übergegangen, dass er das Schulhaus schon vor dem eigentlichen Alarm verlässt und mit seiner Betreuung bereits auf dem Schulhof ist, wenn die anderen Kinder hinzukommen. Mittlerweile hat er den Feueralarm schon mehrmals miterlebt und es ist gar kein Problem für ihn, mit den anderen Kindern plötzlich das Schulhaus verlassen zu müssen. Hier hat sich das langsame Herantasten gepaart mit einer generellen Beruhigung des Systems durch Reizgewöhnung und Stimming absolut bewährt. Das galt auch für Veranstaltungen wie Fasching, Weihnachtsfeiern, Schulsportfeste, Preisverleihungen oder Chorauftritte. An all diesen kann Elijah mittlerweile nicht nur teilnehmen, sondern sie auch sichtlich genießen. Das hat seine Teilhabe an der Gemeinschaft Schule enorm verbessert. Auch soziale »So wie es sein soll«-Geschichten« können gut helfen, autistischen Kindern Ausnahmesituationen zu erklären und sie gemeinsam immer wieder durchzugehen. Ältere Kinder können üben, die Version der Geschichten nur noch im Kopf zu durchlaufen.

> **Praxistipps**
>
> - Feueralarmübungen, wenn möglich, vorher ankündigen.
> - Den Sinn der Übung erläutern.
> - Den Ablauf verschriftlichen oder mit Bildern erklären.
> - Eventuell eine Videoaufzeichnung einer Feueralarmübung machen, damit der Schüler sehen kann, wie diese abläuft, wie es aussieht und sich anhört.

Zwischenfälle mit oder unter Mitschülern

Negative Interaktionen und auch nur das Erleben solcher Situation können eine große Belastung für autistische Kinder sein, da sie empathischer reagieren als ihre nicht-autistischen Mitschüler. Ich fand die Beziehungen meiner Mitschüler zu- und untereinander sehr verwirrend. Ich verstand nie wirklich, wer mit wem befreundet ist. Bei den Mädchen schien sich dies außerdem täglich zu ändern. Ich hielt mich eher an die Jungen, da deren Miteinander leichter zu verstehen war. Es war weniger kompliziert als das soziale Geflecht der Mädchen. Die Jungen stritten sich deutlicher und klärten ihre Probleme schneller, wenn auch handfester. Ich kam so einigermaßen mit ihnen mit. Mit dem Älterwerden wurde es schwieriger, in der Gruppe der Jungen zu verbleiben, da sich die Beziehung der Jungen zu Mädchen änderte. Wohl oder übel musste ich mich wieder mit den Mädchen befassen. Bei ihnen hatte ich jedoch keine Chance und stand oft zwischen den Fronten, ohne dies zu wollen oder auch nur zu merken. Und wieder war ich ungewollt meine eigene Gruppe, ein Außenseiter. Ich bin bis heute äußerst harmoniebedürftig. »Friede, Freude, Eierkuchen« könnte auch mein Lebensmotto sein. Allein aus diesem Grund bevorzugte ich den Unterricht gegenüber den Pausen. In den Pausen entluden sich oftmals alle Anspannungen und es krachte zum Teil ziemlich heftig zwischen meinen Klassenkameraden. Meine Versuche der Intervention liefen fast immer schief und häufig stand ich am Ende in den Augen des Lehrers als schuldig da. Ich kapierte meine Mitschüler überhaupt nicht und das erschwerte mir die Interaktion mit ihnen erheblich. Ich war jedes Mal froh, wenn es wieder zur Stunde klingelte. Dann herrschte ein Scheinfriede, der mich aufatmen ließ.

Auch Elijah reagiert heftig auf Auseinandersetzungen seiner Mitschüler untereinander oder mit dem Lehrer. Genau wie ich bezieht er alles auf sich und kann dann nicht mehr unterscheiden, was gefühlsmäßig zu den anderen gehört und mit ihm gar nichts zu tun hat. Hier hilft ihm nur eine größere räumliche Entfernung zu den Streitenden, um sich wieder zu sortieren und zu wissen, wo die anderen enden und er beginnt. Dies schafft er aber noch nicht allein. Er benötigt die Hilfe seiner Schulbegleitung, die das allerdings erkennen muss, damit sie helfen kann. Zum Glück kennen alle Schulbegleiter Elijah mittlerweile so gut, dass sie ihm während seines Schulalltages auch dahingehend eine wirklich große Hilfe sein können. Ohne sie wäre vieles gar nicht möglich.

Praxistipps

- Streitschlichter in jeder Klasse ernennen.
- Die Mitschüler zu dieser Problematik aufklären.
- »Stopp, es hat nichts mit dir/mir zu tun«-Karte zur visuellen Beruhigung nutzen.
- Eine sensibilisierte Schulbegleitung, die das Kind sehr gut kennt, einbeziehen.
- »Wie es hätte sein sollen«-Geschichten zum Verständnis der Streitsituation anwenden (Schulbegleiter/Eltern).

Sehen Sie außerdem

1. das gesamte Klassenzimmer,
2. das Klassenzimmer vom Sitzplatz des Schülers aus,
3. den Arbeitsplatz des Schülers

unter folgenden Gesichtspunkten:

- Was sind Stressoren für den Schüler?
- Welche Reize überfordern den Schüler?
- Gibt es zu Hause ähnliche Stressoren?
- Wie werden sie dort bewältigt?
- Welche Stressoren und Reize können Sie einfach beseitigen?
- Mit welchen muss der Schüler klarkommen?
- Wie kann er das lernen?
- Welche Hilfsmittel stehen zur Verfügung?
- Welche werden noch gebraucht?
- Wie bekommt der Schüler diese?
- Welche Strategien hat der Schüler, um im Raum/Unterricht verbleiben zu können?
- Sind diese mit den Mitschülern und dem Unterricht zu vereinbaren?

Lehrerstimme

»Für die autistischen Schüler existiert ein extra Arbeitsplatz. Dieser ist reizarm gestaltet und räumlich abgegrenzt. Er besteht aus einem offenen Regal mit Fächern für die einzelnen Aufgaben, einem Tisch und Stuhl. Über dem Tisch befindet sich eine Klettwand, an welcher die einzelnen Aufgaben per Foto dargestellt werden können. Die einzelnen Aufgaben in den Fächern sind klar und übersichtlich gestaltet, befinden sich in Plastikkörbchen, Schachteln, Arbeitsmappen oder auf stabilen Klettunterlagen. Nach der Bearbeitung werden die Materialien in eine ›Fertig-Kiste‹ abgelegt, die sich rechts neben dem Tisch befindet. Verschiedene Handlungsabläufe, z. B. für den Tischdienst, werden

durch Ablaufpläne visualisiert. Unterlagen mit der Darstellung von Besteck, Teller und Tasse (für Links- und Rechtshänder) erleichtern das selbstständige Tischdecken.«
Eva Glawe-Then, Lehrerin an einer Schule mit Förderschwerpunkt geistige Entwicklung, Zwickau

23 Die Pausen

Die Pausen sind bei der Mehrheit der Schüler die wohl zweifellos beliebtesten Zeiten im Schulalltag. Für mich und viele andere autistische Menschen aber bedeuten Pausenzeiten ein einziges Chaos, unüberschaubar und unverständlich, und zwar in jeder Hinsicht. Pausen besaßen im Gegensatz zu den Unterrichtszeiten keine oder nur sehr wenig für mich erkennbare Struktur. Zudem waren sie visuell, auditiv und olfaktorisch eine riesige Herausforderung. Natürlich wünschte auch ich mir Erholung vom Unterricht. Besonders nach 12 Uhr, wenn mein Energielevel bereits stark gesunken war, brauchte ich dringend Pausen. Allerdings sehnte ich mich nach Ruhe und Abgeschiedenheit. Ich hätte mich gern mit meinem Lieblings-Stimming-Lied in einer abgelegenen Ecke beruhigt. In späteren Schuljahren trug ich meine Musik in Form eines kleinen tragbaren Abspielgerätes heimlich bei mir. Ich wagte allerdings nie das Gerät in der Schule herauszunehmen, geschweige denn es anzuschalten und mein Lied zu hören. Zu groß war meine Angst, aufzufallen, im Mittelpunkt zu stehen und mich erklären zu müssen. Aber schon allein das Wissen, dass ich den Kassettenspieler bei mir hatte, beruhigte mich genug, um bis zur letzten Stunde durchzuhalten. Er war ein Anker und ließ mich durchhalten. Erst auf dem Heimweg dröhnte ich mich mit ein und demselben Lied oder auch nur einer kurzen sich immer wiederholenden Sequenz eines Liedes völlig zu, um den Tag und die Menschen endlich ausschließen zu können. Es waren wichtige Pausen, die ich haben musste, um den Alltag zu schaffen.

Ich stieß mit meiner Art der Erholung natürlich überall an. Ich wurde von manchem Mitschüler als unnahbar und unhöflich wahrgenommen. Anderen sahen mich als komischen Kauz. Bestenfalls ignorierten sie mich, aber es kam auch zu Mobbing-Situationen. Wieder schaute niemand genauer hin, warum ich mich so abgrenzte. Ich war hin- und hergerissen zwischen dem, was ich brauchte, um dabei zu sein und dem, was die Anderen von mir erwarteten, um mich dabei sein zu lassen. Ich merkte, dass ich ihre Forderungen, wenn überhaupt, dann allein auf meine Kosten erfüllen konnte. Ich konnte mir nur helfen, in dem ich mich mehr von ihnen zurückzog. Aber genau das wollte ich nicht. Ich fühlte mich immer mehr allein und verlassen. Meine Selbstwahrnehmung war ständig erhöht und damit die Gefahr der Selbstkonfrontation immer groß. Ich begann, die Pausen zu fürchten, was sich auch auf mein Verhalten in den Stunden auswirkte.

Zeitliche Strukturen

Die einzige einigermaßen verlässliche Struktur waren die Zeiten und der Rhythmus der Pausen. Ich kann bis heute die genauen Pausenzeiten meiner Schulzeit ansagen. Ich klammerte mich an den Endzeiten fest, d. h. ich überstand die Pausen oftmals nur, weil ich wusste, *dass* sie enden und wann. Fünf, zehn oder 15 Minuten nach Beginn der Pause würde die Erlösung kommen. So schaffte ich es durch jede Pause. Jedes Mal wenn es zur Pause klingelte, hielt ich die Luft an, versuchte abzutauchen. Natürlich schaffte ich es nie länger als ein paar Sekunden, aber dennoch wurde »Luft anhalten« zu einer Strategie, die ich noch heute in Stresssituationen anwende. Zeit war eine ganz wichtige Komponente bei den Pausen. Es gab zwar in jedem Raum eine Uhr, aber diese machte für mich überhaupt keinen Sinn. Ich lernte die analoge Uhr erst im Erwachsenenalter zu lesen. Also strukturierte ich die Zeit, indem ich im Kopf in meinem Rhythmus zählte und so den Zeitintervallen meine ganz eigene Struktur geben konnte. Dieses Zählen war anfangs laut, aber da ich damit sofort auffiel und die Selbstwahrnehmung hochging, verlegte ich auch das Zählen schnell ganz auf eine mentale Ebene. Ich merkte, dass mich Zählen enorm beruhigte. Solange ich es im Kopf tat, störte es weder meine Umgebung noch machte es sie auf mich aufmerksam. Nach einigem Üben konnte ich trotz Zählen im Kopf dennoch in die Interaktion und Kommunikation mit meiner Umgebung gehen. Es klappte dadurch sogar besser als vorher. Das war der Beginn meines mentalen Stimmings, das ich bis heute, vor allem bei meinen Vorträgen, anwende. Auch dort sind die Pausen mein größtes Problem. In jeder Begegnung mit fremden Menschen und/oder in neuen Situationen nutze ich mein mentales Stimming zur Beruhigung. So kann ich meiner Umgebung das widerspiegeln, was sie sehen möchte, ohne aufzufallen oder zu stören. Ich reagierte außerdem stark auf all die anderen Veränderungen, die jede Pause mit sich brachte.

In der Oberschule waren die meisten kleinen Pausen mit Raumwechsel verbunden, der einige Zeit in Anspruch nahm und mich ablenkte, allerdings nicht immer positiv. Pausen vor dem Sportunterricht fanden in der Regel in der Umkleide statt und wurden für das Umziehen genutzt. Sie ergaben auf diese Weise zwar einen Sinn für mich, waren aber aufgrund des engen Miteinanders und sensorischen Durcheinanders eine enorme Herausforderung (▶ Kap. 22).

Pausen, in denen unangemeldete Dinge passierten, gaben mir oft den Rest und der Tag war gelaufen. Es reichte schon, wenn ein anderer Lehrer in die Klasse kam und etwas verkündete. Da dies eine weitere Veränderung war, die mein System als Regelbruch einordnete, schob mich das so nah an meinen Abgrund, dass ich mich nur noch in mich selbst zurückziehen konnte. Zum Glück fiel dem Lehrer ein solcher Rückzug bei 28 Kindern nicht groß auf. Ich harrte dann in meiner Welt aus, bis ich mich, irgendwann zu Hause allein und total erschöpft, traute wiederaufzutauchen. Meist hatte ich nach der Schule einen kompletten Shutdown. Es sah dann so aus, als schliefe ich mehrere Stunden, aber es war kein erholsamer Schlaf. Das passierte bis zu meinem Abitur fast täglich. Die Pausen waren die vielleicht anstrengendsten Zeiten in meinem Schulalltag. Es ist daher wichtig, dass es in den Pausen geeignete Rückzugsmöglichkeiten für autistische Schüler gibt. Der Rückzug muss so gestaltet werden, dass er dem Kind auch wirklich guttut. Hier wird es wieder individuell, denn es ist bei jedem Autisten anders. Mir hätte schon gereicht, meine Musik hören zu dürfen. Ich kann die Andere-Wahrnehmung auch durch Malen komplett herunterfahren. Ein Sortieren von Unterrichtsmaterialien hätte für mich eine gute und damit erholsame Pause bedeutet. Ich wäre auch in einer Schulbibliothek gut aufgehoben gewesen. Ich hätte jede Aufgabe übernommen, nur um beschäftigt und für mich zu sein. Besonders in den Pausen ist es wichtig, dass ein autistischer Mensch seine Andere-Wahrnehmung gut regulieren und aushalten kann. Elijah macht dahingehend Fortschritte, aber er hat noch immer einen weiten Weg vor sich. Er zieht sich in den Pausen oft in den Snoezelen-Raum seiner Schule zurück oder auch in den Keller, um sich irgendein visuelles Stimming zu suchen. Er geht aber mittlerweile schon sehr regelmäßig mit zur Hofpause, wo er eine Art Beobachtungsposten am Schuppen des Hausmeisters einnimmt. Die Kinder kommen ihn dort besuchen und immer öfter lässt er sich dann auf Interaktionen mit ihnen ein. Bei der Pausengewöhnung muss vielleicht in einem reizarmen Raum begonnen werden, aber der Weg sollte mit Hilfe von Reizgewöhnung und guter Strukturierung zu einem Rand- bzw. Zuschauerplatz führen. Dort ist Elijah jetzt angekommen und er fühlt sich wohl als Beobachter. Er kann seine Andere-Wahrnehmung nun eine kurze Zeit so gut regulieren, dass er über die Beobachtung seiner Mitschüler lernen kann. Es kommt nun schon vereinzelt vor, dass er den Kindern zu einer Aktivität auf dem Schulhof folgt. Er hat das Glück, dass er dies auf seine Art und Weise und in seinem Tempo machen darf.

Praxistipps

- Jede Pause gut und gemeinsam strukturieren.
- Einen individuellen Pausenplan erstellen.
- Der Pausenplan muss Mitschülern und Lehrern bekannt sein.
- Den Pausenplan einhalten.
- Einen Rückzugsraum festlegen.
- Den Weg dorthin üben.
- Den Schüler schon eher in die Pause oder zum Rückzugsort gehen lassen.
- Hilfsmittel zulassen (Kopfhörer, Sonnenbrille, Basecap).
- Stimming zulassen (Musik hören, malen).
- Veränderungen so zeitig wie möglich ankündigen.
- Lärmampeln im Schulgebäude und Klassenzimmern installieren.
- Auf die Einhaltung der Pausenregeln durch alle achten.
- Pausenaufgaben verteilen (z. B. Materialien ordnen, Schulbibliothek).

Das Pausenklingeln

Das Pausenklingeln kann aufgrund des Klingeltones, der Lautstärke oder weil es von Ihrem autistischen Schüler nicht erwartet wird, ein Stressor für ihn sein. Auch mir ging das anfangs so. ich habe mich allerdings schnell an den Ton und die Zeiten gewöhnt, da diese einer festgelegten Struktur folgten. Für mich war das Pausenklingeln jedoch ein auditives Signal zum Aufbruch in die Schlacht. So habe ich es wirklich empfunden. Das Klingeln an sich löste keinen Stress aus, aber die Nachricht, die es vermittelte dafür umso mehr. Pausen waren eine Zeit, in der meine Mitschüler ungehindert auf mich zukommen konnten. Sie versuchten immer wieder, mich in Gespräche oder Aktivitäten zu verwickeln. Das war ein Dilemma, denn ich konnte ihnen ja schlecht sagen, dass ich gerade um mein Überleben kämpfe. Zu dieser Zeit fehlten mir sehr viele der Erkenntnisse und Erklärungen für mein ungewöhnliches Sein bzw. konnte ich vieles einfach nicht verbalisieren. Aber es gab auch damals schon immer diesen Teil in mir, der gerne mit ihnen mitgemacht, herumgetollt und über all die Sachen gelacht hätte, die sie so amüsierten. Mir fehlte einfach das Know-how, ich wusste wirklich nicht, wie man das macht. Ich versuchte jahrelang mein Bestes, was aber nie gut genug war, weder für meine Mitschüler noch für mich. Selbst die kleinsten Interaktionen waren voller Stressoren. Mit dem Pausenklingeln wurde ich all diesen gnadenlos ausgesetzt.

Im Laufe der Jahre entwickelte ich glücklicherweise effektive Kompensationsstrategien, aber in Grund- und Mittelschule fühlte ich schon gegen Ende der Stunde die Panik vor der Pause in mir aufsteigen. In meinen zwei Oberstufenjahren hatte ich genügend Strategien und konnte den Pausen relaxter entgegensehen. Dies wirkte sich nicht nur äußerst positiv auf mein gesamtes Wohlbefinden aus, sondern hatte auch einen günstigen Einfluss auf meine Interaktion mit der Umgebung. Dennoch bevorzugte ich immer das Stundenklingeln (▶ Kap. 22). Ich bin jedes Mal erleichtert, wenn die Pausen bei meinen Vorträgen oder auf den Fachtagen vorbei sind und wieder Ruhe und Ordnung einkehrt.

Praxistipps

- Den Schüler schon vorher an das Pausen- und Stundenklingeln gewöhnen.
- Tonaufnahmen für zu Hause machen.
- Zeiten auflisten.
- Hilfsmittel finden, z. B. Kopfhörer, die kurz vorher aufgesetzt oder die gesamte Pause getragen werden, oder auch einfach dem Schüler erlauben, sich die Ohren zuzuhalten.
- Eventuell einen angenehmeren Klingelton finden, z. B. Melodie.
- Eventuell die Lautstärke (anfangs) reduzieren.
- Das Pausenklingel in ausgewählten Klassenzimmern abschalten und statt einem auditiven ein visuelles Signal nutzen.

Pausenaktivitäten

Vor allem längere Pausen sollten nicht nur gut strukturiert sein, sondern eine oder mehrere Aktivitäten beinhalten, die für den autistischen Schüler Sinn machen. Ich mochte es, wenn ich mit dem sogenannten »Milch-Dienst« dran war. Dabei konnte ich in einer Pause das Zimmer verlassen, um im Speiseraum die morgendliche Milchration für die Klasse abzuholen. Natürlich zog ich diesen Gang und den Rückweg so weit in die Länge, wie es nur ging. Im Speiseraum ließ ich alle anderen »Milchkinder« vor, um so extra Zeit zu gewinnen. Oft kehrte ich erst mit dem Stundenklingeln ins Zimmer zurück. Den Kartendienst in den naturwissenschaftlichen Fächern fand ich großartig, weil ich dann einige Zeit im Vorbereitungsraum verbringen konnte. Natürlich versuchte ich auch diese Auszeiten stetig zu erhöhen. Ich hatte dann nämlich einen Rückzugsort und eine Beschäftigung, die mir Struktur und damit Sicherheit gaben. Ich hätte das gern das gesamte Jahr über gemacht, aber musste den Job nach einer Woche für 27 Wochen wieder abgeben. Ich kam also leider nicht oft in den Genuss einer sinnvollen Pause.

Pausenaktivitäten, egal wie kurz oder unwichtig sie Ihnen erscheinen mögen, können einen großen Unterschied für einen autistischen Schüler machen. Eventuell kommt dafür auch das Austeilen von Arbeitsblättern oder das Ordnen von Stiften oder Materialien in Frage. Gut getan haben mir solche Dinge, die Ordnung und Struktur ins Außen brachten und gleichzeitig ein Gefühl der Sicherheit in meinem Inneren auslösten. Ich fühlte mich gebraucht, wenn ich eine Aufgabe hatte. Damit machte mein Sein in der Schule mehr Sinn für mich. Ich habe in den Pausen auch die Bilder im Schulhaus im Vorbeigehen geradegerückt Da alle anderen mit Small Talk beschäftigt waren, hat es kaum jemand bemerkt. Für meine Mitschüler war es eine so kleine und unwichtige Sache, dass sie sie schlicht übersahen. Für mich war es eine Überlebensstrategie.

> **Praxistipps**
>
> - Auch für kürzere Pausen eine Aktivität planen.
> - Beschäftigung als Ablenkung nutzen.
> - Die Interessengebiete des Schülers nutzen.
> - Sinnvolle Aufgaben finden.
> - Gemeinsam mit dem Schüler/den Eltern die Pausenplanung besprechen.
> - Die Schulbegleitung als eine wichtige Brücke zu den anderen Kindern nutzen.
> - Notfalls den Schüler etwas von den anderen Kindern abschirmen.
> - Die Reizgewöhnung anbahnen.

Die Hofpause

In meiner Grundschulzeit empfand ich die Hofpause einerseits als eine willkommene Abwechslung, um der extremen Nähe zu meinen Mitschülern im Klassenraum für eine kurze Zeit entkommen zu können, konnte aber andererseits den visuellen und auditiven Overload nicht verkraften, der mich auf dem Schulhof erwartete. Bei über 1000 aufgeregten Schülern entsteht eine Geräuschkulisse, die einem Rockkonzert gleicht. Ich verzog mich in die hinterste Ecke, stand dort und hielt mir oft die gesamte Zeit die Ohren zu. Zu Beginn der Hofpausen trödelte ich so lange es ging im Zimmer herum, um den Gang in diese Stresssituation hinauszuzögern. Ich half so lange beim Aufräumen und Papierkorb leeren, bis ich letztendlich doch hinausgeschickt wurde. Noch im Schulgebäude versuchte ich mich von der Situation zu distanzieren. Ich nahm mich bewusst aus dem Geschehen heraus, um zu überleben.

In diesem Zustand wurde ich zum passiven Beobachter, der den Eindruck erwecken konnte, dass er ein aktiver Teilnehmer ist. Ich sah die Hofpause als Bühne und spielte meine Rolle. Ich wurde so gut darin, dass ich mir heute nicht mehr die Ohren zuhalten muss, um den auditiven Empfang zu kappen. Das alles kostet viel Energie, die letztendlich für andere Dinge oder adäquates Verhalten fehlt. In meinen Zeugnissen steht fast in jeder Beurteilung, dass ich in meinem Verhalten extrem stimmungsabhängig war. Das stimmt so nicht, mein Sein hing vielmehr von meinem Stresslevel ab, der immer zu hoch war. Aus meiner Not heraus entwickelte ich auch hier ausreichend Kompensationsstrategien, um möglichst wenig aufzufallen. Als ich in der 8. Klasse war, hatte die Schulleitung eine meiner Meinung nach geniale Idee. Die Hofpause wurde strukturierter gestaltet und der »Gang um das Schulgebäude« eingeführt. In Viererreihen musste von nun an Runde um Runde um das Schulgebäude bestritten werden, was mir sehr entgegenkam. Der Geräuschpegel war immer noch zu hoch, aber es gab nun eine Aktivität, die sich in meinen Augen als sinnvoll erwies. Während ich meine Schritte und Runden zählte, beruhigte sich mein System derart, dass ich meinen Mitschülern nicht nur bei ihren Gesprächen zuhören, sondern mich nun sogar des Öfteren an ihnen beteiligen konnte. Aber trotzdem war ich manchmal froh, wenn die Hofpause bei schlechtem Wetter ausfiel und nur das kleinere Pausenchaos im Klassenraum ablief.

Praxistipps

- Regeln für Hofpausen aufstellen.
- Lärmampel installieren.
- Die Hofpause strukturieren und einen Ablauf – so kleinschrittig wie nötig – festlegen.
- Für den Schüler einen festen Platz auf dem Hof festlegen.
- Eine langsame Gewöhnung (erst zwei Minuten, dann drei Minuten etc.).
- Den Schüler als ersten oder letzten auf den Hof sowie wieder zurück ins Schulgebäude gehen lassen.
- Hilfsmittel wie Kopfhörer, Sonnenbrillen, Basecap zur Reduktion visueller und auditiver Reize erlauben.
- Stimming zulassen.

24   Das Schulessen

Das gemeinsame Essen in der Schulkantine oder Cafeteria ist nicht nur ein weiterer wichtiger Bestandteil des Schulalltages, sondern hat auch als soziale Interaktion eine große Bedeutung. In der Schule werden beim Mittagessen Neuigkeiten über Mitschüler ausgetauscht, wird vor Lehrern gewarnt und Klassenarbeiten werden weitergegeben. Im späteren Leben dienen Geschäftsessen unter anderem dazu, wichtige Verträge abzuschließen oder über eine Beförderung zu entscheiden. Gemeinsames Essen bietet schon in der Schule eine gute Möglichkeit, die Kommunikation mit anderen zu üben. Für einen autistischen Schüler entstehen hier jedoch viele Probleme, denn die Kommunikation ist immer auf die eine oder andere Art eingeschränkt. Bei meinem Sohn fehlt die verbale Kommunikation ganz und seine non-verbalen Kommunikationsversuche werden häufig nicht oder missverstanden. Das führt dann wiederum zu Verhalten seitens Elijahs, das von seiner Umgebung als inadäquat wahrgenommen wird. Dieses Verhalten kann aber auch ein Kommunikationsversuch seinerseits sein.

Stellen Sie sich vor, Sie hätten keine Sprache und auch keine andere Möglichkeit, Ihrer Umgebung Ihre Bedürfnisse, Wünsche und Gedanken zu vermitteln. Wie schnell wären Sie frustriert? Wie würde sich der Stress auf Ihr Verhalten auswirken? Wir brauchen viel mehr Verständnis und Geduld im Umgang mit Menschen, die nicht wie die Mehrheit effektiv kommunizieren können. Die Ursachen des unerwarteten Verhaltens werden nämlich oftmals nicht bei einer missglückten Kommunikation gesucht. Das führt dazu, dass das Verhalten falsch interpretiert und schnell als inadäquat abgelehnt wird. Wie ich selbst hatte Elijah anfangs große Schwierigkeiten, in der Gemeinschaft mit anderen Kindern zu essen. Oft schlug er sich, wollte aus der Situation raus oder konnte mit dem Essen nicht aufhören, solange einige der Kinder noch aßen. Es wurde zu einem richtigen Desaster, als er sich das Essen, sowohl die Nahrung als auch die Tätigkeit, als Anker auserwählte. Gemeinsame Mahlzeiten sowohl in der Schule als auch zu Hause waren eine lange Zeit überhaupt nicht mehr möglich. Wir mussten sein System erst so weit beruhigen, dass er Chancen wahrnehmen konnte, sich andere Sicherheiten im Alltag zu suchen. Es dauerte Jahre, ehe er auch bei der Nahrungszubereitung dabei sein konnte. Heute nimmt Elijah alle Schulmahlzeiten mit seinen Mitschülern ein.

Seit dem letzten Schuljahr ist er zudem beim Hauswirtschaftsunterricht dabei, in dem die Kinder kochen lernen. Hier übernimmt er die Rolle des Chefkochs, das heißt, dass er genau aufpasst, dass alle die ihnen zugeteilten Aufgaben erledigen. Mit Hilfe seiner Schulbegleitung rührt er auch schon mal die Suppe um – ein wirklich wunderbarer Schritt nach vorn. Es ist bekannt, das regelmäßiges gemeinsames Essen das Zusammensein von Menschen verbessert und davon profitieren nun endlich auch mein Sohn und alle, die mit ihm lernen und leben. Das gemeinsame Essen ist schon immer eine Art sozialer Kitt, der auch ein Kennenlernen neuer Menschen erleichtert.

Mein größtes Problem, außer den sensorischen Reizen, ist hierbei wieder einmal meine hohe Selbstwahrnehmung. Es gelingt mir heute relativ problemlos, mit anderen Menschen zu essen und dabei relaxt zu bleiben oder zumindest nach außen so zu wirken. Das war aber nicht immer so. Essen als Tätigkeit löst Selbstwahrnehmung aus, manchmal sogar auch dann, wenn ich allein bin. Essen bedeutet auch sich ein Bedürfnis zu erfüllen. Das setzt natürlich voraus, dass dieses Bedürfnis von der Person selbst als solches wahrgenommen werden kann. Ich richte mich bis heute eher nach der Zeit (gegen 8, 12 und 18 Uhr) als nach dem Bedürfnis zu essen, denn ich spüre dieses nicht. Auch beim Trinken geht mir das so. Als Baby und Kleinkind fiel mir das Essen leichter, da für mich entschieden wurde, wann und was ich zu Essen bekam. Und ganz wichtig, ich wurde gefüttert. Ich habe also weder das Bedürfnis wahrnehmen noch selbst erfüllen müssen. Auch als ich älter wurde, war die Entscheidung, was auf den Tisch kam, zum Glück nicht meine, aber ich musste irgendwann selbstständig essen. Damit wurde die Essenssituation sehr schwer für mich. Wie schon erwähnt kam mir hierbei meine Oma zu Hilfe. Da sie immer meinte, dass ich zu wenig esse, griff sie eines Tages zu meinem Löffel und begann mich wieder zu füttern. Mit den Worten »einen Löffel für die Oma, einen Löffel für den Opa« usw. schenkte sie mir unwissentlich eine richtig gute Kompensationsstrategie. Für mich war das wie eine Offenbarung. Diese Strategie wende ich bis heute in jeder Essenssituation mit anderen Menschen an (▶ Kap. 10). Durch die Worte meiner Großmutter gelangte ich zu der Erkenntnis, dass ich meine Selbstwahrnehmung genau dann besser regulieren kann, wenn ich mein Selbst verkleinere, in dem ich es in drei Teile spalte. Diese Teile sind: durch Selbst, als Selbst und für Selbst. Ich aß von da an nie wieder für mich selbst und später aß ich auch nicht mehr als selbst, sondern imitierte andere Leute. So schaffte ich es, dass ich in der Schule beim Essen nicht wirklich auffiel. Kommen aber viele andere, vor allem fremde Menschen dazu, d.h. eine erhöhte Andere-Wahrnehmung hinzu, dann bin ich wieder sehr nah an einer Selbstkonfrontation. Bitte lesen Sie hierzu auch nochmal die Kapitel zu Wahrnehmung (▶ Kap. 3) und sozialer Interaktion (▶ Kap. 8), in denen ich ausführlich auf die Problematik der Selbstwahrnehmung und -konfrontation eingehe.

Gemeinsames Essen mit anderen Menschen blieb also lange Zeit ein großes Problem für mich. Oft wusste ich nicht, warum mir all diese Dinge so schwerfielen oder gar unmöglich waren. Ständig grübelte ich über Lösungen für meine Probleme nach und suchte fieberhaft nach Auswegen aus diesen für mich unerträglichen Zuständen. Meist war es der Zufall, der mir letztendlich half Kompensationsstrategien zu entwickeln. Im Kindergarten quälte mich das Mittagessen so sehr, dass meine Mutter letztlich entschied, dass meine Großeltern mich vor dem Mittagessen abholen dürfen. Ich konnte den Rest des Tages in Ruhe bei ihnen verbringen. Das war eine solche Erleichterung für mich. Allein das Wissen, nur bis zum Mittag im Kindergarten verbleiben zu müssen, half mir enorm. Ich schaffte nun den Vormittag mit den anderen Kindern besser, weil ich wusste, dass ich den Nachmittag für mich haben würde. Ich musste nun weder die Essens- noch die Mittagsschlafsituation im Kindergarten bewältigen. Diese Entscheidung meiner Mutter verhinderte wahrscheinlich meinen kompletten Rückzug und half mir, mich Schritt für Schritt an das Leben in der Gemeinschaft Anderer zu gewöhnen. Diese Gewöhnung fand bis zu meinem Schulanfang vor allem im Haus meiner Großeltern statt. Sie hatten ausreichend Zeit für mich und waren geduldig, was all meine Fragen anging. Bei ihnen nahm ich mein Essen an einem kleinen separaten Tisch, eigentlich der Schuhschrank, ein. Mein Blick ging auf den Hof und die dahinter vorbeiführende Bahnlinie. Ich sah Bäume, zählte Züge und war, obwohl ich mit dem Rücken zu ihnen saß, doch mit meinen Großeltern zusammen. Für mich, als autistischen Menschen, ermöglicht, separat sein oder am Rand stehen dürfen, oft erst, dabei sein zu können. Und das gilt nicht nur für Essenssituationen. Für mich ist abseits stehen ganz normal, es ist aber nicht das, was die Mehrheit der Menschen erwartet.

Praxistipps

- Den Essensraum auf alle Stressoren und Reize des Schülers prüfen.
- Die Kompensationsstrategien checken.
- Dem Schüler Hilfsmittel erlauben: auditiv (Kopfhörer), visuell (Sonnenbrille, Basecap), besonders aber olfaktorisch (Geruchsfilter?).
- Effektives Stimming erlauben.
- Die Umgebung aufklären.

Die Umgebung

Ein einziger großer Speisesaal, wie es ihn an meiner Schule gab, ist nicht ideal. Allein die Geräuschkulisse und der Lärmpegel sind schon unerträglich. Einzelne kleinere Räume oder die Möglichkeit, das Essen an einem Wunschort innerhalb der Schule einnehmen zu dürfen, sind viel besser. Mir ist bewusst, dass wir noch sehr weit von einem barrierefreien Bauen und Umgestalten von Schulen hinsichtlich autistischer Schüler sind, aber dennoch sollten Sie Ihre Schule auch immer wieder unter diesem Gesichtspunkt betrachten. Die erfolgreiche Beschulung eines autistischen Schülers hängt nicht unwesentlich von Gebäude(n) und der Lage und Beschaffenheit der Räumlichkeiten einer Schule ab. Seien Sie sich immer bewusst, dass auch kleine Veränderungen eine große Wirkung haben können. Hier sind Ihre Kreativität und Ihr Erfindergeist gefordert. Ich war schon an einigen Schulen, in denen es überall im Schulhaus Tische und Stühle oder andere Sitzgelegenheiten gab, die die Schüler auch für das Einnehmen der Mittagsmahlzeit nutzen durften. Das ist wunderbar, denn da sind sie dann wieder: die Kleinstgemeinschaften, die Nischen, die autistische Menschen so dringend brauchen. Wenn allen Schülern diese Möglichkeit offensteht, dann fühlt sich der autistische Schüler nicht ausgeschlossen und der nicht-autistische Mitschüler nicht benachteiligt. Jeder kann dann den Platz innerhalb der Gemeinschaft einnehmen, der ihm guttut. Natürlich bedarf es hier auch einer Aufklärung der Umgebung, damit diese das eventuelle Abseitssitzen des autistischen Schülers nicht missversteht, sondern richtig einordnen kann.

Praxistipps

- Einen festen Sitzplatz für den Schüler festlegen.
- Dem Schüler einen Randplatz mit mehr Platz rechts oder links und nach hinten bereitstellen.
- Den Schüler zuerst oder zuletzt zum Essen gehen lassen.
- Einen Platz mit Blick zum Fenster oder einer Wand anstatt den Menschen zugewandt bereitstellen.
- Alternativen zum Speisesaal suchen.
- Den Schüler an einem separaten Ort (z. B. im Klassenzimmer) allein essen lassen.
- Den Schüler mit einem Freund/Vertrauten essen lassen.

Tischsitten

Tischsitten sind Regeln und Regeln geben Sicherheit. Autistischen Menschen geben sie allerdings nur dann Sicherheit, wenn sie auch eingehalten werden. Es ist eine gute Idee, Regeln und Tischsitten für alle Schüler festzulegen, damit im Speiseraum eine für alle angenehmere Atmosphäre entstehen kann. Diese Tischsitten sollten für alle sichtbar im Raum angebracht werden. So etwas kann im Kunstunterricht als Projekt auf eine kreative und vielleicht humorvolle Art gestaltet werden. Je mehr die Schüler am Aufstellen von Regeln beteiligt sind, desto größer ist die Chance, dass sie diese dann auch einhalten. Auch die Konsequenzen bei Nichteinhaltung der Regeln müssen besprochen werden. Da einem autistischen Schüler die Fremdwahrnehmung und damit auch die Fähigkeit, Konsequenzen zu erahnen, fehlt, kann er auch nicht einfach mit einer Veränderung seines Verhaltens reagieren. Es ist wichtig, dem Schüler klar und verständlich zu machen, was passiert, wenn er dies oder jenes macht oder nicht macht. Eventuell muss das zusätzlich auf einem Plakat oder Ähnlichem bildlich dargestellt werden. Erfragen Sie auch die Tischsitten, die die Familie zu Hause hat. Auf diesen kann in der Schule aufgebaut werden.

Zu den Tischsitten gehört natürlich auch das Essen mit Besteck. Mein Sohn schafft das allerdings noch nicht, sodass er entweder gefüttert werden muss oder wir ihm Finger Food anbieten. Er macht große Fortschritte, in dem er in der Schule mittlerweile mit Unterstützung die Gabel zum Mund führt. Den Mitschülern wurde erklärt, warum Elijah manchmal mit den Fingern isst und dass es nicht automatisch bedeutet, dass sie das auch tun dürfen. Mit einem solchen Gespräch kann man bei den Mitschülern zudem ein Bewusstsein für deren Stärken hervorrufen. Oft wird in der Gesellschaft nicht mehr geschätzt, was der Einzelne schafft. Es wird erwartet, dass es eben alle schaffen. Aber mit Besteck essen zu können ist eine komplexe Leistung, die das Hirn erst einmal erbringen muss. Auch in Asien wird schon von kleinen Kindern erwartet, dass sie mit Besteck essen. Allerdings sind es dort nicht Messer und Gabel, sondern zwei Stäbchen. Können Sie die Erwartungshaltung asiatischer Eltern erfüllen und sozial-adäquat mit Stäbchen umgehen? Schaffen Sie es, damit eine Schüssel Reis zu essen? Für mich waren Messer und Gabel lange Zeit solche Essstäbchen. Ich konnte einfach nicht mit ihnen umgehen. Mein Lernprozess dauerte viel länger als der meiner gleichaltrigen Mitstreiter. Irgendwann konnte auch ich Besteck handhaben und heute sind sogar Essstäbchen überhaupt kein Problem für mich. Nichts im Leben ist selbstverständlich, also loben Sie Kinder auch immer für die Dinge, die sie bereits können. Machen Sie ihnen bewusst, dass nicht jeder Mensch automatisch auf selbstverständlich erscheinende Fähigkeiten zurückgreifen kann, sondern eventuell Hilfe dabei braucht. Auch das fördert ein besseres Miteinander und regt die Hilfsbereitschaft der Mitschüler untereinander an.

Praxistipps

- Was kann der autistische Schüler in der Essensituation leisten? Achten Sie auf folgende Punkte:
  - Essen auswählen
  - zum Tisch tragen
  - allein essen
  - mit Besteck essen oder ohne
- Wie lange kann er in der Situation verbleiben?
- Welche Hilfsmittel werden benötigt? Sind sie vorhanden?
- Welches Stimming kann ihm helfen?

Strukturen

Die Strukturierung der Essensituation erhöht die Sicherheit für autistische Menschen enorm. Das betrifft nicht nur den Ablauf der Essenspause, sondern auch die Mahlzeit selbst. Elijah suchte lange Zeit seine Sicherheit nur im Essen, sodass überhaupt keine gemeinsamen Mahlzeiten mehr möglich waren und jedes Essen zudem auch Stress auslöste. Irgendwann wusste er, dass die Mahlzeit vorbei sein und ihm dann die Sicherheit wieder fehlen würde. So wurde der Anker zum Stressor bzw. war beides gleichzeitig. Essen sollte nie ein Anker sein und auch nicht als Stimming oder als Belohnung genutzt werden. Besonders bei Mädchen mit Asperger-Syndrom bleibt der Autismus weiterhin unerkannt, weil fälschlicherweise Essstörungen diagnostiziert werden.

Die meisten autistischen Menschen, die ich kenne, lehnen bestimmte Nahrungsmittel oder Speisen aus den verschiedensten Gründen ab. Es kann an der Konsistenz, am Aussehen oder am Geruch liegen. Eine einzige schlechte Erfahrung reicht aus, um dieses Essen für immer zu verweigern. Als Kind habe ich Eintöpfe oder andere »Mischessen« komplett abgelehnt, da ich die Zutaten nicht voneinander unterscheiden konnte bzw. es unmöglich war, das Essen auf meinem Teller zu trennen. Das nahm mir die Struktur und damit viel von der notwendigen Sicherheit, um in der Essenssituation bestehen zu können. Ich habe hier erst Fortschritte gemacht, als ich begann, selbst zu kochen. Ich liebe aber immer noch Teller, die Unterteilungen haben. Das Essen kann dann getrennt auf dem Teller liegen und ich habe den Überblick und die Kontrolle, sprich Sicherheit. Elijah wusste lange Zeit nicht, wie er Reis essen soll. Kaut man ihn oder muss man nur schlucken? Das Ergebnis war, dass er ihn immer wieder ausspuckte. Das bedeutete nicht, dass er keinen Reis mag, was den Geschmack angeht. Er konnte dieses Nahrungsmittel einfach nicht einordnen, es verunsicherte ihn. Reis gehört mittlerweile zu seinen Lieblingsgerichten.

Auch beim Essen gilt, langsam eine Reizgewöhnung durchzuführen und mit dem Kind dort zu beginnen, wo es steht. Im Schulalltag ist es hilfreich, wenn der Speiseplan vorher bekannt ist. Dann kann geschaut werden, was oder wann der autistische Schüler mitessen kann und wann er sich etwas von zu Hause mitbringen muss. Elijah hat immer sein Mittagessen von zu Hause dabei, da er gluten- und laktosefrei essen muss. Wir versuchen, es dem Schulspeiseplan anzugleichen, damit er zumindest ähnliches Essen auf dem Teller hat. Beim Kochen im Hauswirtschaftsunterricht wird von seiner Lehrerin darauf geachtet, dass Zutaten zum Einsatz kommen, die Elijah das Mitessen ermöglichen. So einfach kann Inklusion sein. Während Elijah die Wahl des Bestecks egal ist, ist mir immer noch ganz wichtig, welche Formen Löffel, Gabel und Messer haben. Zu Hause habe ich natürlich mein Lieblingsbesteck. Für unterwegs besitze ich ein Reisebesteckset, übrigens inklusive Stäbchen, dass ich aber nur dann nutze, wenn der Stresslevel zu hoch ist, um noch mit fremdem Besteck klar zu kommen.

Elijah hatte bis vor Kurzem noch eine strikte zeitliche Struktur beim Essen, vor allem mittags musste gegen 12 Uhr das Essen auf dem Tisch stehen. Eine Essensverweigerung kann einzig und allein daran liegen, dass das Essen zur falschen Zeit angeboten wird. Wir haben die Essenszeiten aus diesem Grund immer wieder etwas variiert, damit Elijah flexibler und damit unabhängiger wird. Es gibt schließlich viele Gründe, warum sich eine Mahlzeit zeitlich verschieben kann. Auch die beste Essensstrukturierung kann durcheinandergeraten und sollte dann keine Flucht-, Kampf- oder Starre-Reaktion auslösen.

Praxistipps

- Den Ablauf besprechen und einüben.
- Den Speiseplan vorher bekanntgeben.
- Was ist drin im Essen? Eine Zutatenliste mit Angabe von Allergenen bereitstellen.
- Eventuell ein Foto vom Essen machen, wie es auf dem Teller aussieht.
- Die Essensvorlieben des Schülers erfragen und soweit wie möglich darauf eingehen.

- Dem Schüler die Nutzung von eigenem Geschirr und Besteck erlauben.
- Stimming erlauben.

Alternativen

Heute werden beim Schulessen oft Alternativen angeboten. Wenn z. B. nur zwei Gerichte angeboten werden, kommt es zu einer Entweder-oder-Situation, die für einen autistischen Schüler sehr schwierig sein kann. Hier muss darauf geachtet werden, ob der Schüler eine für sich gute Entscheidung überhaupt allein treffen kann. Anhand des Speiseplans der gesamten Woche kann im Vorfeld entschieden werden, welches Essen der autistische Schüler bekommt. Das nimmt schon sehr viel Stress aus der Essenssituation heraus. Wenn einmal entschieden wurde, welche Mahlzeit der Schüler bekommt, dann sollte er nicht mehr danach gefragt werden. Auch hier ist wichtig, dass das Personal informiert ist. Eventuell kann der Schulbegleiter oder ein Mitschüler das Essen an der Essensausgabe abholen. Gleichzeitig sollte eine Reizgewöhnung stattfinden, um die Selbstständigkeit des Schülers zu fördern. Das ist äußerst wichtig, denn bei jeder Vermeidungshaltung bekommt auch die Amygdala keine korrekte Rückmeldung über die Situation. Mir war schon vor meiner Schulzeit klar, dass ich nicht auffallen möchte. Vielen autistischen Kindern geht es genauso. Deshalb sagen sie, wie ich, oft Ja, obwohl sie Nein meinen. Mein Mann spürt zum Glück sehr genau, wann ich wieder einmal versuche, mich passend zu machen. Ich tue das, obwohl ich genau weiß, dass ich letztlich wieder darunter leiden werde. So stark ist mein Wunsch, dazugehören zu dürfen.

Die Frage ist also, wie das gemeinsame Essen mit anderen Kindern gelingen kann. Welche Hilfsmittel werden benötigt? Probieren Sie aus, experimentieren Sie. Tauschen Sie sich mit dem Schulbegleiter und unbedingt auch mit den Eltern aus. Seien Sie sich aber bewusst, dass die Eltern eventuell versuchen werden, ihre Kinder vor Stresssituationen zu schützen und sich so oft unbewusst gegen eine Reizgewöhnung aussprechen. Das ist verständlich, aber letztendlich für niemanden hilfreich. Es verstärkt die Vermeidung und behindert dadurch das Weiterkommen und die Weiterentwicklung des autistischen Kindes. Stellen Sie gemeinsam Alternativen auf. Sagen Sie aber auch hier ganz ehrlich, was die Schule leisten kann und was nicht. Das bedeutet nicht, dass das Kind mit seiner anderen Art zu sein abgelehnt wird, sondern dass den meisten Schulen im Moment eindeutige Grenzen gesetzt sind.

Praxistipps

- Einen Plan A und B machen (eventuell auch C bis Z).
- Mit einer gemeinsamen Begehung des Speiseraums beginnen, um Stressoren und somit Alternativen zu finden.
- Was könnte funktionieren?

- Alternative 1: Den Schüler separat essen lassen.
- Alternative 2: Die gesamte Klasse separat essen lassen.
- Alternative 3: Mit der Klasse zu anderen Zeiten essen, aber im Speiseraum (Reizgewöhnung).
- Alternative 4: Den Schüler eigenes Essen mitbringen lassen.
- weitere Alternativen: Kombinieren Sie Alternative 1, 2 oder 3 mit Alternative 4.

Lehrerstimme

»Essenssituationen für autistische Schüler gestalten sich oftmals weniger schwierig, wenn man individuelle Lösungen anbieten kann oder sich auch einfach auf die Besonderheiten der autistischen Kinder einstellt. Einer Schülerin, welche das Essen in der Gruppe derart überforderte, dass die Mittagszeit immer in Stresssituationen mit massiver Selbst- und Fremdaggression endeten, wurden individuelle Essenszeiten im Klassenzimmer in Begleitung der Pädagogischen Unterrichtshilfe bzw. Einzelfallhelferin ermöglicht. Während diesen befand sich der Rest der Klasse im Sport- und Schwimmunterricht oder auf Unterrichtsgängen. Eine Ecke des Klassenzimmers wurde mit einem Regal als Raumteiler abgetrennt. Dahinter befanden sich ein Stuhl und ein Tisch. Eine kleine Wandtafel über dem Tisch mit ihrem Foto sowie dem Piktogramm für das Essen signalisierte N., dass dies ihr alleiniger Ort zur Einnahme der Mahlzeiten war. Mittlerweile gelingt es N. nach mehreren Schulbesuchsjahren, in der Gruppe ohne Sichtschutz, jedoch weiterhin an ihrem Extraplatz zu essen. Interessanterweise gestalteten sich manche Essenssituationen für Kollegen schwieriger, als für den autistischen Schüler selber. J. wurde mit dem Hinweis der Mutter eingeschult, dass er zum Mittag gerne nur Kartoffeln oder Nudeln esse. Durchmischte Speisen lehnte der Schüler komplett ab. Allerdings war das Essen in der Gruppe für J. kein Problem. Er liebte es, seine Mitschüler bei der Vorbereitung und Einnahme der Mahlzeiten genau zu beobachten. Das Verständnis, dass J. »nur« mit Kartoffeln auf seinem Teller glücklich war, stieß bei vielen Kollegen vorerst auf Unverständnis. Immer wieder wurde versucht, dass er doch ein wenig Gemüse oder wenigstens Soße probieren solle. Dies führte regelmäßig dazu, dass J. dass Essen komplett verweigerte oder aggressiv reagierte. Nicht selten gingen dabei Teller zu Bruch. Es musste eine Lösung her! Mit dem Essenanbieter konnte problemlos abgesprochen werden, dass J. vorerst nur Kartoffeln bzw. Nudeln bekommt und alle Kollegen wurden wiederholt darüber informiert, jegliche Änderungen der Mahlzeit zu unterlassen. Nach dem. 1. Halbjahr kauften wir einen Teller mit Dreiereinteilung und begannen neben die Kartoffeln ein wenig Soße hinzuzugeben. Nach erster Ablehnung fand J. schnell Freude daran, sich selbst zusätzlich Soße oder Gemüse aufzutun – jedoch stets streng getrennt. Nach und nach begann er zu kosten und auszuprobieren und erweiterte so sein Essenrepertoire allmählich. Der monatliche Speiseplan wurde mit nach Hause gegeben, sodass die Eltern darauf markieren konnten, wenn J. etwas komplett ablehnte (z. B. Suppen oder Milchreis). An diesen Tagen wurde dann einfach ein Ausweichessen bestellt.«

Eva Glawe-Then, Lehrerin an einer Schule mit Förderschwerpunkt geistige Entwicklung, Zwickau

25   Rückzugsorte

Rückzugsorte oder Auszeiträume sind sichere Inseln in einem stürmischen Alltag voller (scheinbarer) Gefahren und unvorhersehbarer Veränderungen. Jeder Mensch benötigt hin und wieder solche Orte. Für autistische Menschen sind sie als Notfallinseln ein absolutes Muss. Rückzugsorte können ganz unterschiedlich aussehen. Für den einen ist ein abgelegener Raum notwendig, ein anderer benötigt vielleicht nur einen Stuhl in der Ecke des Klassenzimmers. Auch hier müssen Sie individuell an die Sache herangehen und gemeinsam mit dem Schüler und dessen Eltern einen für ihn passenden Ort finden.

In meiner Schulzeit gab es keine Auszeiträume. Ich hatte aber wie schon gesagt das Glück, dass meine Großmutter im Schulsekretariat arbeitete und ich in äußersten Notfällen dort zumindest kurz »untertauchen« konnte. Es gelang mir jedoch nur äußerst selten. Oft wusste ich nicht wohin mit mir. Aber genau aus dieser Not heraus fand ich abermals eine Kompensationsstrategie. Mit viel Übung schaffte ich es irgendwann, mich mental so weit in mich zurückzuziehen, dass ich meinen Rückzugsort quasi immer bei mir bzw. in mir trug und noch heute trage. Ich bin dann noch ansprechbar und höre das Gesagte, aber ich reagiere nicht mehr darauf. Mir ist mittlerweile bewusst, dass meine Umgebung dies anders wahrnimmt und mein Verhalten nach ihren Regeln interpretiert.

Auch hier braucht es viel mehr Verständnis für die autistische Wahrnehmung und das damit verbundene, von außen wahrnehmbare andere Verhalten. Es hat seine Gründe, dass ich mich in (m)einen anderen Raum zurückziehen muss, ganz egal, ob dieser real existiert oder nur in meinem Kopf. Mein Sohn macht das übrigens genauso. Auch er zieht sich in sich selbst zurück, um sich regulieren zu können. Dann ist es am besten, wenn man ihn in Ruhe lässt. Der Rückzug hat unter anderem auch mit dem Abstand zum eigenen Selbst zu tun, der neu justiert werden muss. Blickkontakt, Ansprachen oder das Nennen des Namens des Kindes müssen für diese Zeit deshalb komplett zurückgenommen werden, da sie immer wieder Selbstwahrnehmung auslösen. Elijah kann sich auf diese Art und Weise ausreichend vom Geschehen distanzieren, um keinen Overload oder Meltdown zu erleiden. Hat er sich wieder gesammelt, dann kehrt er meist freudig mit einem Lachen in die Situation und zu uns zurück. Dies kann schon nach einigen Minuten der Fall sein, aber auch mehrere Stunden dauern.

Der Auszeitraum dient einerseits dazu, dass ein autistischer Mensch sich eine Auszeit von der Gemeinschaft mit den Anderen nehmen kann. Andererseits ist es ein Ort, an den ein Autist immer mit dem Ziel geht, sich zu regulieren, um dann zu den Anderen zurückkehren zu können. Es ist eine Pause, eine Art Innehalten, aber keine Stopptaste oder gar ein permanentes Abwenden von der Gemeinschaft. Der Rückzugsort ist ein Hilfsmittel, um die Interaktionen mit anderen Menschen besser bewältigen zu können. Er wird genau dann benötigt, wenn die autistische Wahrnehmung dazu führt, dass alles zu viel, zu laut, zu schnell und zu nah am Selbst erlebt wird. Nicht jeder autistische Mensch kann diesen Punkt bei sich selbst rechtzeitig erkennen und entsprechend reagieren. Auch hier benötigen viele autistische Menschen, besonders Kinder, die Hilfe von Menschen, die sie gut kennen müssen, um zu wissen, wann ein Rückzug notwendig ist. Bis heute gelingt es mir nicht immer, mich rechtzeitig aus Situationen herauszunehmen und ich bin dann dankbar, wenn mein Mann dabei ist, der mir die entscheidenden Impulse gibt, die mich zum Rückzug bewegen und mich so vor einem Overload schützen.

Lage und Gestaltung

Der Ort und die Gestaltung des Rückzugsortes müssen mit dem autistischen Schüler und eventuell mit seinen Eltern oder Betreuern besprochen werden. Beides muss für ihn stimmig sein, damit er diesen Ort effektiv für sich nutzen kann. Der Rückzugsort des einen Autisten kann nicht unbedingt von einem anderen Autisten mitgenutzt oder übernommen werden. Wie bei vielen Hilfsmitteln, z. B. Rollstühlen, benötigt es auch bei Rückzugsorten ein Hilfsmittel pro Person.

Elijahs Rückzugsort ist ein an die Klassenräume seiner Klasse angrenzendes Zimmer, in dem er einen Sitzsack hat und genügend Raum, um sich zu regulieren. Der Raum muss entsprechend groß sein, da er immer mit seiner Schulbegleitung zusammen ist. Sie muss auch hier die Möglichkeit haben, sich räumlich so weit von ihm zu entfernen, dass er ihre Wahrnehmung nicht mehr übernehmen muss, wenn er dies nicht möchte oder nicht mehr kann. Wichtig für Elijah sind Fenster, die ihm einen Blick nach draußen ermöglichen. Da er Autos liebt, ist es ideal, dass er von seinem Fenster aus auf ein Wohngebiet schaut und Autos, Menschen und Bewegungen verfolgen kann.

Es ist auch sehr wichtig, dass der Rückzugsort gut und schnell erreichbar ist. Generell sollte über eine Ausschilderung oder andere visuelle Orientierungshilfen, z. B. Pfeile auf dem Boden, nachgedacht werden. In Stressmomenten kann es nämlich sein, dass der autistische Schüler so verwirrt bzw. mit anderen Dingen beschäftigt ist, dass er ihm bekannte Wege nicht mehr gehen und Orte dann nicht finden kann. Zu besprechen gilt auch, ob er von sich aus erkennen kann, wann er eine Auszeit benötigt und ob er dann den Weg zum Rückzugsort (und wieder zurück) allein schafft. Falls das nicht möglich ist, benötigt er hierfür Assistenz. Das kann auch der Fall sein, wenn der Schüler in anderen Situationen sehr kompetent ist. Es darf keine Überschätzung einzelner Fähigkeiten oder gar eine Generalisierung des Könnens stattfinden, wie ich sie häufig in meinem Alltag erlebe. Kein Mensch ist auf allen Gebieten und zu jeder Zeit gleich gut, sondern wir benötigen bei manchen Dingen mehr und bei anderen weniger oder gar keine Unterstützung.

Auszeiten

Auszeiten im Rückzugsraum sind unbedingt als Hilfsmittel zu verstehen und nicht mit Desinteresse, Nicht-mitmachen-wollen oder gar Arroganz oder Faulheit zu verwechseln. Wichtig ist natürlich eine korrekte Diagnose, damit ein Missbrauch solcher und anderer Hilfsmittel durch nicht-autistische Menschen ausgeschlossen werden kann. Auszeiten können in Länge und Art sehr variieren und genauso unterschiedlich sein, wie die Menschen, die sie benötigen.

Elijah brauchte vor Jahren noch Auszeiten, die sich über Stunden erstreckten. Heute kann es auch noch vorkommen, dass er während seines Schultages einen gesamten Block für eine Auszeit benötigt. Da er aber gelernt hat, mit vielen Stressoren besser umzugehen, sind es weniger und vor allem kürzere Auszeiten, die er sich nun nehmen muss.

Es ist wichtig, dass autistischen Menschen jederzeit die Möglichkeit gegeben wird, sich eine Auszeit zu nehmen. Es muss ihnen immer wieder rückversichert werden, dass auch dieser Teil ihres autistischen Seins von ihrer Umgebung verstanden und akzeptiert wird. Bei vielen autistischen Menschen ist das noch nicht einmal in den Familien der Fall, da die Ursachen dieser Verhaltensweise nicht erkannt und der Rückzug somit missverstanden wird. Diese Auszeiten sind keine Ablehnung der Umgebung, kein Signal von autistischen Menschen, dass sie nicht mit anderen zusammen sein wollen, sondern ein notwendiges Hilfsmittel, um sich zu erholen, sich zu regulieren und sich dann zumindest zeitweise wieder in die Begegnung mit anderen Menschen begeben zu können.

Regulieren

Die Möglichkeit des ungestörten Regulierens ist der wichtigste Grund für die Einrichtung des Rückzugsortes. Auch das Regulieren ist bei jedem Autisten sehr verschieden. Wichtig ist, dass es zum gewünschten Erfolg, nämlich der Beruhigung und der Rückkehr in die Gemeinschaft führt. Dabei ist es letztlich ganz egal, wie das vonstattengeht. Auch wenn es für Sie gewöhnungsbedürftig ist, bitte glauben und vertrauen Sie dem autistischen Schüler. Was er da macht, ist beruhigend für ihn. Es muss allerdings auch dazu führen, dass er sich wieder in die Unterrichtssituation begeben kann.

Es ist hilfreich, schon vor solchen Situationen mit dem Schüler und auch den Eltern darüber zu sprechen, was genau im Auszeitraum passieren wird. Finden Sie unbedingt noch vor der Beschulung heraus, welche zusätzlichen Hilfsmittel benötigt werden. Klären Sie ab, wie die Rückkehr in die Interaktion mit den Mitschülern gestaltet werden muss, damit dies für den Schüler annehmbar ist. Mir fiel es als Kind unheimlich schwer, nach einem Rückzug wieder in die Situation zurückzugehen. Vor allem verbale Sprache wieder anzuwenden, kam einer Höchstleistung gleich, die mir viel Energie abverlangte. Das führte dazu, dass ich den mentalen Rückzug immer mehr bevorzugte und mir damit selbst die Möglichkeit einer echten Auszeit nahm. Lassen Sie dem Schüler Zeit, wieder im Klassenzimmer anzukommen. Auch wenn der Schüler von sich aus zurückkehrt, dann ist eventuell noch nicht gleich alles wieder gut. Warten Sie, bis er von sich aus ein Signal gibt, dass er wieder mit dabei sein kann. Ein solches »Ich bin wieder okay«-Signal sollte am besten vorher vereinbart werden. Das hätte mir damals sehr geholfen. Ich habe bis heute Angst, dass ich zu schnell wieder in den Fokus des Geschehens gerate und mein mühevolles Regulieren umsonst war. Das hielt mich oft davon ab, wieder in die Situation zu gehen.

Die Klassenkameraden müssen über die besonderen Hilfsmittel Auszeit und Regulieren ausreichend aufgeklärt werden, damit sie es als ein solches wahrnehmen und respektieren können. Sie müssen wissen, wie sie sich in einer solchen Situation am besten verhalten, damit sie dem autistischen Mitschüler effektiv helfen können.

Praxistipps

- Gemeinsam mit dem autistischen Schüler einen geeigneten Rückzugsort festlegen.
- Die Lage und Gestaltung hinsichtlich Stressoren besprechen.
- Den Weg für den Schüler erkennbar markieren und üben.
- Ablauf und Ziele des Rückzuges besprechen und üben.
- Die Rückkehr besprechen und üben.
- Ein Okay-Signal absprechen.
- Die Mitschüler und Kollegen aufklären.
- Den Rückzug als Hilfsmittel anerkennen und akzeptieren.

Lehrerstimme

»Ich erinnere mich noch gut daran, wie glücklich ich war, als endlich das lang ersehnte (sehr teure) Dunkelzelt im Klassenzimmer stand. Ich war mir sicher, dass mein autistischer Schüler dieses gerne als Rückzugsort annehmen wird. Dies war dann auch eine kurze Zeit lang so. Allerdings erinnere ich mich auch daran, wie enttäuscht ich war, als ich nach kurzer Zeit vor den Trümmern des Zeltes stand, nachdem das Gestänge dem Meltdown meines Schülers nicht standgehalten hatte. Der Ärger darüber wich jedoch relativ schnell der Erkenntnis, dass ich hätte vorher wissen müssen, dass dies passieren wird. Ich wusste doch welche immensen Kräfte J. freisetzte und auch, dass er vor geliebten Dingen keinen Halt konnte.

Ein Tisch, eine große dunkle Plane bzw. mehrere Decken und Wäscheklammern zeigten sich als geeignetere und natürlich auch als wesentlich preisgünstigere Variante. Es nahm viel weniger Platz ein, sodass es problemlos in einer Ecke des Klassenzimmers Platz fand.«

Eva Glawe-Then, Lehrerin an einer Schule mit Förderschwerpunkt geistige Entwicklung, Zwickau

26 Schulfeste, Schulausflüge und Klassenfahrten

Schulfeste und andere außerschulische Veranstaltungen gehören nicht zum Schulalltag, aber fest zum Schuljahr bzw. der Schulzeit dazu. Genau diese Veranstaltungen haben für autistische Schüler leider ein großes Potential zu misslingen. Werden sie hinsichtlich des autistischen Schülers und seiner Bedürfnisse aber ausreichend vorbereitet, können sie tolle Erfolge werden. Alle Beteiligten müssen sich bewusst sein, dass autistische Schüler eine andere, umfangreichere und vor allem individuelle Vorbereitung auf solche Veranstaltungen benötigen. Eine frühzeitige Planung und Ankündigung des Vorhabens sind ein Muss, denn nur dann hat der autistische Schüler genügend Zeit, um sich auf die ihm fremden Abläufe einzustellen. Die Eltern und Betreuer müssen rechtzeitig von einer geplanten Veranstaltung oder einem Ausflug wissen, um ihrerseits zum Gelingen der Aktion beitragen zu können. Es gilt, Schwachstellen und Risiken für den autistischen Schüler, die ein nicht-autistischer Mensch oft nicht als solche erkennen kann, zu entdecken und zu beseitigen.

Oftmals sieht es von außen betrachtet so aus, als ob ein autistischer Schüler gar nicht an der Veranstaltung interessiert sei. Das täuscht, denn auch hier deckt sich das nach außen Getragene nicht mit dem, was im Inneren empfunden wird. Dieses als Abwehr oder Ablehnung wahrgenommene Verhalten autistischer Menschen kann ganz verschiedene Gründe haben. Ich selbst habe ebenfalls sehr schnell und oft abgelehnt. Ich tat dies aber nicht, weil ich nicht wollte, sondern weil ich wusste, dass ich nicht können würde. Mir fehlte eine verlässliche Unterstützung, die mir genügend Sicherheit vermittelt hätte, mich auf für mich Neues, und somit potentiell Gefährliches, einzulassen. Ich kapselte mich ab und war im tiefsten Inneren immer sehr traurig darüber, dass ich nicht mitmachen konnte. Ich wurde noch trauriger, wenn ich mitbekam, dass mein Nicht-Können als Nicht-Wollen wahrgenommen wurde. Wollen und Können sind zwei sehr verschiedene Dinge. Obwohl ich so sehr wollte, spürte ich auch damals ganz deutlich, wo mir Grenzen gesetzt waren. Leider wusste ich nicht, dass dies aufgrund meines Autismus passiert und fühlte mich immer wieder als Versager. Bei mir war, und ist es immer noch, das Wissen um die Schwierigkeiten, die solche großen Veränderungen mit sich bringen, das mich zu einem kompletten Stillstand kommen lässt.

Die Angst, dass ich die Situation nicht meistern kann, war und ist mein ständiger Begleiter. Sie droht immer zu meinem Gefängnis zu werden. Mein System sucht nicht nach Gemeinsamkeiten mit schon einmal Erlebtem. Ich stehe also jedes Mal wieder am Anfang, obwohl ich Ähnliches schon erlebt und erfolgreich gemeistert habe. Ich erkenne die Situation nicht wieder und habe deshalb keine

Ahnung, wie ich am besten an die Sache herangehe. Zudem meint meine Amygdala, dass es sich um eine Gefahrensituation handelt, die sie nur mit Flucht, Kampf oder Starre bewältigen kann. Deshalb lauert hier bis heute die Gefahr, mich der Vermeidung hinzugeben. Dies würde bedeuten, dass ich der Amygdala Recht gebe. Allein der Gedanke, sie dahingehend zu verstärken, dass eine ungefährliche Situation gefährlich ist, hilft mir dabei, mich trotz meiner Ängste immer wieder in neue Situationen zu begeben. Zudem kann eine gut durchdachte Organisation, bei der der Fokus auf Stressoren und Kompensationsstrategien liegt, Vermeidungsverhalten erfolgreich verhindern. Ein Plan, der auch Abweichungen von der Regel enthält (z. B. bei Wetterwechsel) kann die notwendige Sicherheit geben. Zu wissen, was als Nächstes kommt und wann etwas endet, hilft mir ebenfalls enorm. All dies plus zahlreiche andere Kompensationsstrategien, allen voran Stimming, ermöglichen mir meine Vortragsreisen. Jedes Erfolgserlebnis belehrt die Amygdala eines Besseren und motiviert für das nächste Abenteuer.

Organisation

Das Rezept für den Erfolg außerschulischer Veranstaltungen ist eine gute Organisation. Am besten ist es, wenn schon am Anfang des Schuljahres alle Veranstaltungen der Schule und/oder der Klasse bekanntgegeben werden, sodass sich der Schüler damit vertraut machen kann. Der erste Schritt ist immer das Wissen um die Veränderung. Der Schüler braucht zuerst einmal Zeit, sich daran zu gewöhnen, dass es eine Veränderung geben wird. Es kann aber gleichzeitig mit der Planung begonnen werden, damit seine Teilnahme möglich wird. In diese Planung sollten die Eltern und der Schulbegleiter und eventuell auch Therapeuten einbezogen werden. Kein autistischer Schüler sollte jedoch zu einer Teilnahme an Veranstaltungen gezwungen werden. Allerdings müssen Sie gut schauen, aus welchem Grund die Vermeidung stattfindet. Eventuell ist dieser Grund leicht zu beseitigen. Es ist ferner zu überlegen, ob und wann ein »Anschubsen« notwendig ist, damit der Schüler eine Erfahrung machen kann, die ihm ansonsten verwehrt bliebe. Der Schüler muss nicht an allen Veranstaltungen und auch nicht die gesamte Zeit über teilnehmen. Das Ziel sollte aber ein Dabeisein sein, ganz egal ob mittendrin oder am Rand. Sehen Sie immer auch die Entwicklung, nicht nur das gewünschte Ziel.

Elijah nimmt seit einiger Zeit an etlichen Veranstaltungen seiner Schule/Klasse teil, die anfangs für ihn unerreichbar schienen. Dazu gehören Sportveranstaltungen, bei denen er Zuschauer ist und seit Kurzem auch Wandertage, die ihm ganz neue Welten eröffnen. Bevor wir überlegen, wie es gehen kann, analysieren wir gemeinsam mit der Lehrerin alle Aspekte der Situation. Wir suchen nach möglichen Stressoren, um diese eventuell zu beseitigen. Ist das nicht möglich, prüfen wir, ob Elijah ausreichend Kompensationsstrategien hat, um die Situation dennoch zu bewältigen. Wir machen nicht nur einen Plan A, sondern auch B, C, D und notfalls noch F. Bei jedem Ausflug wird sichergestellt, dass Elijah, sollte er die Veranstaltung nicht oder nur kurze Zeit besuchen können, mit seiner Schulbegleitung jederzeit in die Schule zurückkehren kann. Während der Ferienspiele, bei denen fast täglich tolle Ausflüge unternommen werden, steht dann der Schulbus immer für Elijah bereit. Da er diesen auch als Rückzugsort annimmt, kann er mit seiner Regulierung schon im Auto beginnen. Mit einer guten Planung und engagierten Menschen war es Elijah schon möglich, mit seinen Mitschülern zum Bowling und zum Minigolf zu fahren. Er hatte Spaß an den Ausflügen, war interessiert an diesen für ihn neuen Aktivitäten und hat sich auf seine Art sogar miteingebracht. Beim ersten Besuch eines Kinos war es ihm schnell zu viel und zu laut. Nach einem Rückzug in den Vorraum wurde dann beschlossen, dass er schon vorzeitig in die Schule zurückkehrt. Er zeigte das auch selbst an, indem er seine Schulbegleitung in Richtung Ausgang führte.

Ein sprechender autistischer Schüler kann das eventuell verbalisieren oder besser kommunizieren, aber dennoch kann es sein, dass auch die Kommunikationsfähigkeit sprechender Autisten in Stresssituationen stark eingeschränkt ist. Besprechen Sie aus diesem Grund am besten alle möglichen Szenarien vorher. Erarbeiten Sie in aller Ruhe gemeinsam Notfallpläne. Seit dem so früh abgebrochenen Kinobesuch war Elijah nun schon dreimal mit seiner Klasse im Kino, hat die Filme in voller Länge geschaut und dabei genüsslich Popcorn gegessen. Hier hat die Reizgewöhnung also nicht lange gedauert. Auch das Wiedererkennen der Kinosituation war nach drei Monaten kein großes Problem. Vielleicht liegt es daran, dass seine Motivation sehr hoch ist. Aber vielleicht auch, weil er weiß, dass er jederzeit aus der Situation herausdarf, sollte es ihm zu viel werden. Er vertraut den Menschen, die ihn umgeben. Planen Sie bitte auch dann weiter, wenn Sie meinen, von Ihrem autistischen Schüler eine Ablehnung zu spüren. Versuchen Sie diese mit einem strukturierten, für ihn nachvollziehbaren Plan langsam aufzulösen. Hilfreich ist dabei, wenn es Ihnen irgendwie gelingt, seine Interessengebiete in die Aktion einzubeziehen bzw. ihm eventuell eine feste Aufgabe oder Funktion zu übertragen. Wenn Schulfeste und -veranstaltungen nicht in der Schule stattfinden, dann muss gründlich über Rückzugsorte nachgedacht werden, die der autistische Schüler vor Ort nutzen kann, um sich zu regulieren. In einer neuen und ungewohnten Situation sind ein Rückzugsort bzw. die Möglichkeit einer Auszeit noch wichtiger als im vertrauteren Schulalltag. Für Elijah ist es wie schon erwähnt der Schulbus und bei privaten Unternehmungen auch immer unser Auto, in das er sich dann zurückzieht. Schon das Wissen, dass er jederzeit zum Auto gehen und dort warten kann, gibt ihm mehr Sicherheit. Nur so schafft er es, sich neuen Situationen und Orten zu öffnen. Ein Bild vom Auto bzw. dem Rückzugsort kann als visuelle Erinnerung der Beruhigung in der Situation dienen. Wichtig ist, dass sich ein autistischer Mensch jederzeit hundertprozentig darauf verlassen können muss, dass die Hilfsmittel, die er benötigt, ihm jederzeit und ausnahmslos zur Verfügung stehen. Besonders dann, wenn er sie so dringend braucht, wie das in Stresssituationen erforderlich sein kann. Sie würden sich sicher auch eher in ein unbekanntes Gewässer begeben, wenn neben Ihnen sichtbar und greifbar ein Rettungsring schwimmt.

Teilnahme

Man muss nicht immer und überall und mittendrin dabei sein. Teilnahme kann auch aus der Distanz erfolgen. Der erste Schritt in Richtung Mitte kann auch ein Randplatz sein. Ein Mensch, der vor dem Fernseher oder am Radio ein Fußballspiel verfolgt, nimmt auch am Geschehen teil, aber eben anders als es ein Fußballfan im Stadion tut. Elijahs Teilnahme an außerschulischen Aktivitäten seiner Klasse war anfangs darauf beschränkt, dass er im Nachhinein ihren Berichten von dem Erlebten gelauscht hat und eventuell Bilder an der Wandzeitung betrachten konnte. So ist das auch heute noch bei Besuchen auf dem Weihnachtsmarkt, im Theater oder auch bei einer Klassenfahrt. Hier hat er die Position des entfernten Beobachters, weil diese Ausflüge immer noch eine zu große Herausforderung für ihn und damit auch für alle anderen Beteiligten sind. Aber es gibt mittlerweile schon die ein oder andere Ausnahme. So führte ein Ausflug der Klasse die Kinder im letzten Schuljahr an die Mulde, wo auch eine Fahrt mit der Fähre anstand. Elijah war dabei. Er fuhr den Kindern, die mit dem öffentlichen Nahverkehr unterwegs waren, mit seiner Schulbegleitung mit dem Schulbus hinterher. Er hätte jederzeit früher wieder in die Schule zurückkehren können. Seine Lehrerin und auch die Mitschüler trauten ihm diesen Ausflug jedoch zu und ermutigten ihn damit, sich neuen Herausforderungen zu stellen. Elijah fühlte sich innerhalb seiner Gruppe von Menschen so sicher, dass er den Schritt in die Unsicherheit wagen konnte. Er hatte eine wunderbare Zeit und weiß nun, wie es ist, mit einem Schiff auf der Mulde zu schippern. Er segelte im wahrsten Sinne des Wortes in unbekannten Gewässern und hatte Erfolg. Das klappte auch deshalb so gut, weil die Gruppe sein Anker, sein Halt, ist. Wir sind enorm dankbar dafür, dass Elijah solche wunderbaren Menschen um sich hat.

Alternativen

Alternativen zur Teilnahme an Veranstaltungen und Ausflügen sind sehr wichtig. Dadurch kann verhindert werden, dass der autistische Schüler das Gefühl bekommt, ein Versager zu sein, weil die Anforderungen außerschulischer Aktivitäten für ihn ständig zu hoch sind. Es ist deshalb von großer Bedeutung, dass Wege gefunden werden, damit er eben dennoch, wenn auch manchmal ganz anders, an möglichst vielen Aktivitäten teilnehmen kann. Ein autistischer Mensch muss spüren, dass die Menschen um ihn herum, ihn dabeihaben wollen. Er muss wissen, dass er Teil der Gemeinschaft ist und er muss spüren, dass immer wieder versucht wird, ihm eine Teilhabe zu ermöglichen. Ich kann rückblickend sagen, dass mich jede meiner mehrtägigen Klassenfahrten überforderte, obwohl ich viel mehr Strategien hatte als mein Sohn. Das gemeinsame Essen, das Schlafen mit anderen in einem Raum, der erhöhte Geräuschpegel und die ständige Bewegung der vielen Menschen um mich herum machten mir enorm zu schaffen. Ich hatte keine Möglichkeit des Rückzugs, um für mich sein zu können, keine für mich so wichtigen Erholungsphasen und keine Möglichkeit, dies alles adäquat zu verbalisieren. Dadurch geriet ich sehr schnell an den Punkt, an dem meine Energie alle war. Eine dem Unterricht ähnliche Struktur mit einem Wechsel von Aktivitäten und Pausen hätte mir Halt gegeben. Mir hätte es geholfen, den Tagesablauf schon einige Zeit vor der Fahrt zu kennen und mich mit ihm vertraut machen zu können. So wäre es möglich gewesen und hätte mir auch gutgetan, tagsüber mit meinen Klassenkameraden auf Klassenfahrt zu sein. Das wollte ich nämlich. Aber abends und nachts wäre ich lieber zu Hause gewesen, um mich zu erholen und wieder Energie tanken zu können. Das kann für viele autistische Kinder eine echte Alternative sein. Möglich ist das natürlich nur dann, wenn die Klasse in die nähere Umgebung verreist. Eventuell kann auch ein Elternteil oder der Schulbegleiter des autistischen Kindes als Betreuer mitfahren. Elijah schafft noch keine Klassenfahrt. Wir überlegen aber jetzt schon, ob und wie wir die Klasse bei der nächsten Klassenfahrt an einem Nachmittag mit Elijah besuchen können. Er kann dann sehen, wo sie sind und was sie da machen. Um das Erlebte zu verarbeiten, kehren wir danach wieder in seine sichere Umgebung, nach Hause, zurück. Jeder noch so kleine Schritt vorwärts bewirkt viel und ist damit ein großer Erfolg.

Praxistipps

- Jede Veranstaltung so zeitig wie möglich bekanntgeben.
- Jeden Ausflug/jede Veranstaltung auf mögliche Stressoren untersuchen.
- Was ist vermeidbar und wie?
- Was ist nicht zu ändern?
- Welche Kompensationsstrategien hat der Schüler?
- Welche Hilfsmittel werden benötigt?
- Absicherung durch Notfallpläne vornehmen.
- Veranstaltungen für den Schüler verständlich strukturieren.
- Abläufe im Vorfeld klären und durchgehen.
- Die Interessen des Schülers einbeziehen.
- Dem Schüler eine Aufgabe/Funktion übertragen.
- Die Teilnahme eventuell zeitlich begrenzen.
- Eine Teilhabe aus der Distanz über Berichte, Videos und Bilder ermöglichen.
- Rückzugsorte im Vorfeld organisieren/Auszeiten planen.
- Eine spätere/individuelle An- und vorzeitige Abreise ermöglichen.
- Die Eltern und die Schulbegleitung einbeziehen, auch als Begleiter.

Lehrerstimme

»Viele autistische Schüler nehmen gerne an Schulfesten (z. B. Fasching, Weihnachtsfeier, große Schulmorgenkreise etc.) teil. Allerdings können diese schnell zu Stresssituationen und Überforderung führen, wenn zu viele Reize auf das Kind. bzw. den Jugendlichen einstürzen. Individuell gestaltete Lösungen und die genaue Kenntnis über die Verhaltens- und Wahrnehmungsbesonderheiten können helfen, dem autistischen Schüler die Teilnahme an größeren Veranstaltungen zu ermöglichen. Manchmal reicht es aus, dass der Schüler die Räumlichkeiten (z. B. die Turnhalle) ein paar Minuten früher allein betritt, um sich auf die Örtlichkeit, die Akustik oder das langsame Füllen des Raumes mit Menschen besser einstellen zu können. Kopfhörer während der Veranstaltung können akustische Reize reduzieren. Auch das Zulassen von motorischem oder verbalem Stimming kann Stresssituationen für den Schüler vermeiden, setzt jedoch erfahrungsgemäß häufig auch ein hohes Maß an Verständnis des Kollegiums voraus. In jedem Falle ist es sinnvoll, den autistischen Schüler auf bevorstehende Schulfeste, Ausflüge etc. verbal und visuell vorzubereiten. Hier können (mitnehmbare) Pläne, die individuell für den Schüler gestaltet werden, eine große Hilfe sein.«

Eva Glawe-Then, Lehrerin an einer Schule mit Förderschwerpunkt geistige Entwicklung, Zwickau

27 Auf die Schnelle: (m)ein ABC der Strategien und Hilfsmittel

A wie Anker

Anker können alle vertrauten Dinge aus dem unmittelbaren Umfeld sein, die Sicherheit und Stabilität geben. Bei vielen Kindern sind die Eltern die natürlichen Anker. Da Menschen insbesondere Geschwister, aber auch Schulbegleiter, Lehrer, Mitschüler irgendwann ihre eigenen Wege gehen, sollte vermieden werden, dass sie zu Ankern werden. Ansonsten ist das Wohlergehen des autistischen Menschen auf lange Sicht sehr gefährdet. Anker oder auch nur Bilder der Anker können in neuen Situationen und fremden Umgebungen helfen, genug Sicherheit zu finden, um Anforderungen zu bewältigen. Elijah hat in der Schule ganz viele Fotos von uns und seinen Lieblingsgegenständen, auf die er jederzeit Zugriff hat. Ich hatte und habe immer Dinge (kleine Figuren, Bilder, Armbänder) bei mir, die mir Sicherheit vermitteln.

Dem Ankerprinzip ähnlich ist das *Buddy*-System. Es ist eine weitere gute Idee, um in der Schule das Zurechtfinden außerhalb der häuslichen Umgebung zu erleichtern und Stresssituationen effektiv vorzubeugen. Der Buddy ist ein Ansprechpartner für das autistische Kind, der gut über das Anderssein seines Freundes Bescheid wissen muss. Buddy-Systeme haben sich mittlerweile nicht nur bei autistischen Menschen als sehr hilfreich erwiesen, sondern können überall dort helfen, wo ein Mensch neu hinzukommt oder einfach mehr Hilfe benötigt. Oft entwickeln sich Buddy-Systeme auf ganz natürliche Art und Weise und können dann gezielt unterstützt werden. Besonders zu beachten ist, dass diese Beziehung nicht zu einer Belastung für den Buddy werden darf. Außerdem darf auch hier keine Abhängigkeit entstehen.

B wie Beobachten

Ich habe enorm viel durch das Beobachten von nicht-autistischen Menschen gelernt und tue es heute noch. Ein Vorteil beim Beobachten besteht darin, dass man es aus unterschiedlichen Entfernungen tun kann. Elijah steht auf dem Schulhof zum Teil sehr weit von den Kindern weg, aber dennoch ist er voll und ganz bei ihnen, weil er jeden ihrer Schritte, jede Aktion beobachtet. Bitte unterstützen Sie Ihren autistischen Schüler dabei, einen Randplatz einzunehmen und geben Sie ihm ausreichend Zeit und Möglichkeit, seine Umgebung zu beobachten. Ich habe die anderen Kinder schon in der Krippe beobachtet und konnte mir so viele Dinge erschließen und lernen. Ein Schulbegleiter kann hier enorm nützlich sein, um gemeinsam mit dem autistischen Kind das Verhalten und die sozialen Interaktionen der Mitschüler anhand von Erklärungen zu entschlüsseln. Mit dieser Art von Sozialtraining können verschiedene Verhaltensweisen geübt werden, die dem autistischen Kind mehr Teilhabe ermöglichen. Voraussetzung für Beobachtungen der Mitmenschen ist, dass ein autistischer Mensch eine Andere-Wahrnehmung hat und diese gut regulieren kann. Das Beobachten funktioniert natürlich auch andersherum. Schauen auch Sie aufmerksam hin und beobachten Sie Ihren autistischen Schüler gut. Versuchen Sie das, was Sie sehen, nicht sofort zu interpretieren.

C wie Clevere Comics und Wie-es-hätte-sein-sollen-Geschichten

Gesprochene Sprache ist häufig flüchtig, das heißt verbale Erklärungen sind oft schnell wieder weg. Arbeiten Sie auch bei sprechenden Autisten mit Bildgeschichten oder Comics, in denen die Helden der autistischen Kinder vorkommen. Elijah hilft das sehr. So können ihm bestimmte Situationen erklärt werden und er kann auf Dinge vorbereitet oder immer wieder an Abläufe erinnert werden. Ich habe dies bereits in früher Kindheit nachts getan. Immer und immer wieder ging ich den Tag durch, um herauszufinden, wie es hätte sein sollen. Noch heute verarbeite ich Erlebtes auf diese Art und Weise, nur dass ich nun das Wissen um meinen Autismus und zusätzlich die Unterstützung meiner Familie habe.

D wie Dampf ablassen – Boxsack, Trampolin & Co.

Dampf ablassen auf körperlicher Ebene hilft jedem Menschen. Also rauf aufs Trampolin. Beim Hüpfen werden nämlich beide Hirnhälften aktiviert, was die Beziehungs- und Kommunikationsfähigkeit verbessert. Außerdem werden Endorphine, also Glückshormone, freigesetzt. Diese wirken den Stresshormonen entgegen. Am Boxsack kann angestauter Frust und auch Wut sicher abgelassen werden. Ich schaffe das mittlerweile auch mental. Teppiche schneiden, Papier zerreißen, Schlagzeug spielen und Pappkartons kurz und klein treten oder einfach eine Runde rennen, all das kann einen solchen ableitenden Effekt haben und somit zu Entspannung führen. Diese Dinge sollten auch während eines Meltdowns zur Verfügung stehen. Sie können ermöglichen, dass ein autistischer Mensch den angestauten Frust auf eine sichere Art und Weise loswerden kann. Auch die Entladung bei einem Overload kann so für alle Beteiligten besser ablaufen. Aber es darf nicht vergessen werden, was dem einen hilft, kann für den nächsten schon wieder ein Stressor sein. Hier heißt es also wieder: ausprobieren und experimentieren.

E wie Erklären

Aufklärung und Erklärung beginnt im unmittelbaren Umfeld. Erwarten Sie nicht, dass Menschen, die bisher noch nicht aktiv mit Autismus in Berührung gekommen sind, sich mit der Thematik auskennen. Seien Sie geduldig, vor allem mit Menschen, die hier vielleicht komplettes Neuland betreten. Ich kläre alle Menschen über Elijah und seinen Autismus auf, die mit ihm in Berührung kommen. Das ist eine gute Strategie, um von Anfang an offen in die Begegnung zu gehen und Missverständnissen wenig Raum zu geben. Ich habe sogar einmal eine »Gebrauchsanweisung« für Elijah geschrieben, um Bekannten ein paar Grundregeln im Umgang mit ihm zu vermitteln und sein Verhalten kurz, aber verständlich zu erklären. Außerdem habe ich immer nach Erklärungen für all das gesucht, was ich nicht verstanden habe. Viele autistische Menschen haben ausreichend Potentiale, die sie oft nicht von sich aus für eine bessere soziale Interaktion mit anderen Menschen einsetzen können. Es ist wichtig, dass ihnen immer wieder geduldig erklärt wird, was gerade, und vor allem warum, schiefgelaufen ist und welche Strategien ihnen hier weiterhelfen können. Nur so kann sich bei einem autistischen Menschen ein Verständnis für die Wahrnehmung, Kommunikation und die soziale Interaktion nicht-autistischer Menschen entwickeln. Versuchen Sie immer die Gemeinsamkeiten zu sehen und aufzuzeigen. Fokussieren Sie nicht auf die Unterschiede.

F wie Freundschaften

Die Schule eignet sich besonders, um Freunde zu finden, da ein Kind hier für einige Zeit eine gleichbleibende Gemeinschaft mit Gleichaltrigen hat, mit denen es schon viele Gemeinsamkeiten gibt. Das gibt Sicherheit. Die meisten autistischen Kinder wünschen sich Freundschaften mit anderen Kindern. Aber ihnen fehlen die Werkzeuge und das Know-how bzw. gehen sie ganz anders an die Sache heran als vom Gegenüber erwartet. Sie benötigen eine Begleitung, damit der Beziehungsaufbau gelingen kann. Ich habe es sehr genossen, als Kind im Tennisverein gewesen zu sein. Dort gab es zumindest einen Ansatz von Freundschaft und erfolgreicher Interaktion. Das hat mich dazu bewegt, mich noch mehr auf die Menschen in meiner Umgebung einzulassen. Einen Freund oder Vertrauten innerhalb der Klasse zu haben, kann für ein autistisches Kind einen entscheidenden Unterschied machen. Auch hier kann der Schulbegleiter zum Einsatz kommen, in dem er bei der Anbahnung der Beziehung mit Rat und Tat unterstützt und nicht nur dem autistischen Schüler als eine Art Dolmetscher dabei hilft, den neuen Freund verstehen zu lernen. Manchmal kann der beste Freund des Menschen auch ein Tier sein. Dabei ist ganz egal, ob es ein Hund oder ein Meerschweinchen ist. Für Elijah war es eine Katze. Über Tiere kann man zudem einfacher einen Kontakt zu anderen Menschen herstellen. Auch Freundschaften in sozialen Netzwerken können durchaus sehr bereichernd und für autistische Menschen völlig ausreichend sein. Ganz egal, wo die Interessen eines autistischen Menschen liegen, es gibt immer jemanden, der diese mit ihm teilt. Freunde zu finden fällt übrigens nicht nur autistischen Menschen schwer.

G wie Gesetze – Grundregeln benennen, erklären, einhalten

Regeln und Gesetze sind das Sicherheitsnetz des sozialen Miteinanders. Es ist deshalb wichtig, dass wir sie alle kennen, verstehen und einhalten. Klare Ansagen haben mir geholfen, Regeln zu verstehen. Das Aufstellen von Grundregeln in der Schule/Klasse kann einem autistischen Kind viel Sicherheit geben. Stellen Sie gemeinsam ein Grundgesetz oder Manifest auf. Nutzen Sie Bildkarten, Comics oder kleine Geschichten, um dem autistischen Kind das Verständnis zu erleichtern. Damit Regeln als Strategie bei der Bewältigung des Schulalltages genutzt werden können, müssen diese auch wirklich eingehalten werden. Nur dann bieten sie die benötigte Sicherheit und sind dem autistischen Schüler eine verlässliche Hilfe.

H wie Heimliche Zeichen – wenn Sprache nicht mehr funktioniert

Auch ich als sprechender Autist habe in Stresssituationen schon oft einen nicht gewollten Mutismus erlebt, aus dem ich mich selbst nur schwer und langsam befreien konnte. Die Angst, dass mir das in der Öffentlichkeit passiert, sitzt tief und lässt schon im Vorfeld genug Stress entstehen, der eine solche Situation dann noch verschärft. Hilfreich sind hier nonverbale Gesten, die Ihnen, Ihren Kollegen und den Mitschülern deutlich anzeigen, dass verbal vorerst nichts mehr geht. Das können Handzeichen sein, aber auch Bildkarten oder eine Nachricht aufs Handy. Ist ein Schulbegleiter vorhanden, kann dieser für den autistischen Schüler übernehmen, seine Stimme sein, und ihm so die dringend benötigte Auszeit verschaffen.

I wie Imitieren – zeigen und unterstützen

Alle Menschen lernen durch Imitation. Auch um sich sympathisch(er) zu sein, imitieren Menschen ihr Gegenüber. Spiegelt man das Verhalten, die Mimik und Gestik des Gegenübers, dann fühlt sich dieser wohler mit uns. Spiegelt ein Anderer unser Verhalten, dann können wir eine Menge über uns selbst lernen, unter anderem wie andere uns sehen. Was bei meinen nicht-autistischen Mitschülern scheinbar einfach so ablief, musste ich mir unter anderem über Körperführung hart erarbeiten. Aber es hat sich gelohnt. Spiegeln und Imitieren habe ich außerdem genutzt, um die fehlende Fremdwahrnehmung zumindest ansatzweise auszugleichen. Durch das Spiegeln schaffe ich es, als Autist anderen Menschen besser zu begegnen und erfolgreicher im Miteinander zu sein. Dies kann auch für Ihren autistischen Schüler eine erfolgreiche Strategie sein, um mehr Brücken zu seinen Mitschülern bauen zu können.

J wie Ja zu Autismus – positives Denken und Handeln

Ich sehe meinen Autismus positiv. Ich sehe meine und Elijahs Potentiale und helfe ihm und mir selbst bei unseren Defiziten. Allein das Erkennen und Akzeptieren von Schwächen zeigt Stärke und ist ein Potential, da man sich jetzt positiv verändern kann. Autismus ist ein durch eine andere Wahrnehmung bedingtes Anderssein. Jeder von uns ist anders. Das müssen wir als Gesellschaft erst wieder akzeptieren lernen. Das eigene Anderssein, in meinem Fall meinen Autismus, anzunehmen und positiv darauf zu reagieren, ist eine meiner besten Strategien, um mit mir selbst und damit auch anderen Menschen besser klar zu kommen. Versuchen Sie Ihrem autistischen Schüler immer wieder die Rückmeldung zu geben, dass Sie ihn so annehmen wie er ist und ihn so unterstützen, dass ihm ein Vorwärtsgehen möglich ist. Sehen Sie autistische Menschen vor allem mit dem Herzen. Genau dies erlebt Elijah an seiner Schule mit einem Ergebnis, das sich sehen lassen kann.

K wie Kleine Klassen und Gruppen

Besonders in Schulen, aber auch anderswo gilt: Weniger ist mehr. Kleinere Gruppen und Klassen reduzieren automatisch die Stressoren und wirken der sensorischen Überlastung entgegen. Für mich ist es viel einfacher, den Überblick über eine kleine Gruppe zu behalten und zu wissen, wer wer ist und wie jeder ist. Es ist meine Überzeugung, dass alle Kinder von geringeren Klassenstärken bzw. einem Klassensystem nach Punkten profitieren würden. Ich bin in jeder Kleinstgemeinschaft aufgeblüht und habe deshalb immer nach Nischen für mich gesucht.

L wie Leerlauf verhindern

Leerlauf bedeutet Strukturverlust und damit fällt mein kleines instabiles Sicherheitsnetz komplett weg. Ich versuche alle freien Zeiten irgendwie zu strukturieren. Ich plane jede meiner Veranstaltung inklusive der Pausen komplett durch. Füllen auch Sie die Leerzeiten, die in Pausen entstehen, mit Aktivitäten, die dem autistischen Schüler das Aushalten der Situation oder das Verbleiben in dieser ermöglichen. Diese Aufgabe kann auch ein Schulbegleiter übernehmen. Er kann dem Schüler außerdem dabei helfen, den Anschluss an die Mitschüler zu schaffen und an deren Aktivitäten teilzunehmen. Kleine faltbare Pläne oder Abläufe können daran erinnern, was als Nächstes kommt. Strukturierungshilfen wie Uhren, die die verbleibende Zeit anzeigen, geben ein Gefühl dafür, wie lange die Aktivität noch andauern wird.

M wie Motivieren und Mut machen

Egal, wie schwer es ist oder zu sein scheint, das Positive zu sehen und den Mut nicht zu verlieren, mein Fallen zu akzeptieren, aber immer wieder aufzustehen, ich schaffe es immer besser. Mir helfen drei kleine Worte: Es geht weiter. Sowohl bei mir als auch bei meinem Sohn fokussiere ich immer wieder auf die Potentiale und auf das, was wir schon geschafft haben. Ich hebe hervor, was richtig gut klappt und ermutige Elijah, den nächsten Schritt zu tun. Meine Mutter hat zum

Beispiel auch unter Arbeiten, die sie mit einer 3 oder 4 bewerten musste, immer wieder ein Lob geschrieben. Sie hat ihre Schüler nicht mit den Erwartungen des Lehrplans, sondern mit ihren bisherigen Leistungen verglichen. Sie lobte vier richtig gelöste Aufgaben oder den richtigen Lösungsweg, anstatt sechs falsche Ergebnisse zu tadeln. Loben Sie eventuell passiv, denn aufgrund der erhöhten Selbstwahrnehmung kann mancher Autist mit direktem Lob nicht gut umgehen.

N wie Notfallinsel – Auszeiträume und -pläne

Irgendwann wird es jedem von uns zu viel. Ein autistischer Mensch braucht überall einen sicheren Ort, an den er sich zum Regulieren zurückziehen kann. Ich habe mir immer einen solchen Ort gesucht, egal ob in echt oder nur in meinem Kopf. In meiner Schulzeit habe ich einen echten Rückzugsraum mehr gebraucht als heute. Wichtig war, dass ich lernen musste, Anzeichen des sensorischen Overloads allein und rechtzeitig zu erkennen und dann gut darauf zu reagieren. Mein Ziel war und ist die Teilhabe. Bewältigungsstrategien, wie z. B. Stimming, die So-muss-es-sein-Geschichten oder das Amygdala-Umtrainieren, sind genauso essentiell für mich wie die Möglichkeit, mich zurückziehen zu können.

Eventuell muss es kein Raum, sondern kann auch nur ein etwas abseits vom Geschehen stehender Stuhl sein, der für den autistischen Schüler ein sicherer Ort ist. Die Mitschüler und alle Lehrer, auch Vertretungslehrer, müssen dann wissen, was dem Schüler in dieser Situation guttut und sich daran halten. Es ist deshalb wichtig, im Vorfeld einen Notfall- bzw. Auszeitplan zu erstellen, den alle Beteiligten kennen.

O wie Organisation

Als Lehrer sind Sie bestimmt schon lange ein Organisationstalent. Sie kennen sich mit Plänen und Strukturen aus. Sie wissen, dass etwas erfolgreich sein kann, auch wenn nicht immer alles nach Plan läuft. Bleiben Sie einfach dran. Wir üben mit Elijah immer wieder kleine Änderungen der Struktur oder eines Planes. Das Leben ist nicht planbar, auch wenn es autistischen Menschen damit besser gehen würde. Das einzig Stetige ist der Wandel. Ich arbeite schon mein ganzes Leben lang an der Flexibilität, denn es ist der am erfolgreichsten, der am flexibelsten ist. Beziehen Sie bei der Organisation von Veranstaltungen oder Wandertagen immer auch die Eltern oder den Schulbegleiter des autistischen Kindes mit ein. Machen Sie nicht nur einen Ablaufplan, sondern mindestens einen Plan B. Geben Sie Abläufe frühzeitig bekannt, damit die Gewöhnung des autistischen Schülers rechtzeitig beginnen kann.

P wie Phönix-Programm – Stopp Amygdala

Bitte nehmen Sie die Amygdala ernst. Sie ist der Schalter, der über Licht und Dunkel entscheidet. Sie hat das Potential umzulernen. Das nutze ich aus. Ich habe so den Weg ins Leben gefunden und Elijah findet ihn auf diese Weise auch. Ich rede ihm die von ihm wahrgenommenen, aber real nichtexistierenden Gefahren immer wieder aus. Stopp, Stopp, Stopp – Es ist nicht gefährlich! Ich zähle dann all die Dinge auf, die sich in der Situation nicht verändert haben. Damit gebe ich Elijah von außen die Information über die Gemeinsamkeiten und Ähnlichkeiten in der Situation, die er von seinem Gehirn nicht bekommt. Wir nutzen auch paradoxe Intervention, um die Amygdala abzulenken und ihr dann zumindest eine neutrale Rückmeldung zu geben.

Q wie Querdenken – alles ausprobieren, egal wie verrückt

In unserer Familie gründen wir immer wieder neue Think Tanks. Wir denken in, außerhalb, unter und auch ganz ohne die Box. Wir sind kreativ, probieren Dinge aus, verwerfen Unbrauchbares und beginnen, wenn es sein muss, wieder ganz von vorn. Egal, wie schwierig, wir geben nie auf. Wir akzeptieren auch, dass wir für vieles noch keine Lösung gefunden haben. Wir tauschen uns regelmäßig mit den Lehrern und Schulbegleitern von Elijah aus. Manchmal sogar kurzfristig per Handy, wenn Elijah eine schwierige Situation in der Schule durchlebt.

R wie Reden, reden und nochmals reden

Als Kind hat mir mein Großvater versucht, die Welt zu erklären. Ich habe damals nicht so viel verstehen können wie heute, aber mir wurde durch die Gespräche mit meinem Großvater zumindest klar, dass es für die meisten Dinge eine Erklärung gibt. Ich wusste nun, dass fast immer eine Lösung da ist. Das hat mich motiviert, mich auf die Suche zu machen und nicht aufzugeben, auch dann nicht, wenn ich nicht fündig wurde. Reden Sie, erklären Sie, wiederholen Sie und dann beginnen Sie bitte nochmal von vorn. Genau damit hilft mir mein Mann jeden Tag. Ich kann nicht vermuten, nicht zwischen den Zeilen lesen oder die ungesagten Worte verstehen. Trotzdem kann ich es mittlerweile eine Weile so aussehen lassen, um nur nicht aufzufallen. Bei Elijah gehen wir immer auf Nummer sicher und verbalisieren einfach alles. Nachfragen ist erst im Erwachsenenalter zu einer meiner besten Strategien geworden. Ich benötige auch Erklärungen zu Dingen, die meinem Mann sonnenklar sind und die »eigentlich« keiner Erklärung bedürften. Er erklärt mir seine Welt und versucht, meine zu verstehen. Wir sind in einem ständigen Wahrnehmungsaustausch miteinander, von dem wir beide unheimlich profitieren.

S wie Stimming

Stimming ist eines meiner wichtigsten Hilfsmittel, um sensorische Überlastung vermeiden und mich regulieren zu können. Stimming hat das Ziel, in der Situation verbleiben und adäquates Verhalten zeigen zu können. Mein mentales Stimming ist mein Wunderwerkzeug, da es mir hilft, aber andere Menschen nicht stört. Das beste Stimming ist sowohl flexibel einsetzbar als auch sozial akzeptabel. Es braucht noch eine Menge Aufklärung zu diesem Thema, die ich sowohl in diesem Buch als auch bei meinen Vorträgen zu leisten versuche.

T wie Token-System

Ein Token-System kann eventuell helfen, erwünschtes, also positives Verhalten zu verstärken. Ziel ist es, durch den Einsatz begehrter Dinge (Token) ein bestimmtes, erwünschtes Verhalten aufzubauen. Token können auch gesammelt und gegen eine Wunschaktivität eingetauscht werden. Ein autistischer Mensch kann dadurch oft erst sicher erkennen, welches Verhalten andere von ihm sehen wollen. Token erhöhen bzw. geben oft erst die notwendige Motivation für eine Handlung. Meine Mutter hat mit solchen kleinen Belohnungen letztendlich erreicht, dass ich in den Sportumkleideraum ging oder mich zu Arztbesuchen motivieren ließ. Bei Elijah funktioniert diese Strategie (noch) nicht, da seine Selbstwahrnehmung weiterhin zu hoch und die Andere-Wahrnehmung viel zu gering ist.

U wie Unterstützung

Egal, ob als Schulstoff oder fürs Leben, Lernen ist wichtig. Ein erfolgreiches Unterrichten eines autistischen Schülers hängt ganz von dem einzelnen Schüler ab und kann deshalb nur individuell und vor Ort entschieden werden. Die passende Unterstützung ist ein wichtiges Hilfsmittel für den autistischen Schüler, um Lernziele und letztendlich einen Schulabschluss zu schaffen. Ein Schulbegleiter wäre mir in meinen Schulalltag eine große Hilfe gewesen, eigentlich hätte ich schon im Kindergarten so eine individuelle Betreuung gebraucht. Elijah ist ohne die Unterstützung seiner Schulbegleitung völlig hilflos. Ich habe mir letztendlich mühsam andere Strategien erarbeitet, mit deren Hilfe ich den Schulalltag schaffen konnte. Heute suche ich mir rechtzeitig Unterstützung, um meinen Alltag und meine Vortragsreisen zu schaffen. Die beste Unterstützung bekomme ich dabei von meinem Mann und meinen Kindern.

V wie Vertrauen

Das Verhalten autistischer Menschen mag Ihnen sehr anders erscheinen. Es ist aber ein Verhalten, welches Sie bei sich und auch bei Ihren Mitmenschen entdecken können, wenn Sie genau hinschauen. Wir müssen uns auf unsere Gemeinsamkeiten konzentrieren. Wir geben Elijah jeden Tag das Gefühl, dass er dazugehört. Ich muss, um meinen Alltag bewältigen zu können, sehr oft Menschen einfach vertrauen und mich darauf verlassen, dass ihre Wahrnehmung der Situation die bessere ist. So kann ich mein Verhalten anpassen. Ohne gegenseitiges Vertrauen würde das nicht funktionieren. Elijah vertraut uns und auch seinen Lehrern, Schulbegleitern und Mitschülern und das macht einen großen Unterschied für alle Beteiligten.

W wie Worte richtig wählen – Sprachverständnis

Meiner Meinung nach ist es wichtig, dass wir noch mehr miteinander ins Gespräch kommen, noch mehr reden und uns vor allem gegenseitig zu erklären versuchen. Mir hilft es, wenn sprachliche Mittel wie Sarkasmus und Ironie weggelassen werden. Damit bin ich nämlich komplett überfordert. Auch Sprichwörter und Redensarten tragen zur Verwirrung bei. Ich habe gelernt, zu sagen, dass ich etwas nicht verstehe. Besser noch ist es, wenn Menschen Erläuterungen von sich aus anbieten. Da ich alles wortwörtlich nehme, entsteht oftmals ein Humor, der mir gar nicht oder nicht gleich bewusst wird. Aber Lachen ist eine wunderbare Brücke und tut dem Körper gut. Ich bevorzuge bis heute Schriftsprache zu gesprochener Sprache. Ich bin ein großer Fan von Leichter Sprache, weil diese eine sichere Brücke zu einem besseren Sprachverständnis darstellt. In einem Gespräch, besonders mit autistischen Menschen, sollte das Nachfragen immer vor dem Interpretieren kommen. Nachfragen ist eine gute, aber keinesfalls einfache Strategie für autistische Menschen, um ein geringes Sprachverständnis zu kompensieren. Sprechen bzw. Kommunizieren hat viel mit Anderer-Wahrnehmung und damit mit Selbstwahrnehmung zu tun. Dies kann, wie bei Elijah, dazu führen, dass Sprache nicht als ein Werkzeug wahrgenommen bzw. genutzt werden kann.

X wie Xperten in eigener Sache – Autisten helfen Autisten

Sowohl ich als auch mein Sohn profitieren von den Erfahrungen anderer Autisten. Es gibt in Deutschland viele autistische Menschen, die wie ich Bücher geschrieben haben oder Vorträge halten und Seminare geben. Zudem kann man sich nützliche und interessante Informationen aus zahlreichen Blogs autistischer Menschen holen. Auch wenn ich nicht alles eins zu eins übertragen kann, so regt es mich zumindest zum Nachdenken an.

Y wie Ying und Yang – anders, aber zusammengehörend

Wir sind alle anders und doch auch gleich. Das Wissen darum stärkt mich. Wir gehören zusammen. Wir sollten die neuronale Vielfalt, die uns umgibt, schätzen und nutzen, um unsere Gesellschaft zu stärken und zu einem Ort zu machen, an dem jeder, so wie er ist, willkommen ist. Das motiviert mich. Ich versuche durch meine Arbeit meinen Beitrag dazu zu leisten.

Z wie Ziele

Es gibt immer auch Grenzen. Ich habe gelernt, realistisch einzuschätzen, was geht und was (noch) nicht geht. Ich definiere meine Ziele klar und deutlich. Aber ich gebe mir selbst und diesen Zielen auch die notwendige Zeit. Elijah macht immer Fortschritte. Oftmals sind diese Schritte jedoch so klein, dass das

Umfeld sie gar nicht oder nur schwer bemerkt. Elijah und ich haben jeder unsere eigene Geschwindigkeit und müssen einen unterschiedlich langen Weg gehen, um zum Ziel zu kommen. Wir prüfen immer wieder, ob unsere Ziele erreichbar sind, wie sie erreichbar gemacht werden können und in welchem Zeitraum das zu schaffen ist. Wenn nötig, machen wir kleinschrittiger weiter, damit Zwischenerfolge erzielt und genossen werden können. Wir vertrauen auf uns und darauf, dass das, was wir tun, Sinn macht. Wir haben Geduld, mit uns und auch mit unseren Mitmenschen.

28   Autismus im Lehrerzimmer

Autismus in der Schule bedeutet nicht nur, autistische Schüler in der Klasse zu haben, sondern auch autistische Kollegen. Ich kenne mittlerweile vier Lehrerinnen persönlich, die eine Autismus-Diagnose haben und erfolgreich in ihrem Beruf arbeiten. Nicht alle haben sich gegenüber ihren Kollegen geoutet. Ich selbst gehe offen mit meinem Autismus um und kann mir nichts anderes vorstellen. Aber ich kann autistische Menschen gut verstehen, die ihrem Arbeitgeber ihre Diagnose nicht mitteilen möchten. Ich weiß, dass die Begegnung auf Augenhöhe keine Selbstverständlichkeit ist und auch ich habe schon erlebt, dass das Wissen Anderer um meine Diagnose zu meinem Nachteil werden kann. In einem Arbeitsverhältnis kann dies auch sehr schnell passieren. Dennoch brauchen wir dringend Offenheit und Ehrlichkeit, wenn es um Autismus geht, damit wir mehr Verständnis und Akzeptanz für unsere andere Art des Seins bekommen. Genau deshalb möchte ich am Ende dieses Buches eine selbstbewusste autistische Lehrerin zu Wort kommen lassen und Sie damit auch für Autismus im Lehrerzimmer sensibilisieren.

Lehrerstimme

»Die meisten Menschen fürchten, was sie nicht kennen. Ich denke, darum ist Inklusion so schwierig in die Schulen zu bekommen. Es gibt zu wenige Lehrerinnen und Lehrer mit Behinderung an Regelschulen, zu wenige, die zu ihrer Behinderung stehen. Ich weiß nicht, inwieweit ein Pädagogikstudium für Abiturienten mit Behinderung zur Diskussion steht, ob sie ermutigt werden oder ob ihnen eher abgeraten wird. Auf jeden Fall wäre es wünschenswert, dass es für Kinder mit Behinderungen und ihre Lehrerinnen und Lehrer auch Ansprechpartner an ihrer Schule oder zumindest im Schulbezirk gibt, die eine ähnliche Behinderung haben.

Ich weiß, dass es außer mir noch mehr Lehrerinnen und Lehrer mit Autismus gibt, aber nur wenige stehen offen dazu. Im vergangenen Sommer bin ich in die Offensive gegangen und bin an eine inklusive Grundschule gewechselt. Dort wusste man bevor ich kam, dass ich Autistin bin. Mit einem Fotobuch hatte ich mich und meine speziellen Bedürfnisse vorgestellt. Vom ersten Tag an wurde mir mit viel Offenheit begegnet und ich habe schnell einen Platz im Kollegium gefunden. Da ich in den vergangenen Jahren lernen musste, über meine Besonderheiten zu sprechen, kann ich in schwierigen Situationen das Gespräch mit den Kollegen oder der Schulleitung suchen. Die Anpassung an so viele neue Situationen, Abläufe und Menschen fällt mir nicht leicht. Doch wo mir die Kollegen helfen können, tun sie es auch. Ich muss mich nicht rechtfertigen. Aber ich kläre gern auf. Oft bin ich für Eltern und Kinder im Autismus-Spektrum oder bei ADHS ein wichtiger Ansprechpartner, denn ich verfüge ja nicht nur über umfangreiche Fachkenntnisse auf diesen Gebieten, sondern kann mich oft viel besser in die Situation der Kinder und Eltern einfühlen, kenne viele ihrer Probleme aus eigenem Erleben. Meine Fähigkeit zur Empathie in Bezug auf die eigene Peergroup ist nämlich nicht schlechter als die nicht-autistischer Menschen in Bezug auf andere nicht-autistische Menschen.

Inklusion ist weder ein Perser- noch ein Flickenteppich, sondern eine Patchworkdecke. Viele Kollegen fordern umfangreiche Bedingungen, um Inklusion für durchführbar zu halten, die Landesregierungen liefern jedoch meist nur ein Sparmodell. Ich persönlich denke, dass beide Ansätze nicht zielführend sind. Ich kann nicht erst mit Inklusion beginnen, wenn alle Schulen perfekt ausgestattet und Idealbedingungen zum Unterrichten vorhanden sind. Doch ich kann ebenso wenig mit Inklusion beginnen, wenn es viel zu wenige Kollegen gibt, Konzepte nur an Kosteneinsparung orientiert und weder Lehrerinnen und Lehrer noch Eltern auf die Situation vorbereitet sind. So eine Patchworkdecke besteht aus vielen kleinen, bunten Teilen, die von ganz verschiedenen Menschen beigesteuert werden. In meinem Fall sind die wichtigsten Teile meiner Patchworkdecke die aufgeschlossenen und kompromissbereiten Kolleginnen und Kollegen, die Familie, die oft meine Overloads aushalten muss, wenn doch alles zu viel wird, eine gute fachärztliche Betreuung, Freunde aus dem Autismus-Spektrum, die mir mit ihren Erfahrungen helfen können, nicht-autistische Freunde, die mir manchmal die Welt ordnen und auch die örtliche Autismus Ambulanz, die mir in schwierigen Situationen zur Seite steht. Bestimmt gibt es noch mehr Teile, ich füge sie täglich neu zusammen.

Meine neue Schule erscheint mir wie ein Garten. Manches wird probiert, anderes wieder verworfen. Nicht jede Pflanze eignet sich für jeden Boden, manche brauchen mehr Pflege, andere weniger. Doch es bleibt immer spannend zu sehen, wie es wohl aussieht, wenn alles blüht. Neugier, die Bereitschaft auch mal zuzupacken, ein bisschen Experimentierfreude, Fachkundige verschiedener Gebiete und vor allem Freude am Tun lassen so einen Garten gelingen und erblühen und sorgen für reiche Ernte. Ich mag meinen neuen Arbeitsplatz, auch wenn es manchmal mehr Kraft fordert als ich habe. Inklusion beginnt im Lehrerzimmer, denn hier entstehen erste Beziehungen in Bezug auf Neurodiversität in der Gesellschaft und den Möglichkeiten, die sie bietet.«

Angelika Pittelkow, Lehrerin, Evangelische Grundschule Wittenberg

29 Zu guter Letzt – Entspannungsübungen und Strategien für Ihren Schulalltag

Besonders in einem Job wie dem Ihren müssen Sie sich gut um Ihr Selbst und Ihren Körper kümmern. Je entspannter Sie sind, desto besser können Sie Ihre Arbeit machen. Ganz abgesehen davon, helfen Sie so auch automatisch Ihrem autistischen Schüler am besten. Sowohl Anspannung als auch Entspanntheit übertragen sich auf andere bzw. werden von anderen Menschen wahrgenommen. Viele autistische Menschen haben dafür ganz besondere Antennen. Mit diesen Übungen entspannen Sie Ihren Körper einfach und effektiv. Das Beste daran, es entstehen keine Kosten und es gibt nur positive Nebenwirkungen. Diese Übungen gehören auch zu meinen Strategien, um meinen Alltag besser meistern zu können. Ich wende viele dieser Übungen deshalb täglich an. Ich bin sicher, dass Sie schon nach sehr kurzer Zeit Entspannung spüren und gute Laune haben werden. Fast alle Übungen sind zudem effektive Soforthilfemaßnahmen. Da ich keine Fremdwahrnehmung habe, mache ich die Übungen wirklich überall. Manchmal ist es eben durchaus ein Vorteil, dass mir nicht immer bewusst ist, dass andere Menschen da sind, dass sie mich sehen und dass sie alles interpretieren, was sie sehen. In der Schule bietet sich eventuell ein leeres Klassenzimmer oder auch die Lehrertoilette dafür an. Gönnen Sie sich regelmäßig eine Dosis Glückshormone und die Welt sieht gleich wieder besser aus.

1. *Lächeln*
   Als Reaktion auf ein Lächeln, das mindestens 60 Sekunden lang ist, werden vom Gehirn Glückshormone ausgeschüttet. Diese haben eine unglaublich positive Wirkung auf uns. Wenn Sie eine Portion Glücksgefühle brauchen, Ihnen aber gar nicht nach Lächeln ist, dann machen Sie folgendes: Nehmen Sie einen Stift quer in den Mund und halten sie ihn möglichst weit hinten im Mund mit den Zähnen fest. Zugegeben, das sieht nicht nur sehr bizarr aus, sondern ist äußerst gewöhnungsbedürftig. Aber schon nach 40 Sekunden wird sich Ihre Laune bessern. Aufgrund Ihrer nun nach oben gerichteten Mundwinkel, registriert Ihr Gehirn ein Lächeln und Sie werden mit einer Ladung Glückshormone belohnt. Das Gehirn kann nämlich nicht zwischen einem echten und einem falschen Lächeln unterscheiden. Ich mache das immer dann, wenn die Stimmung sinkt oder ich mich zu ärgern drohe. Mittlerweile brauche ich keinen Stift mehr, sondern fange einfach an zu lächeln. Diese Übung kann eventuell auch Ihrem Schüler helfen, seine Wahrnehmung der Situation zu verändern. Für das Gehirn ist es egal, warum und wie es zu einem Lächeln kommt. Erhält es aufgrund der Stellung der Gesichtsmuskulatur die Nachricht »Lächeln«, dann belohnt es uns automatisch mit Glückshormonen.

> **Schülerstimme**
>
> »Meine Lehrerin sagt, dass ich auch ein Kampfkind bin. Und das mit dem Stift haben wir auch ausprobiert. Und es funktioniert.«
> *Schüler, Asperger-Syndrom, 6. Klasse einer Förderschule*

2. *Lachen*
Das gleiche funktioniert natürlich auch mit Lachen. Hier können Sie Ihr Hirn ebenso erfolgreich austricksen. Ich nehme an, dass es in Ihrem Schulalltag des Öfteren vorkommt, dass Ihnen nicht zum Lachen zumute ist. Aber gerade dann, wenn der Stress zu viel zu werden droht, die Welt zu ernst wird und alles nur noch grau wirkt, gerade dann hilft ein Lachen. Lachen Sie bitte laut los. Fangen Sie einfach an. Aufgrund Ihrer Fremdwahrnehmung und Ihres Erfahrungs- und Erwartungszahnrades wird es nicht einfach sein. Aber Übung macht den Meister. Lachen ist wirklich gut für uns. Es ist wissenschaftlich erwiesen, dass Lachen gesund ist. Ich habe letztens gelesen, dass eine Minute Lachen denselben Effekt haben kann wie zehn Minuten Joggen! Ist das nicht wunderbar? Mein Mann und ich sind begeistert und an manchen Tagen schaffen wir einen Halb-Marathon, ohne aus dem Haus gehen zu müssen. Auch teure Sportklamotten sind dadurch passé. Also finden Sie heraus, was oder wer Sie zum Lachen bringt oder beginnen Sie einfach mit einem lauten »Hi-Hi-Ha-Ha-Hi-Hi«. Eine super Sache ist auch Lach-Yoga. Dort lernen Sie anhand vieler Lach-Übungen, wie Sie immer dann ganz einfach loslachen können, wenn es nichts zu lachen gibt.

3. *An schon Erreichtes/Geschafftes denken*
Im Alltag passiert es auch mir immer wieder, dass ich nur sehe, was ich noch nicht geschafft habe, wo weiterhin Probleme liegen und was alles schiefläuft. Wenn es Ihnen auch so geht, dann sagen Sie laut »Stopp«. Halten Sie inne und schauen Sie immer wieder ganz bewusst auf die Dinge, die Sie schon geschafft haben. Erinnern Sie sich an Probleme, die Sie gelöst haben und erfreuen Sie sich an Fortschritten, die Sie gemacht haben. Erreichtes und Geschafftes als Erfolge wahrzunehmen gibt mir die Kraft und Motivation, mich den Herausforderungen zu stellen, die noch vor mir liegen. Und noch etwas: Machen Sie kein zusätzliches Problem daraus, wenn Sie einmal für ein Problem keine Lösung finden konnten. Manche Dinge brauchen einfach Zeit und Geduld. Denken Sie positiv!

4. *Erden – sich bewusst werden*
Ich finde die »5,4,3,2,1«-Übung sehr geeignet für ein Erden in Stresssituationen bzw. um steigendem Stress die Stirn zu bieten. Sie ist einfach und kann überall angewandt werden. Machen Sie sich als erstes fünf Dinge bewusst, die Sie sehen können. Danach vier Sachen, die Sie anfassen können. Nun drei Dinge, die Sie hören können. Jetzt kommen zwei Sachen, die Sie riechen können und zum Schluss noch eine Sache, die Sie gerade schmecken können. Es geht darum, sich seiner Selbst in der unmittelbaren Umgebung bewusst zu werden. Sie bekommen Ihren Kopf frei und die Füße auf festen Boden. Sie sind im Hier und Jetzt.

5. *Kleine Wunder*
Warten Sie nicht auf das eine große Wunder, sondern sehen und freuen Sie sich satt an den kleinen wunderbaren Dingen, die jeden Tag um Sie herum sind. Das kann eine Blume sein, die gerade aufblüht, ein Schmetterling oder eine Wolke, die aussieht wie ein Pinguin. Es kann ein Lächeln sein, ein Kompliment, das Ihnen jemand macht oder es kann der Moment sein, in dem Sie ganz in Ruhe eine Tasse Kaffee oder Tee trinken können. Es kann sogar ein Zug der Deutschen Bahn sein, der pünktlich abfährt. Schauen Sie sich um, hören Sie hin und sammeln Sie täglich kleine Wunder. Ohne diese kleinen Wunder, die mir Elijah jeden Tag bewusst macht, könnte ich nicht schaffen, was ich schaffe.

6. *Pfeifen*
Pfeifen Sie hin und wieder auf alles! Pfeifen entspannt die Muskeln und den Kiefer. Meist pfeifen Menschen vor sich hin, wenn sie glücklich und entspannt sind. Das können Sie auch umgekehrt anwenden. Schicken Sie einfach ein Pfeifsignal an Ihr Gehirn. Da es Pfeifen mit Zufriedenheit assoziiert, schickt es Ihnen seinerseits wieder Glückshormone zurück. Elijah pfeift viel und gern vor sich hin und es ist ein Ton, den ich aus genau diesen Gründen sehr gern von ihm höre.

7. *A sagen*
Wer A sagt, der muss nicht unbedingt B sagen, denn A sagen reicht oft völlig aus. Lassen Sie ab und zu mal ein richtig tief von innen kommendes langes A heraus. Variieren Sie es wie Sie wollen. Wenn mich dabei jemand fragt, was ich da mache, dann antworte ich, dass ich versuche, wie ein Wal zu sprechen. So ähnlich klingt das bei mir nämlich. Elijah macht das manchmal den ganzen Tag lang. Schon allein die Form des Mundes signalisiert dem Gehirn, dass Entspannung angesagt ist. Übrigens wird bei jedem Orchester jedes Instrument nach dem Kammerton A gestimmt, damit es mit dem Zusammenspiel klappt. Schlagen Sie dies doch als morgendliche Übung im Lehrerzimmer vor. Stimmen Sie sich mit einem langen »Aaaaahhhhhh« gemeinsam auf den Schultag ein.

8. *Kopf hoch*
Wie schnell lassen wir im wahrsten Sinne des Wortes den Kopf hängen, wenn uns etwas schiefgeht. Damit machen wir die Situation jedoch noch schlimmer. Deshalb schnell Kopf hoch! Versuchen Sie dies so oft wie möglich zu tun, aber besonders wenn es einmal nicht so gut läuft. Also durchstrecken und Kinn hoch. Schauen Sie nach oben. Dadurch verbessert sich auch Ihre Atmung. Das Gehirn bekommt die Information, dass Sie aufrecht und mit erhobenem Kopf durchs Leben gehen und es kann gar nicht anders, als dies als ein Stimmungshoch zu interpretieren. Jetzt noch pfeifen oder ein A-Ton und Sie fühlen sich sofort um ein Vielfaches besser.

9. *Brust raus*
Unser Gehirn reagiert immer und intensiv auf unsere Körperhaltung. Hängende Schultern signalisieren ihm, dass es Ihnen nicht gut geht. Das mag auch sein, aber Sie können sich hier schnell selbst helfen, indem Sie Ihrem Gehirn die richtigen Signale geben. Mit dieser einfachen Übung verbessern

Sie nicht nur Ihre Körperhaltung, sondern werden bis zu 5 cm größer. Das Gehirn bekommt außerdem mehr Sauerstoff, da die Lunge nun wieder richtig Platz hat, um sich zu füllen. Das steigert Ihr Denkvermögen. Ein aufrechter Gang trägt zu einer besseren Stimmung bei! Also Brust raus, wann immer Sie können.

10. *Atmung*
Achten Sie besonders auf Ihre Atmung, damit Ihr Gehirn, welches den ganzen Tag hart arbeitet, ausreichend mit Sauerstoff versorgt wird. Atmen Sie bewusst langsam und tief ein und aus. Mit dem Kopf nach oben und der herausgestreckten Brust geht das noch besser. Stellen Sie sich vor, was genau Sie einatmen möchten: Ruhe, Mut, Kraft, Gelassenheit. Atmen Sie die Sachen aus, die Sie nicht in sich haben möchten: Anspannung, Angst, Ärger, Zweifel.

11. *Strecken & Dehnen*
Machen Sie sich groß, strecken und dehnen Sie sich so gut Sie können. Nehmen Sie die Arme hoch und Ihre Stimmung fährt mit hoch! Auch die Atmung funktioniert dann wieder besser. Falls Sie gerade an einer Besprechung teilnehmen, dann reicht es erstaunlicherweise auch aus, wenn Sie nur den Daumen hochstrecken. Diese positive Geste kennen Sie. Geben Sie sich selbst dieses wunderbare Anerkennungs-Signal so oft wie möglich. Der Daumen mag klein sein, aber das Areal, welches im Gehirn für ihn zuständig ist, ist ziemlich groß und kann daher bei Aktivierung eine Menge Wohlfühlen auslösen.

12. *Winken*
Kennen Sie die winkenden Katzen, die oft in asiatischen Restaurants sitzen? Das sind Glücksbringer. Sie können auch so einer werden. Durch ein einfaches Winken lockern Sie viele Muskeln. Ihr Gehirn bekommt wieder ein positives Feedback von Ihnen. Sie können andere damit froh stimmen, aber auch sich selbst. Winken Sie sich im Spiegel zu und lächeln Sie sich an. Ein einfaches Winken kann wie das Lächeln viel Gutes bewirken. Nicht nur für Sie selbst, sondern auch für Ihre Umgebung. Jeder Mensch kennt diese Geste und jedem tut sie gut. Ich winke sehr viel und nicht nur Menschen, auch Verkehrsschildern, Häusern und Dingen, die ich schön finde.

13. *Hüftschwung*
Lockern Sie auch die Hüftgelenke und das Becken mit einem regelmäßigen Hüftschwung. Bei dieser einfachen Übung werden sogar die inneren Organe positiv stimuliert. Ein Hüftschwung ist wie ein Smoothie für den Körper. Wer weiß, vielleicht klappt es ja irgendwann doch noch mit dem Hula-Hup-Reifen. Ich arbeite jedenfalls daran.

14. *Füße stampfen*
Mit den Füßen stampfen wir ja alle einmal, aber viel zu wenig. Richtig mit den Füßen zu stampfen ist wie ein Wecksignal für Körper und auch Geist. So wird Adrenalin ausgeschüttet und Sie werden aufmerksamer. Ganz ohne Kaffee.

15. *Breitbeinig stehen und sitzen*
Damit Sie den Halt nicht verlieren, stehen und sitzen Sie doch einfach breitbeinig. Machen Sie sich körperlich stabil, dann wird dies auch verinnerlicht

und Sie fühlen sich stark und sicher. Stellen Sie Ihre Füße so, dass jeder Fuß mit der entsprechenden Schulter eine Linie bildet. Breitbeinig sitzen entspannt so sehr, dass der gesamte Organismus sich beruhigt. Alles kommt wieder wunderbar ins Lot.

16. *Laufen*
Laufen Sie den Sorgen ruhig mal davon. Beim Laufen muss sich das Gehirn ganz schön konzentrieren und irgendwann kommt ein wunderbares Hochgefühl. Fragen Sie Jogger und Marathonläufer, die kennen das »running high«. Es muss aber kein Marathon sein. Auch ein kleiner Sprint kann Sie von Ihrem Problem distanzieren.

17. *Tanzen*
Allein oder mit anderen, in der Küche oder auf einer Party, Tanzen ist wunderbar für den gesamten Körper. Es fördert die Durchblutung, trainiert die Muskeln und kräftigt die Lungen. Das Gehirn hat jede Menge zu tun, denn es muss nicht nur das Gleichgewicht halten. Da bleibt kein Raum für Sorgen und Ängste. Vielleicht gründen Sie eine Lehrertanzgruppe an Ihrer Schule?

18. *Trampolin springen*
Das würde Elijah Ihnen empfehlen. Trampolin springen macht einfach Spaß und glücklich. Der gesamte Körper wird in Schwingung versetzt und auch hier wird sowohl dem Körper als auch der Seele Gutes getan. Dabei müssen Sie nur auf und ab hüpfen. Das kann jeder. Ein Salto oder andere Kunststücke sind gar nicht notwendig. Generell führt Hüpfen zu einem Ausstoß von Glückshormonen. Kombinieren Sie doch einfach mal das Hüpfen mit dem Arme schwingen beim nächsten Gang über den Schulhof und schon sind Sie beim Schwinglaufen.

19. *Schwinglaufen*
Probieren Sie doch bitte einmal das Schwinglaufen oder -hüpfen. Das habe ich bei einem englischen Komiker gesehen, der dies sehr eindrucksvoll auf der Bühne vorführte. Es ist wirklich phantastisch. Lassen Sie einfach die Arme beim Laufen mitschwingen. Ihre Arme sind nun keine Belastung mehr, sondern werden zu Flügeln. Fliegen Sie den Problemen einfach davon. Das Gehirn bemerkt die Schwingungen sofort und so wie Ihr Körper, gerät auch Ihre Stimmung immer mehr in Schwung. Ich gebe zu, es braucht schon ein bisschen Mut zum Schwinglauf in der Öffentlichkeit, aber Sie werden schnell so gut gelaunt sein, dass Ihnen die Reaktionen Ihrer Mitmenschen egal sein werden.

Wenn Sie bei all diesen Übungen zudem lächeln, dann verstärken Sie die einzelnen Effekte noch mehr. Außerdem, ein asiatisches Sprichwort besagt: Ein Lächeln ist die kürzeste Verbindung zwischen zwei Menschen. Das bedeutet, dass Lächeln eine der einfachsten Brücken ist, die Sie zu anderen Menschen bauen können.

Schlusswort(e)

Wir fangen alle klein an.

Haben Sie sich als junger Mensch nicht auch danach gesehnt, verstanden und angenommen zu werden? Ihren Schülern geht es nicht anders. Sie wünschen sich Lehrer, die an sie glauben, die ihnen die Welt so erklären, dass sie sie verstehen können.

Als Lehrer begleiten Sie junge Menschen auf einem wichtigen Abschnitt ihres Lebens. Sie haben die einmalige Chance, die Schulzeit Ihrer Schüler so mitzugestalten, dass diese gestärkt und motiviert in ihr Erwachsenenleben starten können.

Meine Tochter Alice fragte mich neulich, woran es wohl läge, dass so viele Lehrer sich anscheinend nicht mehr an ihre eigene Schulzeit und den damit verbundenen Schwierigkeiten erinnern können. Das könnte unter anderem an einer zu starken Ich-Maske liegen. Bitte schauen Sie ab und zu einmal hinter diese Maske. Über Ihre Erinnerungen an Ihre eigene Schulzeit haben Sie die wunderbare Möglichkeit, sich in Ihre Schüler hineinzuversetzen. Sie waren nämlich einmal genau dort, wo Ihre Schüler jetzt warten.

Wir alle wollen abgeholt und an die Hand genommen werden. Geben Sie das Positive weiter, das Sie als Kind erlebt haben und schenken Sie Ihren Schülern genau das, was Sie in Ihrer Schulzeit vielleicht vermisst haben.

Geben Sie das weiter, was Sie als Kind gern erhalten hätten.
Seien Sie der Lehrer, den Sie als Schüler gebraucht hätten.
Seien Sie der Mensch, den Sie sich als Mitmensch wünschen.

Ich danke Ihnen.

Gee Vero im Mai 2019